Andreas Homburg, Ellen Matthies

Umweltpsychologie

Umweltkrise, Gesellschaft und Individuum

Juventa Verlag Weinheim und München 1998

Die Autorin, der Autor

Ellen Matthies, Jg. 1961, Dipl. Psych., Dr. phil., ist wissenschaftliche Assistentin am Lehrstuhl für Kognitions- und Umweltpsychologie an der Ruhr-Universität Bochum. Ihre Arbeitsschwerpunkte sind Interventionen im Umweltbereich, Umwelt und Gesundheit, sozialer Konstruktivismus.

Andreas Homburg, Jg. 1962, Dipl. Psych., Dr. phil., ist wissenschaftlicher Mitarbeiter im Projekt Klimaschutz, Institut für Psychologie der Christian-Albrechts-Universität zu Kiel. Seine Arbeitsschwerpunkte sind Forschung, Lehre und Anwendung in den Bereichen Umweltbewußtsein, Umweltstreß und Interventionen zum Umweltschutz.

Kontakt und Diskussionsbeiträge: www.umweltberatung.de/u-psych.htm

Die Deutsche Bibliothek - CIP-Einheitsaufnahme

Homburg, Andreas:
Umweltpsychologie : Umweltkrise, Gesellschaft und Individuum /
Andreas Homburg ; Ellen Matthies. - Weinheim ; München : Juventa
Verlag, 1998
   (Grundlagentexte Psychologie)
   ISBN 3-7799-0302-2

© 1998 Juventa Verlag Weinheim und München
Umschlaggestaltung: Atelier Warminski, 63654 Büdingen
Umschlagabbildung: M.C. Escher, Doppelplanetoid, 1949
Printed in Germany

ISBN 3-7799-0320-2

Inhalt

1. Einführung

Es herrscht heute weitgehende Übereinstimmung darüber, daß Eingriffe des Menschen in die Umwelt Lebensbedingungen und Lebensqualität vieler Organismen bedrohen. Zwar haben Menschen bereits seit Jahrhunderten Umweltschäden verursacht, seit Mitte dieses Jahrhunderts hat die Problematik jedoch eine neue Qualität erhalten: Es wird eine globale Umweltzerstörung prognostiziert und damit eine umfassende Bedrohung der menschlichen Lebensgrundlagen.

Mit den komplexen Prozessen der lokalen oder globalen Umweltveränderungen haben sich in den letzten Jahren vor allem die Naturwissenschaften beschäftigt. So erscheint es auf den ersten Blick vielleicht überraschend, daß sich die Psychologie ebenfalls mit diesem Thema befaßt und Analyse- sowie Lösungsbeiträge für die Umweltproblematik entwickelt. Ziehen wir jedoch in Betracht, daß die Umweltkrise letztlich von Menschen in ihren sozialen Lebensbedingungen verursacht ist, wird die wichtige Rolle der Sozial- und Verhaltenswissenschaften deutlich. Es erscheint naheliegend, auf eine Wissenschaft zurückzugreifen, die menschliches Erleben und Verhalten zum Gegenstand hat.

Chancen und Risiken der psychologischen Perspektive

Wir sehen in der Berücksichtigung psychologischer Forschung zur Umweltproblematik große *Chancen*:

1. Die Psychologie kann zur Lösung von Umweltproblemen beitragen, indem sie neue Sichtweisen, neue Fassungen von Problemen bietet, den Blick auf vielversprechendere und bisher nicht gesehene Ansatzpunkte lenkt. So liegen aus psychologischer Sicht Ursachen für Umweltprobleme nicht primär in technischen oder biologischen Prozessen, sondern im Wahrnehmen und Handeln von Menschen als KonsumentInnen[1], aber auch als PlanerInnen, ProduzentInnen und politischen EntscheidungsträgerInnen. Unter dieser Voraussetzung tragen nicht allein technisch orientierte, sondern auch verhaltensorientierte Maßnahmen zur Lösung von Umweltproblemen bei. So müssen zur Energieeinsparung im Wohnbereich nicht nur Energiepreise und energieeffiziente Techniken, sondern auch das Erleben und Verhalten der BewohnerInnen mitbedacht werden (Wahrnehmung der Energie- bzw. Klimaproblematik, Komfortansprüche, Lüftungsgewohnheiten etc.).

2. Einen weiteren Lösungsbeitrag erarbeitet die Psychologie über die Entwicklung ganz konkreter Handlungsstrategien, die zu den notwendigen Verhal-

---

[1] Zu lesen als: „Konsumentinnen und Konsumenten".

tensänderungen, etwa im erwähnten Bereich der Energieeinsparung, beitragen und - weiter gedacht - sozialen Wandel anregen.

3. Daneben können aus psychologischer Perspektive Ansätze, die von sich behaupten, menschliches Erleben und Verhalten zu berücksichtigen, kritisch hinterfragt werden. So ist z.b. der Ruf nach umweltbewußterem Verkehrsverhalten aus psychologischer Perspektive eine Forderung, die zu kurz gedacht ist, denn die Bedingungen, die zur Umsetzung dieser Forderung notwendig wären, sind häufig nicht gegeben (z.b. soziale Akzeptanz des öffentlichen Personennahverkehrs). Solche Appelle bleiben auf einer rein symbolischen Ebene, sie können so eher zur Verantwortungsdelegation als zu einer Problementschärfung beitragen.

4. Nicht zuletzt erfährt psychologisches Wissen - bzw. die Psychologie selbst - durch die Auseinandersetzung mit dem Thema „Umweltkrise" eine gesellschaftlich relevante Perspektiverweiterung. Methoden und Theorien werden in Bezug auf einen neuen Gegenstandsbereich überprüft und weiterentwickelt.

Soweit zu den Chancen, die wir in der Vermittlung psychologischen Wissens sehen. Die *Risiken* sollen an dieser Stelle allerdings nicht übergangen werden:

1. Von der Autorin und dem Autor wird der Anspruch erhoben, zu einer *Perspektiverweiterung* beizutragen. Eine Perspektiveinschränkung durch die „Psychologisierung" der Umweltkrise (i. S. einer Reduktion der Umweltproblematik auf individuelle bzw. psychische Faktoren) wird nicht angestrebt. Die Betrachtung der Umweltprobleme gewinnt also an Komplexität, da sich der interdisziplinäre Beobachtungsrahmen vergrößert.

2. An Komplexität gewinnt die Betrachtung auch aufgrund zweier anderer Forderungen: Eine anwendungsbezogene Psychologie, die sich auf Alltagsverhalten und -erleben von Menschen richtet, muß annehmen, daß Wissen, Erleben und Verhalten - auch im Kontext der Umweltproblematik - stark zeit- und kulturabhängig ist. Insofern müssen die hier vorgestellten Inhalte zwangsläufig kulturelle Konstruktionen, Traditionen und Diskurse berühren, aus denen sich eine große Nähe zu anderen Geistes- und Sozialwissenschaften ergibt. Zudem ist die Psychologie selbst, etwa in ihrer Problembeschreibung, vom sozialen Diskurs geprägt. Es ist daher notwendig, die eigenen Betrachtungsweisen und Begrifflichkeiten zu reflektieren. Gerade im Bereich der angewandten Psychologie ist dies - etwa in Bezug auf die Konsequenzen, die sich aus Ratschlägen für PraktikerInnen ergeben - besonders wichtig.

3. Ein weiteres Risiko steckt im psychologischen Wissen zur Umweltthematik selbst. Es entstammt einer jungen Forschungsrichtung und hat sich sowohl im Bereich inhaltlicher Aussagen („Was sagt die Psychologie zum Problem der Mülltrennung?") als auch im Bereich der Struktur („Was umfassen eigentlich psychologische Analyse- und Lösungsbeiträge zur Umweltgefährdung und zum Umweltschutz genau?") noch kaum zu Lehrbuchwissen geformt. Diese Formgebung wird von uns - um der besseren Vermittelbarkeit willen - hier vorange-

trieben. Das ist ein einerseits überfälliges, andererseits wagemutiges Unternehmen, da immer auch andere Formgebungen denkbar sind. Hier können wir nur zur Diskussion und zur gemeinsamen Weiterentwicklung einladen.

Ziele des Buches

Vor diesem Hintergrund verfolgen wir mit dem vorliegenden Buch drei Ziele:

- Vermittlung psychologischen Wissens zur Umweltproblematik und des „Handwerkszeugs", mit dem dieses Wissen erarbeitet wird.

- Anregung zur kritischen Reflexion über Handwerkszeug und wissenschaftliches Wissen.

- Vermittlung neuer Problemsichtweisen für die Umweltdebatte sowie konkreter Lösungsbeiträge und -kompetenzen.

Darüber hinaus hoffen wir, daß von diesem Buch Anregungen zur Entwicklung einer „Psychologie der Umweltkrise und des Umweltschutzes" bzw. einer „Umweltpsychologie" im engeren Sinne ausgehen. Diese Begriffe sollen im folgenden näher erläutert werden.

Psychologie der Umweltkrise und des Umweltschutzes als „Umweltpsychologie"

Psychologie, die sich mit der Betrachtung der Beziehung „Mensch(en) ⇔ gefährdete/gefährdende Umwelt" beschäftigt, bezeichnen wir als *„Umweltpsychologie"*. Andere Inhalte, die unter diesem Begriff auch verstanden werden[2], treten in unserem Begriffsverständnis in den Hintergrund. Umweltpsychologie - im engeren Sinne als „Psychologie der Umweltkrise und des Umweltschutzes"- ist über Erläuterungen zu *Forschungspraxis, Forschungsinhalten* und *Forschungsaufgaben* näher zu umreißen:

1. Umweltpsychologische *Forschungspraxis,* das heißt bisher: etablierte Fachrichtungen der Psychologie (z.B. die Sozialpsychologie) unternehmen „Forschungsausflüge" in die Umweltthematik. Eine an sich sehr fruchtbare Entwicklung, die aber auf Dauer ohne einen verbindenden Rahmen zu heterogen bleibt. Eine Fachetablierung der Umweltpsychologie kann hier aus unserer Sicht integrativ wirken.

2. Umweltpsychologische *Forschungsinhalte* umfassen primär anwendungsbezogene Beiträge zur Analyse und Veränderung menschlichen Erlebens und Verhaltens im Kontext der Umweltthematik. Wir unterscheiden hier drei

---

[2] Umweltpsychologie bzw. die „Environmental Psychology" kann im weiteren Sinne so gefaßt werden: „Environmental psychology is the study of the molar relationships between behavior and experience and the built and natural environments" (Bell, Greene, Fisher & Baum, 1996, S. 6).

zentrale Forschungsfelder, die sich über ihre jeweiligen Leitfragen darstellen lassen (s. Übersicht 1.1):

Übersicht 1.1: Umweltpsychologische Leitfragen

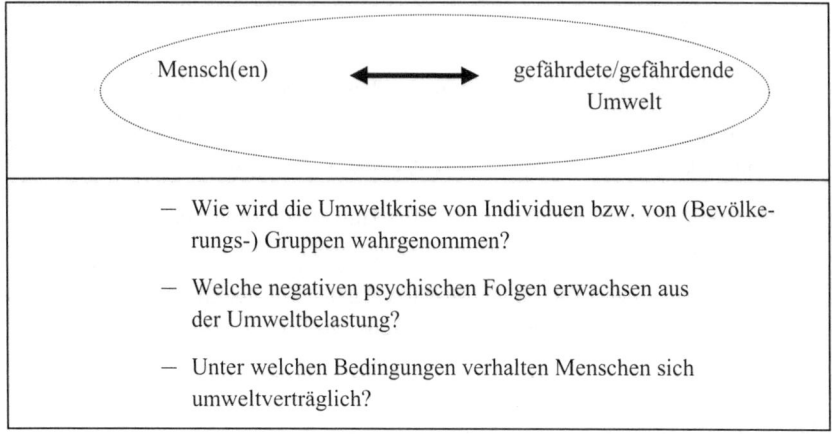

> Mensch(en) ⟷ gefährdete/gefährdende Umwelt
>
> — Wie wird die Umweltkrise von Individuen bzw. von (Bevölkerungs-) Gruppen wahrgenommen?
> — Welche negativen psychischen Folgen erwachsen aus der Umweltbelastung?
> — Unter welchen Bedingungen verhalten Menschen sich umweltverträglich?

Die drei Forschungsfelder können in folgender Weise näher dargestellt werden:

– Wie wird die Umweltkrise von Individuen bzw. von (Bevölkerungs-) Gruppen wahrgenommen? In diesem Forschungsfeld untersucht man mit Hilfe der Erfassung von Meinungen, Umwelteinstellungen, Risikobewertungen sowie subjektiver Sichtweisen, wie Menschen die Umweltthematik wahrnehmen, repräsentieren, strukturieren und bewerten.

– Welche negativen psychischen Folgen erwachsen aus der Umweltbelastung? Im Rahmen dieses Forschungsfeldes wird untersucht, welche Folgen für Wohlbefinden und Gesundheit mit „Belastungen aus der belasteten Umwelt" einhergehen.

– Unter welchen Bedingungen verhalten Menschen sich umweltverträglich? In diesem Forschungsbereich werden Erklärungsmodelle, Interventionsvorschläge und Programme zur Förderung und Stabilisierung umweltschonender Verhaltensweisen entwickelt und evaluiert.

3. Anwendungsbezogene umweltpsychologische *Forschungsaufgaben* bestehen aus unserer Perspektive in der Bündelung und Weiterentwicklung (z.B. sozial- und allgemein-) psychologischer Beiträge zu umfassenden Umweltschutzkonzepten (etwa „Sustainable Development"). Außerdem ergeben sich bezüglich dieser Konzepte vor dem Hintergrund psychologischen Fachwissens Ergänzungen bzw. Verbesserungsvorschläge, die aktiv in Umweltschutzprozesse eingebracht werden müssen.

Der *Beginn neuerer umweltpsychologischer Forschung* wird im deutschen Sprachraum allgemein auf Anfang der siebziger Jahre datiert (Kaminski, 1976; Kruse, 1974; Kruse, Graumann & Lantermann, 1990). „Auslöser des Neubeginns waren weniger psychologieimmanente Gründe. Umwelt wurde in den Sozialwissenschaften modern, als Umwelt als Zukunftsfrage der Menschheit in das öffentliche Bewußtsein drang" (Fietkau, 1981, S. 114). In den vergangenen Jahren hat sich vor dem Hintergrund eines zunehmend artikulierten gesellschaftlichen Problem- und Handlungsdrucks (Reaktorunfälle, Smogalarm, Entsorgungsprobleme, Umweltängste, „Krise der Wachstumsgesellschaft" etc.) eine Sichtweise etabliert, für die die Umweltkrise eine *der* Herausforderungen des 20. und 21. Jahrhunderts ist. Im Zuge dieser Entwicklung hat sich auch in der Psychologie ein Arbeitskonsens gebildet. PsychologInnen sehen psychologischen Handlungsbedarf und psychologische Handlungsmöglichkeiten. Sie erbringen heute eine Vielzahl von Forschungsbeiträgen zur Umweltproblematik. Eine der wichtigsten Aufgaben, die in diesem Zusammenhang anstehen, ist - neben der Weiterentwicklung umweltpsychologischer Kompetenzen in Zusammenarbeit mit anderen Fächern - die Vermittlung dieser Kompetenz nach außen. Eine besondere Herausforderung ergibt sich dabei aus dem Bestreben, daß PsychologInnen nicht nur bei der Lösung, sondern auch bei der Definition von Problemen einbezogen werden wollen.

Aufbau des Buches

Im Anschluß an diese Einführung (Kap. 1) wird der Stein des Anstoßes, die Umweltkrise, näher vorgestellt (Kap. 2). Anschließend erfolgt eine Einführung in die drei zentralen Forschungsperspektiven der Umweltpsychologie: Wie wird die Umweltkrise von Individuen bzw. von (Bevölkerungs-) Gruppen wahrgenommen (Kap. 3)? Welche negativen psychischen Folgen erwachsen aus der Umweltbelastung (Kap. 4)? Unter welchen Bedingungen verhalten Menschen sich umweltverträglich (Kap. 5)? Nachdem diese Wissensfelder dargestellt wurden, gilt es vertiefend Interventionsansätze zur Veränderung umweltschädlichen Verhaltens vorzustellen (Kap. 6). In Kapitel 7 wenden wir uns abschließend den Forschungs- und Anwendungsperspektiven der Umweltpsychologie zu.

Der *Aufbau einzelner Kapitel* wurde dem jeweils behandelten Thema angepaßt, gemeinsam ist jedoch allen Teilen, daß in einer Einleitung ein Überblick auf die dargestellten Themen gegeben wird und daß in einer abschließenden Zusammenfassung zentrale Inhalte und weiterführende Thesen vorgestellt werden. Dabei bauen die Kapitel aufeinander auf, sollten aber durchaus - je nach Interesse der Leserin und des Lesers - auch für sich betrachtet verständlich sein.

> *Gemeinsam ist allen Kapiteln, daß in kursiv gesetzten Kästen vertiefende Fragen und Denkanstöße formuliert werden.*

Bei der zusammengestellten *Literatur* können wir nicht den Anspruch erheben, alle einschlägigen Publikationen integriert zu haben. Vielmehr wurde eine Auswahl getroffen, die neben wichtigen „Standardwerken" deutscher und englischer Sprache auch sogenannte „graue" Literatur berücksichtigt, um aktuelles Wissen weitergeben zu können.

Zielgruppen des Buches

In erster Linie wendet sich dieses Buch an *Studierende des Faches Psychologie* und versteht sich somit als ein Lehrbuch. Darüber hinaus soll es *UmweltwissenschaftlerInnen* anderer Disziplinen (z.B. GeographInnen, Natur- und IngenieurwissenschaftlerInnen, MedizinerInnen) dazu dienen, sich mit Vorgehen und Erkenntnissen umweltpsychologischer Forschung vertraut zu machen. Schließlich ist es auch dazu gedacht, für *PraktikerInnen im Umweltschutz* - z.B. UmweltberaterInnen - relevantes Wissen zu vermitteln. Gerade in Hinblick auf die letzte Zielgruppe wurde Kapitel 6 (Möglichkeiten zur Förderung von umweltschonendem Verhalten) so gestaltet, daß es von „NichtpsychologInnen" und auch für sich lesbar ist. Kapitel 7 (Perspektiven der Umweltpsychologie) richtet sich insbesondere an denjenigen Teil der LeserInnen, die sich für Entwicklungsperspektiven umweltpsychologischer Forschung und Dienstleistung interessieren.

Dank

Beim Schreiben dieses Buches haben uns viele Personen unterstützt. Ihnen allen sei hiermit herzlich gedankt. Namentlich gilt unser Dank: Dr. Joachim Schahn, Stefan Matthäus, Gerhard Homburg, Marcel Hunecke, Ingo Homberger, Andreas Stolberg, Andrea Lauströer, Dörthe Krömker, Christian Hoffmann, Dirk Scheffler, Christoph Clases, Thomas Martens, Dr. Manfred Vigener, Martina Homburg, Dr. Brigitte Steinheider, Christian Klöckner, Jana Fasbender, Boris von der Linde, Alexander Quecke und Bertil Sukus. Sie haben Vorversionen „probegelesen" und durch differenzierte Kritik dazu beigetragen, das Buch den Bedürfnissen einer sehr heterogenen LeserInnenschaft anzupassen. Darüber hinaus danken wir dem Herausgeber, Prof. Dr. Ulrich Wagner, der uns zu diesem Buch ermuntert hat und dessen motivierende Rückmeldung zu Entwurf und Vorversionen uns sehr geholfen hat.

Schließlich gilt unser besonderer Dank Dorit Galatas, die in kooperativer Weise die Abbildungen und Tabellen erstellt hat, sowie Claudia Bittner, Ninja Raack, Sabine Kühle und Sefik Tagay, die uns beim Korrekturlesen und bei der Erstellung der Endversion unterstützt haben.

2. Die Umweltkrise aus natur- und sozialwissenschaftlicher Perspektive

Als Grundlage der Darstellung psychologischer Analyse- und Lösungsbeiträge zur Umweltthematik ist es wichtig, das Phänomen „Umweltkrise" genauer zu betrachten. Hierzu haben wir drei Zugänge gewählt:

Eingangs wird in diesem Kapitel die Umweltkrise selbst umrissen (2.1). Dabei werden Symptome, an denen sich diese Krise zeigt, sowie Ursachen, Entwicklungs- und Lösungsperspektiven vorgestellt.

Anschließend zeichnen wir die gesellschaftliche Thematisierung der Umweltkrise nach (2.2). Umweltprobleme - wie der Waldverlust oder die Müllproblematik - sind keine „objektiven" Tatsachen. Es macht z.B. einen Unterschied, ob vom „Waldsterben" oder von „neuartigen Waldschäden", von „Müllkippen" oder „Entsorgungsparks" gesprochen wird. Im Zuge der gesellschaftlichen Auseinandersetzung über die „richtigen" Sichtweisen und Begriffe können sich ganz verschiedene Positionen durchsetzen. In dieser Auseinandersetzung - dem gesellschaftlichen Diskurs - entscheidet sich, welche Probleme in unserer Wahrnehmung im Vordergrund stehen, was als besonders gefährliches oder dringliches Problem betrachtet wird und welche Lösungsmaßnahmen zu favorisieren sind. Folglich geht es im zweiten Teil des Kapitels darum, zentrale Charakteristika dieses gesellschaftlichen Krisendiskurses zu umreißen.

Im abschließenden dritten Teil (2.3) wird der Frage nachgegangen, inwieweit die Wissenschaft, die ja erst die Informationen für die Umweltdebatte liefert, vom „Forschungsgegenstand Umweltkrise" herausgefordert wird.

2.1 Zentrale Kennzeichen der Umweltkrise

2.1.1 Symptome

WissenschaftlerInnen verschiedener Disziplinen beschreiben Krisensymptome in nahezu allen Bereichen des „Ökosystems Erde". Diese Symptome finden sich primär in der dinglichen Umwelt und sekundär in der sozialen Umwelt (s. Kasten 2.1). Fünf dieser Symptome werden im folgenden exemplarisch charakterisiert:

1. Auftreten von Umweltschäden: Eine Übersicht von Umweltschäden, die Anspruch auf Vollständigkeit erheben kann, ist kaum zu erstellen. Zum einen müßte die Aufzählung ständig erweitert werden, zum anderen gibt es ganz unterschiedliche Vorstellungen zur Frage, nach welchen Ordnungsprinzipien eine solche Liste zu gestalten ist. In Übersicht 2.1 wird eine exemplarische Übersicht von Umweltproblemen gegeben, die sich an Umweltsystemen orientiert. Weitergehend spricht der „Wissenschaftliche Beirat Globale Umweltveränderungen" von „Syndromen des globalen Wandels". Zu den Krankheitsbildern der Erde, deren Lösung dringend angegangen werden muß, zählt er (WBGU, 1996, s. auch Kap. 8.3) das:

– Altlasten-Syndrom (lokale Kontamination von Umweltschutzgütern an vorwiegend industriellen Produktionsstandorten);

– Dust-Bowl-Syndrom (unangemessene industrielle Bewirtschaftung von Böden und Gewässern);

– Hoher-Schornstein-Syndrom (Umweltverschlechterung durch weiträumige diffuse Verteilung von meist langlebigen Wirkstoffen);

– Massentourismus-Syndrom (Erschließung und Schädigung von Naturräumen für Erholungszwecke);

– Müllkippen-Syndrom (Umweltverbrauch durch geregelte und ungeregelte Deponierung zivilisatorischer Abfälle);

– Sahel-Syndrom (landwirtschaftliche Übernutzung marginaler Standorte);

– Suburbia-Syndrom (Landschaftsschädigung durch geplante Expansion von Stadt- und Infrastrukturen).

2. Globale Ausbreitung der Umweltschäden: Viele Umweltschäden sind, bei teilweise lokaler oder regionaler Verursachung, global verbreitet. Diese Globalisierung ist das zentrale neue Merkmal derzeitiger Umweltveränderungen, denn Umweltgefährdungen sind nicht nur Probleme moderner Gesellschaften, wie sich am Beispiel der Osterinseln und Italiens zur Zeit des Römerreiches zeigen läßt (vgl. Meister, Schütze & Sperber, 1984 S. 34ff.; s.a. Merchant, 1991; Rösener, 1991). Im Gegensatz zu diesen historischen Phänomenen des Waldverlustes sind etwa der Treibhauseffekt oder die Schädigung der Ozonschicht ebenso wie das Hoher-Schornstein-Syndrom und das Massentourismus-Syndrom nicht regional begrenzt.

Kasten 2.1: Erläuterung wichtiger Begriffe der Umweltdiskussion

---

Umwelt: Der Begriff „Umwelt" ist mit einer Vielzahl von Bedeutungen verknüpft. Auf die für die Umweltdebatte wichtigen soll hier eingegangen werden. „Umwelt" umfaßt die Gesamtheit des Lebensraumes, der ein Lebewesen umgibt, der auf es einwirkt und in dem es agiert. Im Rahmen eines Systematisierungsversuchs wird zwischen dinglicher (physikalischer, materieller) und sozialer Umwelt differenziert. Dingliche Umwelt kann „natürlich" (von der Natur vorgegeben) oder „künstlich" (vom Menschen gestaltet) sein (Rohrmann, 1988). In der aktuellen Diskussion zur Umweltproblematik bezieht sich der Begriff „Umwelt" meist auf die Lebensräume bzw. auf die Systemelemente Luft, Boden, Wasser. Diese Umweltsysteme besitzen besondere Eigenschaften, so stehen sie untereinander in komplexen Interaktionsbeziehungen und können nicht-linear, exponentiell und stark zeitverzögert reagieren (vgl. Stern, Young & Druckmann, 1992, S. 30ff).

Umweltprobleme: „Als 'Umweltprobleme' bezeichnen wir Veränderungen der natürlichen Umwelt des Menschen, die - oder deren Auswirkungen - als unerwünscht oder bedrohlich erscheinen, und die durch menschliches Handeln entstehen" (Kaufmann-Hayoz, 1996, S. 7).

Umweltkrise: Der umgangssprachliche Begriff „Umweltkrise" umreißt die gesamte Umweltproblematik, die sich aus Belastungs- und Gefährdungsprozessen ergibt. Die Angemessenheit dieses Begriffes ist umstritten. Es herrscht Uneinigkeit darüber, ob es richtig ist, von einer „Krise" (ein vorübergehender Höhepunkt einer Entwicklung) oder von der „Umwelt" (etwas, was außerhalb der Gesellschaft ist) zu reden. Alternative Formulierungen wie „ökologische Katastrophe", „Bewußtseinskrise" oder „globale Veränderungen" deuten bestehende Konflikte an.

Umweltschutz: Der Begriff „Umweltschutz" umfaßt „...die Gesamtheit der Maßnahmen und Verhaltensweisen von Mensch und Gesellschaft, die der Erhaltung, Sicherung und Verbesserung seines Lebensraumes, der natürlichen Lebensgrundlagen und der Gesundheit des Menschen - einschließlich ethischer und ästhetischer Ansprüche - vor schädigenden Einflüssen von Landnutzung und Technik dienen" (Leser et al., 1993, S. 184).

---

3. *Wachstumstempo der Umweltschäden:* Mit der Industrialisierung, den technologischen Veränderungen und der Entwicklung spezifischer Konsummuster in den Industrieländern hat sich das Tempo der Umweltgefährdung beschleunigt (Meadows, Meadows & Randers, 1992). Umweltschäden treten also nicht nur ein, sie nehmen auch quantitativ zu (Bodenverlust, Ozonabbau etc.).

Übersicht 2.1: Auswahl von Phänomenen der Umweltveränderung (in Anlehnung an: Hartmuth & Kruse, 1996, S. 47; vgl. auch WBGU, 1993)

○ **Atmosphäre/Klima** (Lufthülle der Erde/atmosphärische Zustände und Witterungsvorgänge)

<u>Anthropogener Treibhauseffekt</u> (globale Erwärmung)
Ursache: Treibhausgase, v.a. CO_2, die etwa durch Verbrennung fossiler Brennstoffe im Bereich Verkehr und Raumheizung entstehen
Folgen: Klimaverschiebung, Meeresspiegelanstieg, Wetterextreme, Ernteeinbußen
<u>Ozonabnahme in der Stratosphäre</u> („Ozonloch" über der Antarktis, aber auch in der Nordhemisphäre)
Ursachen: v.a. FCKW (u.a. Treibmittel in Sprays und Schaumstoffen)
Folgen: Zunahme der UV-B-Strahlung: Phytoplankton-Schädigung; Hautkrebszunahme, Schädigung von Augen und Immunsystem
<u>Verschmutzung der Troposphäre</u> (Wintersmog, Sommersmog etc.)
Ursachen: „Saurer Regen", bodennahes Ozon
Folgen: Waldsterben, Atemwegserkrankungen, Allergien

○ **Hydrosphäre** (Wasserhülle der Erde)
<u>Belastung der Ozeane</u>
Ursachen: Düngung, Abfälle aller Art, Fischereimethoden
Folgen: Verschmutzung, Übernutzung, Einkommenseinbußen
<u>Süßwasserbelastung</u> (Grundwasser, Oberflächenwasser)
Ursachen: Verschmutzung, Vergeudung (z.B. Landwirtschaft, Haushalte)
Folgen: Verknappung von Trinkwasser, bodenphysikalische und -chemische Veränderungen

○ **Lithosphäre/Pedosphäre** (Erdkruste, Boden)
<u>Bodendegradation</u> (Verschlechterung landwirtschaftlich genutzten Bodens)
Ursachen: Landwirtschafts-Praktiken, Altlasten, Abfälle, Versiegelung
Folgen: Erosion, toxische Ablagerungen, Belastung der Nahrungskette

○ **Biosphäre** (lebende Organismen)
<u>Waldverlust</u>
Ursachen: Rodung, Luftschadstoffe
Folgen: Artenverlust, Verlust von Lebensraum, Erosion
<u>Biologische Vielfalt</u> (u.a.: Genpool)
Ursachen: U.a. Waldverlust
Folgen: Artenschwund, Rohstoffverlust, Verlust von Ökosystemstabilität, sowie ästhetischer und kultureller Werte

○ **Sozialsphäre** (hier: direktes Lebensumfeld der Menschen)
<u>Schädliche Einwirkungen auf den Menschen</u> (physikalische und chemische Stoffe)
Ursachen: Diverse Emissionsquellen (Verkehr, Industrie etc.)
Folgen: Beeinträchtigung von Gesundheit, Lebensqualität etc.

Sekundäre Symptome, die auch als *Folgen* der Umweltschädigung zu betrachten sind, werden hier getrennt nach sozial-ökonomischen und gesundheitlichen Aspekten vorgestellt:

4. Auftreten sozialer Konflikte und ökonomischer Schäden: Im sozialen Bereich können zunehmend *Verteilungskonflikte* um knappe Umweltgüter beobachtet werden: Sollen etwa knappe Flächen in Städten als Wohngebiete, als Grünanlagen oder als Verkehrsflächen genutzt werden? Häufig entwickeln sich Konflikte, wenn es darum geht, welche Technologien - etwa zur Energieerzeugung oder für die Fortbewegung - Verwendung finden können. Sogenannte *Risiko-kontroversen* entstehen: Man ist sich nicht einig, welche Risiken aus einer Technik erwachsen oder welche Risiken man in Kauf zu nehmen bereit ist. Die Umweltgefährdung ist auch mit Einschränkungen im Bereich Konsum und Produktion verbunden. Wenn die Umwelt nicht in hinreichend guter Qualität als Produktionsfaktor zur Verfügung steht, werden teure Aufbereitungsmaß-nahmen oder Produktionseinschränkungen nötig. Zu wirtschaftlichen Dimen-sionen der Umweltzerstörung lassen sich viele Beispiele anführen. So werden etwa durch Luftverschmutzung zusätzlich bedingte Gebäudeschäden für die BRD mit 1,5 Milliarden DM angegeben. Verluste, die aus der Schädigung der europäischen Wälder entstehen, werden auf über 30 Milliarden Dollar ge-schätzt. Schäden an künstlich und natürlich bewässertem Acker- und Weide-land in den Trockenregionen der Erde werden auf 42 Milliarden Dollar bezif-fert (Brown, 1993; Walletschek & Graw, 1988). Ein weiterer Konflikt erwächst aus der Frage, wer diese Kosten tragen soll: Ist die „Umwelt" zu „entschädi-gen"? Sind Einkommensverluste auszugleichen? Dieses Problem stellt sich ins-besondere, wenn kein konkreter Verursacher, sondern etwa der „Autoverkehr an sich" für Schäden verantwortlich gemacht wird.

5. Auftreten von Beeinträchtigungen der Gesundheit und der Lebensqualität: Auf den menschlichen Organismus treffende Umwelteinflüsse geraten zuneh-mend in Verdacht, Gesundheitsschäden zu verursachen. Diese sind als Folge der Exposition durch Altlasten (z.b. polyzyklische aromatische Kohlenwasser-stoffe, Blei), Luftverschmutzung (Schwefeldioxid), Nahrungsmittelbelastung (Pflanzenschutzmittel) oder der UV-B-Einstrahlung (Hautveränderungen) zu beobachten (Chivian, McCally, Hu & Haines, 1996; Schlipköter & Beyen, 1990; Walletschek & Graw, 1988). Gesundheitsgefährdungen gehen auch von Schadstoffen aus (Gase, Strahlung, Öl etc.), die im Zusammenhang mit Indu-strieunfällen freigesetzt werden können (s. Übersicht 2.2).

Übersicht 2.2: Umweltbedingte Massenerkrankungen (Auszüge aus:
Schimmelpfennig & Arndt, 1992, S. 31)

Jahr	Ort	Erkrankung durch
1987	Goiania/Brasilien	Cs 137 aus entwendeter und aufgebrochener Strahlentherapie-Quelle
1986	Tschernobyl/Ukraine	Radioaktivität nach kerntechnischem Unfall
1984	Bophal/Indien	Akute Intoxikation; Methylisozyanat
1981	Madrid/Spanien	Kontaminiertes und denaturiertes Speiseöl (toxic oil Syndrom)
1976	Seveso/Italien	Dioxinaustritt (Chlorakne, Spätfolgen offen)
1974	Gujarat/Indien	Mykotoxine (toxische Hepatitiden)
1968	Westjapan	polychlorierte Biphenyle (Yusho-Krankheit)
1960-1969	Südvietnam	„Agent Orange" (Chlorakne)
1954	Bikini-Atoll	Radioaktivität nach thermonuklearer Testexplosion

Im Zuge der Kommunikation über Umweltprobleme werden zudem sogenannte *Umweltängste* („Ist ein Sonnenbad noch vertretbar?") und Zukunftsängste beobachtet. Keupp (1994) sieht in diesem Zusammenhang Krisenfolgen im weiteren Sinne auch in einer Demoralisierung von Individuen (umfassend werden die psychischen Folgen in Kap. 4 vorgestellt). Neben dem Verlust von Wohlbefinden sind folgende konkrete *Veränderungen der Lebensqualität* zu beobachten (Gillwald, 1983):

– Verlust von Lebensraum: z.b. durch Überschwemmungen, Lawinen, Erdrutsche infolge von Waldverlust.

– Verlust von Arbeitsplätzen: z.b. durch den Zusammenbruch des Tourismus in belasteten Gebieten.

– Einbußen an ästhetischer und erlebnismäßiger Vielfalt: Veränderung der Außenvegetation und Tierwelt, Beschädigung und Verlust historischer Bauten, Verlust von Erlebnis- und Entspannungsmöglichkeiten (s.a. Fischer, 1994).

– Erhöhter Zeit- und Kostenaufwand: Verschmutzung und Verfall von Materialien, dadurch steigt Putz-, Wasch- und Reinigungs- sowie Neuerwerbsaufwand.

Resümee aus psychologischer Perspektive
Den hier vorgestellten Symptomen der Umweltgefährdung ist aus psychologischer Perspektive gemeinsam, daß sie nur bedingt mit menschlichen Sinnen wahrnehmbar sind. Bei lokalen Vorgängen wie dem Waldsterben ist eine Schulung des Blickes noch möglich, bei globalen Problemen wie dem Ozonloch oder dem Treibhauseffekt sind wir auf wissenschaftliche Meßinstrumente und Information angewiesen. Globale Umweltzustände und -veränderungen sind nur indirekt sichtbar. Daraus ergibt sich eine Reihe von Folgen. An die Stelle direkter, Sicherheit gebender Erfahrungen treten Zweifel bezüglich der Richtigkeit erschlossener Zusammenhänge. „Wo mit der Wahrnehmung die unmittelbare Erfahrung fehlt, drängt es umso mehr zur ... vermittelten Erfahrung, wie sie vor allem die Medien, die Anschaulichkeit anbieten, aber auch die interpersonale Kommunikation, die soziale Unterstützung bietet, liefern" (Kruse, 1995a, S. 85f.).

2.1.2 Ursachen

Im Rahmen wissenschaftlicher Analysen werden die Ursachen der Umweltgefährdung in einem multikausalen zirkulären Wirkungsgefüge gesehen. Die Vielzahl einzelner Ursachenaspekte läßt sich in zwei Bereiche unterteilen (WBGU, 1993):

– *Unmittelbare Ursachen* können in vielen menschlichen Aktivitäten gesehen werden: Hier sind etwa Handlungen zu nennen, die im Zusammenhang mit der Erschließung von Rohstoffen, mit Rohstoff- und Energieverbrauch, mit industriellem Wirtschaften, mit landwirtschaftlicher Nutzung sowie Konsumption und Mobilität stehen.

– Als „*driving forces*" dieser Entwicklung kann man technologische Veränderungen, wirtschaftliches Wachstum, Bevölkerungswachstum und -verteilung sowie historische, politische, ökonomische und psychische Strukturen ansehen.

Einige Ursachenaspekte sollen hier vertiefend aufgeführt werden, wobei zu betonen ist, daß keine der Ursachen für sich genommen eine große Erklärungskraft besitzt. Erst die Betrachtung aller Ursachenebenen ergibt eine sinnvolle Grundlage für das Verständnis der Krisenentstehung.

1. Quantitatives Wirtschaftswachstum: Technologische Möglichkeiten erlauben es heute, Ressourcen effektiv abzubauen bzw. den Stoffumsatz und damit auch die Freisetzung von Schadstoffen zu erhöhen. Bauerschmitt (1990, S. 36) macht den erhöhten Stoffumsatz am Beispiel des Energieverbrauchs deutlich. Der Weltenergieverbrauch lag im Jahr 1975 80fach über dem Verbrauch der Zeit vor der Industrialisierung und 8fach über dem Verbrauch zu Beginn des 20. Jahrhunderts. Diese Aktivitäten tragen zur Entstehung und Verstärkung von Umweltbelastungen bei. Dabei ist zu betonen, daß der hohe Stoffumsatz keineswegs alle Teile der Erdbevölkerung betrifft: die Industrieländer stellen ein Viertel der Weltbevölkerung, emittieren aber vier Fünftel des CO_2 (Enquete Kommission, 1990).

2. Bevölkerungswachstum: Die Zunahme der Weltbevölkerung wird als zentrale Ursache von Umweltproblemen gesehen. „Um das Jahr 1650 gab es etwa 500 Millionen Menschen auf der Erde. Die jährliche Wachstumsrate betrug damals rund 0,3 Prozent. Das entsprach einer Verdoppelungszeit von 250 Jahren. Bis 1900 war dann die Weltbevölkerung auf 1,6 Milliarden angestiegen, ihre Wachtumsrate auf 0,5 Prozent. Die Verdoppelungszeit betrug nur noch 140 Jahre. 1970 erreichte die Bevölkerungszahl 3,6 Milliarden bei einer Wachstumsrate von 2,1 Prozent. Das war nun kein exponentielles Wachstum mehr, es war *superexponentiell* geworden, denn die Wachstumsrate selbst wuchs exponentiell" (Meadows et al., 1992, S. 45, Hervorhebung im Original). Diese Wachstumsrate ging in den letzten Jahren auf 1,7 Prozent zurück, allerdings meinen Meadows et al.: „Selbst wenn die Geburtenraten so sinken sollten, wie nach extrem optimistischen Hochrechnungen bestenfalls zu erwarten ist, müssen wir mit einer weiteren enormen Zunahme der Weltbevölkerung rechnen, besonders aus den Ländern der Dritten Welt" (ebd. S. 47). Dieses Wachstum wirkt sich in doppelter Hinsicht aus: Zum einen vergrößert es den weltweiten Verbrauch an Energie und Ressourcen, zum anderen fördert es insbesondere in Ländern der „Dritten" Welt die Armut. Armut und Bildungsmangel wiederum sind eine zentrale Ursache für die dortige Umweltzerstörung und das Bevölkerungswachstum.

3. Politische und ökonomische Strukturen: Politische und ökonomische Strukturen werden ebenfalls als Ursache der Umweltproblematik angesehen, da sie Rohstoffgewinnung, Produktion, Austausch und Entsorgung von Gütern regeln. So werden etwa Schäden, die über diesen Zyklus im Umweltbereich entstehen, häufig nicht reguliert oder Entscheidungen nur unter Berücksichtigung ihrer kurzfristigen (positiven) Folgen für einzelne Betriebe getroffen. Handeln unterliegt zudem über politische und insbesondere ökonomische Strukturen besonderen Vorgaben: „Alle Akteure stellt die Gesellschaft unter die Bedingung, daß sie möglichst billig, möglichst schnell, möglichst mehr produzieren, und macht ihnen diese Bedingungen durch scharfe Konkurrenz fühlbar. Jeder Akteur ist deshalb versucht, ja gezwungen, sich möglichst auf eine bestimmte Leistungserbringung zu konzentrieren und dabei andere Probleme nach Möglichkeit zu externalisieren" (Giegel, 1992, S. 28).

4. Gesellschaftlich geteilte Überzeugungen und Handlungsmuster: Gesellschaftlich geteilte Überzeugungen wie etwa Einstellungen, Werte und Ideologien sowie Handlungsmuster bestimmen ebenfalls unsere Aktivitäten und tragen so zur Umweltveränderung bei. Insbesondere Wirtschaftsideologien, Lebensansprüche, materialistische Werte und Technikgläubigkeit werden von verschiedenen Autoren als Problemursachen angeführt (Hillmann, 1981; Inglehart, 1990; Stern et al., 1992; Strümpel, 1990). Catton und Dunlap (1980) sprechen von einer „dominanten westlichen Weltsicht", die den Menschen als herausragendes Lebewesen betrachtet, welches über andere zu herrschen habe. Diese Weltsicht geht - nach Catton und Dunlap - mit einem ungebrochenen Glauben an unbegrenzte Möglichkeiten und die Lösbarkeit aller Probleme einher und fördert so einen eher gedankenlosen Umgang mit der Umwelt.

5. Psychische Eigenschaften des Menschen: Auch in psychischen Eigenschaften des Menschen werden Ursachen für die Umweltproblematik gesehen. Im Rahmen einer hermeneutisch orientierten Psychologie weisen Begriffe wie „Verdrängungskultur" (Richter, 1993) oder Überlegungen zur *problemhaften Naturbeziehung* des Menschen (Sichler & Seel, 1993) auf dort vermutete Ursachen der Krise hin. Folgerichtig wird vor diesem Hintergrund die „Rückeroberung unseres verschütteten Natur- und Leiberlebens" (Legewie & Ehlers, 1992, S. 428) gefordert. Ausgehend von der kognitiven Psychologie kann mit Dörner (1993; s.a. Linneweber, 1997) auf „Unzulänglichkeiten" und *„Ökonomietendenzen"* des menschlichen Denkens als Krisenursache verwiesen werden. Hier wird davon ausgegangen, daß Begrenzungen des menschlichen Denkens im Umgang mit komplexen, vernetzten, undurchsichtigen und sich schnell ändernden Realitätsbereichen (z.B. Ökosystemen) zu Fehlern führen können. Andere AutorInnen machen *fehlendes Umweltbewußtsein* oder die Übermacht *egoistischer Motive* für umweltschädliches Verhalten verantwortlich (s. Kap. 5). Diese dem Menschen zugeschriebenen Eigenschaften können im Zusammenhang mit der Umweltproblematik zu *„unvernünftigem" Verhalten* führen:

- So denken wir etwa häufig in zu kurzen Zeitdimensionen („Was spielen Konsequenzen in 10 Jahren jetzt für eine Rolle?"),
- kümmern uns um Risiken, die auf den zweiten Blick wesentlich weniger dringlich erscheinen als andere, oder
- streben kurzfristige (egoistische) Ziele an, die uns zwar weiter bringen, langfristig aber der Gemeinschaft schaden.

Stellt man die psychischen Eigenschaften des Menschen in den Mittelpunkt der Ursachenbetrachtung, wird die Umweltkrise zu einer *„Krise fehlangepaßten Verhaltens"* (Maloney & Ward, 1973, S. 583). Diese sogenannte Fehlanpassung muß allerdings nicht biologisch determiniert sein: „Die Kulturgeschichte der Menschheit zeigt ... das große Spektrum dessen auf, was Menschen bisher - auf der Basis ihrer biologischen Ausstattung - möglich ist. Da man nicht annehmen kann, daß sich stammesgeschichtlich seit dem Auftreten des Homo sapiens an seiner Ausstattung Wesentliches verändert hat, haben wir in der Geschichte der Spezies einen enormen Beweis für die Elastizität der Verhaltensmöglichkeiten von Individuen und die Entfaltung von Kulturen - von denen zahlreiche z.B. nicht 'auf Wachstum programmiert' waren und sind" (de Haan & Kuckartz, 1996, S. 266). Aufgabe von Sozialwissenschaften ist es, vor diesem Hintergrund Möglichkeiten für individuelle und soziale *Lernprozesse* zu entwickeln, um Wege aus der „Krise fehlangepaßten Verhaltens" aufzuzeigen.

Schon die hier genannten Ursachen der problematischen Mensch/Umwelt-Beziehung machen deutlich, daß jede Wissenschaft aus der ihr eigenen Perspektive einen Beitrag zur Ursachenbeschreibung erarbeitet. Grundsätzlich ist es aus psychologischer Perspektive wichtig zu betonen, daß am komplexen Verursachungsgeschehen immer konkrete menschliche Sichtweisen und Aktivitäten beteiligt sind. Aus diesem Grund muß bei jeder Form von Problemlösung auch diese Ebene berücksichtigt werden.

Gerade wurden Ihnen einige Ursachen der Umweltkrise vorgestellt. Welchen Eindruck hinterläßt diese Darstellung? Erscheint Ihnen die Problematik lösbar oder vermittelt sich das Bild einer unlösbaren Situation? Falls Ihnen der Text hierauf eine Antwort gegeben hat, steckt in ihm eine (nicht beabsichtigte) verdeckte Botschaft. Die Gefahr bei diesen Botschaften ist, daß man sich nur schwer mit ihnen auseinandersetzen kann, gleichwohl können sie aber unsere Problemsichtweise prägen. Umso wichtiger ist es, solche versteckten Botschaften („Wir können sowieso nichts mehr tun", „Es wird sich alles von selbst regeln") zu entdecken, erst dann können wir uns kritisch mit ihnen auseinandersetzen.

2.1.3 Entwicklungsperspektiven

Im Rahmen verschiedener Studien wurden in den letzten Jahren globale Entwicklungsszenarien erstellt. Anhand dieser Arbeiten lassen sich unterschiedliche Zukunftserwartungen zur weiteren Entwicklung der Umweltgefährdung aufzeigen (vgl. Grün & Wiener, 1984).

1. Pessimistische Zukunftserwartungen: Hier werden unter der Voraussetzung, daß sich wesentliche gesellschaftliche Entwicklungen nicht verändern, drastische Katastrophen prognostiziert; weder die globale Vernichtung noch lokale Zerstörung scheinen ohne große gesellschaftliche Anstrengungen vermeidbar. Dieses Bild wird etwa (potentiell) durch Meadows, Meadows, Zahn und Millinger (1972) oder in Global 2000 (1981) vermittelt, wobei beide Studien großen Einfluß auf die Umweltdiskussion hatten. Meadows et al. (1972) formulieren etwa: Unter der Voraussetzung einer weiteren „... Zunahme der Weltbevölkerung, der Industrialisierung, der Umweltverschmutzung, der Nahrungsmittelproduktion und der Ausbeutung von natürlichen Rohstoffen..., werden die absoluten Wachstumsgrenzen auf der Erde im Laufe der nächsten hundert Jahre erreicht" (ebd. 1972, S. 17). Die vorgeschlagene Strategie zur Zukunftssicherung besteht im Kern aus einer Wachstumsbeschränkung, wobei die AutorInnen davon ausgehen, daß zur Herstellung eines Gleichgewichtszustandes nur ein begrenzter Zeitraum zur Verfügung steht.

Neben diesen eher pessimistischen Zukunftserwartungen gibt es aber auch optimistische Sichtweisen.

2. Optimistische Zukunftserwartungen: Auf der Grundlage einer positiven Einschätzung besonders von technischen Entwicklungsmöglichkeiten und einer vorsichtigen Umweltpolitik erscheinen hier Katastrophen handhabbar. Sie werden sogar als mögliche Beschleuniger einer technischen Entwicklung betrachtet. Kahn (1977) gilt als Vertreter dieser Perspektive. Seine Aussagen lassen sich zu folgenden Thesen zusammenfassen: (a) In den nächsten 200 Jahren werden die Menschen zahlreich und gesichert auf der Erde leben. Lebenswichtige Güter sind mit Hilfe des technischen und wirtschaftlichen Fortschritts leicht produzierbar. (b) Phänomene wie Überbevölkerung und Umweltverschmutzung sind zeitlich begrenzte, regionale Ereignisse, letztlich also Übergangserscheinungen. In diesen Studien kommt der technischen Entwicklung und dem Wirtschaftswachstum wesentliche strategische Bedeutung zu.

Im Resümee der derzeitig jüngsten Studie kommen Meadows et al. (1992, S. 13) zu folgender *aktuellen Prognose:* „Die Nutzung vieler natürlicher Ressourcen und die Freisetzung schlecht abbaubarer Schadstoffe haben bereits die Grenzen des physikalisch auf längere Zeit Möglichen überschritten. Wenn der Einsatz dieser Materialien und die Energieflüsse nicht entscheidend gesenkt werden, kommt es in den nächsten Jahrzehnten zu einem nicht mehr kontrollierbaren Rückgang der Nahrungsmittelerzeugung, der Energieverfügbarkeit und der Industrieproduktion".

Objektivität können diese Prognosen letztlich nicht in Anspruch nehmen, da die Ausgangsdaten für die Modellrechnungen umstritten sind. Zudem werden keine sozialen bzw. gesellschaftlichen Faktoren (Bewußtseinswandel, Wertewandel,

Aufklärung etc.) einbezogen. Eine besondere Schwäche, speziell der pessimistischen Modelle, stellen die fehlenden, individuell relevanten Handlungsvorschläge dar (Grün & Wiener, 1984).

Aus psychologischer Perspektive darf es nicht wundern, wenn Individuen als Reaktion auf pessimistische Wissensbestände und unkonkrete Handlungsmöglichkeiten mit Rückzug und Resignation reagieren. Das Interesse pessimistischer Studien (z.b. Global 2000), als „sich selbst zerstörende Prophezeiungen" zu wirken, stellt sich so in Frage. Optimistische Entwürfe wie der von Kahn (1977) haben ihre Überzeugungskraft auch verloren, da ihre Prognosen nicht erfüllt wurden.

2.1.4 Lösungsperspektive: „Sustainable Development"

Ein Beispiel, wie Sozialwissenschaften zur Bewältigung der Umweltkrise beitragen können, wollen wir anhand des Konzeptes des „Sustainable Development" geben. Hierzu wird dieses Konzept eingangs erläutert.

Seit dem Brundtland-Bericht der UN-Weltkommission für Umwelt und Entwicklung (1987) wird das Konzept des „Sustainable Development" als Lösungsansatz der Umweltgefährdung international diskutiert. Der Begriff kann ins Deutsche als „dauerhafte" oder „nachhaltige Entwicklung" übersetzt werden. Handlungsstrategien zur Schaffung von qualitativem statt quantitativem Wachstum stehen im Zentrum dieses Ansatzes, der seit der UN-Weltkonferenz für Umwelt und Entwicklung von 1992 in Rio de Janeiro ein übergreifendes Ziel von Entwicklungs- und Umweltpolitik ist. Der Brundtlandbericht faßt das Konzept „Nachhaltige Entwicklung" als Entwicklung auf, die den Bedürfnissen heutiger Generationen Rechnung trägt, ohne die Möglichkeiten zukünftiger Generationen, ihren eigenen Bedürfnissen Rechnung zu tragen, zu behindern (Brundtland-Bericht, 1987).

Heute lassen sich allerdings schon viele Auffassungen von dem, was „Sustainable Development" eigentlich heißt, aufzeigen. Arts (1994, s. auch Lantermann, 1996) gibt hierzu eine Übersicht zu vier unterschiedlichen Konzepten:

1. Im Diskurs „Business as usual" wird die Beibehaltung oder Vergrößerung von wirtschaftlichem Wachstum gefordert. Dieses Wachstum wird - etwa über die Bekämpfung von Armut oder einer Effizienzsteigerung - als Voraussetzung für einen nachhaltigen Umgang mit der Umwelt betrachtet.

2. Im Diskurs „Grüne Ökonomie" wird der Ansatz „Umweltrettung durch Wachstum" kritisiert. Hier wird eine wirtschaftliche Umstrukturierung gefordert, die u.a. den Erhalt oder die Erweiterung des natürlichen Kapitals sicherstellt. Das Konzept zielt nicht nur auf die produktiven Funktionen von Natur ab, sondern bezieht alle Funktionen der Umwelt ein, neben den produktiven auch die ökologischen und die kulturellen Funktionen. In diesem Sinne schreiben Meadows et al.: „Eine Gesellschaft ist dann nachhaltig, wenn sie so struk-

turiert ist und sich so verhält, daß sie über alle Generationen existenzfähig bleibt ... Im Sinne der Systemforschung ist eine Gesellschaft nachhaltig, wenn sie ausreichende Informations-, Sozial- und Verwaltungsstrukturen besitzt, die in der Lage sind, die positiven Rückkopplungen für exponentielles Bevölkerungs- und Wirtschaftswachstum so zu kontrollieren, daß die Fertilität etwa gleich der Mortalität ist und die Investitionsraten etwa den Raten der Kapitalnutzung entsprechen" (Meadows et al., 1992, S. 250f.).

3. Im Diskurs *„Integrale Nachhaltigkeit"* werden explizit auch Probleme des Südens bzw. der „Dritten" Welt und die soziale Frage berücksichtigt. Hier wird Nachhaltigkeit im Sinne des Brundtland-Berichts als Summe aus ökonomischer, ökologischer und sozialer Nachhaltigkeit gesehen: „Nachhaltige Entwicklung bezieht sich mithin auf drei miteinander verflochtene Probleme: die Beeinträchtigung von Natur und Umwelt, die Entwicklung der Dritten Welt sowie die sozialen und politischen Verhältnisse im Weltmaßstab, einschließlich der Probleme von Frieden und Sicherheit" (Arts, 1994, S. 17).

4. Im Diskurs des *„Anti-Modernismus"* werden Konzepte wie Modernität und Fortschritt in Frage gestellt. Nachhaltige Entwicklung wird als Aufrechterhaltung der ökologischen und kulturellen Vielfalt beschrieben. Hier liegt der Schwerpunkt nicht auf der Sicherstellung der Entwicklung des Menschen, sondern auf der der Natur.

Vor dem Hintergrund dieser unterschiedlichen Sichtweisen kommt Fischer zu folgendem Schluß: „Nachhaltige Entwicklung ist ein normatives Konzept, ein Konzept mit dem Willen zur Gestaltung der Zukunft, das für diverse und oft auch kontroverse inhaltliche Ziele offen ist. Einigkeit läßt sich zwischen den Diskutierenden zumeist dann noch erreichen, wenn allgemeine globale Ziele anvisiert werden" (Fischer, 1996, S. 9).

Trotz dieses problematischen Hintergrundes gibt es nationale und internationale Bestrebungen, Nachhaltigkeit in der Handlungspraxis umzusetzen. So verabschiedete die UN-Weltkonferenz für Umwelt und Entwicklung von 1992 in Rio de Janeiro neben dem Abkommen zum Schutz der biologischen Vielfalt die Agenda 21, ein weltweites Aktionsprogramm für nachhaltige Entwicklung. In Übereinstimmung mit diesem Aktionsprogramm ist es erklärtes energie- und klimapolitisches Ziel der Bundesregierung, die CO_2-Emissionen bis zum Jahr 2005 gegenüber dem Referenzjahr 1987 um 25-30% zu reduzieren.

Diese Ziele sind erst erreichbar, wenn sie vor Ort, in Gemeinden, Haushalten und Betrieben umgesetzt werden. Ein Zusammenschluß von Städten, der diese konkrete Umsetzung anstrebt, ist etwa ICLEI (International Council for Local Environmental Initiatives) und das Klimabündnis (Klimaschutzstädte). Zudem gibt es das Brundtlandstadt-Konzept. Im Rahmen dieses Konzeptes gehen Kommunen die Selbstverpflichtung ein, die allgemein formulierten Anforderungen der CO_2-Reduktion modellhaft umzusetzen (s.a. Übersicht 2.3).

Übersicht 2.3: Beispiele für Akteure und Maßnahmen einer dauerhaft tragfähigen Entwicklung

Akteure	Maßnahmen
Vereinte Nationen	Verabschiedung von Konventionen (Arten- und Klimaschutz)
Nationen	Formulierung umweltpolitischer Ziele und gesetzlicher Regelungen
Bundesländer	Förderprogramme zur Nutzung regenerativer Energien
Kommunen	Lokale Umsetzung von Klimaschutz-, Energiespar- und Verkehrsvermeidungskonzepten (Lokale Agenda 21, s. Kap. 8.3)
Betriebe/Handel	Angebot umweltverträglicher Produkte u. Dienstleistungen (Umweltmanagement, „Öko-Audit"-Verordnung der Europäischen Gemeinschaft)
Privathaushalte	Beteiligung an der lokalen Agendaentwicklung, Nutzung umweltverträglicher Verhaltensalternativen (z.b. beim Verkehr)

Sozialwissenschaftliche Beiträge

Die oben vorgestellten Überlegungen verdeutlichen, daß es in diesem neuen und offenen Prozeß zur dauerhaft tragfähigen Entwicklung von der internationalen, nationalen, regionalen bis hin zur individuellen Ebene konkrete Handlungsstrategien geben muß (s. auch BUND & Misereor, 1996). Im Rahmen des Nachhaltigkeitsprozesses kommen den Kultur- und Sozialwissenschaften - und hierbei auch der Psychologie - wichtige Aufgaben zu. Renn (1994, S. 109) sieht hier insbesondere die:

— Überprüfung und Verbesserung von umweltpolitischen Bildungs- und Aufklärungsprogrammen;

— Sichtbarmachung auch kleiner Verursachungs- und Lösungsbeiträge, um damit der Illusion der Folgenlosigkeit des eigenen Handelns entgegenzuwirken;

— Identifikation von politischen und sozialen Barrieren, die umweltgerechtes Handeln hemmen können;

— Entwicklung und Testung von Arenen und Modellen für gemeinsame Planungs- und Problemlösungsaufgaben;

— Entwicklung und Evaluierung partizipativer Verfahren der Entscheidungsfindung und Willensbildung (Bürgergutachten, Runde Tische etc.).

Mit Kruse-Graumann (1996) kann zudem die Aufgabe formuliert werden, zur Klärung der Frage beizutragen, was im Zuge des Sustainability-Prozesses „sozialverträglich" ist. Weitergehend kann die Psychologie an der lokalen Tragfähigkeitsumsetzung über Beiträge zur Änderung von Verhalten in umweltrelevanten Bereichen mitarbeiten. Mittel hierzu werden im Rahmen verschiedener Interventionsheuristiken zur Verfügung gestellt (s. Kap. 6).

2.2 Die Umweltkrise im gesellschaftlichen Diskurs

Nach der Schilderung von Symptomen, Ursachen, Entwicklungsszenarien und Lösungsansätzen zur Umweltproblematik gehen wir nun der Frage nach, wie sich der öffentliche Diskurs bzw. die öffentliche Diskussion der Umweltthematik angenommen hat.

Die Betrachtung dieses Diskurses ist wichtig, da Wissen nicht nur „an sich", sondern auch in seiner Bedeutung für die Konstruktion sozialer Wirklichkeit betrachtet werden kann. In diesem Sinne ist die Umweltthematik genau wie die „Umwelt" ein gesellschaftliches Konstrukt. Sie existiert nicht „an sich", sondern bekommt ihre Gestalt, ihr „Gesicht" erst durch die kommunizierten bzw. sozial geteilten Vorstellungen, die wir darüber besitzen (s. hierzu auch Luhmann, 1986). Diese „Umweltdeutungen werden nicht unmittelbar wahrgenommen, sondern durch soziale Kommunikation - im unmittelbaren, interpersonalen Kontakt oder durch Medien - vermittelt. Die Art und Weise, wie z.B. von Experten, politischen Parteien, Journalisten, Wirtschafts- oder Verbrauchervertretern oder von den Leuten auf der Straße über Umwelt, Umweltprobleme oder die 'ökologische Krise' geredet und verhandelt wird, bestimmt den *Umweltdiskurs* in einer Gesellschaft..." (WBGU, 1993, S. 254, Hervorhebung im Original). Dieser Diskurs ist im Zusammenhang mit der Umweltthematik von besonderer Bedeutung, da die Entwicklung dieses hochgradig komplexen, unbestimmten Phänomens fundamental von der gesellschaftlichen Thematisierung der Problematik abhängt. Betrachten wir diese Thematisierung also einmal näher und beginnen mit einem Rückblick.

Anfang der sechziger Jahre trat die Umweltproblematik über das Buch „Silent Spring" von Rachel Carson (1962, deutsch: „Der stumme Frühling", 1968) in das Bewußtsein der amerikanischen Öffentlichkeit. Das Umweltthema wurde für den gesellschaftlichen Diskurs „entdeckt". Gegen massiven Widerstand aus der Chemieindustrie fand die Arbeit, die sich mit der schleichenden Verseuchung der Natur durch Chemikalien beschäftigt, weite Verbreitung. Die Öffentlichkeit wurde gegenüber der ökologischen Problematik und gegenüber „Umweltsünden" sensibilisiert. Es wurden Bürgerinitiativen und Umweltschutzorganisationen gebildet, eine nationale Umweltbehörde gegründet und Umweltschutzgesetze erlassen.

Kurz nach der Energiekrise erschienen im Jahr 1972 die Studien von Forrester und Meadows et al. (s. Kap. 2.1.3). Das „United Nations Environmental Programme" (UNEP) wurde initiiert, und eine erste große UN-Konferenz zum Thema „Human Environment" fand statt. Dieses Jahr war ein Kulminationspunkt vieler Einzelbeiträge zur ökologischen Kritik (vgl. Harborth, 1993), die in ihrer Gesamtheit das bis dahin vorherrschende Wachstumsparadigma aus naturwissenschaftlicher Sicht in Frage stellten. Da im Rahmen des Diskurses Ressourcen zum einem „knappen Gut" erklärt wurden, läßt sich vermuten, daß diese Wissensbestände zu einem Wertewandel beigetragen haben.

Durch die Ökologiebewegung, die sich als soziale Bewegung auch in europäischen Ländern und in Japan entwickelte, wurden wesentliche Impulse zu einer zusammenhängenden globalen Betrachtungsweise der Umweltproblematik gegeben (Brand, Büsser & Rucht, 1986). Der Krisendiskurs wirkte sich weitergehend auch auf andere Problembereiche aus. Er erfaßte so etwa die Nord-Süd-Problematik, da die geforderte Einschränkung von Wirtschaftswachstum in Ländern, deren Grundbedürfnisse nicht erfüllt werden konnten, als besonders problematisch bewertet wurde (Harborth, 1993, S. 24).

In Deutschland waren das Waldsterben und der Saure Regen (1984/1985), der Reaktorunfall im sowjetischen Atomkraftwerk Tschernobyl und ein schwerer Chemieunfall in einer schweizer Chemiefabrik (1986), das Robbensterben in der Nordsee und giftige Algen in der Ostee (1988) zentrale Themen der Umweltdiskussion (de Haan & Kuckartz, 1996).

Besondere Merkmale des Umweltdiskurses
Infolge dieser oben zusammengefaßten Ereignisse entwickelte sich eine bis heute andauernde Diskussion um die Zukunft der modernen Gesellschaft. Neue Zielsetzungen entstanden, die sich mit den Begriffen „qualitatives Wachstum" und „Lebensqualität" umschreiben lassen und ein Vorsorgedenken für Umwelt und Individuen umfassen (vgl. Kap. 2.1.4). Einige besondere Merkmale dieses *Umweltdiskurses* bezüglich seiner Quellen, seiner nationalen und kulturellen Besonderheiten, seiner Annahmen zum Mensch-Natur Verhältnis und seiner sprachlichen Rahmung sollen hier hervorgehoben werden:

1. Angewiesenheit auf wissenschaftliche Informationen: Eine Besonderheit des Umweltdiskurses ist es, daß er in hohem Maße auf wissenschaftliche Informationen bzw. „Entdeckungen" angewiesen ist. Ohne die Wissenschaft wüßten wir nichts über Probleme wie Sommersmog oder „Ozonloch". Bezüglich Grad, Ausmaß und Erscheinungsformen ihrer Gefährdungen sind Betroffene also prinzipiell fremdwissensabhängig. So werden Betroffene „in Sachen ihrer eigenen Betroffenheit *unzuständig*. Sie verlieren ein wesentliches Stück Wissenssouveränität. Das Schädliche, Bedrohliche, Feindliche lauert überall, ob es aber feindlich oder freundlich ist, entzieht sich dem eigenen Urteilsvermögen, bleibt den Annahmen, Methoden, Kontroversen der fremden Wissensproduzenten überlassen" (Beck, 1986, S. 70, Hervorhebung im Original). Dabei gehen Betroffene allerdings aktiv mit diesen Informationen um: sie wählen bestimmte Themen aus, gewichten Details oder funktionalisieren Aussagen.

2. Gesellschaftliche Bearbeitung wissenschaftlicher Informationen: Wissenschaftliche Informationen dienen dem Umweltdiskurs nur als Ausgangsmaterial, das - einmal aus der Hand der Wissenschaft entlassen - nach den Vorstellungen von Medien, Politikern, Verbänden und nicht zuletzt der Werbung (Umweltschutz durch Konsum bestimmter Güter) gestaltet wird. Diese Bearbeitung bzw. Funktionalisierung im Sinne anderer Interessen wird etwa deutlich, wenn man die Rezeptionsgeschichte der ersten Meadowsstudien (s. Kap. 2.1.3) betrachtet: Auf die Veröffentlichung des Club of Rome (Meadows et al., 1972) erfolgte ein stürmisches Medienecho. Im Vordergrund stand damals allerdings nicht die Botschaft, daß die „Welt" zwar bedroht, aber mit gemeinsamen Anstrengungen zu erhalten sei. Vielmehr wurde ein Endzeitszenario entworfen, das Zukunftsängste bestätigte bzw. förderte. Die Studie sorgte für Irritationen in Kreisen der Wirtschaft und der Gewerkschaften, die ihr unterstellten, vehement ein Nullwachstum zu fordern (Heck, 1992).

3. Nationale/kulturelle Besonderheiten: Der Umweltdiskurs ist offenbar auch nationalen und kulturellen Einflüssen unterworfen. Bereits 1989 wies Kruse darauf hin, daß das Thema „Waldsterben" in Deutschland eine sehr viel stärkere Rezeption in der Presse fand als in Frankreich, obwohl der deutsche und französische Wald gleichermaßen vom Sauren Regen geschädigt waren. Und auch Lévy-Leboyer, Bonnes, Chase, Ferreira-Marques und Pawlik (1996) konnten in einer jüngst durchgeführten Studie zeigen, daß in den EU-Ländern Frankreich, Deutschland, Italien, Portugal und Großbritannien die jeweilige Tagespresse in sehr unterschiedlichem Ausmaß über Umweltthemen berichtete. Die intensivste Berichterstattung erfolgte ihren Analysen gemäß in Deutschland (414 Artikel in drei Monaten des Jahres 1994), die geringste Beachtung fand das Thema „Umwelt" in der französischen Presse (239 Artikel im selben Zeitraum). Zudem standen in den fünf Ländern unterschiedliche Themen im Vordergrund, die von den AutorInnen der Analyse als typisch für die unterschiedlichen Kulturen erachtet werden. Beispielsweise wird in vier Ländern in vergleichbarem Ausmaß die nukleare Kontamination thematisiert, außer in Italien, wo der Verfall von Gebäuden im Vordergrund steht. Umweltverschmutzung wird vor allem in Deutschland thematisiert, die Bedrohung bestimmter Tierarten besonders in Großbritannien. Aber nicht nur auf nationaler Ebene scheint es - neben vielen Gemeinsamkeiten - Unterschiede im Umweltdiskurs zu geben: Matthies (1994b) verglich in einer 1991/1992 durchgeführten Studie die soziale Konstruktion des Müllproblems in einer ost- und einer westdeutschen Stadt. Dabei zeigte sich, daß im Zusammenhang mit negativen Folgen von Müllverbrennungsanlagen und Deponien Ostdeutsche stärker die Bedrohung der Natur und Westdeutsche stärker die potentiellen Gesundheitsgefährdung akzentuieren.

4. Rückgriff auf verschiedene Annahmen zum Verhältnis Mensch und Natur: Der Diskurs stützt sich auf ganz unterschiedliche Annahmen zur Natur bzw. zum Verhältnis Mensch und Natur. So kann der Mensch als Unglücksfall oder Fehlschlag in der Naturgeschichte interpretiert werden, Natur und Mensch können als voneinander unabhängig gesehen werden (etwa über die „Flucht im Raumschiff"), Mensch und Natur können als kooperierende Partner gedacht werden, oder letztlich kann dem Menschen die Position des/der Besitz-erIn und BeherrscherIn von Natur zugeschrieben werden (Bien, 1992). Auch Vorstellungen von der Natur selbst können ganz unterschiedlich ausfallen und ganz unterschiedliche Umgangsformen nahe legen: so ist Natur einerseits als etwas Schützenswertes oder andererseits als etwas, vor dem man sich schützen muß, zu interpretieren. Eine andere Unterscheidung von Naturbildern stellen Thompson, Ellis & Wildavsky (1990) vor: sie beschreiben Sichtweisen, die die Natur als strapazierfähig, in Grenzen strapazierfähig, empfindlich oder aber als unberechenbar betrachten.

5. *Sprachliche Rahmung des Umweltdiskurses*: Um über die Umweltthematik kommunizieren zu können, müssen wir Sprache verwenden. Die hierbei gewählten Begriffe sind keine austauschbaren „Nebensachen", sondern tragen ganz wesentlich zur Rahmung bzw. zu unserer Sichtweise der Probleme bei. Es macht einen Unterschied, ob wir - wie oben erwähnt - von einer „unberechenbaren" oder einer „strapazierfähigen" Natur sprechen. Es ist nicht das gleiche, ob wir von „Müllkippen" oder „Entsorgungsparks" reden, von „Katastrophen" oder „Störfällen". Diese Rahmungen können Folgen haben. So meinen Bock und Zafirov (1992) ausgehend von ihrer Studie zu Presseberichten über den Müll- und Abfall-Notstand: „Presseberichte [entlasten, d.A.] durch ihren sprachlichen Umgang mit dem Abfall: Die STOFFE werden häufig von ihrer Entstehung abstrahiert, d.h. die genetische Relation zwischen Mensch und Abfallproduktion wird nur am Rande erwähnt..., die Verantwortung für die Entstehung von MÜLL und ABFALL wird bei den seltenen Thematisierungen dieses Gesichtspunktes zumeist abstrakten Personengruppen, Institutionen, wenn nicht gar dem MÜLL selbst zugeschrieben" (Bock & Zafirov, 1992, S. 285, Hervorhebung im Original; s. auch Brechbühl & Rey, 1996; Nothdurft, 1992).

Hier deutet sich an, daß der Krisendiskurs unterschiedliche Rollenangebote bietet. Diesen Aspekt wollen wir abschließend betrachten.

Aus psychologischer Perspektive ist es besonders interessant zu beobachten, welche Rolle Individuen im Umweltdiskurs zugeschrieben wird. Ist das Individuum nur für die Probleme, nicht aber für deren Lösung verantwortlich, oder umgekehrt? Übersicht 2.4 zeigt vor dem Hintergrund dieser Frage denkbare Rollenangebote.

Übersicht 2.4: Mögliche Rollenzuweisungen an Individuen im Rahmen des Umweltdiskurses

Lösungs-verantwortung \ Ursachenver-antwortung	Das *Individuum* selbst ist mitverantwortlich für die Ursachen der Um-weltprobleme	Die „*anderen*" sind verantwortlich für die Ursachen der Umwelt-probleme
Das *Individuum* selbst ist mitverantwortlich für die Lösung der Umweltprobleme	*Rolle 1* „*Du mußt (zu Recht) etwas tun*"	*Rolle 2* „*Du mußt (ungerechterweise) etwas tun*"
Die „*anderen*" sind verantwortlich für die Lösung der Umweltprobleme	*Rolle 3* „*Du mußt/kannst (unge-rechterweise) nichts tun*"	*Rolle 4* „*Du mußt/kannst (zu Recht) nichts tun*"

Es ist offensichtlich, daß jede der Rollen andere Konsequenzen für die Lösung des Gesamtproblems und für das Wohlbefinden des einzelnen Menschen hat. Im Sinne einer lösungsorientierten gesellschaftspolitischen Perspektive wäre die Rolle 1 „*Du mußt (zu Recht) etwas tun*" zu bevorzugen. Die Frage, welche Rolle im Diskurs primär vermittelt wird, ist eine (noch offene) empirische Pro-blemstellung. Genauso offen ist die Frage, ob in diesen Rollen Individuen als Einzelwesen oder als (sozial eingebettete) Gruppenmitglieder angesprochen werden.

Diese Überlegungen verweisen darauf, daß Umweltdiskurse eine erzieherische - oder weiter gedacht - eine vergesellschaftende Wirkung haben. Noch deutlicher wird dieser Prozeß, wenn wir uns vor Augen führen, wie viele Vorgaben und Regeln als „Folge" der Umweltkrise von ExpertInnen der Umweltpolitik und -er-ziehung eingeführt werden.

> *Welche Erfahrungen haben Sie mit der „Umwelterziehung" im Alltag gemacht? Welche Regeln gilt es zu befolgen? Was ist erlaubt und was verboten?*

2.3 Die Umweltkrise als Herausforderung für die Wissenschaft

Nachdem in den vorangehenden Kapiteln die Umweltkrise sowie der Krisen-diskurs diskutiert wurden, steht ein wichtiger Bereich aus: die Beziehung der „Wissenslieferantin" zur Problematik muß noch betrachtet werden. Es ist die

Wissenschaft, die wichtige Erkenntnisse bezüglich der Umweltkrise generiert und sich in diesem Prozeß mit spezifischen, ihre Vorgehensweise in Frage stellenden Problemen konfrontiert sieht. Hierbei ist nicht nur an das nicht unproblematische Verhältnis von Medien und Wissenschaft (Peters, 1995) oder an die Interdisziplinarität des Forschungsfeldes zu denken. Weitergehend lassen sich folgende Herausforderungen an die Wissenschaft charakterisieren, die sich aus der Umweltthematik entwickeln:

1. Umgang mit konkurrierenden Sichtweisen: In den vorangehenden Ausführungen dürfte die Ambivalenz wissenschaftlichen Wissens deutlich geworden sein. Im ExpertInnenlager herrscht keineswegs Einigkeit über die Güte dieses Wissens. So konkurrieren insbesondere technisch-naturwissenschaftliche und publizistisch-sozialwissenschaftliche Professionen um die soziale Definitionsmacht ökologischer Risiken (Hitzler, 1994). Wissenschaft tritt nicht „einstimmig", sondern „vielstimmig" auf.

2. Umweltkrise als transwissenschaftliches Problem: Im Bereich der Umweltproblematik werden Fragen gestellt, die wissenschaftlich nicht zuverlässig zu beantworten sind, die über Einzelwissenschaften oder über die Wissenschaft allgemein hinausweisen. „Ob die Frage nach den externen Effekten des Verkehrs, den Kosten von Umweltschäden im allgemeinen oder den Kosten einer Klimavorsorge-Strategie gestellt wird, ob nach der Zahlungsbereitschaft für Umweltgüter, der zukünftigen Entwicklung umweltbedingter Migration und des Umwelt- und Risikobewußtseins, ob nach den 'wirklichen Bedürfnissen' von Menschen, nach umweltentlastenden Lebensstilen oder nach der Umsetzbarkeit und Akzeptanz eines neuen Wohlstandsmodells gefragt wird, immer sind beträchtliche Unsicherheiten vorhanden" (Wiedemann, 1994, S. 8). Diese Unsicherheiten sind für die Wissenschaft selbst allerdings weniger ein Problem, dieses entsteht für sie erst, wenn von außerhalb - etwa von der Politik - „sichere" Erkenntnisse eingefordert werden.

3. Umgang mit Objektivität und Wertfreiheit: Die Trennung von BeobachterIn und ForscherIn auf der einen Seite und Forschungsgegenstand auf der anderen Seite - ein im Rahmen wissenschaftlicher Arbeit häufig angestrebtes Ideal - ist in diesem Forschungsbereich schwer aufrecht zu erhalten. WissenschaftlerInnen sind selbst Bestandteil („Opfer und Täter") des Forschungsobjektes. Insbesondere wenn dieses „Betroffensein" nicht expliziert wird, ist die Objektivität der Forschungserkenntnisse in Frage zu stellen (vgl. Preuss, 1991). Weitergehend ist die Wertfreiheit von Forschung in Frage gestellt, wenn sich wertende und deskriptiv-analytische Aussagen verquicken, ohne daß normative Vorgaben und Menschenbilder (vgl. Kap. 5) deutlich gemacht werden.

4. Gesellschaftliche Akzeptanz: Wissenschaft ist über ihre gesellschaftliche Eingebundenheit auf Akzeptanz angewiesen. So kann mit Beck formuliert werden, „...daß der Spielraum für wissenschaftliche Forschung mit dem Bedrohungspotential der Produktivkräfte immer enger wird" (1986, S. 71). Gerade dieses Bedrohungspotential kann umweltwissenschaftlicher Forschung zuge-sprochen werden.

5. *Wissenschaftliche Glaubwürdigkeit:* Die Glaubwürdigkeit wissenschaftlicher Aussagen wird von zwei Seiten in Frage gestellt. Zum einen geht es aus der Perspektive einiger WissenschaftlerInnen primär darum, Forschungsressourcen bzw. Forschungsmittel und nicht Umweltressourcen zu sichern. Dieser Prozeß nährt den Verdacht, Umweltforschung sei ein bloßes „Zeitgeistthema". Zum anderen kann wissenschaftliche Information, etwa in Form von Gutachten, nicht mehr den Anspruch erheben, „Sicherheit" zu schaffen; zu sehr wird sie öffentlich, beispielsweise in Form von Gegengutachten, kritisiert (vgl. Lau, 1989, s. auch Herausforderung 1).

6. *Wissenschaft als „Buhmann" und Hoffnungsträger:* Wissenschaft ist heute primär damit beschäftigt, Probleme zu bewältigen, die aus vorangegangener wissenschaftlicher Tätigkeit erwachsen sind. Sie ist vom Hoffnungsträger des gesellschaftlichen Fortschritts in vielen Bereichen zum „Buhmann" geworden. Wissenschaftliche Arbeit erfährt also einerseits eine Abwertung. Andererseits werden an technische und sozialwissenschaftliche Disziplinen im Zuge der Lö-sung von Umweltproblemen ganz enorm hohe Erwartungen gestellt. Es geht um nicht weniger als die „Rettung der Zukunft" durch wissenschaftliches „Know-how".

Festzuhalten ist, daß auch umweltpsychologische Forschung sich diesen Her-ausforderungen stellen muß (s. hierzu auch Kap. 7).

2.4 Zusammenfassung

Vor der Darstellung psychologischer Analyse- und Lösungsbeiträge zur Um-weltthematik war es Aufgabe dieses Kapitels, das Phänomen „Umweltkrise" bzw. die „Umweltgefährdung" genauer vorzustellen. Hierzu wurden drei Per-spektiven gewählt:

Eingangs wurde die Umweltkrise als ein „gegebenes" Phänomen betrachtet (2.1): Es zeigt sich, daß *Symptome* der Umweltkrise in allen Bereichen der „natürlichen" und sekundär auch der sozialen Umwelt zu finden sind. Neben globalen und regionalen Phänomenen der Umweltbelastung sind soziale Kon-flikte, ökonomische Schäden und gesundheitliche Beeinträchtigungen zu beob-achten. *Ursachen* der Umweltproblematik werden in unmittelbaren Ursachen (Rohstoff- und Energieverbrauch etc.) und forcierenden Bedingungen (Bevöl-kerungs- und Wirtschaftswachstum etc.) gesehen. In der Ursachendiskussion spielen politische und ökonomische Strukturen, gesellschaftlich geteilte Über-zeugungen und Handlungsmuster sowie psychische Eigenschaften des Men-schen eine wichtige Rolle. Es lassen sich optimistische und pessimistische Sichtweisen zur *Zukunftsentwicklung* aufzeigen, wobei heute der Lösungsan-satz des *„Sustainable Development"* eine zentrale Rolle spielt.

In Kapitel 2.2 wurde die Umweltkrise als *gesellschaftlich definiertes Phänomen* betrachtet. Die Umweltproblematik ist keine objektive Tatsache, sondern eine soziale Konstruktion, die sich über den *gesellschaftlichen Diskurs* gestaltet. Dieser Diskurs ist im Zusammenhang mit der Umweltthematik von besonderer Bedeutung, da die Entwicklung des hochgradig komplexen und unbestimmten Phänomens fundamental von der gesellschaftlichen Thematisierung der Problematik abhängt. Erst über dieses Geschehen wird die Umweltthematik sozial bedeutsam. Im Zuge dieses Diskurses entwickelte sich eine bis heute andauernde Diskussion um die Zukunft der modernen Gesellschaft. Neue Zielsetzungen entstehen, die sich mit dem Begriff qualitatives Wachstum umschreiben lassen und ein Vorsorgedenken für Umwelt und Individuen umfassen. An besonderen *Merkmalen dieses Diskurses* können seine Angewiesenheit auf wissenschaftliche Informationen, seine Bearbeitung dieser Informationen, seine nationalen und kulturellen Besonderheiten sowie seine Rückgriffe auf verschiedene Annahmen zum Verhältnis von Mensch und Natur aufgeführt werden.

Grundlage unseres Wissens zur Umweltgefährdung ist die *Wissenschaft*. Sie liefert den wichtigsten „Input" für den Krisendiskurs. Im abschließenden Kapitel (2.3) wurde betont, daß es für die weitere Forschungstätigkeit von besonderer Bedeutung ist, *Schwachstellen* der wissenschaftlichen Arbeit und sich daraus ergebende *Herausforderungen* zu thematisieren. Solche Herausforderungen ergeben sich insbesondere aus dem Umgang mit konkurrierenden Sichtweisen, dem transwissenschaftlichen Charakter der Umweltprobleme, der Problematik von Objektivität und Wertfreiheit, fehlender gesellschaftlicher Akzeptanz und dem Umgang mit Glaubwürdigkeitsproblemen.

Im Zuge dieses Kapitels ist deutlich geworden, wie eng die Umweltthematik mit dem Erleben und Verhalten von Menschen verknüpft ist. Aufgabe der folgenden Kapitel ist es, diese Verknüpfungen genauer zu beschreiben: Als erster Schritt in diese Richtung wird die Wahrnehmung der Umweltkrise geschildert.

3. Wahrnehmung der Umweltkrise: vier Forschungstraditionen

Während wir uns im vorangegangenen Kapitel für wissenschaftliche Sichtweisen der Umweltproblematik und den Umweltdiskurs allgemein interessiert haben, wenden wir uns nun Alltagssichtweisen und damit unserer ersten umweltpsychologischen Leitfrage zu: *Wie wird die Umweltkrise von Individuen, bzw. von bestimmten (Bevölkerungs-)Gruppen wahrgenommen?* Zur Beantwortung dieser Frage wurden in den letzten drei Jahrzehnten Menschen auf der ganzen Welt interviewt. In Diskussionen solcher Studien wird im allgemeinen Sprachgebrauch meist vom „Umweltbewußtsein" gesprochen. Genau betrachtet, ist hierbei vom „Umweltproblembewußtsein" oder dem „Umweltkrisenbewußtsein" die Rede (Katzenstein 1995a, S. 23).

Aus psychologischer Perspektive soll aus solchen Befragungen die kognitive Repräsentation der (problematischen) Mensch-Umwelt-Beziehung erschlossen werden. Es gilt also Wissen über die gedankliche „Abbildung" von Umweltproblemen sowie deren Ursachen, Folgen und Lösungen zu gewinnen.

Ziel des Kapitels ist es, dieses Forschungsfeld anhand der Schilderung von vier zentralen Forschungstraditionen vorzustellen:

— *Demoskopische Forschung zum Umweltbewußtsein:* Zentrales Ziel der Meinungsforschung ist es, etwas über die Einschätzung der Umweltthematik durch die Bevölkerung auszusagen. Beispielsweise will sie zeigen, welche Bedeutung die Umweltprobleme für BürgerInnen eines Landes haben, welche Umweltschutzmaßnahmen allgemein akzeptiert werden, in welchem Umfang Menschen die Verantwortung für die Lösung von Umweltproblemen übernehmen oder wo ihre Zukunftssorgen liegen.

— *Forschung zur kognitiven Struktur des Umweltbewußtseins:* In dieser Forschungstradition wird, teilweise in Anlehnung an sozialpsychologische Theorien, Umweltbewußtsein zumeist als individuelle Einstellung oder Werthaltung begriffen. Durch entsprechende Fragezusammenstellungen werden Teilkomponenten des Umweltbewußtseins erfaßt. Besonderer Wert wird dabei auf die Beschreibung der Beziehung zwischen einzelnen Komponenten gelegt, etwa dem Verhältnis von emotionaler Betroffenheit und Verhaltensintention.

— *Psychometrische Risikoforschung*: Im Rahmen der psychometrischen Risikoforschung wird insbesondere der Frage nachgegangen, wie hoch Menschen Risiken, die aus verschiedenen Technologien und Umweltveränderungen entstehen können, einschätzen und welche Faktoren die Risikobewertung beeinflussen.

— *Forschung zur subjektiven Repräsentation der Umweltthematik:* Ziel der Erfassung subjektiver Sichtweisen ist es, das Verstehen und Erklären der Umweltthematik im *Alltagsdenken* nachzuvollziehen, indem BefragungsteilnehmerInnen die Möglichkeit gegeben wird, eigene Gedanken relativ frei zu entwickeln ohne auf vorgegebene Antwortmöglichkeiten Rücksicht nehmen zu müssen.

Es ist zu betonen, daß sich die letzte der vier Traditionen von den anderen weniger darin unterscheidet, welche *Fragen* sie stellt, sondern eher darin, welche *Antworten* sie zuläßt: Die ersten drei Traditionen geben Antworten primär vor und stehen so der quantitativen Forschung nahe. Die letztgenannte Tradition läßt Antwortmöglichkeiten eher offen und steht so der qualitativen Forschung nahe.

Die hier vorgenommene Einteilung von Studien zur Wahrnehmung der Umweltproblematik ist ein Versuch, die umfangreiche und heterogene Forschungslandschaft zu strukturieren. Einzelne Studien können dabei durchaus mehrere Forschungstraditionen in sich vereinigen oder diese erweitern. Der Schwerpunkt bisheriger Forschung liegt im Bereich der Meinungsforschung und der Forschung zur kognitiven Struktur des Umweltbewußtseins. Allerdings wird erst mit Hilfe aller vier Forschungstraditionen ein umfassendes Bild sozialer und psychischer Relevanz der Umweltproblematik erstellt (s.a. Homburg, 1997).

Die Bedeutung der Betrachtung aller Facetten zeigt sich, wenn wir uns veranschaulichen, daß die Umweltkrise letztlich nicht über das Phänomen selbst, sondern über die Vorstellungen, die Individuen darüber besitzen, relevant wird. Diese Sichtweisen sind es, die Erfahrungen systematisieren, Handeln lenken oder Prognosen anregen. Vor diesem Hintergrund ist zu betonen, daß Intervention nur auf Grundlage der Kenntnis von Sichtweisen zur Umweltthematik (und deren Einbettung in soziale Zusammenhänge) effektiv sein kann. Erst das Wissen um diese Zusammenhänge ermöglicht eine erfolgreiche Umsetzung von - bzw. eine Kommunikation über - Lösungsansätze im Bereich der Umweltkrise.

Im weiteren Verlauf des Kapitels werden die vier Forschungstraditionen ausführlich charakterisiert (Kap. 3.1 bis 3.4). Dabei wird jeweils auf theoretische und methodische Grundlagen, spezielle Fragestellungen, zentrale Ergebnisse und Kritikpunkte eingegangen. Abschließend werden mikro- und makrosoziale Hintergründe der Wahrnehmung der Umweltthematik beschrieben (Kap. 3.5) und eine Zusammenfassung des gesamten Kapitels gegeben (Kap. 3.6). Auf die Folgen, die sich für Menschen aus ihren Wahrnehmungs- und Bewertungsprozessen ergeben, gehen wir in Kapitel 4 ein. Die primär über Korrelationsstudien untersuchte Handlungsrelevanz der Wahrnehmung der Umweltkrise wird in Kapitel 5 erörtert.

3.1 Demoskopische Forschung

Mit dem Entstehen einer breiten Umweltschutzbewegung in Deutschland entwickelte sich in den späten siebziger Jahren - vor allem auf Seiten politischer Entscheidungsträger - das Anliegen, die allgemeine Sensibilität für Umweltprobleme genauer zu erkunden. Damit wurde die Wahrnehmung der Umweltproblematik, bzw. das „Umweltbewußtsein der Bevölkerung" zum Gegenstand von demoskopischen Studien.

Demoskopische Studien haben das Ziel, die „Meinung" eines definierten Personenkreises zu einem bestimmten Themenbereich zu erkunden. Oftmals handelt es sich um großangelegte Erhebungen mit mehreren hundert Interviewten. Die Befragten werden dabei nach einem festgelegten Verfahren so aus einem bestimmten Personenkreis (etwa alle wahlberechtigten Deutschen) ausgewählt, daß sie für diese Gruppe als repräsentativ gelten können. Die interessierenden „Meinungen" werden durch standardisierte mündliche oder telefonische Interviews erfaßt. Dabei wird häufig so vorgegangen, daß vorformulierte Aussagen (sog. „Statements") vorgelegt werden, die die Befragten dann mit Hilfe einer vorgegebenen Skala beurteilen sollen. Offene Fragen werden in solchen Interviews seltener gestellt.

Einige Studien zum Umweltbewußtsein werden in regelmäßigen Zeitabständen durchgeführt. Beispielsweise hat das Institut für praxisorientierte Sozialforschung (IPOS) von 1984 bis 1994 „Einstellungen zu Fragen des Umweltschutzes" erhoben (zunächst im Auftrage des Innenministeriums, dann im Auftrage des neu geschaffenen Umweltministeriums). Aus solchen wiederkehrenden Studien lassen sich Schlüsse über die zeitliche Entwicklung von Meinungen ziehen. Neben den nationalen Studien gibt es mittlerweile auch einige europäische und internationale Studien (s. Kasten 3.1), die Vergleiche zwischen dem Umweltbewußtsein der BewohnerInnen verschiedener Staaten zulassen und damit verknüpft auch Rückschlüsse auf kulturelle und gesellschaftliche Bedingungen des Umweltbewußtseins ermöglichen (s. Kap. 3.5).

Die in den verschiedenen demoskopischen Studien zum Umweltbewußtsein gestellten Fragen lassen sich grob drei Inhaltsbereichen (vgl. Dierkes & Fietkau, 1988) zuordnen. Es finden sich *Fragen zur Problemwahrnehmung* (z.B. Fragen zur Beurteilung globaler Umweltprobleme, oder auch zur persönlichen Betroffenheit durch lokale Umweltbelastungen), *Fragen zum politischen Handlungsbedarf* (z.B. zum Vergleich der Dringlichkeit von Umweltschutz und anderen Aufgaben der Politik) und *Fragen zu Lösungsstrategien und zur persönlichen Bereitschaft zu Lösungen beizutragen* (z.B. zur Akzeptanz eines Tempolimits).

Kasten 3.1: Das Umweltbewußtsein der Deutschen im internationalen Vergleich

Im Vergleich mit der Bevölkerung anderer europäischer Staaten und auch im internationalen Vergleich bekunden die Westdeutschen bereits seit mehreren Jahren ein sehr hohes Umweltproblembewußtsein (Dunlap, Gallup & Gallup, 1993; Fietkau, Kessel & Tischler, 1982; Lévy-Leboyer et al., 1996). In einer 1992 vom Gallup-Institut durchgeführten Studie zeigen die Deutschen mit der Bevölkerung von Süd-Korea das höchste Bewußtsein für Umweltprobleme im eigenen Land (s. Abb. 3.1). Erhoben wurde die Zustimmung zu dem Statement „Umweltprobleme sind das wichtigste bzw. ein sehr ernstes Problem in diesem Land."

Abbildung 3.1: Bedeutung der Umweltproblematik im eigenen Land (nach Dunlap et al., 1993)

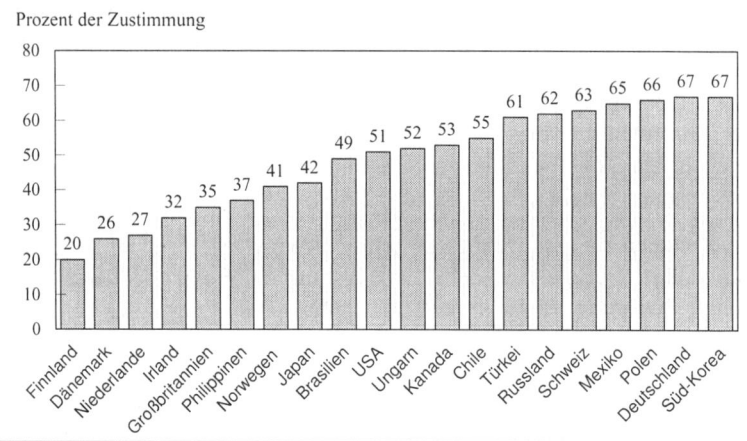

"Umweltprobleme sind *das wichtigste* bzw. *ein sehr ernstes* Problem in diesem Land"

Aus einer psychologischen Perspektive sind vor allem jene Inhaltsbereiche interessant, die an das oben beschriebene Alltagsverständnis von Umweltbewußtsein anknüpfen, d.h. Fragen zur Problemwahrnehmung und zu Lösungsstrategien und Bereitschaften[3]. Im folgenden werden daher einige ausgewählte Befunde der demoskopischen Forschung zunächst zum Bereich der Problemwahrnehmung (3.1.1) und anschließend zu Lösungsstrategien und -bereitschaften (3.1.2) dargestellt. Abschließend wird der demoskopische Forschungsansatz bewertet (3.1.3).

---

[3] Fragen zum politischen Handlungsbedarf können als Indizien für die Problemwahrnehmung gelten. Beispielsweise lassen Aussagen über die Dringlichkeit des Umweltschutzes Rückschlüsse auf das Ausmaß der Problemwahrnehmung zu.

3.1.1 Problemwahrnehmung

Bevor Sie den folgenden Abschnitt lesen, möchten wir Sie bitten, sich einen Moment Zeit zu nehmen, um folgende Aufgabe zu bearbeiten:

> *Wann haben Sie sich selbst zum ersten Mal mit Umweltproblemen befaßt?*
> *Welches Problem stand damals für Sie im Vordergrund? Was verstehen Sie*
> *heute alles als Umweltproblem? Machen Sie eine kleine Liste!*

In diesem Kapitelteil soll zunächst eine „quantitative" Perspektive eingenommen werden, d.h., es wird betrachtet, inwiefern sich das *Ausmaß oder die Stärke des Umweltproblembewußtseins* der Bevölkerung in den vergangenen 25 Jahren in Deutschland verändert hat.

Anfänge der Entwicklung eines Umweltproblembewußtseins sieht Kaase (1986) in den Jahren 1970/71. Für 1970 belegen INFAS-Umfragen, daß erst 41 Prozent der bundesrepublikanischen Bevölkerung überhaupt etwas mit dem Begriff „Umweltschutz" anfangen konnten; 1971 waren es laut INFAS bereits 95 Prozent. Kaase problematisiert allerdings zu Recht, daß diese Zahlen nichts darüber aussagen, welche *Bedeutung* diesem Thema beigemessen wird (vgl. Kaase, 1986, S. 293).

Erst die intensivere demoskopische Forschung in den achtziger Jahren läßt Rückschlüsse auf das Ausmaß des Umweltproblembewußtseins zu. Für diesen Zeitraum dokumentieren mehrere demoskopische Studien, daß BürgerInnen der Bundesrepublik dem Umweltschutz zunehmend mehr Bedeutung beimessen: In einer 1982 durchgeführten Erhebung des Instituts für Demoskopie betrachteten 81% der BürgerInnen die Verschmutzung von Natur und Umwelt als ein ernstes Problem (Noelle-Neumann & Piel, 1983, S. 39). 1984 wird in einer offenen Befragung „Umweltschutz" als zweitwichtigste politische Aufgabe nach der „Bekämpfung der Arbeitslosigkeit" genannt (Börg, Matheisen & Voltenauer-Lagemann, 1983; IPOS, 1984). Im Jahr 1989 - vor den im Herbst beginnenden gravierenden Veränderungen in Deutschland - war „Umweltschutz" vorübergehend sogar das wichtigste politische Problem (IPOS, 1991, S. 2); es wurde dann aber zunehmend von anderen Themen verdrängt. 1996 steht der Umweltschutz in Westdeutschland nach den Themen „Verminderung der Arbeitslosigkeit" und „Verbesserung der Verbrechensbekämpfung" an dritter Stelle und in Ostdeutschland (hier wird das Thema „Mehr tun für den Erhalt des Sozialstaates" noch höher bewertet) an vierter Stelle der wichtigsten politischen Probleme (Preisendörfer, 1996).

Will man die Befragungsergebnisse im Hinblick auf ein sich wandelndes Umweltproblembewußtsein interpretieren, so werden Schwachstellen der demoskopischen Forschung deutlich (s. Abschnitt 3.1.3): In den regelmäßig durchgeführten IPOS-Befragungen wurde von 1984 bis 1994 offen nach *dem wichtigsten politischen Problem* gefragt. Seit 1989 wurden auf diese Frage zunehmend andere Probleme als der Umweltschutz genannt. Dies muß aber nicht bedeuten, daß der Umweltschutz (absolut) als weniger wichtig erachtet wird. Denkbar ist auch, daß der Umweltschutz für die Befragten gleich wichtig geblieben ist, oder sogar wichtiger geworden ist, jedoch aufgrund der zunehmenden Bedeutsamkeit anderer Themen vom ersten bzw. zweiten Platz verdrängt worden ist.

Ein wichtiger weiterer Aspekt des Umweltproblembewußtseins ist die Bewertung der *Nationalen Umweltqualität*, wie sie kontinuierlich in den bereits erwähnten IPOS-Studien erhoben wird (s. Abb. 3.2). Interessant ist hier ein Vergleich der Einschätzung der nationalen Umweltverhältnisse aus jeweils ost- und westdeutscher Perspektive. Einerseits läßt sich beobachten, daß Ost- und Westdeutsche übereinstimmend die Umweltverhältnisse im Osten sehr viel negativer beurteilen als die Verhältnisse im Westen; dabei zeichnet sich für die Beurteilung der Umweltverhältnisse Ost ein positiver Trend in der Beurteilung der Ost- sowie der Westdeutschen ab. Die Umweltverhältnisse West werden dagegen von beiden Gruppen uneinheitlich und im Zeitverlauf leicht schwankend beurteilt. Bemerkenswert ist auch, daß die Westdeutschen generell die Umweltverhältnisse in beiden Landesteilen negativer beurteilen als die Ostdeutschen. Wie kommen solche unterschiedlichen Bewertungen zustande? Die demoskopische Forschung wirft hier Fragen nach den Bedingungen des Bewußtseins für Umweltprobleme auf (s. Kap. 3.5).

Abbildung 3.2: Beurteilung der Umweltverhältnisse durch Ost- und Westdeutsche (nach IPOS, 1994, S. 4)

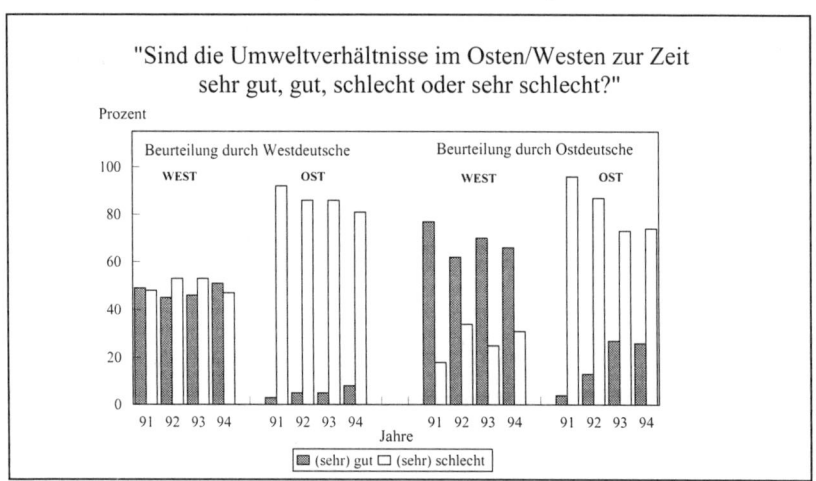

Die oben geschilderten Antwortreaktionen auf Fragen nach der Wichtigkeit von Umweltschutz bzw. die Urteile über die nationalen Umweltverhältnisse geben zwar Hinweise auf das *relative Ausmaß* des Umweltproblembewußtseins, sie geben aber keine Auskunft darüber, *welche Umweltprobleme konkret befürchtet werden.* Diese inhaltliche bzw. „qualitative" Perspektive ist häufig mit einer offenen Frageweise verknüpft. Das IPOS hat in den Jahren 1991 bis 1994 regelmäßig eine offene Frage nach den befürchteten zukünftigen Umweltproblemen gestellt. Hier durften die Interviewten maximal drei Probleme nennen. Die Abbildung 3.3 gibt wieder, wie häufig fünf ausgewählte Umweltprobleme (Luftverschmutzung, Ozonloch, ungesundes Trinkwasser, Müllprobleme, Waldsterben) in den letzten Jahren auf diese offene Frage hin genannt wurden. Deutlich werden dabei Unterschiede in der Problemwahrnehmung Ost- und Westdeutscher. Für die Ostdeutschen erscheinen z.B. Müllprobleme viel bedeutsamer als für die Westdeutschen; 1992 ist Müll in Ostdeutschland das am häufigsten genannte Umweltproblem. Daneben wird auch sichtbar, daß einzelne Probleme, z.B. das Ozonloch, in ihrer relativen Bedeutsamkeit einen *Auf- und Abschwung* erfahren. Schon die Betrachtung eines Zeitabschnitts von nur vier Jahren deutet darauf hin, daß ein allgemeines „Umweltproblembewußtsein" sich im Laufe der Zeit auf unterschiedliche konkrete Umweltprobleme beziehen kann. Vermutlich hängt dies mit aktuellen Ereignissen und der Medienberichterstattung zusammen.

Abbildung 3.3: Befürchtete Umweltbelastungen, West- und Ostdeutsche im Vergleich (nach IPOS, 1991, 1992, 1993, 1994)

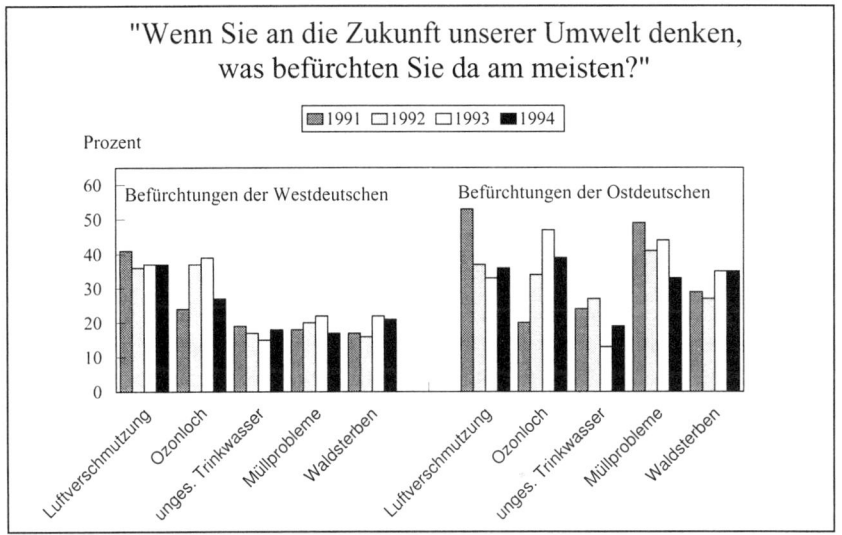

Eine weitere Differenzierung, die aus psychologischer Perspektive bedeutsam ist, betrifft den *Bezug zwischen Umweltproblemen und der eigenen Person*. In mehreren Befragungen wurde beobachtet, daß die lokale, also persönlich relevante Umweltqualität *besser* beurteilt wird als die nationale oder globale (Billig, 1994; de Haan & Kuckartz, 1996; Dierkes & Fietkau, 1988). De Haan und Kuckartz sprechen in diesem Zusammenhang von „Wahrnehmungsproblemen" bzw. von einer „Differenz zwischen Nahem und Fernem" (S. 173).

Eine geringere persönliche Betroffenheit ist auch immer feststellbar, wenn nach beidem, den Auswirkungen eines Umweltproblems *allgemein* und den *persön-*

lichen Auswirkungen desselben Problems gefragt wird. Hier findet sich konsistent in mehreren Studien eine deutlich geringere persönliche als allgemeine Betroffenheit (Billig, 1994; Matthies, 1994a). Abbildung 3.4 zeigt dies für einige ausgewählte Umweltbelastungen. Mögliche Erklärungen für dieses Phänomen werden in Kapitel 3.3 angesprochen.

Abbildung 3.4: Allgemeine und persönliche Betroffenheit durch Umweltbelastungen (nach Billig, 1994, S. 173)

| | allgemein | persönlich |

Fluglärm — 39,2 / 14,8
Bleigehalt im Benzin — 58,8 / 34
Industrieabfälle in den Gewässern — 71,9 / 41,1
Kernkraftwerke — 46 / 20,7
Industrieabgase — 72,5 / 45,4
Verkehrslärm und Autoabgase — 80,7 / 60,6

0 20 40 60 80 100

ziemlich stark und sehr stark betroffen in Prozent

3.1.2 Lösungsstrategien und Bereitschaften

Mit Blick auf die Akzeptanz von Maßnahmen werden in demoskopischen Studien zum Umweltbewußtsein häufig Zustimmungen zu verschiedenen Umweltschutzkonzepten abgefragt und auch persönliche Handlungsbereitschaften erhoben. Hier finden sich einige psychologisch interessante Ergebnisse: So läßt sich etwa für die BundesbürgerInnen auf den ersten Blick eine hohe Akzeptanz für Umweltschutzmaßnahmen feststellen. Diese Akzeptanz scheint jedoch abzunehmen, je höher die Kosten für das Individuum werden. Dies zeigt sich sowohl bei *Bewertungen von Umweltschutzkonzepten* als auch bei erfragten *Verhaltensbereitschaften*.

Bei einer 1992 durchgeführten Befragung einer repräsentativen Stichprobe für Baden-Würtemberg (s. Tab. 3.1) wurden vorgegebene *Umweltschutzkonzepte* bewertet. Als unerläßlich werden hier mehrheitlich Maßnahmen eingeschätzt, die andere betreffen: „Strafen für Umweltsünder", „grenzübergreifende politische Zusammenarbeit" und „Erziehung der jungen Generation zu umweltbewußtem Verhalten". Nur 21% der Befragten erachteten die „Einschränkung persönlicher Freiheiten (Tempolimit, Fahrverbot)" für unerläßlich; 28% hielten solche Maßnahmen sogar für unwichtig.

Tabelle 3.1: Bewertung verschiedener Umweltschutzkonzepte in einer repräsentativen Befragung für Baden-Würtemberg (nach Herbert & Häberle, o. J., S. 109)

Lösungsvorschlag	Bewertung:		
	unerläßlich	wichtig	unwichtig
Höhere Strafen für industrielle Umweltsünder	61%	36%	3%
Grenzübergreifende politische Zusammenarbeit im Umweltbereich	53%	36%	2%
Erziehung der jungen Generation zu umweltbewußtem Verhalten	52%	36%	2%
Grundlegendes radikales Umdenken jedes einzelnen Menschen	40%	52%	8%
Eine Preis- und Steuerpolitik, die umweltfreundliche Produkte verbilligt, umweltschädliche Produkte aber verteuert	36%	57%	7%
Verankerung des Umweltschutzes im Grundgesetz	36%	50%	13%
Änderung unseres Lebensstils und unserer Konsumgewohnheiten	34%	58%	8%
Fortschritt in Wissenschaft und Technik	28%	61%	11%
Einschränkung individueller Freiheiten, z.B. Tempolimit, Fahrverbot o.ä.	21%	51%	28%

In den letzten Jahren werden in demoskopischen Studien zunehmend auch *Bereitschaften zur Veränderung alltäglicher umweltrelevanter Verhaltensweisen* erhoben, etwa selbstberichtetes oder intendiertes Verhalten im Bereich des Recyclings, des Konsumverhaltens, beim Wasser- und Energiesparen und bei der Verkehrsmittelwahl (Billig, 1994; Preisendörfer, 1996). Dabei läßt sich beobachten, daß Verhaltensänderungen vor allem in bestimmten Verhaltensbereichen erfolgen oder beabsichtigt sind, z.B. bei der Mülltrennung im Haushalt (IPOS, 1994; Preisendörfer, 1996). Das selbstberichtete Energiesparverhalten und insbesondere die umweltbewußte Verkehrsmittelwahl fällt demgegenüber ab (s. Abb. 3.5). Diekmann und Preisendörfer (1992) machen hierfür unterschiedlich hohe „Verhaltenskosten" verantwortlich. Näheres zur dieser Differenzierung von Verhaltenskosten und deren Einfluß auf das tatsächliche Umweltverhalten wird in Kapitel 5.3.5 erläutert.

Abbildung 3.5: Bereitschaft zum umweltgerechten Verhalten
   (nach Billig, 1994, S. 160)

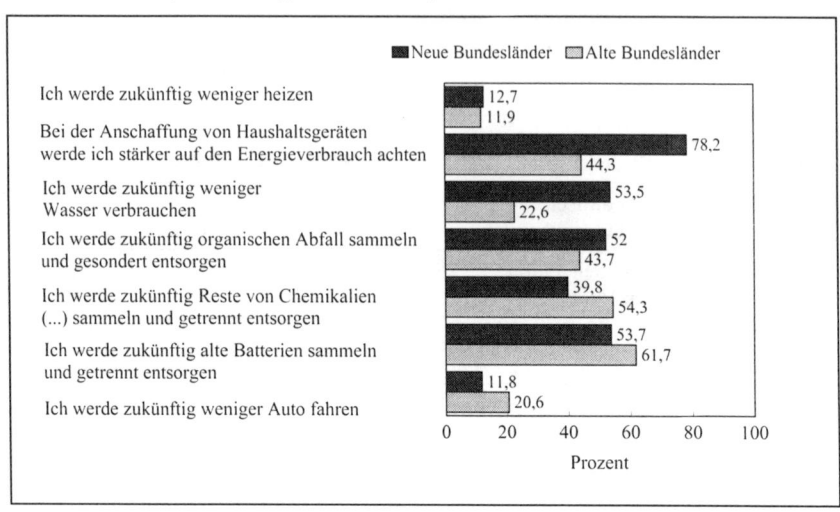

Abbildung 3.6: Bereitschaft, für den Umweltschutz zu zahlen (nach Karger,
   Schütz & Wiedemann, 1993, S. 205)

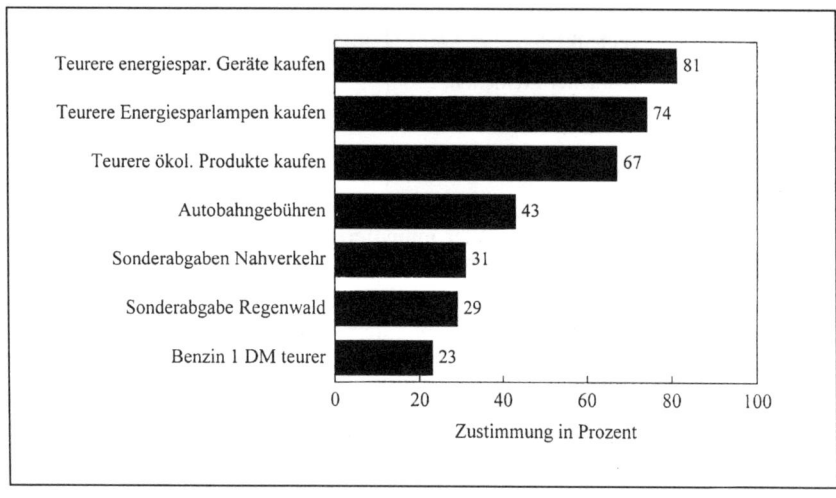

Häufig werden auch *Zahlungsbereitschaften* erfaßt. So wird etwa erhoben, in-wiefern Befragte bereit sind, Umweltsteuern oder eine Umweltabgabe auf Ben-zin zu akzeptieren. Im internationalen Vergleich schneiden die Deutschen hier negativ ab. In der Bereitschaft, für Umweltschutz höhere Steuern zu zahlen, liegen die Deutschen hinter den als wenig umweltbewußt eingestuften Briten (ISSP-Survey von 1993, nach de Haan & Kuckartz, 1996, S. 67). Im zeitlichen Verlauf betrachtet ergeben sich für die Deutschen Hinweise auf eine *Abnahme*

der Zahlungsbereitschaft. Beispielsweise ist die Akzeptanz einer Umweltabgabe auf Benzin 1991 bis 1994 von 45 % (West) bzw. 28 % (Ost) auf 32 % bzw. 18 % gesunken (IPOS, 1991, 1994). De Haan und Kuckartz (1996) führen den Rückgang der Zahlungsbereitschaft der Deutschen auf die gestiegene Steuerlast und den Solidaritätszuschlag zurück (de Haan & Kuckartz, 1996, S. 82). Betrachtet man Abbildung 3.6, so scheint die Mehrzahl der Deutschen jedoch *freiwillige Kosten* für den Umweltschutz zu akzeptieren.

3.1.3 Zusammenfassung und Bewertung

Die demoskopische Erforschung der Wahrnehmung der Umweltproblematik ist vor allem ein Anliegen politischer Entscheidungsträger. Aufgrund breitangelegter, *repräsentativer* Studien werden Aussagen über das *Problembewußtsein* der Bevölkerung, den *wahrgenommenen politischen Handlungsbedarf* und über *Handlungsbereitschaften* gemacht. Da einige Studien kontinuierlich über Jahre hinweg mit identischen Fragen operieren, lassen sich Entwicklungen skizzieren. So läßt sich verfolgen, daß *die relative Bedeutsamkeit des Umweltschutzes* gegenüber anderen politischen Themen in den achtziger Jahren kontinuierlich zugenommen hat, 1990 seinen Höhepunkt erreichte und Ende der Neunziger trotz zunehmender Rezession in Deutschland noch als drittwichtigste politische Aufgabe betrachtet wird. Nachvollziehen läßt sich auch ein *Wandel in den konkret befürchteten Umweltproblemen.* Interessanterweise wird die *persönliche Betroffenheit* durch bestimmte Umweltbelastungen generell nicht so hoch angegeben wie die allgemeine Belastung durch dieselben Umweltprobleme. Bei der Betrachtung der *Akzeptanz von Umweltschutzkonzepten sowie Zahlungs- und Handlungsbereitschaften* ergibt sich ein gemischtes Bild.

Demoskopische Forschung ist allerdings mit einer Reihe methodologischer Probleme behaftet. So wird die Aussagekraft solcher Studien dadurch eingeschränkt, daß die erhobenen Meinungen sehr eng mit den *vorgegebenen Fragen und deren Formulierung* verknüpft sind. So können sich - je nach Ausgangsfrage - zum selben Thema sehr unterschiedliche Meinungen feststellen lassen: In einer Studie von IPOS wurde 1992 beispielsweise offen (d.h. ohne Antwortvorgaben) nach *dem* wichtigsten aktuellen politischen Problem gefragt; hierauf nannten sechs Prozent der Westdeutschen bzw. drei Prozent der Ostdeutschen den Umweltschutz. Im gleichen Jahr wurden vom Münchener Sozialforschungsinstitut Infratest in einer geschlossenen Frage *mehrere politische Themen* vorgegeben und die Befragten gebeten, diese in ihrer Dringlichkeit zu bewerten; hier wurde Umweltschutz von 99% der Westdeutschen als (sehr) dringlich bewertet. De Haan und Kuckartz (1996) vergleichen die demoskopische Forschung daher mit einem Selbstbedienungsladen: „Im Regal der statistischen Tabellen kann man sich je nach Bedarf mit der gewünschten Prozentzahl bedienen" (S. 93). Neben der Frageformulierung ist auch der Befragungskontext für die möglichen Antworten bedeutsam. So macht es vermutlich einen Unterschied, ob die Frage nach der Akzeptanz eines Tempolimits in einem Sommermonat mit erhöhten Ozonkonzentrationen gestellt wird oder im Frühjahr (wo dieses Problem kaum auftritt). Die erfaßten Meinungen sind also streng genommen immer nur im Kontext ihrer Erhebung interpretierbar.

Ein grundsätzliches methodologisches Problem demoskopischer Forschung liegt im undefinierten Verhältnis der erfragten Meinung zu einem „tatsächlichen" Problembewußtsein und seinen Implikationen, so wie es unabhängig von der erfaßten Meinung ja existieren sollte. Champagne (1991), ein Kritiker der Meinungsforschung, weist darauf hin, daß ein Großteil der Befragten bei Meinungsumfragen oft nicht weiß, welche politischen Streitfragen mit der abgefragten Meinung verbunden sind und nähere Sachverhalte, die im Zusammenhang zum abgefragten Thema stehen, gar nicht kennt. Darüber hinaus hätten die gegebenen Antworten für die Befragten oft keinerlei Relevanz und sowohl die Fragen, als auch die Antworten würden von Befragten und Forschenden unterschiedlich interpretiert. Meinungsforschung bilde daher die öffentliche Meinung nicht ab, sondern stelle die Illusion der öffentlichen Meinung erst her.

Diese grundsätzliche Kritik trifft auch die demoskopische Forschung zum Umweltbewußtsein. Was bedeutet es beispielsweise, wenn die Deutschen „Müllprobleme" als „sehr wichtig" beurteilen? Was meinen die Befragten konkret mit „Müllproblem"? Den herumliegenden Müll auf öffentlichen Plätzen, wilde Müllkippen in der Landschaft, das Problem der Sickerwässer von Deponien oder die Luftbelastung durch Müllverbrennungsanlagen? Ist die eingeschätzte Wichtigkeit des Müllproblems unabhängig von der demoskopischen Erfassung in irgendeiner Form relevant? Klagen Menschen, die das Müllproblem für wichtig halten, mehr über Müllprobleme als andere, schließen sie sich Bürgerinitiativen an, wählen sie eine ökologische Partei oder sind sie besonders bemüht um die Müllvermeidung im eigenen Haushalt?

Warum wurde, so mögen sich die LeserInnen nun fragen, bei dieser umfangreichen Kritik an der Meinungsforschung zur Wahrnehmung der Umweltkrise, der Ansatz überhaupt dargestellt? Nun, wir halten demoskopische Forschung durchaus für sinnvoll, wenn es darum geht, sich kurzfristig ein grobes Bild der aktuellen Meinung von größeren Gruppen zu machen. Auch liefern regelmäßig durchgeführte Befragungen - vorausgesetzt sie arbeiten mit identischen Fragen - wichtige Hinweise auf Veränderungen des Inhalts und des Ausmaßes eines allgemeinen Umweltproblembewußtseins. Meinungsforschung bildet somit einen wichtigen Ausgangspunkt zur näheren Erkundung der Wahrnehmung der Umweltkrise und des Konstruktes „Umweltbewußtsein".

3.2 Forschung zur kognitiven Struktur des Umweltbewußtseins

Ausgehend von einer Forschungsarbeit von Maloney und Ward aus den frühen siebziger Jahren (s. Kasten 3.2) entwickelte sich in den Sozialwissenschaften eine Forschungstradition, die das Umweltproblembewußtsein als *individuelle Disposition* begreift. Damit stellte sich insbesondere für die Psychologie die Aufgabe der näheren Beschreibung, Definition und Erfassung des psychologischen Konstruktes „Umweltbewußtsein". Im folgenden wird diese Forschungstradition besonders ausführlich dargestellt. Hierfür gibt es mehrere Gründe: Zum einen ist diese Tradition - verglichen mit den anderen drei Traditionen, die in diesem Kapitel dargestellt werden - diejenige, die am stärksten psychologisch geprägt ist. Die Beschreibung und Erfassung individueller Dispositionen ist ein klassisches Thema der Psychologie. Darüber hinaus wurden in dieser Forschungstradition Instrumente zur Messung des individuellen Umweltbewußtseins entwickelt, die teilweise auch heute noch verwendet werden. Schließlich hat diese Forschungstradition einige interessante Beiträge für die gesellschaftliche Diskussion über Umweltbewußtsein geliefert. Beispielsweise gilt als gesichert, daß das Wissen über ökologische Themen im allgemeinen mit der Bereitschaft, sich umweltgerecht zu verhalten, sehr wenig zu tun hat.

Kasten 3.2: Die klassische Untersuchung zum individuellen Umweltbewußtsein von Maloney und Ward (1973)

Maloney und Ward (1973) postulierten in ihrer vielzitierten Studie, daß die ökologische Krise nicht allein durch technologische Lösungen zu bewältigen sei. Sie machten darauf aufmerksam, daß die Umweltkrise in erster Linie das Ergebnis *fehlange-paßten menschlichen Verhaltens* ist und daher die Verhaltenswissenschaften, vor allem die Psychologie, aufgerufen sind, umweltbezogenes Verhalten und Umweltbewußtsein („environmental concern") zu untersuchen und im Sinne einer Lösung der ökologischen Krise zu verändern. Den ersten Schritt dazu sahen sie in der Entwicklung eines Meßinstrumentes zur Erfassung des Umweltbewußtseins und des umweltbezogenen Verhaltens.

Die von ihnen entwickelte Ecology Scale besteht aus folgenden vier Subskalen:

— Knowledge Scale (Wissen über Umweltprobleme)

— Affect Scale (emotionale Betroffenheit durch Umweltprobleme)

— Verbal Commitment Scale (Bereitschaft zu umweltverträglichem Verhalten)

— Actual Commitment Scale (tatsächliches umweltbezogenes Verhalten)

Ihre insgesamt 130 Fragen umfassende Skala legten die Autoren drei Personengruppen vor: 32 Mitgliedern des Sierra-Clubs (einer amerikanischen Naturschutzorganisation), 56 PsychologiestudentInnen und 40 Erwachsenen ohne Collegeausbildung. Erwartungsgemäß erzielte die erste Gruppe die höchsten Ergebnisse auf allen Skalen (Näheres zur Überprüfung des Meßinstrumentes s. Kap. 3.2.2).

Im folgenden sollen zunächst unterschiedliche Definitionen und theoretische Einbettungen des Konstrukts „Umweltbewußtsein" vorgestellt werden (3.2.1). Daran anschließend werden exemplarisch drei Meßinstrumente zur Erfassung des Umweltbewußtseins vorgestellt (3.2.2). Nach der Darstellung einiger Befunde zur kognitiven Struktur (3.2.3) und zu den Bedingungen des Umweltbewußtseins (3.2.4) wird abschließend der Forschungsansatz kritisch bewertet (3.2.5).

3.2.1 Definition und theoretische Einbettung des Konstrukts „Umweltbewußtsein"

Der aus dem Alltagsdiskurs stammende Begriff „Umweltbewußtsein" (engl. *environmental concern* bzw. *environmental consciousness*) ist in den letzten zwanzig Jahren in einer Vielzahl sozialwissenschaftlicher Studien aufgegriffen und näher untersucht worden. Dabei wurde der Begriff nicht immer theoretisch eingebettet und oftmals nicht explizit definiert, so daß eine Fülle unterschiedlicher Konzeptualisierungen und Operationalisierungen nebeneinander anzutreffen sind (kritische Auseinandersetzungen mit diesem Thema finden sich bei Fuhrer, 1995; Katzenstein, 1995a; Spada, 1990; Urban, 1986). Die Operationalisierungen und Definitionen lassen sich grob zwei Gruppen zuordnen: In den meisten Fällen wird Umweltbewußtsein als Komplex aus mehreren Komponenten verstanden (Amelang, Tepe, Vagt & Wendt, 1977; Billig, Briefs & Pahl, 1987; Kley & Fietkau, 1979; Langeheine & Lehmann, 1986a; Maloney & Ward, 1973; Schahn & Holzer, 1990; Winter, 1981), seltener sind Arbeiten, die Umweltbewußtsein als eindimensionale Einstellung bzw. Werthaltung definieren (Dunlap & Van Liere, 1978; Weigel & Weigel, 1978).

Mehrkomponentenkonzeptionen
Die Tradition der Mehrkomponentenmodelle wird von der bereits erwähnten Studie von Maloney und Ward (1973) begründet. Sie versuchten, Umweltbewußtsein über eine Skala zu erfassen, die sich aus vier Subskalen (eine Wissensskala, eine Affektskala, und je eine Skala zur Erfassung der verbalen und tatsächlichen Handlungsbereitschaft) zusammensetzt. Diese Skala - und damit die Konzeption des Umweltbewußtseins als mehrteiliges Einstellungskonstrukt - wurde von vielen ForscherInnen aufgegriffen und dabei auch modifiziert (s. Übersicht 3.1). Diese Mehrkomponentenmodelle weisen Parallelen zu einem Modell auf, das von Rosenberg und Hovland (1960) im Rahmen einer sozialpsychologischen Einstellungstheorie entwickelt wurde. Einstellungen sind demnach „Prädispositionen, in einer bestimmten Art und Weise auf spezifische Objekt-Gruppen" zu reagieren (Rosenberg & Hovland, 1960, S. 1). Diese Prädispositionen bestehen aus drei Komponenten, nämlich einem *affektiven*, gefühlsbezogenen Bestandteil, einem *kognitiven* und einem *verhaltensbezogenen* Bestandteil.

Übersicht 3.1: Komponenten des Umweltbewußtseins

Maloney & Ward (1973) erfassen auf den vier Subskalen der „Ecology Scale":

affect (gefühlsmäßige Betroffenheit)

knowledge (Wissen über ökologische Zusammenhänge)

verbal commitment (verbale Handlungsbereitschaft)

actual commitment (selbstberichtetes Verhalten)

Kley & Fietkau (1979) formulieren fünf Skalen zu den Konzepten:

persönliche Betroffenheit

wahrgenommene Ernsthaftigkeit von Umweltproblemen

verbales Commitment (verbale Handlungsbereitschaft)

aktuales Commitment (selbstberichtetes Verhalten)

Verantwortlichkeit für Umweltprobleme

Winter (1981) postuliert folgende Bestandteile des Umweltbewußtseins:

emotional-evaluative Bestandteile

kognitive Bestandteile

behavioral-konative Bestandteile

sozial-normative Bestandteile

Schahn & Holzer (1990) erfassen als Konzepte des Umweltbewußtseins:

gefühlsbetonte Einstellung

konkretes Wissen

Einstellung im engeren Sinne (gegenüber bestimmten Handlungen)

selbstberichtetes Verhalten

In den erwähnten Mehrkomponentenmodellen des Umweltbewußtseins finden sich ähnliche Bestandteile wie im Dreikomponentenmodell von Rosenberg und Hovland. Bei der Betrachtung einiger typischer Konzeptionen von Umweltbewußtsein (s. Übersicht 3.1) lassen sich auf Anhieb Bestandteile finden, die sich der affektiven Komponente des beschriebenen Einstellungsmodells zuordnen lassen. So soll die Affektskala von Maloney und Ward (1973) explizit eine affektive Komponente des Umweltbewußtseins erfassen; gleiches gilt für die Skala „Persönliche Betroffenheit" bei Kley und Fietkau (1979) und für die Skala „Gefühlsbetonte Einstellung" bei Schahn und Holzer (1990). Auch Winter (1980) postuliert einen emotional-evaluativen Bestandteil für das Umweltbewußtsein. Eine verhaltensbezogene Komponente läßt sich ebenfalls unschwer in allen beschriebenen Umweltbewußtseinskonzeptionen aufzeigen. Lediglich die kognitive Komponente des Rosenberg und Hovlandschen Einstellungsmodells ist nicht in allen Mehrkomponentenmodellen des Umweltbewußtseins anzutreffen. Als Teil einer Einstellung handelt es sich bei der kognitiven Komponente des Dreikomponentenmodells um eine Meinung, nicht um objektives Wissen. Bis auf Kley und Fietkau, die die „Wahrgenommene Ernsthaftigkeit von Umweltproblemen" als kognitive Einstellungskomponente erfassen, erheben die Autoren der Mehrkomponentenmodelle jedoch objektives ökologisches Fachwissen oder praktisches Umweltschutzwissen. Daß überwiegend ökologisches Wissen als Bestandteil von Umweltbewußtsein betrachtet wird, läßt sich theoretisch kaum begründen. Katzenstein (1995a) führt die so häufig anzutreffende Berücksichtigung einer Wissenskomponente auf praktische Interessen der Forschenden zurück. Einerseits ist es für die politische Debatte relevant, ob Umweltengagement sich (nur) auf Emotionen stützt oder auf objektives Wissen; andererseits ist für umweltgerechtes Verhalten im Alltag ein entsprechendes konkretes Wissen notwendig.

Eindimensionale Ansätze

Von den Mehrkomponentenmodellen sind Konzeptionen abzugrenzen, die Umweltbewußtsein als *eindimensionales Konstrukt* zu erfassen suchen. Häufig zitierte Ansätze stammen von Weigel und Weigel (1978) bzw. von Dunlap und Van Liere (1978).

In der eindimensionalen Operationalisierung von Weigel und Weigel (1978) wird Umweltbewußtsein (environmental concern) als Sorge um die Umwelt begriffen. Die von ihnen entwickelte „environmental concern scale" umfaßt 16 Fragen, die die Betroffenheit durch verschiedene Umweltprobleme zum Thema haben.

Dunlap und Van Liere (1978, 1984) begreifen Umweltbewußtsein als übergeordnete Weltsicht bzw. Werthaltung. Sie gehen davon aus, daß die Umweltkrise vor allem durch die in den Industriegesellschaften dominierenden Werte, gemeint ist vor allem der Fortschritts- und Wachstumsglaube, bedingt sind (s. auch Kap. 2.1.2). Daher postulieren sie, daß für eine Bewältigung der Umweltkrise ein Wechsel der vorherrschenden Weltsicht zu einer *neuen ökologischen Weltsicht* („new environmental paradigm", abgekürzt: NEP) nötig sei. Diese alternative Weltsicht erheben sie mit einer eindimensionalen, aus 12 Fragen bestehenden Skala (s. Übersicht 3.2).

Umweltbewußtsein als Werthaltung

Im Gegensatz zu Einstellungen, die sich auf konkrete Objekte beziehen, handelt es sich bei Werthaltungen um allgemeinere und gleichzeitig für die Person zentralere Orientierungen (vgl. Graumann & Willig, 1983). Ein Beispiel für die Konzeption von Umweltbewußtsein als Werthaltung haben wir bereits bei Dunlap und Van Liere (1978) kennengelernt. Darüber hinaus formulieren u.a. auch Urban (1986) und Stern, Dietz und Guagnano (1995) Modelle des Umweltbewußtseins, in denen zwischen umweltbezogenen Werthaltungen und Umwelteinstellungen differenziert wird.

Urban (1986) formuliert ein Rahmenmodell des Umweltbewußtseins, in dem zwischen „umweltrelevanten Wertorientierungen" und „umweltbezogenen Einstellungen" unterschieden wird. Die Wertorientierung (z.b. Erhalt der natürlichen Umwelt für nachfolgende Generationen) ist den spezifischeren Einstellungen (z.b. Einstellung zur Benutzung umweltverträglicher Waschmittel) vorgeordnet. Dabei definiert Urban Umweltbewußtsein als System, das sowohl Wertorientierungen als auch spezifische umweltbezogene Einstellungen umfaßt. Zu diesem System gehören auch noch, auf unterster Hierarchieebene, „umweltbezogene Handlungsbereitschaften" (mehr zu dem Modell von Urban s. Kap. 5).

Stern, Dietz und Guagnano (1995) entwickeln ein sozialpsychologisch fundiertes Kausalmodell des Umweltbewußtseins, in dem sie ebenfalls ein hierarchisches Verhältnis von Werten (values), generellen Überzeugungen bzw. Weltsichten (general beliefs, worldview) und spezifischen Überzeugungen und Einstellungen zu bestimmten Umweltproblemen (specific beliefs, specific attitudes) unterscheiden. Umweltbewußtsein wird von den Autoren als *generelle Überzeugung und Weltsicht* betrachtet, also auf einer mittleren Ebene zwischen Werten und Einstellungen angesiedelt. Als Meßinstrument für dieses als ökologische Weltsicht begriffene Umweltbewußtsein schlagen sie die bereits erwähnte NEP-Skala von Dunlap und Van Liere (1978) vor.

Umweltbewußtsein als individuelle soziale Repräsentation
Fuhrer (1995) definiert Umweltbewußtsein als „individuelle Soziale Repräsentation" und lenkt damit das Augenmerk auf die soziale Bedingtheit von Umweltbewußtsein. Er geht davon aus, daß sich das Bewußtsein von Umweltproblemen im sozialen Diskurs herausbildet und von den jeweils geltenden Vorstellungen des sozialen Bezugssystems bestimmt wird. Unter bestimmten Bedingungen werden soziale Repräsentationen vom Individuum übernommen und in das eigene kognitive System integriert.

Diese Auffassung von Umweltbewußtsein steht nicht im Widerspruch zu den erwähnten Mehrkomponentenmodellen. Fuhrer begreift eine individuelle soziale Repräsentation als „einstellungsähnliches Konstrukt", das sich aus den bereits bekannten Komponenten „affektive Bewertungen", „Meinungen", und „Verhaltensabsichten" zusammensetzt (mehr zu dem Modell von Fuhrer s. Kap. 5).

3.2.2 Die Erfassung des individuellen Umweltbewußtseins

Wie bereits erwähnt, sind im Laufe der letzten Jahre verschiedene Instrumente zur Erfassung des individuellen Umweltbewußtseins entwickelt worden. Das älteste und bekannteste ist die Ecology Scale von Maloney und Ward (1973), die seitdem im englischen Sprachraum mehrmals eingesetzt und von Amelang et al. (1977) ins Deutsche übertragen wurde. Die Entwicklung und Überprüfung dieser Skala soll im folgenden näher beschrieben werden. Darüber hinaus soll eine deutschsprachige Skala, das von Schahn und Holzer (1990) entwickelte „Skalensystem zur Erfassung von Umweltbewußtsein" (SEU) vorgestellt werden. Als eindimensionales Meßinstrument, das bis heute im angloamerikanischen Raum wiederholt eingesetzt wurde, wird schließlich die NEP-Skala von Dunlap und Van Liere (1978) beschrieben. Einleitend soll kurz auf einige Grundbegriffe der Testkonstruktion eingegangen werden.

Zur Konstruktion und Bewertung von Umweltbewußtseinsskalen

Bei psychologischen Testverfahren geht es um das Erschließen und Quantifizieren eines an sich nicht direkt beobachtbaren psychologischen Konstrukts (Näheres über Testtheorie und Fragebogenkonstruktion ist nachzulesen bei Mummendey, 1987; Wottawa, 1980). Auch Umweltbewußtsein kann als psychologisches Konstrukt betrachtet werden, das aus Verhaltensindizien erschlossen werden muß. Die Erschließung erfolgt entweder über die Formulierung von Fragen, die dann im multiple-choice-Verfahren beantwortet werden, oder durch die Vorgabe von Statements, zu denen Zustimmung oder Ablehnung ausgedrückt wird. Aus dem Antwortverhalten wird dann auf die Ausprägung des Umweltbewußtseins geschlossen. Beim Vorgehen nach der klassischen Testtheorie werden bei der Konstruktion solcher Fragebögen mehrere, manchmal mehrere Dutzend Items für ein psychologisches Konstrukt formuliert und ein Summenwert gebildet. Dahinter steht die Annahme, daß sich so Ungenauigkeiten ausmitteln. Wird Umweltbewußtsein (wie in den Mehrkomponentenmodellen) als mehrdimensionales Konstrukt begriffen, muß sich der Fragebogen aus entsprechend vielen Subskalen zusammensetzen. Items, die identische Dimensionen erfassen, sollten gut miteinander korrelieren, d.h. eine hohe *interne Konsistenz* aufweisen. Weitere Gütekriterien für die Konstruktion solcher Meßinstrumente sind *Reliabilität* und *Validität*.

Der Begriff *Reliabilität* bezeichnet die Meßgenauigkeit eines Tests. Zeigt sich bei einer wiederholten Messung an ein und derselben Stichprobe eine hohe Korrelation der Meßwerte, so wird davon ausgegangen, daß der Test entsprechend genau mißt (Retest-Reliabilität). Hierbei wird vorausgesetzt, daß das zu messende Konstrukt sich in der Zwischenzeit nicht verändert. Eine weitere Methode zur Bestimmung der Reliabilität besteht darin, den Test (d.h. die Gesamtzahl der Items) in zwei Hälften zu teilen und die Korrelation der beiden Testhälften als Maß zu verwenden (Split-Half-Reliabilität).

Der Begriff *Validität* (Gültigkeit) bezieht sich auf den Zusammenhang des Meßwerts mit dem an sich nicht direkt beobachtbaren Konstrukt. Die empirische Bestimmung dieses Zusammenhangs ist prinzipiell unmöglich; es ist jedoch üblich, die Validität eines Tests über die Korrelation mit weiteren Verhaltensdaten, die dem gleichen Konstrukt zuordenbar sind, zu bestimmen (Kriteriumsvalidität). So könnte die Kriteriumsvalidität eines Tests zum Umweltbewußtsein darüber bestimmt werden, indem die Testwerte mit der Ausprägung umweltbewußter Verhaltensweisen - etwa Müllseparierung im Haushalt - korreliert werden. Häufig wird auch eine Extremgruppenvalidierung vorgenommen. D.h., der neu entwickelte Fragebogen wird an zwei Gruppen gegeben, von denen angenommen wird, daß sie sich in der Ausprägung des interessierenden Konstruktes extrem unterscheiden (etwa Umweltaktivisten und Umweltschutzgegner). Erfaßt der Fragebogen tatsächlich Umweltbewußtsein, so wäre zu erwarten, daß sich beide Gruppen in ihren Werten unterscheiden; Umweltaktivisten sollten hier deutlich höhere Werte erzielen.

Ecology Scale von Maloney und Ward (1973)
Die ursprüngliche Ecology Scale umfaßte 130 Items, die den vier Skalen „knowledge scale", „affect scale", „verbal commitment scale" und „actual commitment scale" zugeordnet werden (s. Übersicht 3.2). Maloney, Ward und Braucht formulierten 1975 eine Kurzskala, die insgesamt nur noch aus 40 Items besteht. Die ursprüngliche „knowledge scale" besteht aus 24 Fragen zum ökologischen Wissen. Aus fünf vorformulierten Antworten muß jeweils die richtige ausgewählt werden (multiple-choice). Mit der „affect scale" soll die emotionale Betroffenheit durch Umweltprobleme erfaßt werden. Die 35 Items dieser Skala sind als Statements formuliert, denen zugestimmt, bzw. die abgelehnt werden können. Die „verbal commitment scale" besteht aus 36 Items in Form von Bereitschaftsbekundungen, die „actual commitment scale" aus 36 Verhaltensbeschreibungen. Den Bereitschaftsbekundungen und Verhaltensbeschreibungen kann zugestimmt, bzw. sie können abgelehnt werden. Etwa die Hälfte der Items der „affect scale" und der „commitment scales" sind negativ formuliert, um nicht durch die Frageformulierung bestimmte Antworttendenzen hervorzurufen.

Die Gesamtskala wurde von den Autoren an drei Stichproben überprüft (32 Mitglieder des Sierrra Clubs; 56 PsychologiestudentInnen; 40 Erwachsene ohne Collegeabschluß). Die Reliabilität der Skala wurde nach der Split-Half-Methode geprüft und erwies sich mit r = .90 als befriedigend. Durch den Vergleich der Gruppen konnte die externe Validität untersucht werden. Die Extremgruppe der Sierra Club Mitglieder erhielt auf allen vier Skalen signifikant höhere Werte als die beiden Vergleichsgruppen.

Diese Skala gehört zu den wenigen, die in weiteren Studien Anwendung und weitgehende Bestätigung fanden (Amelang et al., 1976, 1977; Dispoto, 1977; Smythe & Brooke, 1980; Synodinos, 1990).

Ecology Scale von Maloney und Ward (1973)

Affect Scale: „I get depressed on smoggy days."

Verbal Commitment Scale: „I would be willing to stop buying products from companies guilty of polluting the environment ..."

Actual Commitment Scale: „I have contacted a community agency to find out what I can do about pollution."

Knowledge Scale: „DDT takes how long to deteriorate into harmless chemicals? a) it never does, b) 10-20 month depending on the weather, c) about 200 years, d) about 400 years, e) anywhere from several days to several years." (richtige Antwort: e)

Skalensystem zur Erfassung von Umweltbewußtsein (SEU) von Schahn und Holzer (1990)

(alle Beispiele beziehen sich auf den Inhaltsbereich „Transportenergie sparen")

Affektive Bewertung: „Ich bin enttäuscht darüber, wie wenig Geld für den Ausbau des öffentlichen Personennahverkehrs und von Radwegen im Vergleich zum Straßenbau ausgegeben wird."

Einstellung: „Beim Autokauf sollte man ruhig mehr Geld ausgeben, wenn dafür der Kraftstoffverbrauch des Wagens geringer ist."

Selbstberichtetes Verhalten: „Bei kürzeren Wegen (bis zu 2 km) lasse ich nach Möglichkeit das Auto stehen und fahre mit dem Fahrrad oder gehe zu Fuß."

Konkretes Wissen: Welche Eigenschaft bzw. Ausstattungsteil braucht ein umweltschonendes Auto **nicht zu haben?** a) günstiger Luftwiderstand, b) Dreiwegkatalysator, c) vollelektronische Zündanlage, d) 5-Gang-Getriebe, e) Front- und Heckspoiler (richtige Antwort: e)

New Environmental Paradigm - Skala von Dunlap und Van Liere (1978)

(einfache Skala mit insgesamt 12 Items)

„Humans must live in harmony with nature in order to survive."

„There are limits to growth beyond which our industrialized society cannot expand."

„Humans have the right to modify the natural environment to suit their needs."

Das Skalensystem zur Erfassung des Umweltbewußtseins (SEU) von Schahn und Holzer (1990)

Schahn und Holzer berücksichtigen in ihrem Skalensystem die Tatsache, daß sich umweltbewußtes Verhalten in unterschiedlichen Handlungsbereichen (s. Katzenstein, 1995a) ausdrücken kann und beziehen ihre vier Konzeptskalen „Affektive Bewertung", „Selbstberichtetes Verhalten", „Einstellung im engeren Sinne" und „Konkretes Wissen" auf insgesamt sieben verschiedene Inhaltsbereiche (Energiesparen im Haushalt, Transportenergie Sparen, Umweltbewußtes Einkaufen, Gesellschaftliches Engagement, Müllsammlung und Recycling, Wassersparen und Wasserreinhaltung, Schutz der Gesundheit). Die Konzeptskalen wurden in Anlehnung an die Ecology Scale (s.o.) gebildet. Allerdings wurde die „knowledge scale" modifiziert: Auf die sieben Inhaltsbereiche bezogen wird jeweils das *konkrete Handlungswissen* erhoben. Jede Konzeptskala besteht aus 28 Items, von denen sich je vier auf einen bestimmten Inhaltsbereich beziehen. Dadurch, daß die Items der Konzeptskalen systematisch auf alle Inhaltsbereiche bezogen werden, vermeidet das SEU eine Konfundierung von Inhalts- und Konzeptbereichen. Alle Items werden auf bipolaren, 7stufigen Ratingskalen mit den Polen „Zustimmung" und „Ablehnung" beantwortet. Lediglich die Items der Wissensskala sind als multiple-choice Fragen mit fünf Antwortmöglichkeiten formuliert.

Die Validierung des Fragebogens erfolgte wie bei Maloney und Ward über Extremgruppen. Das Instrument wurde 105 Umweltschutzmitgliedern vorgelegt und einer Normalstichprobe, bestehend aus 167 Personen. Erwartungsgemäß erhielten die UmweltschützerInnen auf allen Skalen höhere Werte. Die Reliabilität des Fragebogens und die interne Konsistenz der Skalen wird von den Autoren als zufriedenstellend bezeichnet. Mittlerweile gibt es eine überarbeitete Version des SEU (Schahn, 1996b), in die zwei neue Inhaltsbereiche aufgenommen wurden (Littering/Umweltästhetik und Sport/Freizeit).

NEP-Skala von Dunlap und Van Liere (1978)

Dunlap und Van Liere konstruierten 1978 eine Skala zur Erfassung des „New Environmental Paradigm" (NEP), einer neuen ökologischen Wertorientierung (s.o.). Die Skala besteht aus zwölf Items, die als Statements formuliert sind und sich auf die neue ökologische Wertorientierung beziehen (s. Übersicht 3.2); sie werden auf vierstufigen Ratingskalen beurteilt.

Die Validität der Skala wurde durch den üblichen Extremgruppenvergleich geprüft. Dunlap und Van Liere verglichen eine Normalstichprobe (806 BewohnerInnen des Staates Washington) mit einer Gruppe von 407 Mitgliedern von Umweltschutzorganisationen. Es zeigten sich die erwarteten signifikanten Unterschiede zwischen den Gruppen, dabei waren die Autoren der Skala erstaunt über das allgemein hohe Maß an Zustimmung zur neuen ökologischen Orientierung. Die interne Konsistenz der Skala wurde mit verschiedenen Verfahren geprüft und von den Testkonstrukteuren als zufriedenstellend befunden. Die von den Autoren postulierte Eindimensionalität der Skala konnte in nachfolgenden Studien anderer Autoren nicht immer bestätigt werden (z.B. Albrecht, Bultena, Hoiberg & Nowak, 1982; Arcury, 1990).

Die NEP-Skala gilt als die am meisten benutzte Skala zur Erfassung von Umweltbewußtsein im angloamerikanischen Raum (vgl. Stern, Dietz & Guagnano, 1995), dies ist vermutlich auch auf die Kürze des Erhebungsinstrumentes und seine einfache Handhabbarkeit zurückzuführen.

3.2.3 Befunde zur kognitiven Struktur des Umweltbewußtseins

Empirische Untersuchungen zur kognitiven Struktur des Umweltbewußtseins lassen sich dort finden, wo Forschende Umweltbewußtsein als mehrteiliges Konzept verstehen. So ging es in einer Reihe der bereits angesprochenen Studien nicht nur um die Erhebung des Umweltbewußtseins, sondern gleichzeitig um die Analyse seiner Struktur, d.h. der Zusämmenhänge zwischen einzelnen Komponenten (Amelang et al., 1977; Dispoto, 1977; Kley & Fietkau, 1979; Langeheine & Lehmann, 1986a; Maloney & Ward, 1973; Schahn und Holzer 1990).

Zu diesem Zweck berechneten Maloney und Ward (1973) die Korrelationen zwischen ihren vier Subskalen. Dabei ergab sich ein typisches Korrelationsmuster, das auch in anderen Untersuchungen anzutreffen ist: Am geringsten fiel die Korrelation der Wissensskala (knowledge scale) mit den restlichen Skalen aus. Am höchsten korrelierten die Affektskala (affect scale) und die Bereitschaftsskala (verbal commitment scale), die restlichen Korrelationen waren mäßig, Zusammenhänge mit der Verhaltensskala (actual commitment scale) gab es überhaupt nur in der Extremgruppe der UmweltschützerInnen. Schahn und Holzer (1990) kommen aufgrund einer Untersuchung mit ihrem Skalensystem, das auf der Ecology Scale basiert, zu einer ähnlichen Struktur. Auch hier zeigte sich als Ergebnis, daß Wissen am geringsten mit den anderen Komponenten zusammenhängt. Dies bestätigt sich auch in neueren Studien (Krause, 1993; Schahn, 1996b).

Eine Untersuchung, die im Gegensatz zu den oben berichteten Studien einen hohen Zusammenhang zwischen Wissen und emotionaler Komponente berichtet, wurde von Dispoto (1977) durchgeführt. Er untersuchte eine Stichprobe von 140 Collegestudierenden mit drei Subskalen der Ecology Scale (Wissen, Affekt und Verhalten) und kommt u.a. zu dem erstaunlichen Ergebnis, daß Wissen und Verhalten den höchsten korrelativen Zusammenhang aufweisen.

Eine oft aufgeworfene Frage in der hier skizzierten Forschungstradition bezieht sich auf die *Generalität von Umweltbewußtsein*. Gibt es ein generelles Umweltbewußtsein, welches sich in unterschiedlichen Handlungsbereichen niederschlägt, oder ist es sinnvoll anzunehmen, daß sich Einstellung und Handeln in unterschiedlichen Bereichen (etwa einerseits Müllsammlung und andererseits Mobilitätsverhalten) unterscheiden? Die Ergebnisse der faktorenanalytischen Untersuchung der Inhaltsskalen im Skalensystem von Schahn und Holzer scheinen auf letzteres hinzudeuten. Die Autoren fanden nur geringe Korrelationen zwischen den sieben Inhaltsskalen. Eine Faktorenanalyse über alle Inhaltsskalen ergab vier Faktoren. Zusammenfassen lassen sich die Inhaltsbereiche Energie- und Wassersparen, Gesellschaftliches Engagement und Schutz der Gesundheit, Einkaufen und Müllsammlung; Transportenergie erweist sich als unabhängiger Inhaltsbereich und eigener Faktor.

Kognitive Faktoren, deren Bezug zum Umweltbewußtsein thematisiert wird, sind *„Wahrgenommene Ernsthaftigkeit von Umweltproblemen"* und *„Verantwortungszuschreibungen"* (Kley & Fietkau, 1979; Schahn & Holzer, 1990).

Kley und Fietkau (1979) benutzten in ihrer Studie eine in Anlehnung an Maloney und Ward entwickelte Skala. Dabei erhoben sie jedoch statt des objektiven Wissens die *wahrgenommene Ernsthaftigkeit von Umweltproblemen.* Eine Faktorenanalyse deutet auf einen relativ engen Zusammenhang zwischen diesem Konstrukt und der emotionalen und der Bereitschaftskomponente des Umweltbewußtseins. In ihrer Untersuchung erhoben Kley und Fietkau auch *Verantwortungszuschreibungen* für Umweltprobleme. Dabei unterschieden sie „extrapersonale" Zuschreibungen (d.h. die Verantwortung für die Umweltkrise wird externen Faktoren, z.B. der Industrie und der Politik, zugewiesen) und „intrapersonale" Zuschreibungen (es wird eine persönliche Verantwortung gesehen). Es zeigte sich hierbei, daß sich die beiden Zuschreibungsweisen keineswegs ausschließen. Einige Befragte wiesen sowohl sich selbst als auch externen Faktoren die Verantwortung für die Umweltproblematik zu.

Schahn und Holzer (1990) griffen die beiden von Kley und Fietkau vorgeschlagenen Konstrukte auf und erhoben mit ihrem Skalensystem auch die interpersonale Verantwortungszuschreibung und die wahrgenommene Ernsthaftigkeit von Umweltproblemen. Regressionsanalytische Auswertungen zeigten, daß diese beiden Konstrukte die besten Prädiktoren für *das selbstberichtete umweltrelevante Verhalten* darstellten.

Auf die vielfältigen Befunde zum Zusammenhang kognitiver Variablen zum Umwelt*verhalten* soll an dieser Stelle nicht weiter eingegangen werden, da das Thema der Erklärung und Vorhersage umweltrelevanten Verhaltens in einem eigenen Kapitel (Kap. 5) behandelt wird.

3.2.4 Bedingungen des individuellen Umweltbewußtseins

Seit Beginn der Forschung zur kognitiven Struktur des Umweltbewußtseins wird immer wieder der Frage nach seinen persönlichen bzw. sozialen Bedingungen nachgegangen. So ist verschiedentlich untersucht worden, inwiefern umweltbezogene Einstellungen und Werte mit überdauernden Persönlichkeitsmerkmalen zusammenhängen. Bereits 1986 haben Langeheine und Lehmann (1986a, 1986b) solche klassischen Persönlichkeitsmerkmale wie Introversion/Extraversion oder Labilität/Stabilität erhoben aber keinerlei Zusammenhänge gefunden. Seitdem finden Persönlichkeitsvariablen in dieser Form kaum mehr Beachtung. In einer neueren Untersuchung zieht jedoch Schahn (1996b) zur Vorhersage umweltbezogener Einstellungen[4] auch eine Reihe von spezifischen Persönlichkeitsvariablen heran. Von den Persönlichkeitsmerkmalen können die

---

[4] Es handelt sich hierbei um eine Variable, die sich aus kognitiven und emotionalen umweltbezogenen Einstellungskomponenten zusammensetzt.

Variablen „Sparsamkeit" und „Öffentliche Selbstaufmerksamkeit" z.T. relevante Beiträge zur Varianzaufklärung leisten (vgl. Schahn, 1996b, S. 225ff.).

Häufiger werden in den großangelegten Untersuchungen zum Umweltbewußtsein dagegen sogenannte „soziodemographische Variablen" wie Alter, Geschlecht, Schulbildung und Einkommen miterhoben und der Zusammenhang zu umweltbezogenen Werthaltungen und Einstellungen untersucht. Die Befunde sind nicht immer einheitlich und sollen hier nur kurz skizziert werden (differenzierte Zusammenfassungen finden sich bei Kals, 1996; bei Schahn, 1996b oder bei Preisendörfer und Franzen, 1996).

Weit verbreitet ist die Einschätzung, daß *jüngere Menschen* auf Umweltprobleme sensibler reagieren, besorgter sind und eher Verantwortung übernehmen (vgl. Kals, 1996). Dies wird durch eine Reihe von Studien untermauert (Antholzer & Kley, 1977; Arcury, 1990; Fietkau, Hüttner & Six, 1980; Kals, 1996; Matthies, 1994a; Weigel, 1972; Zeidner & Shechter, 1988), es finden sich jedoch auch einzelne widersprüchliche Befunde (Amelang et al., 1976; Langeheine & Lehmann, 1986a; Samdahl & Robertson, 1989; Schahn & Holzer, 1990). Einheitlicher sind die Befunde zur Relevanz der *Schulbildung*: die verschiedenen Konzepte des Umweltbewußtseins, v.a. das abstrakte Wissen, korrelieren überwiegend positiv mit der Schulbildung (Antholzer & Kley, 1977; Arcury, 1990; Fietkau, Hüttner & Six, 1980; Urban, 1986). Zusammenhänge mit dem Einkommen sind weniger eindeutig (Arcury, 1990; Fietkau & Hüttner, 1979).

Besonders interessant sind die gefundenen Unterschiede im Umweltbewußtsein von *Männern und Frauen*. Wird Umweltwissen betrachtet, haben Männer meist höhere Werte (Diekmann & Preisendörfer, 1992; Langeheine & Lehmann, 1986a; Schahn & Holzer, 1990), werden jedoch affektive Komponenten, Bereitschaften und selbstberichtetes Verhalten untersucht, erweisen sich Frauen als umweltbewußter (Amelang et al., 1976; Kley & Fietkau, 1979; Matthies, 1994b; Schahn & Holzer, 1990).

Obwohl fast alle Studien Zusammenhänge zwischen verschiedenen soziodemographischen Variablen und Umweltbewußtsein in seinen verschiedenen Konzeptionen berichten, werden nur selten Hypothesen über mögliche Gründe aufgestellt. Hier existiert ein deutliches Theoriedefizit. Auf Zusammenhänge mit dem tatsächlichen bzw. selbstberichteten Verhalten wird in Kapitel 5 noch näher einzugehen sein.

3.2.5 Zusammenfassung und Bewertung

In Kapitelteil 3.2 wurden Studien und Befunde vorgestellt, die in einer psychologisch dominierten Forschungstradition stehen. Ziel dieser Tradition ist es, die Struktur der Disposition „Umweltbewußtsein" zu beschreiben und zu erklären; dabei überwiegen Mehrkomponentenmodelle des Umweltbewußtseins, d.h., Umweltbewußtsein wird als Einstellungskonstrukt verstanden, das im

Kern aus einer gefühlsbezogenen Komponente und aus Verhaltensintentionen besteht. Als weitere Komponenten werden ökologisches Wissen (Amelang et al., 1977; Langeheine & Lehmann, 1986a; Maloney & Ward, 1973; Schahn & Holzer, 1990), bzw. Meinungen (Fuhrer, 1995; Kley & Fietkau, 1979) begriffen, z.t. wir auch tatsächliches Verhalten als Bestandteil des Umweltbewußtseins betrachtet (Maloney & Ward, 1973). Den Mehrkomponentenmodellen entsprechen Meßinstrumente, die Umweltbewußtsein mit einem mehr oder weniger umfangreichen Bündel von Subskalen zu erfassen suchen. Korrelationsstatistische Analysen und Faktorenanalysen erbrachten in einer Vielzahl von Studien das Ergebnis, daß eine gefühlsbezogene Komponente und Verhaltensintentionen sehr eng zusammenhängen, dieser Komplex mit dem tatsächlichen (meist selbstberichtetem Verhalten) jedoch weniger zu tun hat und noch weniger mit objektivem ökologischen Wissen.

Eine häufig geübte Kritik an dieser Forschungstradition bezieht sich auf die Vielzahl unterschiedlicher Konzeptionen und Operationalisierungen des Umweltbewußtseins (vgl. Fuhrer, 1995; Katzenstein, 1995a; Spada, 1990; Urban, 1986). Hier wird ein Grundproblem psychologischer Forschung deutlich: PsychologInnen versuchen Verhalten unter Rückgriff auf psychologische Konstrukte, beispielsweise Motive, Persönlichkeitseigenschaften oder Einstellungen zu erklären, die im Individuum liegen und nicht direkt beobachtbar sind. Somit lassen sich solche Konstrukte nur indirekt aus Verhaltensäußerungen erschließen; meist werden Fragebögen vorgelegt, um auf diese Konstrukte rückschließen zu können. Da sich aus den theoretischen Überlegungen die Operationalisierung nicht direkt ableiten läßt, sondern immer alternative Operationalisierungen (also andere Itemformulierungen oder -zusammenstellungen) möglich sind, können ausgehend von demselben theoretischen Konstrukt eine Vielzahl von Operationalisierungen abgeleitet werden (zur empirischen Unterdeterminiertheit psychologischer Konstrukte, s. Foppa, 1984). Es gibt aber nicht nur abweichende Operationalisierungen desselben theoretischen Konstrukts, sondern es besteht auch Uneinigkeit über die Definition des theoretischen Konstruktes Umweltbewußtsein; etwa darüber, ob es als abstrakte Werthaltung zu verstehen ist oder als spezifische Einstellung, oder gar als System, das beides umfaßt. Diese Frage läßt sich nicht empirisch klären, sondern erfordert eine intensive Diskussion innerhalb des Fachs, die bisher jedoch ausgeblieben ist (vgl. Katzenstein, 1995a).

Schließlich soll hier auch problematisiert werden, inwiefern es überhaupt sinnvoll ist, beobachtbares Verhalten und Diskursverhalten auf psychische Dispositionen wie Einstellungen oder Wertorientierungen zurückzuführen. Es gibt mittlerweile eine starke sozialpsychologische Tradition (Edwards & Potter, 1992; Gergen, 1985, 1986, 1989; Potter & Wetherell, 1987; Potter, Wetherell, Gill & Edwards, 1990), die dafür plädiert, nicht aus nonverbalem und sprachlichem Verhalten auf psychische Dispositionen zurückzuschließen, sondern das Verhalten und die Diskurse selbst zu analysieren. Bezogen auf den Bereich des Umweltbewußtseins würde dies bedeuten, den Umweltbewußtseins*diskurs* zu betrachten, also beispielsweise alltagssprachliche Rechtfertigungen für umwelt-schädigendes Verhalten in verschiedenen Handlungsbereichen zu erfassen. Dieser Weg wird mittlerweile auch beschritten (Lauströer, 1995; Schahn, 1993b).

3.3 Psychometrische Risikoforschung

Im Rahmen der psychologischen Risikoforschung wird untersucht, wie Individuen die Gefährlichkeit von verschiedenen Objekten und Ereignissen bewerten. Die meisten Studien basieren auf der psychometrischen Risikoforschung, hier werden Risikoquellen bezüglich bestimmter Merkmale bewertet (Rohrmann, 1995). Ihr Ziel ist vor allem die Beantwortung folgender Fragen: „Für *wie riskant* bewerten Laien Aktivitäten, Objekte und Situationen wie Autofahren, Pestizide oder Reaktorunfälle?" und „*Warum* werden solche Phänomene als riskant eingeschätzt?" (Fischhoff, Slovic, Lichtenstein, Read & Comb, 1978). In jüngster Zeit hat sich die Risikoforschung der Bewertung von Risiken, die mit der Umweltproblematik in Verbindung gebracht werden, zugewandt. In diesem Kapitel werden eingangs allgemeine Erkenntnisse der psychometrischen Risikoforschung vorgestellt. Anschließend wird auf spezielle Ergebnisse aus der Forschung zur Bewertung von Umweltrisiken eingegangen.

3.3.1 Besonderheiten des „intuitiven Risikos"

Bei der Bewertung der Riskantheit oder Gefährlichkeit eines Phänomens kommen verschiedene Menschen häufig zu verschiedenen Urteilen. Mit Jungermann und Slovic (1993, S. 171) kann man betonen: „'Risiko' ist ein Merkmal, das Objekten, Aktivitäten und Situationen aufgrund von Wahrnehmungs-, Lern- und Denkprozessen zugeschrieben wird. Insofern gibt es auch kein 'objektives' Risiko, das man 'objektiv' wahrnehmen könnte ...".

Die psychometrische Risikoforschung geht nun davon aus, daß Nicht-Fachleute *intuitiv* über Risiken urteilen, d.h., für sie resultiert das Risiko einer Handlung, einer Technik etc. nicht allein aus „objektiven" Kriterien (z.B.: „Produkt von Schadensausmaß und Schadenswahrscheinlichkeit = Risiko"). In die Urteilsbildung fließen noch andere Risikocharakteristika ein. So kommen Laien oft zu anderen Risikobewertungen als Fachleute. Die Kenntnis der Ursachen dieser Unterschiede könnte es erlauben, Entscheidungsprozesse - etwa bei der Einführung neuer Techniken - auf eine breitere Basis zu stellen, die neben der „objektiven" auch die „intuitive" Risikobewertung berücksichtigt.

Bei diesen Bewertungsprozessen spielen insbesondere Merkmale des zu bewertenden Phänomens (z.B. Freiwilligkeit und Kontrollierbarkeit, Dauer der Folgen, privater oder beruflicher Kontext, persönliche Betroffenheit) und des bewertenden Individuums (Erfahrungen, Werthaltungen etc.) eine Rolle (Jungermann & Slovic, 1993). Nach dem derzeitigen Stand der Forschung können die in Tabelle 3.2 vorgestellten Gesichtspunkte bei der intuitiven Bewertung von Risikoquellen allgemein herangezogen werden:

Tabelle 3.2: Faktoren der Risiko- und Schadenswahrnehmung (nach Ruff, 1993b, S. 334)

Gesichtspunkt bei der Wahrnehmung der Risikoquelle	Erhöhung des wahrgenommenen Risikos	Verringerung des wahrgenommenen Risikos
Katastrophenpotential eines Schadensfalls	Todes- und Schadensfälle räumlich oder zeitlich konzentriert, z.b. 1000 Tote zu einem Zeitpunkt an einem Ort	Todes- und Schadensfälle räumlich oder zeitlich verteilt, z.b. jeweils 1 Toter zu 1000 Zeitpunkten an verschiedenen Orten
Wahrgenommene Schrecklichkeit des Risikos	hoch	gering
Betroffenheit von einem Schaden	persönlich betroffen	nicht persönlich betroffen
Persönliche Beeinflußbarkeit des Geschehens	gering	hoch
Risikoübernahme	unfreiwillig	freiwillig
Reversibilität von Schadensauswirkungen	irreversible Wirkungen	reversible Wirkungen
Auswirkungen auf Kinder	spezifische Risiken für Kinder	keine spezifischen Risiken für Kinder
Auswirkungen auf zukünftige Generationen	vorhanden	nicht vorhanden
Identität von Opfern	Opfer sind bekannt	Opfer sind nicht bekannt
Vertrauen in Behörden	Vertrauen in verantwortliche Behörden ist beeinträchtigt	Vertrauen in verantwortliche Behörden ist nicht beeinträchtigt
Aufmerksamkeit der Medien für Risiken	hoch	gering
Nutzen der Schadensquellen für den/die Beurteiler/in	nicht erkennbar	klar erkennbar
Verteilung von Risiko und Nutzen	ungerechte Verteilung von Risiko und Nutzen	gerechte Verteilung von Risiko und Nutzen
Vertrautheit eines Risikos	Risiko ist kaum vertraut	Risiko ist vertraut
Verständlichkeit von Ursachen und Ablauf eines Schadensgeschehens	kaum verständlich	gut verständlich
Ungewißheit eines Risikos	Risiko ist wissenschaftlich ungewiß	Risiko ist wissenschaftlich bekannt
Verursachung	durch Menschen	durch Natur

Nach diesem kurzen Einblick in Ergebnisse der psychometrischen Risikoforschung betrachten wir nun die Forschung zu Umweltrisiken.

3.3.2 Intuitive Bewertung von Umweltrisiken

Als „*Risiko*" kann die *Möglichkeit* eines mehr oder weniger bedeutsamen *Schadens* oder *Verlustes* bezeichnet werden. Von „Umweltrisiken" wollen wir sprechen, wenn Schäden und Verluste für die Umwelt (Luft, Wasser, Boden, Biosphäre) menschlichem Handeln zuzuschreiben sind oder wenn Schäden und Verluste für menschliches Wohlbefinden als Folge von Umweltproblemen (z.B. Ozonloch, Bodenbelastung) gesehen werden.

In Studien, die die intuitive Bewertung von Umweltrisiken untersuchen, werden Menschen gebeten, die Riskants von Umweltproblemen oder menschlichen Handelns für die Umwelt bzw. für das menschliche Wohlbefinden zu bewerten. Im folgenden wird eine für die psychometrische Forschung zu (Umwelt-) Risiken typische Studie ausführlicher vorgestellt, um deren Vorgehensweise zu verdeutlichen. Anschießend werden dann Ergebnisse anderer Studien zusammengefaßt.

Der Frage, anhand welcher Bewertungsfaktoren Menschen Umweltrisiken (bzw. „Ökologische Risiken") bewerten, gingen McDaniels, Axelrod und Slovic (1995) nach. Hierzu nahmen 40 Frauen und 28 Männer (StudentInnen der University of British Columbia) im Durchschnittsalter von 23 Jahren an einer Befragung teil. In der Fragebogenerhebung wurden 65 Items (Risikoquellen wie etwa Nuklearkrieg, Saurer Regen oder Erdbeben) bezüglich 30 Risikomerkmalen (z.B. Sicherheit der Auswirkungen auf die Natur, Vermeidbarkeit des Ereignisses, Relevanz für das eigene Leben, Kontrollierbarkeit) bewertet. Zudem sollte das Gesamtrisiko dieser Risikoquellen für Gesundheit und Fruchtbarkeit der natürlichen Umwelt beurteilt werden.

Bezüglich dieses Gesamtrisikos wurden aus dem Pool der Risikoquellen die Phänomene Nuklearkrieg, Artenverlust und der Abbau der Ozonschicht besonders hoch bewertet. Solch eine Rangreihenbildung kennen wir - nur mit anderen Bewertungsobjekten - schon aus der Meinungsforschung (s. Kapitel 3.1), sie ist also nicht typisch für den hier zu behandelnden Forschungsbereich. Über diese Rangreihenbildung hinausgehend, hat die psychometrische Risikoforschung das Ziel, die für die Risikobewertung relevanten Urteilsdimensionen aufzudecken. Dieses wurde in der vorliegenden Studie mit Hilfe des Verfahrens der Faktorenanalyse angestrebt. Aus den vorgegebenen 30 Bewertungsskalen ließen sich 5 zentrale Bewertungsfaktoren für die Risikoquellen zusammenfassen: Auswirkungen auf Arten, Nutzen für den Menschen, Auswirkungen auf den Menschen, Vermeidbarkeit von Einwirkungen und Wissen über Auswirkungen. Übersicht 3.3 kennzeichnet diese Faktoren näher.

Übersicht 3.3: Bewertungsfaktoren für Umweltrisiken (nach MacDaniels, Axelrod & Slovic, 1995)

Faktor 1: *Auswirkungen auf Arten* (Varianzaufklärung 56 %). Dieser Faktor umfaßte insbesondere die Risikocharakteristika „Relevant für den Artenverlust", „Verletzung der Rechte nichtmenschlicher Arten" und „Umfang des Leids für Tier und Pflanzen". Der Faktor korreliert besonders hoch mit dem Gesamtrisiko (r = .58).

Faktor 2: *Nutzen für Menschen* (Varianzaufklärung 18 %). Dieser Faktor bestand im wesentlichen aus den Risikocharakteristika „Nutzen für die Gesellschaft" und „Nutzen für Individuen". Der Faktor korrelierte hoch negativ (r = -.51) mit der Einschätzung des Gesamtrisikos für die natürliche Umwelt.

Faktor 3: Auswirkungen auf Menschen (Varianzaufklärung 9 %). Auf diesem Faktor luden insbesondere die Charakteristika „Anzahl der betroffenen Menschen", „Risiko für die menschliche Gesundheit" und „Räumliche Reichweite der Einwirkungen, der Faktor korrelierte positiv mit der Einschätzung des Gesamtrisikos (r =.48).

Faktor 4: *Vermeidbarkeit* (Varianzaufklärung 5 %). Dieser Faktor umfaßt die vier Risikocharakteristika „Kontrollierbarkeit", „Vermeidbarkeit von Einwirkungen", „Verfügbarkeit von Alternativen", „Fähigkeit zur Schadensregulierung durch die Regierung". Im Gegensatz zu Studien, die die Risikobewertung im Bereich technischer Gefahren und menschlicher Gesundheit untersuchten, korrelierte der Faktor „Vermeidbarkeit" nicht mit der Einschätzung des Gesamtrisikos.

Faktor 5: *Wissen über Auswirkungen* (Varianzaufklärung 3 %). Der fünfte Faktor umfaßt die Skalen zu den Fähigkeiten, die Auswirkungen der Risikoquellen zu überwachen, vorherzusagen, zu erkennen und zu Verstehen.

Exemplarische Ergebnisse anderer Studien zur Bewertung von Umweltrisiken

Nach Karger und Wiedemann (1996) werden Risiken für Menschen, die aus Umweltproblemen (z.B. Wasserverschmutzung) entstehen, sehr hoch bewertet. In dieser Risikoeinschätzung sind sich Laien sehr sicher. Die stärksten Prädiktoren für die Risikobewertung waren in dieser Studie die wahrgenommene Häufigkeit negativer Auswirkungen für den Menschen und negative Gefühle, die mit der Risikoquelle assoziiert werden.

Interessant ist, daß Risikoquellen, die üblicherweise Umweltbelastungen zugeschrieben werden (Luftverschmutzung, Schadstoffe in der Nahrung, radioaktive Strahlung, Schadstoffe in Trinkwasser) nach Ergebnissen von Ruff (1990) hinsichtlich der Gefahr dauerhafter Gesundheitsschäden ähnlich eingestuft werden wie die wichtigsten Risiken der Lebensführung (Rauchen, Medikamentenkonsum). Umweltrisiken sind also - zumindest im Rahmen von Befragungen - nicht ein Problembereich, der hinter anderen gesundheitsbezogenen Alltagsproblemen zurücksteht. Andererseits weisen empirische Befunde auch auf Unterschiede zwischen beiden Risikobereichen hin: relativ neue Risiken, wie der Abbau der Ozonschicht oder der saure Regen, sollen - aus Sicht der Befragten - im Gegensatz zu Alltagsrisiken wie Rauchen, Alkoholkonsum eher auf sozialer, nicht auf individueller Ebene bewältigt werden. Für die Lösung solch neuer und aktueller Probleme wird die Verantwortung primär der Politik zugeschrieben (Brun, 1992; Fischer, Morgan, Fischhoff, Nair & Lave, 1991).

Schon aus der Anfangszeit der Risikoforschung stammt der Befund, daß die meisten Menschen sich selbst für weniger gefährdet halten als vergleichbare Personengruppen (etwa „die Bevölkerung"). Weinstein (1982) spricht in diesem Zusammenhang von einem *unrealistischen Optimismus"*, der auf einer selektierenden Informationsaufnahme beruht. Dieser unrealistische Optimismus läßt sich auch bei der Bewertung von Umweltrisiken finden. In der oben schon erwähnten Studie von Ruff (1990) bewerten 40 % von 180 Befragten das persönliche Risiko durch Umweltverschmutzung geringer als das Risiko für die Gesamtbevölkerung. Ruff spricht hier von den „Risikooptimisten": „Sie neigen dazu, sich persönlich überhaupt nicht gefährdet zu fühlen und die Umweltkrise tangiert sie insgesamt weniger" (Ruff, 1990, S. 167).

Im Bereich der Risikobewertung werden auch *Geschlechterunterschiede* betrachtet. Erhebungen zeigen, daß Frauen mehr Besorgnis bezüglich Technik und Umwelt ausdrücken als Männer es tun. Diese Befunde sind insbesondere im Bereich der Atomtechnik und lokaler Umweltbelastungen häufig repliziert (Davidson & Freudenburg, 1996). Zwei Erklärungen für diese Unterschiede finden besondere empirische Bestätigung: für Frauen sind Gesundheit und Sicherheit hervorstechendere Themen als für Männer, und diese höhere Präsenz zeigt sich im Ausdruck von mehr Besorgtheit. Eine andere, ebenfalls empirisch bestätigte Erklärung, geht davon aus, daß Frauen mehr Mißtrauen gegenüber Institutionen wie Wissenschaft, Technologie und Regierungen haben. Dieses Mißtrauen drückt sich ebenfalls in einer größeren Besorgnis aus (Davidson & Freudenburg, 1996). Flynn, Slovic & Mertz (1994) betrachten die Thematik aus einer anderen Perspektive. Für sie ist nicht die Risikobewertung von Frauen das „Besondere", sondern die Risikobewertung von (weißen) Männern: die AutorInnen zeigen anhand ihrer Erhebungen, daß weiße US-amerikanische Männer (Umwelt-)Risiken niedriger einschätzen als alle anderen befragten Bevölkerungsgruppen (US-amerikanische weiße Frauen und nicht weiße US-amerikanische Männer und Frauen). Nach Flynn, Slovic & Mertz (1994) sehen weiße Männer eventuell deshalb weniger Risiken in der Welt, weil sie diese zu einem hohen Grade selbst gestalten und einen großen Nutzen aus ihnen ziehen. So könnte es leichter fallen, ein Risikooptimist zu sein.

3.3.3 Zusammenfassung und Bewertung

In Kapitel 3.3 ging es darum, Befunde der *psychometrischen Risikoforschung* zur Bewertung von Umweltrisiken vorzustellen. Zwar liegen zu diesem Thema erst wenige Studien vor, es ist allerdings festzuhalten, daß Schäden und Verluste für Mensch und Umwelt hoch eingeschätzt werden. Umweltproblemen wie der Wasserverschmutzung wird ein hohes Gefährdungspotential zugeschrieben. Die Risikobewertung fällt etwa dann hoch aus, wenn die Schäden häufig wahrgenommen werden und die Risikoquelle mit negativen Emotionen verknüpft ist. Zudem konnte gezeigt werden, daß der Umweltverschmutzung für die Gefährdung der Gesundheit eine ähnliche Bedeutung zugeschrieben wird wie den Risiken der Lebensführung. Im Zusammenhang mit der Risikobewertung lassen sich „Risikooptimisten", die sich weniger gefährdet als die Allgemeinbevölkerung und „Risikorealisten", die sich ähnlich gefährdet wie die Bevölkerung einschätzen, unterscheiden.

Kritisch ist zu dieser Forschungsrichtung anzumerken, daß die Auswahl von Risikoquellen, die man zur Bewertung vorlegt, letztlich immer willkürlich bleibt und die mittels multivariater Methoden gewonnenen Bewertungskriterien weiterer Überprüfung und einer *Theorieeinbettung* bedürfen. Die psychometrische Riskoforschung kann allerdings einen wichtigen Beitrag zur Erleichterung der Kommunikation über Risiken erbringen. Bedingung hierfür ist, daß ihre Erkenntnisse zur *Vermittlung* zwischen der intuitiven und der wissenschaftlichen Risikobewertung dienen - und nicht zur Disqualifizierung von einem der beiden Prozesse.

3.4 Forschung zur subjektiven Repräsentation

In diesem Kapitel werden Studien zur Umweltwahrnehmung betrachtet, die sich in einem Punkt grundsätzlich von den bisher beschriebenen Traditionen unterscheiden: Antwortmöglichkeiten werden hier weniger durch ForscherInnen vorformuliert. BefragungsteilnehmerInnen wird vielmehr Raum gegeben, eigene Anworten zu entwickeln. So ist es möglich, das Ziel der Forschung zur subjektiven Repräsentation der Umweltthematik zu erreichen: Alltagsverstehen und -erklären der Umweltthematik soll nachvollzogen werden. Diese Forschungstradition bedient sich primär qualitativer (Erhebungs-)Methoden, da diese es über einen großen Antwortspielraum erlauben, Interpretationen und Aussagen zur Umweltthematik zu erfassen, ohne alle „Denkinhalte" vorzugeben.

Individuelles Wissen und Verstehen kann z.B. über die Beschreibung kognitiver Konstrukte (Kelly, 1986) oder subjektiver Theorien (Groeben, Wahl, Schlee & Scheele, 1988) erfaßt werden.

Studien zur subjektiven Repräsentation der Umweltkrise greifen auf verschiedene Methoden zurück:

— Am häufigsten finden *offene Interviews* Verwendung. Hier beantworten BefragungsteilnehmerInnen die Interviewfragen, die im Vorfeld in einem (mehr oder weniger bindenden) Leitfaden zusammengestellt werden. Die Aussagen werden protokolliert bzw. auf der Grundlage von Tonbandaufnahmen transkribiert. Zur Auswertung des so gewonnenen Textmaterials werden meist Techniken der Inhaltsanalyse verwendet. Dieses Verfahren bezieht sich auf eine regel- und theoriegeleitete Analyse sprachlichen Materials, welche es ermöglicht, Interviewaussagen thematisch, typisierend und skalierend zu strukturieren oder auch zu quantifizieren (vgl. Lamnek, 1989; Mayring, 1990).

– In jüngster Zeit werden Sichtweisen zur Umweltthematik auch mit Hilfe der *Repertory Grid-Technik* beschrieben (Karger & Wiedemann, 1994; Matthies, 1995; Tanner & Foppa, 1995). Dieses Erhebungsverfahren wurde von Kelly entwickelt, um subjektspezifische Sichtweisen - sogenannte „persönliche Konstrukte" - zu erfassen. Primär werden mit dieser Technik Begriffe, die Personen zur Strukturierung eines Phänomen-Bereichs verwenden, erhoben. Zum Beispiel könnte eine Interviewperson berichten, daß sie im Bereich der Umweltprobleme „Luftverschmutzung" und „Ozonloch" anhand der Begriffe „Das kann ich wahrnehmen" und „Das ist abstrakt" unterscheidet (näheres zur Methode siehe: Kelly, 1955; Riemann, 1991; Scheer & Catina, 1993).

– Subjektive Sichtweisen zur Umweltthematik können auch mittels *Strukturlegetechniken* erkundet werden. In den Bereich dieser Techniken fallen Erhebungsverfahren, in denen Befragte ihre Sichtweisen nicht in Form von Textaussagen mitteilen, sondern diese primär graphisch darstellen. Dieses Vorgehen ist insbesondere dann sinnvoll, wenn es darum geht, zu bestimmten Wissens- oder Erfahrungsfeldern Wissens*strukturen* mitteilbar zu machen. So lassen sich etwa Annahmen zur Beziehungen zwischen zwei Konzepten (z.B. „Sauer Regen" und „Waldsterben") leichter in Form von Abbildungen ausdrücken als in Form von Textaussagen (näheres hierzu siehe Bonato, 1990; Scheele, 1992). Zur Wahrnehmung der Umweltthematik liegen erste Studien vor, die über dieses Vorgehen quasi „kognitive Karten" zur Umweltthematik erarbeiten (Schaaf, 1993; Wortmann & Schuster, 1997).

Im folgenden stellen wir exemplarisch Ergebnisse aus der Forschung zur subjektiven Repräsentation der Umweltthematik vor. Dabei wird die Wahrnehmung der Umweltkrise sowie einzelner Umweltprobleme zum einen allgemein und zum anderen aus der Sicht spezifischer Gruppen vorgestellt. So werden Fragestellungen betrachtet, die sich einerseits über ein qualitatives Erhebungsvorgehen besonders gut bearbeiten lassen und die andererseits inhaltliche Ergebnisse aus den vorangegangenen Kapiteln ergänzen.

Welche Vorstellungen besitzen Menschen zur Umweltkrise allgemein?
In einer Interviewstudie von Homburg (1995) wurden subjektive Vorstellungen zur Umweltkrise mit Hilfe problemzentrierter Interviews (Witzel, 1989) exploriert. Übersicht 3.3 zeigt die sechs Dimensionen, anhand derer die Vorstellungen erfaßt wurden. Die Übersicht gibt so ein Beispiel für eine mögliche interne Differenzierung subjektiver Repräsentationen der Umweltthematik.

*Übersicht 3.3: Dimensionen subjektiver Vorstellungen zur Umweltkrise
(nach Homburg, 1995)*

---

1. Konkrete subjektive Definition des Phänomens Umweltkrise
   Leitfrage: *„Was verstehen Sie unter dem Begriff Umweltkrise?"*

2. Subjekt-Bezug zur Thematik
   Leitfrage: *„Bekommen Sie von der Umweltkrise etwas mit?"*

3. Verantwortungszuweisungen an Akteure
   Leitfrage: *„Wer sollte da etwas tun?"*

4. Individuelle Handlungsmöglichkeiten
   Leitfrage: *„Was tun Sie konkret bezüglich der Umweltkrise?"*

5. Problemprognosen
   Leitfrage *„Wie würden Sie die weitere Entwicklung sehen?"*

6. Emotionale Reaktionen und Bewertungen
   Leitfrage: *„Was geht in Ihnen vor, wenn Sie sich mit der Umweltsituation
   auseinandersetzen"?*

Der Auswertung lagen 23 (jeweils ca. zweistündige) Interviews, die mit ArbeitnehmerInnen geführt wurden, zugrunde. Betrachten wir die Ergebnisse zur Frage „Was verstehen Sie unter dem Begriff Umweltkrise?" Aus den Aussagen zu dieser Frage, die die konkrete Definition des Phänomens Umweltkrise erfaßt (Punkt 1 in Übersicht 3.3), ließen sich im Rahmen einer Inhaltsanalyse fünf „Definitionen" extrahieren, die hier anhand von *Interviewzitaten* veranschaulicht werden. Hier zeigt sich, welch ein vieldeutiges Phänomen „die" Umweltkrise ist:

— *Umweltkrise als Konflikt von Mensch kontra Natur:* „...Ich denke eigentlich, nicht die Umwelt ist in einer Krise, sondern unser Umgang mit Umwelt, das heißt also, es ist eine Frage des Bewußtseins. Unser Bewußtsein, unser Verhältnis zur Umwelt, ist in einer Krise....".

— *Umweltkrise als Konflikt von Mensch kontra Mensch und Natur:* In dieser Definition werden auch Menschen als „Opfer" des Krisenphänomens einbezogen. „Die Lebensgrundlage für Tier, Mensch und Pflanze werden nach und nach abgebaut. Und das eben speziell vom Menschen als Spezies."

— *Umweltkrise als Konflikt von Mensch kontra Mensch:* Aus dieser Perspektive konkretisiert sich die Umweltkrise primär über den Menschen als Opfer. „Aber dann eben die Sache durch die fossilen Brennstoffe, Ozonloch und so weiter, das hat ja alles damit zu tun, das ist 'ne Sache, die uns Menschen total betrifft..."

— *Umweltkrise als ursachenorientiertes Phänomen:* Im Rahmen dieser Definition wird die Umweltkrise bzw. die Umweltbelastung über ein sachliches

Aufführen von Ursachen mit Inhalten gefüllt. „Was für mich ein Problem ist, das sind die Autos, die Fahrzeuge, daß das halt immer mehr werden, das ist für mich so das Schlimmste. Und daß das Bewußtsein von den Leuten nicht gefördert wird, es wird ja überhaupt nichts gemacht."

— *Umweltkrise als Folgephänomen*: Hier manifestiert sich Umweltkrise primär über die Benennung von Folgephänomenen. „...das mach' ich halt daran fest, eben an dem Waldsterben, was ich als Laie schon selber sogar sehen kann, daß die Bäume Schädigungen haben; eben jetzt so was mit dem Rhein was über die Ufer tritt, das ist ja wirklich so eine Jahrhundertkatastrophe".

Die folgende Studie zeigt nun, wie *konkrete* Umweltprobleme wahrgenommen werden.

Weche Merkmale dienen zur Repräsentation von Umweltproblemen?

Mit Hilfe der Repetory-Grid Methodik befragten Tanner & Foppa (1995) 50 Personen, um u.a. zu erkunden, wie Umweltprobleme repräsentiert werden. Die AutorInnen beschreiben die Wahrnehmungs- und Bewertungsdimensionen ihrer BefragungsteilnehmerInnen (ausgehend von Aussagen zum Treibhauseffekt, zum Waldsterben und zum Sommersmog) über eine Kategorisierung von Einzelnennungen. Zur Wahrnehmung resp. Bewertung dienen nach dieser Studie Aussagen, die wahrgenommene Merkmale (z.B. Eindeutigkeit der Wirkungszusammenhänge, Entfernung der Ereignisse), Angst und Traurigkeit, emotionale Betroffenheit sowie Ärger und Wut zum Ausdruck bringen. Tanner und Foppa kommen zu dem Schluß, daß in der Wahrnehmung von Umweltproblemen die handlungsbezogene Ebene eine weit geringere Rolle spielt als die gefühls- und gedankliche Ebene: „Die Beschäftigung mit umweltbezogenen Themenkomplexen dreht sich seltener um Handlungs- oder Problemlösungsstrategien zur Minderung der Umweltprobleme. Und wenn, dann haben Einschätzungen der Ohnmacht, Machtlosigkeit oder der Hilflosigkeit die Oberhand" (Tanner & Foppa, 1995, S. 129).

In dieser Studie wurden konkrete Umweltprobleme betrachtet. Weitergehend stellt sich die Frage, ob und wie sich diese einzelnen Phänomene aus der Sicht von Laien gruppieren lassen.

In welche Gruppen unterteilen Laien verschiedene Umweltprobleme?

Schaaf (1993) ging der Frage nach, in welche Teilgruppen sich Umweltprobleme in der subjektiven Wahrnehmung strukturieren. Hierzu ließ sie in einer Studie 50 InterviewteilnehmerInnen 19 auf Kärtchen vorliegende Umweltprobleme frei „sortieren" und Gründe für die Gruppenbildung benennen. Solche Gründe waren neben sachlichen Merkmalen, die Umweltprobleme verbinden (etwa Ursache-Wirkungsbeziehungen), Gemeinsamkeiten resp. Unterschiede in der Art der Konfrontation (häufig/selten), der Art der Wirkung (stark/gering) oder die Form der Distanz (groß/gering). Ausgehend von den mit einer Legetechnik erhobenen Differenzierungsmerkmalen konnten mit Hilfe einer clusteranalytischen Auswertung drei Gruppen von Umweltproblemen differenziert werden (s. Übersicht 3.4).

Übersicht 3.4: Gruppen und Gruppierungskriterien von Umweltproblemen (nach Schaaf, 1993)

Gruppe „Grundlegend beeinträchtigende Umweltprobleme"

1. Klimaveränderungen
2. Schädigung der Erdatmosphäre
3. Hohe Ozonwerte in der Luft
4. Flutkatastrophen
5. Fischsterben
6. Schadstoffbelastung der Ozeane
7. Saurer Regen
8. Waldsterben
9. Belastete Böden

Besonderes Kennzeichen der Probleme 1-4: ihnen werden relativ oft globale Auswirkungen zugesprochen.

Besondere Kennzeichen der Probleme 6-9: bei ihnen werden relativ oft keine Einflußmöglichkeiten gesehen.

Gruppe „Unfälle"

1. Atomare Unfälle
2. Umweltkatastrophen durch Industrieunfälle

Gruppe „Persönlich beeinträchtigende Umweltprobleme"

1. Gesundheitsschädliche Stoffe in Textilien
2. Umweltgifte in Baumaterialien
3. Schadstoffe in der Nahrung
4. Gifte in der Muttermilch
5. Erbgutschädigung durch Umweltgifte
6. Verpestete Luft
7. Gesundheitsbeeinträchtigung durch Lärm
8. Verunreinigung des Trinkwassers

Besondere Kennzeichen der Probleme 1-5: ihnen wird relativ oft persönliche Nähe und eine häufige Konfrontation zugesprochen.

Besondere Kennzeichen der Probleme 6-7: ihnen wird relativ oft eine große Wirkung und eine häufige Konfrontation zugesprochen

---

Betrachten wir nun ein Umweltproblem genauer:

Welche Vorstellungen besitzen Menschen zur globalen Klimaveränderung?

Sowohl Kempton (1991), als auch Bostrom, Granger Morgan, Fischhoff und Read (1994) explorieren Vorstellungen von US-amerikanischen Nicht-Fachleuten zum Klimawandel. Kempton (1991) leitet aus seinen Interviews (n = 14) ab, daß Laien den Klimawandel anders auffassen als WissenschaftlerInnen. Das relativ neue Phänomen wird - wie aus kognitionspsychologischer Perspektive zu erwarten - in ältere Wissenskonzepte wie dem Ozonabbau, der bodennahen Luftverschmutzung, der Photosynthese und den saisonalen sowie geographischen Temperaturschwankungen eingepaßt. Beispielsweise wird die globale Erwärmung als Teil oder Folge des Ozonabbaus verstanden, was aus naturwissenschaftlicher Sicht nur bedingt stimmt. Die Ergebnisse zweier offener Interviewstudien (n = 7 bzw. n = 37) und einer Fragebogenstudie (n = 51) von Bostrom et al. (1994) lassen sich in folgender Weise zusammenfassen: BefragungsteilnehmerInnen verfügten über viele „Fehlkonzepte" bezüglich des Klimawandels. So wurde teilweise kein Unterschied zwischen dem Treibhauseffekt und dem Ozonabbau gemacht. Die Definitionen von Laien zu wichtigen Stichworten im Zusammenhang mit der Klimaproblematik waren am häufigsten zur Luftverschmutzung und am seltensten für Klima und Klimawandel angemessen. Letzteres wurde häufig als „Wetter" unzulänglich erläutert. Bezüglich der Ursachen des Klimawandels wurde primär auf den Gebrauch von Automobilen, Industrieemissionen, Spraydosen und die Umweltverschmutzung im allgemeinen verwiesen. An Folgen wurden dem Klimawandel - in großer Übereinstimmung mit wissenschaftlichen Sichtweisen - insbesondere ein Temperaturanstieg, die Veränderung von Niederschlagsmustern, die Zunahme von Hautkrebs und die Veränderung landwirtschaftlicher Erträge zugesprochen. Lösungsmöglichkeiten für den zumeist negativ bewerteten Klimawandel wurden im Bereich einer generellen Umweltverschmutzungskontrolle gesehen.

Schon in Kapitel 3.3 wurde die Bewertung der Bedrohlichkeit von Umweltproblemen geschildert. Die nun vorzustellende Studie untersucht diese Frage mit Hilfe einer offenen Erhebung.

Fühlen sich Menschen durch die Umweltbelastung bedroht?
Im Rahmen qualitativer Forschung untersuchte Matthies (1994a) mittels telefonischer Interviews (n = 96) die Bedrohlichkeitseinschätzung von Umwetlproblemen. Zentrale Ergebnisse dieser Studie lassen sich wie folgt zusammenfassen: Die allgemeine Bedrohung wurde sehr hoch, die persönliche Bedrohung etwas geringer bewertet. Wurde offen nach allgemein bedrohlichen Umweltbelastungen gefragt, standen eher mittelbare Belastungen wie globale Umweltprobleme und Müllprobleme im Mittelpunkt. Dagegen wurde, wenn es um persönliche Bedrohungen ging, eher von Belastungsmedien wie Luftverschmutzung und Lärmbelästigung gesprochen. Die häufigsten Ursachen für die Bedrohung durch Umweltprobleme wurden in der Luftverschmutzung und im Autoverkehr gesehen. Es wurden allerdings auch häufig Belastungen genannt, die, wie globale Umweltprobleme, Müllprobleme oder das Ozonloch, nicht direkt wahrnehmbar sind oder die Person nicht direkt betreffen. An gesundheitlichen Schädigungen wurden besonders häufig Atemwegserkrankungen, Krebserkrankungen und erhöhtes Krebsrisiko sowie Allergien und Hautkrankheiten befürchtet.

Der Einschätzung gesundheitlicher Schäden widmet sich auch Ruff (1990) in mehreren Untersuchungen.

Welche Vorstellungen besitzen Menschen zu gesundheitlichen Auswirkungen der Umweltbelastung?
Der Frage, welche gesundheitlichen Auswirkungen Menschen mit der Umweltbelastung verbinden, ging Ruff (1990) in einer Interviewstudie nach. Die Antworten von 30 BefragungsteilnehmerInnen faßt der Autor in 14 Kategorien zusammen (s. Abb. 3.7):

Abbildung 3.7: Vorstellungen über gesundheitliche Auswirkungen von Umweltbelastungen (nach Ruff, 1990, S. 124)

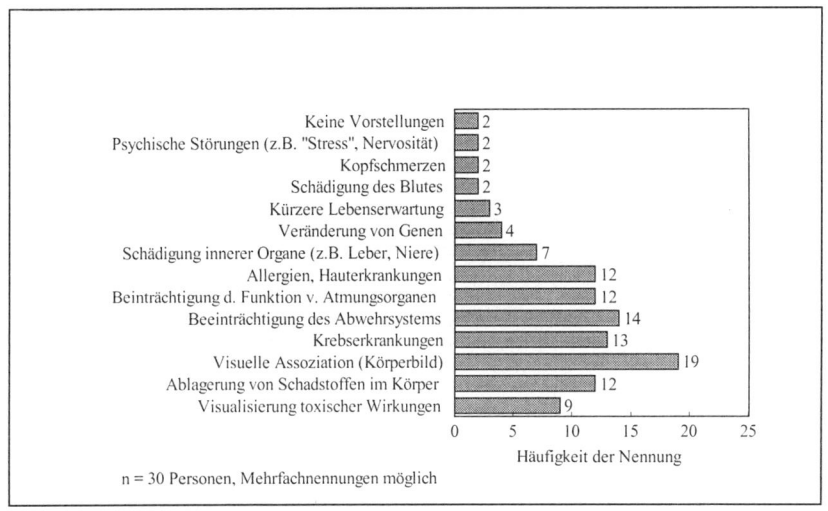

Abbildung 3.8: Durch Umweltbelastungen erlebte gesundheitliche Beeinträchtigungen (nach Ruff, 1990, S. 175, eingetragen sind Angaben, die von mindestens 5% der Befragten genannt wurden)

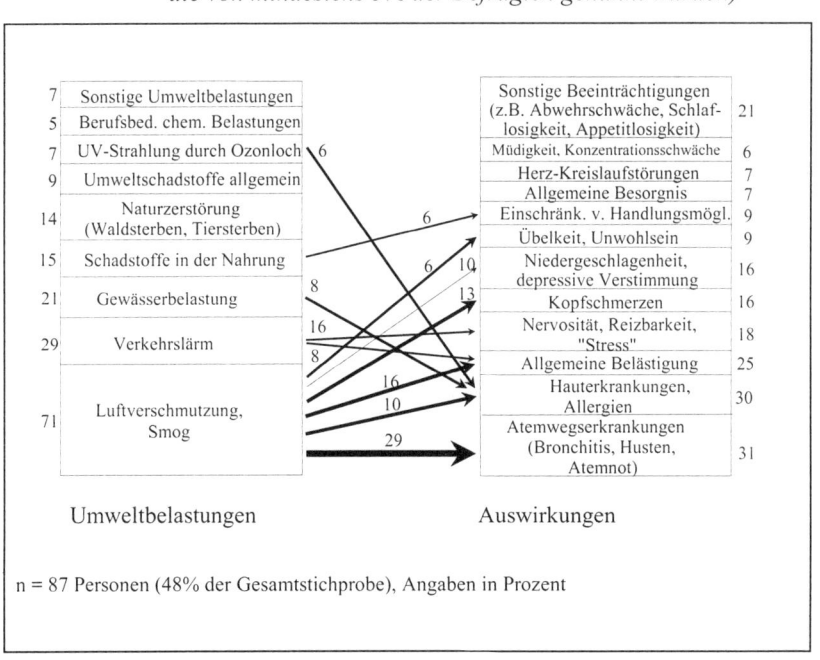

73

Es zeigt sich, daß 19 Personen nicht nur allgemeine Vorstellungen über Gesundheitsauswirkungen, sondern auch visuell repräsentierte Assoziationen, wie die Schadstoffe auf den Körper einwirken, nennen. Diese Wahrnehmungen beziehen sich nach Ruff „... vor allem auf die Vorstellung der Ablagerung der Schadstoffe im Körper und die Visualisierung der organismusschädigenden Wirkungen" (Ruff, 1990, S. 125).

Im Rahmen einer Fragebogenerhebung desselben Autors, in der offen nach gesundheitlichen Beeinträchtigungen von Umweltbelastungen gefragt wurde, ergaben sich die in Abbildung 3.8 dargestellten Ergebnisse. Luftverschmutzung und Smog sind für die hier Befragten die wichtigsten Krankheitsursachen. Bei den Auswirkungen stehen Beeinträchtigungen des körperlichen Wohlbefindens gegenüber seelischen Beeinträchtigungen im Vordergrund.

Bisher sind die Sichtweisen von Menschen „allgemein" geschildert worden. Betrachten wir nun Teilgruppen, die eventuell einen besonderen Zugang zur Problematik haben.

Welchen Zugang haben einzelne Berufsgruppen zur Umweltproblematik?
Zur Erkundung von Besonderheiten in den Sichtweisen gesellschaftlicher Teilgruppen haben sich offene Interviewstudien, die ganz gezielt Besonderheiten aufspüren können, bewährt. Mit diesem Verfahren zeigen Heine und Mautz (1988, 1989), daß - entgegen ihrer eigenen Hypothese - bei Industriearbeitern die arbeitsspezifische Distanz zum Umweltthema im Kern nicht gegeben ist (vgl. auch Bogun, Osterland & Warsewa, 1992). Schülein, Brunner und Reiger (1994) beschreiben das Umweltbewußtsein von Industriemanagern. Dabei kommen sie zu dem Ergebnis, daß einerseits das Interesse des ökonomischen Systems für die Ökologiethematik zwar gering ist, daß aber andererseits von einem völlig abgeschotteten Weltbild nicht gesprochen werden kann, da Verunsicherungen der ökonomisch-technischen Rationalität insbesondere über private Lebenszusammenhänge von Managern zu erkennen sind. Beide Studien weisen also darauf hin, daß die Umweltdiskussion auch auf den ersten Blick „immunisierte" Teilgruppen erreicht[5].

Kann dies auch bezüglich einer anderen Teilgruppe - den Kindern - gesagt werden?

Sehen Kinder die Umweltprobematik?
Um dieser Frage nachzugehen, befragten Cohen und Horm-Wingerd (1993) 88 US-amerikanische Kinder im Alter von 3 bis 5 Jahren. Grundlage für die Befragung waren Bilder, die unter anderem umweltschädigende Verhaltensweisen zeigten. Die Kinder waren in der Lage, dargestellte Umweltproblematiken wahrzunehmen bzw. die Folgen von Umwelteingriffen zu erfassen. Wie sehen

---

[5] Weitere Studien zu den Sichtweisen spezifischer Berufsgruppen liegen etwa für Führungskräfte (Hammerl, 1994), Arbeitnehmer (Burschel, 1996), Landwirte (Pongratz, 1992) und für Lehrer (Kahlert, 1991) vor.

Befunde zu diesem Themenkreis für ältere Kinder aus? Ausgehend von 136 Schulaufsätzen zum Thema „Was ich in der Natur erleben kann" beschreibt Fischerlehner (1993) das Naturerleben von 9-13 jährigen Kindern. Mit Hilfe einer inhaltsanalytischen Auswertung kommt die Autorin u.a. zu dem Ergebnis, daß die Beschäftigung mit dem Thema Natur für 50 % der Kinder auch die Auseinandersetzung mit der Zerstörung der Natur bedeutet. Verschiedenste Formen der Umweltzerstörung sind bekannt, und häufig wird geschlußfolgert, „... daß es die Unachtsamkeit, der Egoismus, die 'Dummheit' und die Gier der Menschen sind, die die Schuld an der 'katastrophalen Lage' tragen" (Fischerlehner, 1993, S. 161, Hervorhebung im Original; vgl. auch Gebhard, 1994; Klein, 1993; Unterbrunner, 1993; Waldmann, 1992).

Abschließend soll ergänzend zu den in Kapitel 3.1 berichteten Meinungen ein Beispiel zur Frage gegeben werden, wie sich Erwachsene Problemlösungen dieser Situation vorstellen.

Was verstehen Menschen unter umweltverantwortlichem Handeln?
In einer Schweizer Untersuchung, die Expertengespräche, Fallstudien, schriftliche Befragungen und Interviews umfaßte, untersuchten Reichert und Zierhofer (1993), was Menschen unter umweltverantwortlichem Handeln verstehen. In diesem Zusammenhang wird über themenzentrierte Interviews (n = 23) u.a. der Frage nachgegangen, ob bezüglich des Ideals umweltverantwortlichen Handelns unterschiedliche Ansichten bestehen. Die AutorInnen fassen ihre Ergebnisse in folgender Weise zusammen: „...umweltverantwortliches Handeln [betrifft, d.A.] nach der Meinung unserer InterviewpartnerInnen auch sehr tiefgreifende Orientierungen und heißt für sie mehr, als nur Veränderungen bei einzelnen Handlungsweisen wie Altpapiersammeln, Kompostieren oder weniger Autofahren. Sie geben Beispiele für einen anderen Umgang mit sich selbst, mit anderen Menschen und mit gesellschaftlichen Institutionen. Was in welche Richtung geändert werden sollte bzw. wie weit Veränderungen in dieser Hinsicht realistisch sind, darüber gehen die Meinungen stark auseinander" (Reichert & Zierhofer, 1993, S. 342, vgl. auch Cary, 1993).

3.4.1 Zusammenfassung und Bewertung

In Kapitel 3.4 ging es darum, Studien vorzustellen, die die Umweltwahrnehmung erfragen, ohne daß (alle) Antwortmöglichkeiten durch ForscherInnen vorformuliert werden. So sollen *Alltagsverstehen* und -erklären der Umweltthematik nachvollzogen werden. Dabei können Studien Erkenntnisse über (Einzel-)Interviews, über die *Rep-Grid-Technik* oder etwa über *Strukturlegetechniken* gewinnen. Zu betonen ist, daß diese qualitativen Erhebungsweisen durchaus auch mit quantitativen Auswertungsmethoden kombiniert werden.

Ergebnisse dieses Forschungsvorgehens lassen sich nur schwerlich in knapper Form vermitteln, da es ja gerade darum geht, differenzierte, nicht zu stark aggregierte Erkenntnisse zu erarbeiten.

Trotzdem läßt sich festhalten, daß über die vorgestellten Studien deutlich wird, wie *umfangreich, vielschichtig, heterogen* und *mehrdeutig* die Umweltthematik im Alltagsdenken präsent ist. Dabei ist - wenn man bedenkt, wie alltagsfern viele Probleme sind - der Anteil an Fachwissen beachtlich, auch wenn dieses nicht immer im Sinne der Wissenschaft Verwendung findet. Neben dieser sachlichen Problemthematisierung nimmt allerdings der Ausdruck von *Besorgnis, Angst* und *Hilflosigkeit* - auch bei Kindern - einen großen Raum ein. In den Studien wird deutlich, daß Umweltschutzinterventionen (s. Kap. 6) sich damit auseinandersetzen müssen, daß sie (auch) auf eher ohnmächtige und pessimistische Menschen treffen, die nicht einfach zu motivieren sein dürften.

Die Auseinandersetzung mit dem Denken vieler einzelner Menschen muß Respekt hervorrufen. Daneben stellt sich - wie auch bei den demoskopischen und psychometrischen Studien - die Frage: „Wie kommen Menschen zu ihrer (pessimistischen) Sicht der Dinge?" und „Wie gehen sie damit um?" Auf den Hintergrund der Problemsichtweisen wird nun eingegangen. Die Frage, wie Menschen mit ihrem Bedrohungserleben umgehen, wird im Kapitel zu psychischen Folgen der Umweltbelastung (s. Kap. 4) aufgegriffen.

Kritisch ist bezüglich der Studien zur subjektiven Repräsentation - auch aus dem qualitativen Paradigma heraus - anzumerken, daß nicht alle Veröffentlichungen die Intersubjektivität ihres (Auswertungs-)Vorgehens darlegen und es so nicht immer erlauben, Interpretationen der AutorInnen nachzuvollziehen.

3.5 Hintergründe zur Wahrnehmung der Umweltkrise

Zum Abschluß der Darstellung von Studien zum „Umweltproblembewußtsein" gehen wir in diesem Kapitel darauf ein, welche mikro- und makrosozialen Bedingungen bei dessen Ausprägung eine Rolle spielen.

3.5.1 Mikrosoziale Hintergründe

Aus der Forschung zur Aufklärung von mikrosozialen Entwicklungsbedingungen - etwa im Bereich familiärer oder beruflicher Sozialisation - liegen insbesondere zu Prädiktoren des Umweltbewußtseins Studien vor. In diesen Studien kann gezeigt werden, daß die „hohe" Ausprägung von Konstrukten wie Umweltbetroffenheit, Bildung oder Naturerfahrungen mit verschiedenen Konzepten des Umweltbewußtseins in einem positiven Zusammenhang steht (vgl. etwa Diekmann & Preisendörfer, 1992; Langeheine & Lehmann, 1986b, sowie den Überblick von Billig, 1994, s Kap. 3.2.4). Allerdings bedienen sich solche Studien unterschiedlicher Erhebungs- und Analysetechniken, so daß vergleichende Aussagen nur schwer möglich sind. Man kann vorerst festhalten, daß zwischen einzelnen Konstrukten (Bildung etc.) und dem Umweltbewußtsein ein maximal mittlerer Zusammenhang besteht (vgl. Buttel, 1987, Dierkes & Fietkau, 1988; Stern, 1992a, b; van Liere & Dunlap, 1980). Letztlich sind also mikrosoziale Hintergründe noch wenig geklärt.

Grundsätzlich ist allerdings davon auszugehen, daß Meinungen, Einstellungen, Werte, Risikobewertungen und subjektive Sichtweisen zur Umweltproblematik im Zuge von Sozialisationsprozessen gestaltet werden. Sichtweisen zur Umweltproblematik werden im Rahmen familiärer, schulischer oder beruflicher Sozialisation entwickelt. Je nach Erfahrungsmöglichkeiten und -angeboten wird der/die Einzelne etwa Verantwortung für die Lösung von Umweltproblemen (auch) selbst übernehmen oder eher an andere abgeben. Je nach den „angebotenen" Zukunftsentwürfen werden Prognosen eher positiv oder negativ ausfallen. So berichtet Homburg (1995) von Hinweisen darauf, daß sich in *ökologischen Arbeitskontexten* die Entwicklung individuellen Umweltbewußtseins, Umwelthandelns und -wissens in größerem Maße vollzieht als in konventionellen Kontexten.

Dieser mikrosoziale Gestaltungsraum ist, wiederum interaktiv in makrosoziale bzw. gesamtgesellschaftliche Entwicklungen eingebettet.

3.5.2 Makrosoziale Hintergründe

Zwar leben Menschen - aus heutiger Perspektive betrachtet - bereits seit mehreren Jahrtausenden in einer „Umwelt"; Thema des öffentlichen Diskurses ist die Umwelt jedoch erst seit wenigen Jahrzehnten (vgl. Kap. 2.2). Wie kommt es, daß sich die öffentliche Sensibilität für dieses Thema gerade in der zweiten Hälfte dieses Jahrhunderts entwickelt hat? Warum wird die Umwelt als etwas Gefährdetes und Gefährdendes wahrgenommen? Zur Frage der Entstehung des „*Umweltproblembewußtseins*" werden unterschiedliche Thesen vertreten, die wichtigsten sind hier kurz dargestellt:

1. *Die gehäufte direkte Erfahrung von Umweltschäden führt zum Umweltbewußtsein*: Diese naheliegende These ist bei gründlicherer Betrachtung nicht so plausibel, wie sie auf den ersten Blick erscheint. Lokale Umweltprobleme hat es eigentlich schon immer gegeben und zu manchen Zeiten in deutlicherem Ausmaß als heute. Z.B. war die wahrnehmbare Luftverschmutzung in der ersten Hälfte unseres Jahrhunderts in den Industrieregionen stärker als in der zweiten Hälfte, ohne daß sich damals Umweltschutz*bewegungen* entwickelt hätten. Gegen obige These spricht auch, daß globale Umweltprobleme als bedrohlicher wahrgenommen werden als lokale und daß besonders gefürchtete Umweltbelastungen (z.B. Radioaktivität) nicht direkt wahrnehmbar sind. De Haan und Kuckartz formulieren, ausgehend von diesen empirischen Befunden, folgende These: „Die Phänomene, aus denen sich veränderte Umwelteinstellungen speisen, liegen in der Ferne. Umwelteinstellungen entzünden sich in der Regel nicht an den Umweltzuständen, die im Hinblick auf das eigene Wohlbefinden mit dem Etikett 'beeinträchtigend' versehen sind" (de Haan & Kuckartz, 1996, S. 189, Hervorhebung im Original).

2. *Die zunehmenden wissenschaftlichen Erkenntnisse über Umweltprobleme und ihre Verbreitung über die Medien führen zum Umweltbewußtsein:* Viele Umweltschädigungen geschehen fern unserer eigenen Wahrnehmungsmöglichkeiten (z.B. Abholzung der Regenwälder), sind nicht sinnlich wahrnehmbar (Radioaktivität) oder haben zeitlich verzögerte Auswirkungen (globale Erwärmung), dennoch sind sie uns vertraut, da Umweltprobleme durch die Medien vermittelt werden, die entsprechende Erkenntnisse der Naturwissenschaften aufgreifen. Als Konsequenz werden wissenschaftliche Informationen etwas alltägliches. Jeder und jede ist heute häufig ein Experte/eine Expertin bezüglich der Umweltthematik (Allergien, Mülltrennung etc.) und kann so mitdenken und mitreden.

3. *Umweltbewußtsein ist eine postmaterielle Werthaltung und Folge des Wohlstandes:* Auf Inglehart (1971) geht die in den Sozialwissenschaften weit verbreitete These zurück, daß Menschen nur aus einer materiell abgesicherten Position des Wohlstandes heraus sich neuen postmaterialistischen Werten zuwenden können, etwa der Emanzipation der Frau, der Friedensbewegung oder dem Umweltschutz. Damit im Einklang steht die Tatsache, daß sich Umweltbewußtsein zunächst in den reichen westlichen Nationen entwickelt hat, in Generationen, die im materiellen Wohlstand groß geworden sind (etwa im Deutschland der Nachkriegsgeneration). Mittlerweile werden jedoch Zweifel an dieser These geäußert. So fanden Dunlap und Mertig (1996) in einer internationalen Studie überwiegend negative korrelative Zusammenhänge zwischen dem Bruttosozialprodukt - also dem materiellen Wohlstand eines Landes - und verschiedenen Maßen des Umweltbewußtseins.

4. *Der Bedarf an Sicherheit und Handlungskontrolle fördert das Umweltbewußtsein:* Aus historischer Sicht ist ein Verblassen gesellschaftlicher Selbstverständlichkeiten wie Klassenkulturen, Ständen, Geschlechterrollen und verbindlicher Wertordnungen zu beobachten. Umweltbewußtsein kann hier als neue Wertvorstellung oder als ein nachtraditioneller Sinn- und Erwartungshorizont verstanden werden, der eine Orientierungsmöglichkeit bietet. Insbesondere im Zusammenhang mit der Individualisierung[6] werden über das Umweltbewußtsein Sicherheiten und soziale Einbindungen neuer Art - etwa durch Mitgliedschaften in Umweltschutzgruppen - geschaffen (Beck, 1986, 1991). Fietkau argumentiert in eine ähnliche Richtung. Er meint, daß die Beschleunigung des sozialen und kulturellen Wandels, ebenso wie die wachsende Ausdifferenzierung des Wissens, zu einem Auseinanderfallen von Lebenswirklichkeit und individuellem Erfahrungsraum führt. Umweltbewußtsein wird in diesem gesellschaftlichen Kontext zur „Rückgewinnung" von Handlungskontrolle entwickelt und wird so zur Problemlösungsstrategie (Fietkau, 1985). In diesem Zusammenhang ist zu vermuten, daß in dem Ma-

---

[6] „Individualisierung" umfaßt (a) die Befreiung aus traditionalen Kontrollen, (b) den Verlust traditionaler Stabilitäten und (c) die Herausbildung neuer Einbindungen in der modernen Gesellschaft (vgl. Beck-Gernsheim, 1994).

ße, in dem Handlungskontrolle auf anderen Gebieten (Arbeitsplatz bzw. Arbeitsplatzsicherheit) zurückgewonnen werden muß, das Umweltthema an Bedeutung verliert (vgl. Schuster, 1992).

5. *Vermehrtes umweltverträgliches Handeln und die „Umwelterziehung" führen zu Umweltbewußtsein:* Die Zunahme umweltverträglicherer Handlungsweisen in politischen, wirtschaftlichen und privaten Handlungsfeldern könnte sich auf die Bewußtseinsbildung auswirken. Daneben wird Bewußtheit gegenüber der Umweltproblematik zunehmend als Erziehungs- oder Sozialisationsinhalt transportiert und tradiert (soziale Norm). So wird die Entwicklung von Umweltbewußtsein etwa als Ziel schulischer und universitärer Ausbildung formuliert.

Die oben angeführten Erklärungen für die Entstehung des Umweltbewußtseins lassen sich dahingehend zusammenfassen, daß soziale Bedingungen (Verbreitung von Wissen, Bedarf an Sicherheit und Handlungskontrolle, veränderte soziale Normen) den Nährboden für eine zunehmende Sensibilisierung gegenüber den Umweltveränderungen bilden.

Über die zeitliche Dynamik dieser Zusammenhänge läßt sich nur spekulieren. Sicher ist allerdings, daß eine Verschlechterung der Umweltsituation eben nicht automatisch zu „mehr" Umweltbewußtsein führt. Hierzu bedarf es gezielter gesellschaftlicher Anstrengungen.

3.6 Zusammenfassung

Ziel dieses Kapitels war es, einen Überblick über die Forschung *zur Wahrnehmung der Umweltthematik* zu geben. Dies geschah anhand der Schilderung von vier Forschungstraditionen, die unterschiedliche Zugänge zu diesem Forschungsgegenstand wählen.

Die *demoskopische Forschung* interessiert sich für die Meinung der breiten Bevölkerung zum Thema „Umweltschutz" (3.1). Hier werden großangelegte *Repräsentativstudien* durchgeführt, die das *Problembewußtsein*, den *politischen Handlungsbedarf* und *Handlungsbereitschaften bzw. die Akzeptanz politischer Lösungen* durch die Vorgabe von Standardfragen und meist vorformulierten Antworten zu erfassen suchen. Obwohl aufgrund *methodologischer Probleme* einzelne Befragungsergebnisse in ihrem Bedeutungsgehalt nur eingeschränkt interpretierbar sind, lassen sich mit Hilfe der Meinungsforschung *zeitliche Veränderungen* abbilden. So läßt sich verfolgen, daß die relative Bedeutsamkeit der Umweltthematik gegenüber anderen politischen Themen in den achtziger Jahren kontinuierlich zugenommen hat, 1990 ihren Höhepunkt erreichte und Umweltschutz Ende der Neunziger trotz zunehmender Rezession in Deutschland noch als drittwichtigste politische Aufgabe betrachtet wird. Auch *Gruppenvergleiche* sind aufschlußreich: In vergleichenden internationalen Studien zeigt sich, daß die Deutschen besonders sensibel gegenüber Umweltproblemen sind.

Die zweite vorgestellte Forschungstradition begreift das Umweltproblembewußtsein als *individuelle Disposition*, die es *meßbar* zu machen gilt, und fragt nach der *kognitiven Struktur des Umweltbewußtseins* (3.2). Diese Tradition wird dominiert von einer Reihe sozialpsychologisch orientierter *Mehrkomponentenmodelle*, die *Umweltbewußtsein als Einstellung* begreifen, die sich aus mehreren Komponenten zusammensetzt. Zentral ist in den verschiedenen Konzeptionen eine emotionale *Betroffenheitskomponente* und eine *Bereitschaftskomponente*. Als bedeutsamer Befund ergibt sich in mehreren Untersuchungen, daß *objektives ökologisches Wissen* kaum mit der zentralen Einstellungskomponente korreliert. Neben den Mehrkomponentenmodellen gibt es einzelne Arbeiten, die *Umweltbewußtsein als Werthaltung* beschreiben, die spezifischen Einstellungen übergeordnet ist. An der Uneinheitlichkeit der Definitionen und Operationalisierungen von Umweltbewußtsein wird ein *Grundproblem psychologischer Forschung* deutlich: Sobald vom konkreten Verhalten abstrahiert und auf psychische Dispositionen geschlossen wird, ergibt sich eine *Vielfalt von Operationalisierungsmöglichkeiten*, die nicht empirisch zu reduzieren ist und eine intensive Diskussion theoretischer Ansätze erfordert.

Im Rahmen der dritten Forschungstradition, der *psychometrischen Risikoforschung*, wird insbesondere der Frage nachgegangen, wie hoch Menschen (Umwelt-)Risiken einschätzen und welche Faktoren die Höhe dieser *Risikobewertung* beeinflussen (3.3). Von *Umweltrisiken* wird dabei gesprochen, wenn Schäden und Verluste für die Umwelt menschlichem Handeln zugeschrieben werden oder wenn Schäden und Verluste für Umwelt und menschliches Wohlbefinden als Folge von Umweltproblemen gesehen werden. Umweltrisiken werden allgemein hoch bewertet. Zu den Faktoren, die die Einschätzung dieser Risiken beeinflussen, liegen bereits erste Studien vor.

In der Tradition, die die *subjektiven Repräsentationen der Umweltproblematik* betrachtet, wird das Verstehen und Erklären der Umweltthematik im *Alltagsdenken* nachvollzogen (3.4). Hierzu finden verschiedene offene Datenerhebungsverfahren Verwendung (*Interviews, Rep-Grid-Technik, Strukturlegetechniken*). So werden Ergebnisse zu Fragen wie „Welche Vortellungen besitzen Menschen zur Umweltkrise?", „Wie werden Umweltprobleme subjektiv repräsentiert?" oder „Welche Vorstellungen besitzen Menschen zu gesundheitlichen Auswirkungen der Umweltbelastung?" erarbeitet. Die Studien zeigen, daß der Anteil an Fachwissen beachtlich ist, auch wenn dieses nicht immer im Sinne der Wissenschaft Verwendung findet. Daneben nimmt der Ausdruck von Besorgnis, Angst und Hilflosigkeit einen großen Raum ein.

In Kapitel 3.5 wurden die *mikro- und makrosozialen Hintergründe* der Wahrnehmung der Umweltproblematik erläutert. Hier wurde die These formuliert, daß soziale Bedingungen (Verbreitung von Wissen, Bedarf an Sicherheit und Handlungskontrolle, veränderte Sozialisationsbedingungen) den Nährboden für eine zunehmende Sensibilisierung gegenüber den krisenhaften Umweltveränderungen bilden.

Die in diesem Kapitel vorgestellte Vielfalt der Perpektiven und Definitionen mag zu dem Eindruck führen, in den Sozialwissenschaften lasse sich kein exaktes und eindeutiges Wissen über *die* Wahrnehmung der Umweltproblematik oder über *das* Umweltbewußtsein antreffen. Diesem Eindruck könnten wir begegnen, indem wir auf die Jugend der Forschungstraditionen verweisen und damit die Hoffnung wecken, im Laufe der Zeit werde die Diversität sozialwissenschaftlicher Perspektiven und Befunde zum Umweltbewußtsein verschwinden. Diese Antwort erscheint uns jedoch nicht vertretbar: Die Diversität der Perspektiven beruht ja u.a. auf der (vermutlich noch andauernden) gesellschaftlichen Aktualität und Relevanz des Umweltthemas, insofern ist ein fachlicher Konsens hier nicht zu erwarten. Vor dem Hintergrund einer gesellschaftlichen Kontroverse erscheinen wissenschaftliche Vereinheitlichungstendenzen zudem auch fragwürdig. Wer hier nach fertigen wissenschaftlichen Definitionen und Erkenntnissen fragt, bringt sich selbst um eine differenzierte Auseinandersetzung mit dem Thema und darüber hinaus um die Möglichkeit, sich an notwendigen wissenschaftlichen und gesellschaftlichen Diskussionen zu beteiligen.

4. Psychische Folgen der Umweltbelastung

In den beiden vorangegangenen Kapiteln haben wir gezeigt, daß die Umweltkrise bzw. die Umweltbelastung aus *wissenschaftlicher* Sicht und aus Sicht der *Bevölkerung* mit negativen ökologischen, ökonomischen und gesundheitlichen Folgen verknüpft ist und als etwas Bedrohliches wahrgenommen wird. Vor diesem Hintergrund stellt sich unsere zweite umweltpsychologische Leitfrage: *Welche negativen psychischen Folgen erwachsen aus der Umweltbelastung?* Diese Frage besitzt eine hohe Brisanz, die u.a. in den verschiedensten Medienschlagzeilen zum Thema „Gesundheitsgefährdung durch die Umwelt" ihren Ausdruck findet. So wird etwa diskutiert, ob „die Umwelt wirklich krank macht" (Fokus, Nr. 21, 20. Mai 1996), wie wir unseren Körper von Umweltschadstoffen entgiften (Men's Health, Juni 1996), warum Chemiegifte unfruchtbar machen (Spiegel Spezial 2/1995) oder ob es neben Hypochondern auch „Ökochonder" gibt (DIE ZEIT, 29.06.1995).

Der Anlaß für diese Diskussionen liegt u.a. in einer grundsätzlichen Verunsicherung unserer Beziehung zur Umwelt. Diese Umwelt hat Leben von Menschen schon immer zugleich ermöglicht (Lebensraum, Nahrung, Anreize etc.) und begrenzt (Dürreperioden, Flutkatastrophen, Epidemien etc.). In den letzten Jahrhunderten konnten allerdings Umweltbedingungen zunehmend so beeinflußt werden (Hygiene etc.), daß sich in den Industrieländern die durchschnittliche Lebenserwartung erhöhte[7]. Es gelang z.B. über den Einsatz neuer Techniken, die „Natur" zunehmend zu beherrschen, sie wurde weniger begrenzend bzw. gefährlich. Dieser Trend wird allerdings spätestens seit Beginn der Umweltdebatte (s. Kap. 2.2) hinterfragt. Baum und Fleming (1993) verdeutlichen diese Trendwende, indem sie die These aufstellen, daß die gewaltigen technologischen Systeme, die wir geschaffen haben, die Bedrohungen, die sie eliminieren sollen, durch neue Bedrohungen ersetzen.

Heute stehen intendierte und nicht-intendierte menschliche Umweltveränderungen in dem Verdacht, die psychische und die physische Gesundheit bzw. das Wohlbefinden nicht weiter zu „vergrößern", sondern eher zu gefährden. Neben der Tragfähigkeit von Ökosystemen wird also auch die Tragfähigkeit psychischer und sozialer Systeme durch die Umweltbelastung in Frage gestellt.

Folgen für Fühlen, Denken und Verhalten, die mit *„Belastungen aus der belasteten Umwelt"* verbunden sind, können massiv sein. Konzentrationsstörungen,

---

[7] 1871/81 lag die durchschnittliche Lebenserwartung in Deutschland für Frauen bei 38 Jahren, für Männer bei 35,5 Jahren. Heute liegt die Lebenserwartung für Frauen bei 79 Jahren, für Männer bei 72,6 Jahren (Bundesministerium für Gesundheit, 1995).

Kontrollverlust und Verlust von Vertrauen in gesellschaftliche Institutionen sollen hier exemplarisch genannt sein. Mit Cramer (1991a, S. 28) kann man in diesem Zusammenhang vom „psychosozialen Leiden an der Umweltkrise" sprechen.

Dabei ist die Erforschung dieser Folgen von besonders vielen Unsicherheiten und Konflikten gekennzeichnet. Ein typisches „Risikothema", bei dem nie ganz klar ist, ob sich die Risiken selbst oder unser - wissenschaftlicher und alltäglicher - Blick für sie geschärft haben. Übersicht 4.1 stellt einige der Streitpunkte im Risikodiskurs zum Thema „Umwelt und Gesundheit" zugespitzt vor.

Übersicht 4.1: Konflikte in der gesellschaftlichen Diskussion zu (psychischen) Folgen der Umweltbelastung

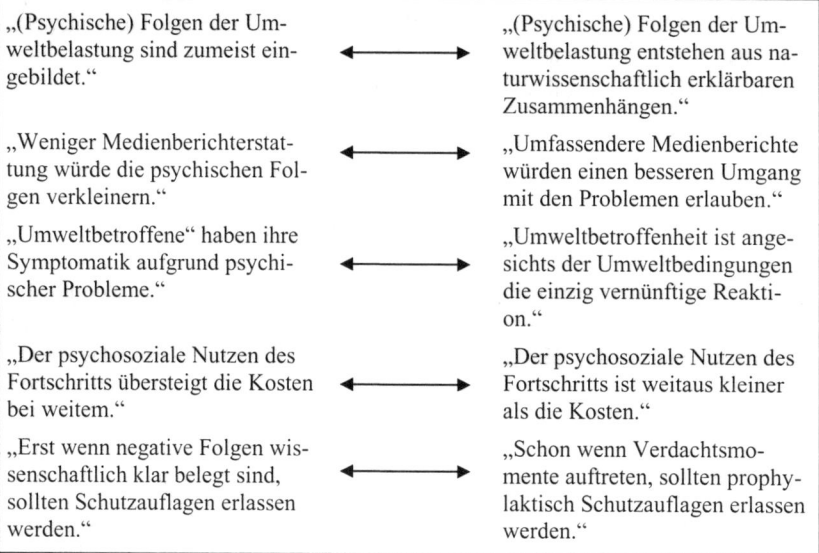

„(Psychische) Folgen der Umweltbelastung sind zumeist eingebildet."	„(Psychische) Folgen der Umweltbelastung entstehen aus naturwissenschaftlich erklärbaren Zusammenhängen."
„Weniger Medienberichterstattung würde die psychischen Folgen verkleinern."	„Umfassendere Medienberichte würden einen besseren Umgang mit den Problemen erlauben."
„Umweltbetroffene" haben ihre Symptomatik aufgrund psychischer Probleme."	„Umweltbetroffenheit ist angesichts der Umweltbedingungen die einzig vernünftige Reaktion."
„Der psychosoziale Nutzen des Fortschritts übersteigt die Kosten bei weitem."	„Der psychosoziale Nutzen des Fortschritts ist weitaus kleiner als die Kosten."
„Erst wenn negative Folgen wissenschaftlich klar belegt sind, sollten Schutzauflagen erlassen werden."	„Schon wenn Verdachtsmomente auftreten, sollten prophylaktisch Schutzauflagen erlassen werden."

In den folgenden Kapiteln wird nicht der Anspruch erhoben, diese Konfliktfelder auflösen zu können. Sie sind typisch für Themen, die mit vielen Unsicherheiten behaftet sind, und werden in dieser oder jener Form immer in der Debatte zu Umweltproblemen auftauchen.

Unsere Ausführungen konzentrieren sich auf die Vorstellung der Forschung zu psychischen Folgen der Umweltbelastung. Hierbei beginnen wir mit der Diskussion der Frage, wie die Umweltbelastung überhaupt zu psychischen Reaktionen führen kann (Kap. 4.1). In Kapitel 4.2 wird eine Übersicht in der Literatur beschriebener Folgen gegeben. Im weiteren werden ausgewählte Folgen spezifischer Umweltbelastungen vertiefend dargestellt (4.3). Überlegungen zu Prävention und Therapie möglicher Beeinträchtigungen (4.4) und eine Zusammenfassung des Forschungsfeldes (4.5) runden die Ausführungen zum Thema ab.

Vor dem Weiterlesen folgen hier einige Fragen, die zeigen, welche Aspekte beim Thema „Folgen der Umweltbelastung" für Menschen persönlich relevant sein können:

(a) Fühlen Sie sich durch Umweltbelastungen beeinträchtigt?

(b) Wodurch konkret? Denken Sie hier zum Beispiel an Lärm, konkrete Unfälle in Ihrer Nähe oder an die Umweltkrise allgemein.

(c) Ist diese Beeinträchtigung eher schwach oder eher stark?

4.1 Wie kommt es zu psychischen Folgen?

Es ist denkbar, daß Einflüsse der belasteten Umwelt über verschiedene Wege auf Menschen einwirken. Zum einen können sie direkt - etwa über die Nahrung - *körperlich* aufgenommen werden und zu körperlicher sowie sekundär zu psychischer Beeinträchtigung führen. Zum anderen können sie über *psychische* Vermittlungsprozesse relevant werden (s. Übersicht 4.2).

Diese psychischen Vermittlungsprozesse wiederum gehen von zwei Erfahrungsformen aus (s. auch Preuss, 1995; Ruff, 1993a):

— direkte Erfahrungen bzw. Sinneseindrücke (z.B. Sehen von Luftverschmutzung, Fühlen von Hautreizungen).

— indirekte Erfahrungen (z.B. Medienberichte, Gespräche im Freundeskreis, Beobachtung von Leiden anderer, eigene Schlußfolgerungen).

Übersicht 4.2: Wirkpfade der Umweltbelastung auf den Menschen

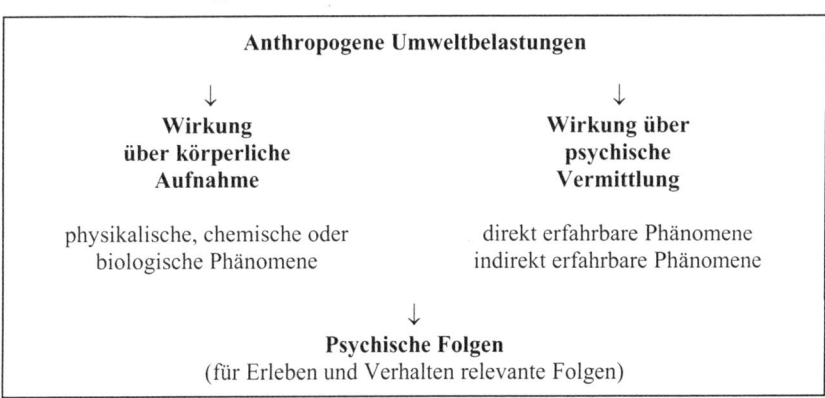

Es besteht die Möglichkeit, daß Umweltbelastungen - je nach konkreten Gegebenheiten - über beide Wirkpfade relevant werden. So kann etwa die Bleibelastung von Trinkwasser über die körperliche Aufnahme und/oder über die psychische Vermittlung (z.B. Angst vor Bleivergiftung) relevant für Erleben und Verhalten werden.

Im weiteren Verlauf dieses Kapitels werden die beiden Wirkpfade „körperliche Aufnahme" (4.1.1) und „psychische Vermittlung" näher vorgestellt. Zum letztgenannten Bereich werden dabei das besonders wichtige Streßkonzept (4.1.2) und das Attributionskonzept beschrieben (4.1.3). Anzumerken ist, daß die getrennte Darstellung beider Wirkpfade in den folgenden Kapiteln mögliche Wechselwirkungen nicht ausschließen soll.

4.1.1 Wirkung über körperliche Aufnahme

Umwelteinflüsse, die über die körperliche Aufnahme („Inkorporation") wirken, werden in der Umwelthygiene bzw. in der Umweltmedizin[8] in die drei Gruppen „biologische Einflüsse" (pflanzliche Stoffe, Mikroorganismen), „chemische Einflüsse" (Metalle, Chlorkohlenwasserstoffe etc.) und „physikalische Einflüsse" (UV-Strahlung, elektromagnetische Felder, Radioaktivität, Schall usw.) unterteilt (Gundermann, 1997).

Die Aufnahme dieser Einflüsse erfolgt potentiell über:

– die Atmungsorgane (Inhalation z.B. von Lösungsmitteln),

– den Magen-Darm-Trakt (Ingestion z.B. von Pflanzenschutzmitteln),

– die Haut (perkutane Resorption z.B. von Inhaltsstoffen der Kleidungsstücke) und die Einwirkung über

– ionisierende Strahlung sowie elektromagnetische Felder.

Umwelteinwirkungen können zudem über die Schädigung von Rezeptoren (z.B. Lärmschäden, Netzhautverblitzung) erfolgen (vgl. Schuschke, 1996). Übersicht 4.3 zeigt exemplarisch mit spezifischen Tätigkeitsfeldern verbundene „Schadstoffe" und ihre Aufnahmeformen (vgl. Böse-O'Reilly & Kammerer, 1997).

---

[8] „Umweltmedizin ist die Lehre von der Erforschung, Beschreibung, Diagnose, Therapie und Prävention umweltbedingter Erkrankungen" (Böse-O'Reilly & Kammerer, 1997, S. 2; s.a. Seidel, 1996, S. 2f.).

Übersicht 4.3: Beispiele für die Inkorporation von Schadstoffen in spezifischen Tätigkeitsfeldern

Tätigkeitsfeld	Schadstoff und (potentielle) Formen der körperlichen Aufnahme
Gebrauch von Gegenständen	Inhalation oder perkutane Resorption von Inhaltsstoffen in Textilien, in Haushaltschemikalien, in Körperpflegemitteln und Kosmetika.
Körperliche Tätigkeit im Freien	Inhalation von O_3 (Ozon/„Sommersmog").
Nahrungsaufnahme	Aufnahme von Pflanzenschutzmitteln oder etwa Schwermetallen über den Magen-Darm-Trakt.
Kindliche Exploration („Essen von allem")	Aufnahme von Bodenschadstoffen über den Magen-Darm-Trakt.
Rauchen	Inhalation von Chemikalien.

Über die körperliche Aufnahme wirkende Umweltbelastungen werden als *Noxen* bezeichnet. Bei den Noxen besteht eine physiologisch erklärbare Relation zwischen Umweltreiz und menschlicher Reaktion, die von ihrer physikochemischen Wirkung ausgeht. Preuss erläutert zu den Auswirkungen dieser Noxen: „...Effekte ...entstehen aus den tatsächlichen Immissionen auf den Menschen, unabhängig davon, ob ihr Wirkungsmechanismus bewußt erfaßt wird oder nicht. Ihre gesundheitlichen Folgen äußern sich sowohl im somatischen als auch im psychischen Bereich" (Preuss, 1995, S. 3).

In welcher Beziehung die körperliche Aufnahme von Schadstoffen mit *psychischen Beschwerden* bei den Betroffenen steht, ist vielfach noch ungeklärt. Ursachen der Beschwerden können Vergiftungen bzw. morphologische und/oder funktionelle Schädigungen von Organen sein. Daneben gibt es folgende Erklärungsansätze zu *somatischen Wirkungsmechanismen* von Noxen, aus denen auch *psychische* Beschwerden erwachsen (s.a. Preuss, 1995):

1. Allergische Reaktion: Beschwerden können durch eine allergische Reaktion des Körpers erklärt werden. Es ließ sich z.B. bei Patienten mit multiplen Früchte-Allergien, die über Kopfschmerzen, Asthma, Hautausschläge, arthritische Schmerzen und Depressionen klagten, eine Allergie gegen Pestizide entdecken, mit denen die Nahrungsmittel gespritzt worden waren (Randolph & Moss, 1986; Runow, 1994).

2. Gesamtkörperbelastung („total body load"): Menschen sind in ihrem Leben einer Vielzahl von schädigenden Umwelteinflüssen ausgesetzt, deren synergetische und über die Jahre kumulierte Effekte kaum abzuschätzen sind. Somit können nach dem Überschreiten der individuellen Gesamtkörperbelastung schon kleine Schadstoffdosen eine schwere Symptomatik auslösen (Runow, 1994).

3. *Spezifisches Anpassungssyndrom:* Hier wird davon ausgegangen, daß ein Organismus versucht, sich belastenden Umwelteinflüssen wie Luftschadstoffen, Lärm und elektromagnetischen Einflüssen anzupassen. Runow (1994) hat diesen Prozeß in Anlehnung an das allgemeine Adaptationssyndrom (Selye, 1956, 1981) als spezifisches Anpassungssyndrom benannt. Im Rahmen dieses Konzeptes werden drei Phasen der Auseinandersetzung des Organismus mit einem Stressor beschrieben: Alarm, Widerstand/Anpassung und Erschöpfung.

4. *Neurotoxische Wirkung*: Beschwerden können auch durch toxische Schäden am peripheren und zentralen Nervensystem hervorgerufen werden. In der Toxikologie - der Lehre von den schädlichen Wirkungen chemischer Substanzen auf lebende Organismen - wird dabei zwischen akuten und chronischen neurotoxischen Effekten unterschieden. Strukturelle Schäden können dabei an verschiedenen Bereichen der Nervenzelle auftreten (Zellkörper, Dendriten, Axone, Myelinzellen). Substanzen, die solche Schäden verursachen, sind etwa Kohlenmonoxid, Blei, Methylquecksilber, Tellur, Ethanol und Schwefelkohlenstoff (Andreas, 1994; s.a. Browen Travis, McLean & Ribar, 1989).[9]

4.1.2 Psychisch vermittelte Wirkung: Streßmodelle

Eine umfassende Betrachtung der psychisch vermittelten Wirkung von Umweltbelastungen ermöglichen Streßmodelle. Psychologische Forschung versteht unter Streß allgemein ein Syndrom zur Überwindung von Anpassungsschwierigkeiten. Diese Anpassungsschwierigkeiten können für Menschen etwa im Zusammenhang mit Ereignissen wie Familienstreitigkeiten oder dem Verlust des Arbeitsplatzes entstehen. Wird der Auslöser des Streßzustandes der Umwelt (Umgebung) bzw. schlechten Umweltbedingungen zugesprochen, spricht man - sehr allgemein - von „Umweltstreß". Themen psychologischer Forschung zum Umweltstreß sind etwa die Untersuchung der Wirkung sehr hoher oder niedriger Temperaturen, hoher Menschendichte (Crowding), natürlicher und techni-

---

[9] Als ein Grenzfall psychischer und somatischer Wirkmechanismen kann hier auch eine besondere Form der *Klassischen Konditionierung* verstanden werden: Beschwerden, die in Verbindung mit Umweltbelastungen gebracht werden, können auch konditionierte (erlernte) Reaktionen auf bestimmte Stimuli sein (Runow, 1994). Ein hypothetisches Beispiel wäre die konditionierte Reaktion „Kopfschmerzen" auf den Stimulus „Aufenthalt in (unbelasteten) geschlossenen Räumen", die aus der unkonditionierten Reaktion „Kopfschmerzen" auf den (meßbaren) Stimulus „Lösungsmittel in der Atemluft" entstanden ist.

scher Katastrophen (z.B. Erdbeben, AKW-Unfälle) oder chronischer Umwelt-belastungen (z.B. Lärm, Autoverkehr).

Das transaktionale Streßmodell

Im Sinne des transaktionalen Streßmodells[10] wird Streß als eine prozeßhafte wechselseitige Person-Umwelt-Auseinandersetzung verstanden. Streß ist hier die Folge eines wahrgenommenen Ungleichgewichts zwischen Anforderungen, die Lebensumstände an einen Menschen stellen, und seinen Ressourcen zur Erfüllung dieser Anforderungen (Lazarus & Folkman, 1984).

Dieser Prozeß enthält in der Modellvorstellung die Bewertungsaspekte „primäre Einschätzung", „sekundäre Einschätzung" und „Neubewertung", die sich gegenseitig beeinflussen können (Lazarus & Folkman, 1984, s. auch Abb. 4.1).

1. Primäre Einschätzung (primary appraisal): In der primären Einschätzung wird die Bedeutung, die eine Situation (z.B. die Warnung vor Sommersmog) für das persönliche Wohlbefinden hat, bewertet. Hierbei unterscheidet das Team um Lazarus drei Bewertungskategorien. Ereignisse können als irrelevant, günstig/positiv oder als streßreich eingestuft werden. Dieser Vorgang der primären Einschätzung entsteht aus dem Zusammenspiel von stimulusspezifischen Merkmalen der Situation („Situationsvariablen" in Abbildung 4.1), von Persönlichkeitsfaktoren und der individuellen Lerngeschichte („Dispositionsvariablen" in Abbildung 4.1). Die Bewertung einer Situation als streßreich steht am Beginn eines Bewältigungsvorgangs. Diese streßreiche Situation kann wiederum drei Kategorien zugeordnet werden:

— Schädigung/Verlust: Diese Kategorie bezieht sich auf bereits eingetretene negative Ereignisse.

— Bedrohung: Diese Kategorie bezieht sich auf eine noch nicht eingetretene Schädigung oder einen Verlust, welcher aufgrund der vorliegenden Informationen antizipiert wird. Bedrohlich ist ein Ereignis auch, wenn es Ziele und Werte des Individuums gefährdet, die dieses als wesentlich einschätzt.

— Herausforderung: Hier erfolgt eine positive Bewertung von potentiell zu bewältigenden Ereignissen. Die Bewertung einer Situation als Herausforderung trägt die Möglichkeit in sich, diese unter dem Aspekt von persönlichem Wachstum und Gewinn wahrzunehmen. Des weiteren kann ein risikoreiches und unsicheres Ereignis als bewältigbar bewertet werden.

2. Sekundäre Einschätzung (secondary appraisal): Die sekundäre Einschätzung bezieht sich auf die Wahrnehmung, Beurteilung und Auswahl verschiedener

---

[10] Neben dem transaktionalen Streßmodell finden auch das *situationsorientierte Streßmodell* (vgl. Laux, 1983) und das *reaktionsorientierte Streßmodell* (vgl. Selye, 1981) in der Forschung zum Umweltstreß Verwendung.

Bewältigungsmöglichkeiten, mit denen der streßreichen Situation begegnet werden kann, und auf deren Konsequenzen. In dieser Phase werden Informationen über persönliche und soziale Ressourcen gesammelt, auf die die Person zurückgreifen kann (im Falle des Sommersmogs könnte ein/e Betroffene/r etwa erwägen, das Haus nicht zu verlassen).

3. *Neueinschätzung (Reappraisal):* In der Phase der Neubewertung beurteilt die Person mit Hilfe eines „feedback"- Prozesses die Situation neu. Die Effektivität der „gewählten" Bewältigungsreaktion oder die Art der subjektiven Belastung kann anhand der veränderten Informationen neu bewertet werden.

Abbildung 4.1: Streßverarbeitungsmodell nach Lazarus
(nach Amelang & Bartussek, 1985)

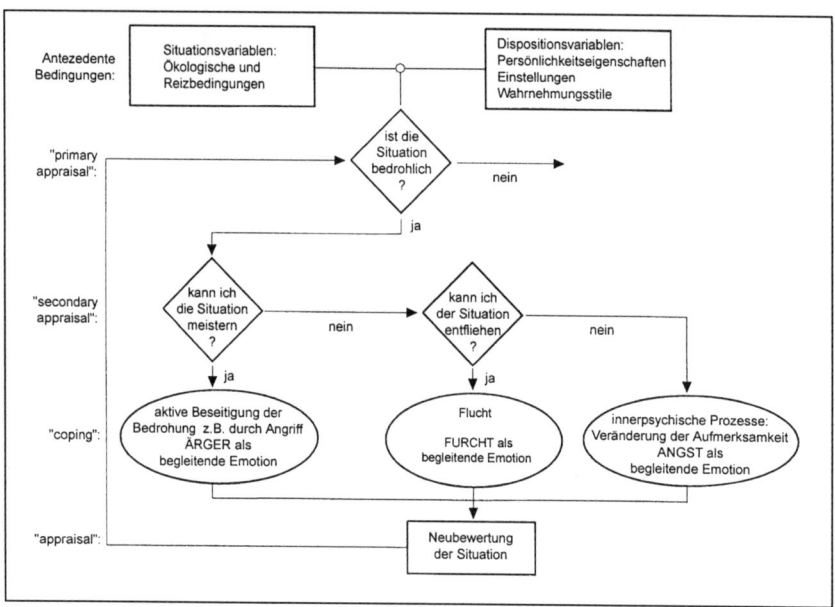

Neben den Bewertungsvorgängen sind in diesem Modell die *Bewältigungsprozesse* (Copingprozesse) von besonderer Bedeutung. Diese Prozesse können wie folgt beschrieben werden:

„Unter Bewältigung versteht man ... häufig alle kognitiven, emotionalen und behavioralen Anstrengungen, die dazu dienen, Anforderungen und Aufgaben, welche die persönlichen Ressourcen eines Menschen im Umgang mit Problemen angreifen oder übersteigen, zu meistern, zu tolerieren oder zu reduzieren" (Brüderl, Halsig & Schröder1988, S. 25).

Eine weitere Definition von Bewältigungsverhalten, die auch auf dessen Funktion eingeht, geben Fillip & Klauer (1986): „Ungeachtet der Vielzahl seiner Erscheinungsweisen ist Bewältigungsverhalten immer ausgerichtet auf die Wiederherstellung der Person-Umwelt-Passung, d.h. auf die Wiederherstellung oder Aufrechterhaltung der Handlungsfähigkeit und der physischen und psychischen Unversehrtheit" (Fillip & Klauer, 1986, S. 9).

Wie schon betont wurde, ist die Bewältigung als Prozeß zu betrachten (vgl. Folkman & Lazarus, 1985). Hieraus folgt, daß eine umfassende Untersuchung dieses Verhaltens letztlich nur in der Beobachtung über eine längere Zeitspanne hinweg möglich ist.

Allgemein können Bewältigungsprozesse in aktive Beseitigung, Flucht und innerpsychische Prozesse differenziert werden (s. Abb. 4.2). Für die empirische Forschung differenziert das AutorInnenteam um Lazarus Bewältigungsprozesse mit Hilfe des „Ways of Coping Inventory" (Folkman & Lazarus, 1988). Dieser Fragebogen erfaßt:

— *problembezogene Bewältigungsprozesse* (Änderung oder Versuch einer Veränderung der Belastungsursache durch eigenes Handeln. Beispiele: Suche nach sozialer Unterstützung, Informationssuche, Planvolles Problemlösen, Verantwortungsübernahme).

— *emotionszentrierte Bewältigungsprozesse* (Änderung oder Versuch einer Änderung der ausgelösten negativen Emotionen wie Angst und Wut. Beispiele: Vermeiden, Wunschdenken, Resignation, Ausdruck von Aggressionen oder Trauer).

Guski sieht Vorteile des transaktionalen Streßmodells in „seiner breiten Anwendbarkeit und in der Erklärungskraft für die z.T. riesigen Reaktionsvarianzen bei gleicher Belastung" (Guski, 1993a, S. 5). Gleichzeitig weist er darauf hin, daß das Modell nur die bewußte psychische Vermittlung von Umweltstressoren beschreibt.

Neuere Entwicklungen
Ausgehend vom transaktionalen Streßmodell lassen sich im Bereich der Forschung zum Umweltstreß vielfältige neue Entwicklungen feststellen. Neben verschiedenen Fragebogenstudien zum Umweltstreß (s. etwa Krämer, 1991) werden auch qualitative Verfahren (Interviews) zur Erfassung von Bewältigungssprozessen herangezogen (Böhm, 1988). Ruff (1990) integriert Ansätze der Forschung zur intuitiven Risikobewertung in das Streßkonzept (s. auch Stallen & Thomas, 1983, 1988). Boehnke (1992) bezieht die Rolle von Werten („Theorie menschlicher Werthaltung", Schwartz, 1992) in Überlegungen zur Wirkung von Umweltstressoren ein. Er formuliert die These, daß die Bewertung von (makrosozialen, s.u.) Stressoren durch individuelle, gruppen- und kulturspezifische Werthaltungen determiniert wird. Ein theoretisches Rahmenmodell, das in bezug auf die psychische Verarbeitung von Gesundheitsgefahren durch Umweltbelastungen neben Bewertungs- und Bewältigungsprozessen etwa auch explizit subjektives Wissen integriert, trägt Ruff (1993a) vor. Fuhrer

(1995) stellt eine Verbindung von Bewältigungsprozessen zum Umwelthandeln her, indem er Copingprozesse in sein Rahmenmodell zur Erklärung von Umwelthandeln (s. Kap. 5.3.4) integriert. In diese Richtung gehen auch die Überlegungen von Gardener und Stern (1996), die hierzu die „Protection-Motivation-Theory" (Rippetoe & Rogers, 1987) heranziehen.

Abschließend ist festzuhalten, daß es im Bereich der Umweltbelastung sinnvoller erscheint, nicht von „Streßbewältigung" zu sprechen. Vorsichtiger wäre es, hier den Begriff „Bewältigungsversuche" oder „Umgangsweisen" zu verwenden. Das „Umgehen" mit einer Situation scheint hier wahrscheinlicher als die „Bewältigung" derselben.

Nachdem wir nun einen Einblick in psychische Vermittlungsprozesse der Wirkung von Umweltbelastungen haben, gilt es zu klären, welche Umweltbelastungen bzw. welche potentiellen Umweltstressoren es im Sinne der Streßtheorie eigentlich gibt.

Gruppen von Umweltstressoren
Im Rahmen der Streßtheorie werden Phänomene, die Streß auslösen, als „Stressoren" bezeichnet. Ebenso wie sich verschiedene Copingformen differenzieren lassen, werden auch (Umwelt-)Stressoren unterschieden (Baum, Singer & Baum, 1982; Boehnke, 1991, 1992; Evans & Cohen, 1987; Lazarus & Cohen, 1977):

1. Katastrophenartige Ereignisse (cataclysmic events): Hierunter versteht man plötzlich eintretende Ereignisse, die verstärkte Anpassungsleistungen von allen direkt betroffenen Personen verlangen. Katastrophenartige Ereignisse betreffen meist nicht einzelne Personen, sondern Anwohnergruppen bzw. Gemeinwesen. Beispiele für diesen Stressorbereich sind (direkt) erlebte technologische Unfälle und Katastrophen (AKW-Unfälle, Entdeckung von Giftmülldeponien).[11]

2. *Kritische Lebensereignisse (stressful life events):* Dieser Streßbereich umfaßt einschneidende Ereignisse im Leben von Menschen, welche im allgemeinen größere individuelle oder soziale Anpassungsleistungen erfordern. Zu nennen sind hier beispielhaft: Veränderung im familiären Status (Hochzeit, Geburt, Tod) und Veränderungen im Berufsleben (Arbeitsplatzverlust, Beförderung).

3. *Daily Hassels:* Unter diesem Begriff werden Ereignisse des täglichen Lebens, die Ärger, Spannung oder Verwirrung hervorrufen, zusammengefaßt. Dies sind Ereignisse aus Umweltbereichen wie der direkten Le-

---

[11] Neben den „technologischen Unfällen und Katastrophen" kann im Bereich der „cataclysmic events" noch von „Naturkatastrophen" und evt. von „politischen oder sozialen Katastrophen" gesprochen werden (s. etwa Baum, 1993). Zur Unterscheidung von „technischen" und „natürlichen" Katastrophen s. Bell, Greene, Fisher und Baum (1996).

bensumwelt (laute Parties, überfüllte Fahrzeuge), dem Arbeitsplatz oder dem zwischenmenschlichen Bereich (Streitigkeiten). Daily Hassels werden als weniger außerordentlich und kurzlebiger als kritische Lebensereignisse angesehen.

4. *Umgebungsstressoren (ambient stressors):* Der Begriff des „ambient stressor" (Campell, 1983) wurde geprägt, um kontinuierliche, relativ stabile und/ oder schwer zu steuernde Zustände in der physikalischen Umwelt zu benennen. Viele Umweltstressoren sind Umgebungsstressoren, die meist nicht oder nicht mehr zur Kenntnis genommen werden, bis wichtige Werte des Individuums beeinträchtigt sind oder die Gesundheit direkt gefährdet ist. Zu diesem Bereich lassen sich bestimmte Formen von Lärm oder auch andere Umweltbelastungen zählen.

5. *Makrosoziale Stressoren:* In der Streßforschung wurde dieser Begriff eingeführt, um Stressoren zu benennen, die gesellschaftlich-politisch bedingt sind und von Betroffenen antizipiert werden (vgl. Boehnke, 1991, 1992). Typische Vertreter dieser Stressorgruppe sind globale Umweltprobleme.[12] Für diese Stressorgruppe ist die sozial vermittelte Information über Medien (z.B. Zeitung und Fernsehen) zentral, da diese Informationen die Phänomene überhaupt erst wahrnehmbar machen bzw. ihren Umfang vermitteln.

Je nach Konkretisierung der *Situation* und der bewertenden *Person* kann ein Phänomen der Umweltbelastung verschiedenen Stressorgruppen zugeordnet werden. So kann ein konkretes Phänomen (z.B. AKW-Unfall, Smog, Lärm), wenn es *antizipiert* wird, ein Makrostressor, wenn es hingegen *akut* ist, ein katastrophenartiges Ereignis (AKW-Unfall), ein Umgebungsstressor (Smog) oder ein „Daily Hassel" (Lärm) sein. Weitergehend ist zu berücksichtigen, daß Phänomene im Sinne des transaktionalen Stressmodells erst zu Stressoren werden, wenn Menschen sie als *bedrohlich* bewerten.

4.1.3 Psychisch vermittelte Wirkung: Attributionskonzept

Eine zweiter, stärker eingegrenzter Weg der psychisch vermittelten Wirkung von Umweltbelastungen läßt sich mit Hilfe des Attributionskonzeptes beschreiben. Unter (Kausal-) Attribution wird in der Psychologie allgemein der Prozeß verstanden, durch den Menschen einem Phänomen (etwa Müdigkeit oder eine schlechte Klausurnote) eine Ursache (etwa zu wenig Schlaf oder schlechtes Lernmaterial) zuschreiben.

Über diesen kognitiven Prozeß können nun Umweltbelastungen nicht nur aufgrund „tatsächlicher" Kausaleinflüsse, sondern auch aufgrund „gedachter" Kausaleinflüsse eine Wirkung zeigen. Dabei sind zwei Wirkungsformen der Attribuierung zu unterscheiden:

---

[12] Andere makrosoziale Stressoren können etwa Kriege bzw. die atomare Bedrohung sein.

1. Attribution vor einer Symptomwahrnehmung durch das Individuum: In dieser Form der Attribuierung „wirkt" etwas, weil ihm im Vorfeld eine Wirkung zugeschrieben wird. Das Phänomen ist uns im Zusammenhang mit der Plazebo-Wirkung bekannt. Allgemeiner wird dieses Phänomen mit dem Begriff „Toxikopie" beschrieben. Die Toxikopie faßt Kofler (1993) als „Kopie einer toxischen Reaktion" auf. Dieser Begriff wurde etabliert, um „vornehmlich körperliche Reaktionen, ausgelöst durch subjektive Informationsbewertung über angeblich vorhandenes Gift (und nicht durch dessen Chemismus), zu beschreiben (Kofler, 1993, S. 229). Kofler versteht den Toxikopie-Mechanismus als Überlebensmechanismus, der als vorbeugender Schutzmechanismus wirksam wird, wenn die Möglichkeit einer Giftbedrohung (Bedrohung der substantiellen Integrität) plausibel ist.

2. Attribution nach einer Symptomwahrnehmung durch das Individuum: In dieser zweiten Form der Attribuierung wirkt etwas, weil nachträglich einem Phänomen eine (evtl. falsche) Ursache zugeschrieben wird. So kann eine Person ihren Zustand - z.B. Nervosität - einem Umweltfaktor wie z.B. Verkehrslärm zuschreiben. Das parallele Auftreten von Nervosität und Lärm wird hier als Kausalbeziehung *interpretiert* (vgl. Bullinger, 1992).

Grundlage dieser Ursachenzuschreibungen ist das Alltagswissen. Dieses Alltagswissen - man kann auch von „subjektiven Theorien" (Groeben & Scheele, 1982) sprechen - enthält Annahmen über die Ursachen von Krankheiten bzw. über die Folgen von Umwelteinwirkungen (z.B. „Luftverschmutzung macht Kopfschmerzen", s.a. Kap. 3.4). Mitgestaltet werden diese subjektiven Theorien wiederum durch den Umweltdiskurs (s. Kap. 2.2) und die intuitive Risikobewertung (s. Kap. 3.3). Wichtig ist, daß diese Attributionsprozesse, unabhängig von tatsächlichen Kausalzusammenhängen, ernstzunehmende Folgen nach sich ziehen können.

Beide Attributionsprozesse können im Sinne des eben vorgestellten Streßmodells auch als erweiterte Bewältigungsprozesse interpretiert werden. Der Toxikopiemechanismus als Attribution *vor* einer Symptomwahrnehmung wäre dann eine präventive Bewältigungsmethode bei der Bedrohung der substantiellen Integrität - etwa durch den Stressor „Gift". Die Attribution *nach* einer Symptomwahrnehmung kann zur Aufrechterhaltung der Handlungssicherheit dienen („Ich kenne die Ursache meiner Kopfschmerzen - die Luftverschmutzung"). So kann ein Phänomen („Luftverschmutzung") unabhängig von der physikochemischen Wirkung zum Schadstoff - bzw. zum Stressor - werden.

4.2 Psychische Folgenbereiche der Umweltbelastung

Welche psychischen Folgen werden „Belastungen aus der belasteten Umwelt" nun aus wissenschaftlicher Sicht zugeschrieben? Guski meint hierzu: „Umweltbelastungen können sehr unterschiedliche Auswirkungen haben, angefangen von kaum definierbarem Unwohlsein über konkrete Störungen intendierten

Verhaltens, massiven Belästigungen und Ängsten bis hin zu somatischen Erkrankungen" (Guski, 1993a, S. 4). In empirischen Studien, auch aus dem Bereich der Umweltmedizin, werden eine Vielzahl von psychischen Folgenbereichen untersucht. Übersicht 4.4 gibt einen ersten Überblick zu diesem Thema.

Übersicht 4.4: Untersuchte kurz- und längerfristige psychische Folgen der Umweltbelastung

Folgenbereich	Konkreteres Folgenbeispiel und Erläuterungen	Primärer Wirkpfad
1. **Physiologische Folgen**	Hormonausschüttung	körperlich und psychisch
2. **Emotionale Folgen**	Bedrohungserleben Umweltängste	psychisch
3. **Beeinträchtigung kognitiver Kompetenzen**	Konzentrationsbeeinträchtigung	körperlich und psychisch
4. **Bewältigungsversuche**	problem- und emotionszentrierte Prozesse	psychisch
5. **Folgen im Sozial-Verhalten**	Vertrauensverlust z.B. gegenüber dem Staat	psychisch
6. **Belästigungsempfinden**	Beeinträchtigung durch Lärm	psychisch
7. **Befindlichkeitsstörungen**	Beeinträchtigung durch diffuse Auslöser	psychisch
8. **Umwelt-Syndrome**	Holzschutzmittel-Syndrom	körperlich und psychisch
9. **(Posttraumatische) Belastungsreaktion/ Belastungsstörung**	Folge von Katastrophen	psychisch
10. **Psychische Sekundärfolgen umweltbedingter Erkrankungen**	Bewältigungsprozesse bei Krankheit	psychisch
11. **Andere psychische Folgen**	Kontrollverlust	psychisch

Grundsätzlich ist zu beachten, daß hier ein noch sehr junges Forschungsfeld vorliegt. Zu vielen wichtigen Fragen gibt es keine befriedigenden Antworten. So liegen bisher keineswegs trennscharfe „Diagnosen" vor, sondern nur relativ unsystematisierte Forschungsschwerpunkte, die zudem nicht den Anspruch erheben können, alle potentiellen psychischen Folgen zu beschreiben. Daneben sind übergreifende diagnostische Begrifflichkeiten für Folgen der Umweltbelastung nicht etabliert. Bestehende Vorschläge (Ökopsychosomatische Beschwerden, Preuss, 1995; Befindlichkeitsstörungen, Bullinger, 1993) betrachten nur Teilaspekte oder sind noch nicht ausreichend definiert (z.B toxische bzw. funktionelle Umweltsyndrome, Tretter, 1993). Auch im Bereich der Risikoabschätzung („Welche Einwirkung führt wann zu negativen Folgen?") besteht noch großer Klärungsbedarf (s. etwa Neus, Sagunski, Koppos & Schümann, 1996). Forschungsbedarf besteht auch im Bereich Anamnese, Ätiologie und Epidemiologie umweltbezogener Beschwerden.

Vor diesem relativierenden Hintergrund ist allerdings zu betonen, daß derzeit eine Fülle von entscheidungsrelevantem Wissen vorliegt.

Die in Abbildung 4.4 aufgeführten Folgenbereiche werden anschließend anhand ihrer Theorieeinbettung und ihrer Erfassungsmethoden näher vorgestellt.

1. Physiologische Folgen: Physiologische Folgen werden über das sympathische Nervensystem bzw. die Hypothalamus-Hypophysen-Nebennierenrinden-Achse vermittelt. Aversive Reize stören hier das hormonelle Gleichgewicht, und der Organismus ist bestrebt, ein gestörtes Gleichgewicht wiederherzustellen. Physiologische Streßmodelle (Cannon, 1932; Selye, 1956) beschreiben die Wirkung von aversiven Reizen auf den Organismus, berücksichtigen dabei aber keine psychologischen Größen. Dagegen beschreibt das transaktionale Streßkonzept von Lazarus (1966) die Beziehung zwischen einem Stimulus und einer Streßreaktion, die physiologischer und psychologischer Art sein kann. Reaktionen auf der physiologischen Ebene zeigen sich in Erhöhungen des Blutdrucks, der Hautleitfähigkeit, der Atemfrequenz, der Muskelspannung und der Herzrate. Untersucht werden sie häufig mit Hilfe endokrinologischer Parameter, z.B. Katecholamin- und Kortisolspiegel in Blut, Urin oder Speichel.

2. Emotionale Folgen: Emotionale Folgen der Umweltbelastung wurden primär im Zusammenhang mit Angst untersucht. Angsterleben kann einerseits von sinnesvermittelter bzw. sozial vermittelter Umweltwahrnehmung, andererseits durch somatische Einflüsse wie etwa CO_2 ausgelöst werden (Halla, 1993). Ängste können erfaßt werden durch einfache Fragen („Was macht Ihnen Angst?", „Fühlen Sie sich durch ‚xy' bedroht?", vgl. auch Kap. 3) und durch komplexere diagnostische Verfahren (s. etwa Diagnostisches und Statistisches Manual/DSM IV, 1996). Im Mittelpunkt des Interesses stehen derzeit die sogenannten „Umweltängste". Dieser Begriff umschreibt Ängste, die mit der direkten oder indirekten Wahrnehmung von Umweltbelastungen auftreten (s. Kap. 3). Als Hintergrund für diese Angst können fehlende Bewältigungsmöglichkeiten (s. Kap. 4.1.2, eine umfassende Erklärung gibt Ruff, 1993a) angenommen werden. Ein besonderer Konflikt ergibt sich aus der Frage, ob dieses Erleben als angemessen bewertet werden kann und evtl. auch Krankheitswert besitzt (s.u.). Aurand, Hazard und Tretter (1993, S. 416ff.) fassen zentrale Inhalte des von ihnen vorgelegten Sammelbandes „Umweltbelastung und Ängste" wie folgt zusammen:

– Umweltängste (oder weiter gefaßt „gesundheitlich nachteilige Reaktionen") sind wahrscheinlicher, wenn Informationen widersprüchlich, lückenhaft und wenig verständlich sind und wenn die Gefährlichkeit für die Gesundheit überbetont sowie Handlungsmöglichkeiten zur konstruktiven Begegnung mit der Gefahr vernachlässigt werden.

– Eine Informationsvermittlung, die betroffene Bürger nicht aktiv einbezieht und die kein Vertrauen genießt, erhöht die Wahrscheinlichkeit des Auftretens von Umweltängsten.

– Die Ausprägung von Umweltängsten wird neben der Art der individuellen Aufnahme und Verarbeitung auch durch persönliche risikobezogene Erfahrungen, Kenntnisse, Einstellungen und die Lebenssituation beeinflußt.

3. Beeinträchtigung kognitiver Kompetenzen: Umweltbelastungen - zumeist werden konkrete Immissionen (z.B. Lärm) untersucht - können sich auf kognitive Kompetenzen auswirken. Hier sind Konzentrationsstörungen, Defizite in der Daueraufmerksamkeit und Defizite bei der Entdeckung von Signalen zu nennen. Erfaßt werden solche Beeinträchtigungen über psychologische Leistungstests (Evans & Cohen, 1987).

4. Bewältigungsversuche: Bewältigungsversuche umfassen verhaltensorientierte und intrapsychische Anstrengungen, mit umweltbedingten und internen Anforderungen fertig zu werden. Beispiele für solche Anstrengungen sind z.b. Bagatellisierung einer Gefahr, Vermeidung der Beschäftigung mit einem Problem oder aber Problemlösungssuche. Auf einer allgemeineren Ebene kann man problembezogene und emotionszentrierte Umgangsweisen differenzieren. Auf das Konzept der Bewältigung (theoretische Einbettung, Diagnostik etc.) wurde in Kapitel 4.1 näher eingegangen. In einigen Studien werden Bewältigungsversuche nicht als Folgen an sich, sondern als Vermittler (s. etwa Folkman & Lazarus, 1988) von Folgen betrachtet.

5. Folgen im Bereich sozialer Verhaltensweisen: Umwelteinflüsse können Einschränkungen im prosozialen und kooperativen Verhalten gegenüber anderen Menschen hervorrufen. Zudem wird Aggression und Feindseligkeit beobachtet. Dabei geht man davon aus, daß die Beziehung zwischen Streß und Aggression häufig eine umgekehrt u-förmige ist, d.h. sehr starke Umweltstressoren führen häufig zu Fluchttendenzen und verringern damit aggressives Verhalten. Im Bereich sozialer Verhaltensweisen wird auch die Stigmatisierung von Personengruppen - etwa BewohnerInnen von kontaminierten Gebieten - untersucht (s. etwa Hallman & Wandersman, 1992).

6. Belästigungsempfinden: Unter dem Begriff Belästigung (annoyance) versteht man einen subjektiven Zustand des Unbehagens, der durch Stoffe oder Umstände hervorgerufen wird, die aus der Sicht der Betroffenen negative Auswirkungen auf das Individuum haben (Lindvall & Radfort, 1973). Dabei gehen Lindvall und Radfort davon aus, daß nicht objektiv meßbare Expositionsbedingungen selbst die Belästigungsreaktionen auslösen, sondern kognitive Bewertungsprozesse. Nach Ansicht von Clark (1984) umfaßt der Belästigungsbegriff drei Komponenten: eine emotionale Komponente (z.b. Verärgerung oder Unbehagen), eine Interferenzkomponente (Störung einer erwünschten Tätigkeit, wie etwa einer Unterhaltung, durch Lärm) und eine somatische Komponente (z.B. Schwindel, Übelkeit, Kopfschmerzen). Belästigungsempfindungen werden über schriftliche oder mündliche Befragungen untersucht.

7. Befindlichkeitsstörung: Bullinger expliziert diesen Beschwerdenkomplex in folgender Weise: „Befindlichkeitsstörungen können als Veränderungen der Befindlichkeit gelten, die vom Befragten als beeinträchtigend erlebt werden, die von der statistischen Verteilung von Befindlichkeitsbewertungen in einer Referenzgruppe statistisch signifikant in negativer Richtung abweichen oder die über einem bestimmten, als relevant erachteten kritischen Schwellenwert liegen" (Bullinger, 1992, S. 1). Dabei kann sich die Befindlichkeitsstörung auf Befindlichkeitszustände in psychischen (z.b. Angst, Hilflosigkeit), physischen (z.b. Schmerz, Herz-Kreislaufprobleme), sozialen (z.b. Isolierung, Einsamkeit) und mentalen Bereichen (z.b. Konzentrationsfähigkeit) beziehen (Bullinger, 1992). Im Gegensatz zur Belästigung (s.o.) muß sich die Befindlichkeitsstörung nicht auf einen konkreten Reiz beziehen (Bullinger, 1992). Preuss (1995) verwendet im Zusammenhang mit diesem Beschwerdebild den Begriff „ökopsychosomatische Beschwerden". So verweist sie auf Beschwerden, die auf (direktes und indirektes) Einwirken der Umweltbedingungen auf den Menschen (in seiner Ganzheit) zurückzuführen sind.

8. Umweltsyndrome: Unter diesem Sammelbegriff werden spezifischen Umwelteinflüssen zugeschriebene Störungsbilder, die auch psychische Relevanz besitzen, zusammengefaßt.

— *Belastungen durch Zahnamalgam (Mikromerkurialismus, Amalgamvergiftung):* Betroffene berichten über meist unspezifische Symptome, wie z.b. Nachlassen der Leistungsfähigkeit, Ermüdbarkeit und eine erhöhte Anfälligkeit gegenüber Infektionen. Schulmedizinisch anerkannte Krankheitsbilder sind bisher nur die lokalen Veränderungen der Mundschleimhaut und die Amalgamallergie (Kammerer, 1997).

— *Sick-building-Syndrom (SBS):* Dieses Syndrom beinhaltet einen ganzen Beschwerdekomplex von Reaktionen des Immunsystems, von Haut und Schleimhäuten (z.b. Schleimhautreizungen), neurologisch-psychischen Reaktionen (z.b. Müdigkeit, Angstzuständen), unklaren Schmerzzuständen (z.b. Gelenk- und Muskelschmerzen) und hormonellen Störungen (z.b. Dysmenorrhoe). Dieses Syndrom kann vor allem in klimatisierten Räumen auftreten und wird etwa durch Bakterien, Schimmelpilze, Formaldehyd oder Schwefeldioxid verursacht. „Es ist das einzige funktionelle Umweltsyndrom, bei dem eine Kausalität durch Umweltfaktoren weitgehend akzeptiert ist" (Tretter, 1997, S. 497; s.a. Bischof, 1996).

– *Holzschutzmittelsyndrom (HMS):* Unter diesem Begriff werden Krankheiten zusammengefaßt, die nach Langzeitexpositionen gegenüber Holzschutzmitteln in Wohnungen oder Häusern auftreten. Nach ca. 5-8jährigem Kontakt mit Holzschutzmitteln treten ähnliche Beschwerden wie beim SBS auf (Ohnsorge, 1997a; vgl. auch Chlorkohlenwasserstoff-Syndrom, Daunderer, 1995).

– *Multiple Chemische Sensitivität (MCS):* MCS ist eine erworbene Überreaktion gegenüber zahlreichen Chemikalien in Nahrung, Luft und Wasser. Vielfältige klinische Beschwerden, ähnlich dem SBS, können nach dem Kontakt mit unspezifischen Chemikalien auftreten (Runow, 1994; Ohnsorge, 1997b)

– *Chronic-fatigue-Syndrom (CFS):* Das CFS (übersetzt „Chronisches Erschöpfungssyndrom") beinhaltet als Leitsymptom eine neu aufgetretene Müdigkeit, die ein über 50%iges Leistungsdefizit nach sich zieht. Zusätzlich klagen Betroffene über Lymphknotenschwellungen, Fieber, Kopfschmerzen und neuropsychologische Symptome, wie z.B. Denkschwierigkeiten. Verschiedene Ursachen werden diskutiert: Chronische Infektionen mit Viren, chronischer Einfluß toxischer Umweltsubstanzen, immunologische Grunderkrankung und eine primär psychiatrische Erkrankung (Neuburger, 1997).

– *Strahlenkrankheit:* Durch eine akute und/oder chronische Einwirkung ionisierender Strahlung entstehen in Abhängigkeit von der Dosis verschiedene Symptome wie Übelkeit, Erbrechen, Appetitlosigkeit, Fieber und Haarausfall (Hoffmann, 1997).

9. Posttraumatische Belastungsreaktion/Akute Belastungsstörung: Nach dem Erlebnis eines extrem belastenden Ereignisses kann sich bei den Betroffenen eine Folge von charakteristischen Symptomen einstellen. Potentielle Auslöser sind neben den hier interessierenden „Umweltkatastrophen" Ereignisse wie z.B. gewalttätige Angriffe auf die eigene Person, Entführung, Kriegsgefangenschaft oder die Diagnose einer lebensbedrohlichen Krankheit. Nach dem DSM IV (1996) müssen folgende Symptome vorhanden sein, um eine entsprechende Diagnose zu rechtfertigen: (1) Die Person reagiert auf das Ereignis mit intensiver Angst, Hilflosigkeit oder Entsetzen. (2) Das traumatische Ereignis wird anhaltend wiedererlebt (z.B. wiederkehrende, belastende Träume von dem Ereignis). (3) Mit dem Trauma assoziierte Reize werden vermieden, und die allgemeine Reagibilität ist abgeflacht (z.B. bewußtes Vermeiden von Aktivitäten, Orten oder Menschen, die Erinnerungen an das Trauma wachrufen; Gefühl der Losgelöstheit und Entfremdung von anderen). (4) Es bestehen anhaltende Symptome erhöhten Arousals (z.B. Schwierigkeiten, ein- oder durchzuschlafen). Eine Posttraumatische Belastungsstörung kann erst diagnostiziert werden, wenn das vollständige Symptombild länger als einen Monat andauert. Treten *innerhalb eines Monats* nach der Konfrontation mit einem traumatischen Ereignis die oben genannten Symptome und zusätzlich dissoziative Symptome auf, wie z.B. ein subjektives Gefühl von emotionaler Taubheit oder eine Beeinträchtigung der bewußten Wahrnehmung der Umwelt, so spricht man von einer *akuten Belastungsstörung* (s.a. Preuss, 1995, S. 94ff.; Tölle, 1988, S. 93; Küchenhoff, 1994).

10. Psychische Sekundärfolgen umweltbedingter Erkrankungen: Unter diesen Begriff fassen wir psychische Folgen umweltbedingter Erkrankungen (z.B. Schwerhörigkeit, Hautkrebs). Das Thema „Bewältigung von Krankheiten" wird im Rahmen der Streßforschung untersucht (vgl. etwa Thomae, 1985). Zu umweltbedingten Erkrankungen liegen bisher noch keine spezifischen Erkenntnisse vor.

11. Andere psychische Folgen: In Studien zur Umweltbelastung werden neben den oben vorgestellten Folgen eine Fülle anderer Bereiche untersucht. Insbesondere sind hier die Veränderung von Werten, Einstellungen, Kontrollüberzeugungen/-verlust (Cramer, 1991b; Fischer, 1994) zu nennen. Daneben wird der Vertrauensverlust gegenüber Autoritäten (s. etwa Zilker, 1993) betrachtet. Auch erlernte Hilflosigkeit, veränderter Umgang mit der „Natur", dem eigenen Körper, veränderte Zukunftsperspektiven wurden beobachtet (vgl. etwa Homburg, 1995; s. auch Kap. 3). Diese Folgephänomene, die sich aus der psychisch vermittelten Wirkung von Umweltbelastungen ergeben, werden zumeist über (Einstellungs-)Fragebögen und Interviews erfaßt.

Sind psychische Folgen der Umweltbelastung gesundheitsrelevant?
Wie schon angesprochen, ist der gesundheitsschädigende Wert einiger der vorgestellten Folgen umstritten. Im Sinne einer umfassenden Definition von Gesundheit (s. Kasten 4.1) sind allerdings - bis u.U. auf die Bewältigungsversuche - alle vorgestellten Folgen als gesundheitsbeeinträchtigend zu bezeichnen.

Kasten 4.1: Definitionen von Gesundheit

„Gesundheit ist ein Zustand vollkommenen körperlichen, geistigen und sozialen Wohlbefindens und nicht nur die Abwesenheit von Krankheit und Schwäche" (WHO-Definition 1946, zit. nach Gundermann, 1991, S. 4). „Gesundheit ist ein Zustand, der den Menschen in die Lage versetzt, körperlich und seelisch, ohne wesentliche Einschränkungen, privat, beruflich und gesellschaftlich am Leben in der Gemeinschaft teilzuhaben und teilzunehmen" (Neudefinition Gundermann, 1991, S. 4.)

Neben der Problematik der Gesundheitsrelevanz der Umweltbelastung wird kontrovers diskutiert, ob der Sachverhalt, daß Menschen sich aufgrund von Umwelteinflüssen krank fühlen, Ausdruck *wirklicher Umwelteinflüsse* oder *psychischer Beeinträchtigung* ist (vgl. Kraus, Anders, Weber, Hermer & Zschiesche, 1995, und die Kritik von Vogel, 1996). Hier sind diagnostische Unsicherheiten zum Beispiel im Bereich der Testverfahren zu berücksichtigen und Stigmatisierungen bzw. Ausgrenzungen zu vermeiden.

In eine ähnliche Richtung geht die Frage, ob oben umrissene Reaktionen aus einer „objektiven" Perspektive heraus situationsangemessen sind. Hier ergibt sich ein zentrales Problem: Wer soll das Ausmaß des Angemessenen entscheiden? Konstruktiver scheint es, subjektive Sichtweisen ernst zu nehmen, sie nicht abzuwerten, sondern im Zuge einer Problemlösungsfindung aufzugreifen (s. Kap. 4.4).

4.3 Darstellung ausgewählter Folgen spezifischer Phänomene der Umweltbelastung

In diesem Kapitel werden, untersuchte Folgen der Umweltbelastung/Umweltkrise (Kap. 4.3.1), katastrophenartiger Ereignisse (Kap. 4.3.2, 4.3.3) sowie von Immissionen (Kap. 4.4.4 bis 4.4.6) vorgestellt.

Die aufgrund des relativ fortgeschrittenen Forschungsstandes ausgewählten Stressoren und Noxen werden anhand eines „Steckbriefs" beschrieben. Dieser Steckbrief gibt allgemeine Erläuterungen, anschließend werden Untersuchungsweisen und -befunde dargestellt. Dabei wird keine umfassende Faktenvermittlung, sondern eine Übersicht zu vorliegenden Ergebnissen gebracht (s. hierzu auch Guski, 1993a).[13]

Die Steckbriefe zeigen insbesondere, daß nicht von „den" Folgen der Belastungen aus der belasteten Umwelt gesprochen werden kann, zu heterogen sind Belastungsquellen und ihre möglichen Folgen. Gemeinsam ist ihnen jedoch, daß sie potentiell Stressorqualitäten besitzen, da sie von Betroffenen als etwas Bedrohliches bewertet werden.

---

[13] Stressoren, die nicht behandelt werden, sind etwa der „Lichtsmog", belastete Nahrungsmittel und elektromagnetische Felder (s. etwa Bobis-Seidenschwanz & Wiedemann, 1993).

4.3.1 Steckbrief Umweltbelastung/Umweltkrise

1. Allgemeine Erläuterungen

Ausgangspunkt psychologischer Streßforschung im Bereich der Umweltbelastung/Umweltkrise ist die These, daß sich diese Komplexe als (Makro-) Stressoren interpretieren lassen. Diese Sichtweise bezieht sich darauf, daß Phänomene der Umweltbelastung von Individuen als bedrohlich bewertet werden und somit einen Coping-Prozeß (Bewältigungsprozeß) in Gang setzen. Umfragen lassen diesen Schluß zu (s. Kap. 3).

2. Untersuchung der Folgen

Folgereaktionen werden über Befragungen (Fragebogenstudien, Interviews) erfaßt.

3. Auswahl beschriebener Folgen

<u>Emotionale Folgen:</u> Die Umweltkrise löst bei vielen Menschen massive Umweltängste aus. Gesundheit, Zukunft und die Natur selbst sind Güter, deren Gefährdung befürchtet wird. So berichtet etwa Hurrelmann (1996), daß in einer Befragung von über 2000 Schülerinnen und Schülern 65 % aller Befragten große Furcht vor der Zunahme der Umweltzerstörung äußern (s.a. Kap. 3).

<u>Bewältigungsversuche:</u> Böhm (1988; s. auch Krämer, 1991) erfaßt Bewältigungsversuche bzw. die Verarbeitung der Umweltbelastung als Gesamtkomplex. Anhand der Ergebnisse einer Telefonbefragung, in der u.a. erkundet wurde, wie Menschen (n = 201) mit der Umweltbelastung umgehen, ergeben sich folgende resignativ-pessimistischen und aktiv-auseinandersetzenden Bewältigungsversuche (Angaben in Prozent, Mehrfachnennungen möglich):

1. Rückzug/Resignation („man kann nicht viel tun")   42 %
2. Persönliche Schutzmaßnahmen („Fenster zulassen")   29 %
3. Umweltbewußtes Handeln („umweltbewußt einkaufen")   24 %
4. Gedankliche Vermeidung („ich verdränge das")   19 %
5. Intellektuelle Auseinandersetzung („sich informieren")   19 %
6. „In's Grüne gehen"   12 %
7. Vergleiche anstellen („wohne im Grünen")   9 %

Im Zusammenhang mit der Bewältigung von Gesundheitsrisiken der Umweltbelastung stellt Ruff (1990) clusteranalytisch erarbeitete gruppenspezifische Muster der Risikoverarbeitung (n = 180, nicht repräsentativ) vor. Diese lassen sich in folgender Weise knapp kennzeichnen:

– Gruppe 1 (26% der Gesamtstichprobe): Bedrohungsgefühle, aktive Beschäftigung mit dem Thema, kognitive Entlastung unterdurchschnittlich, unterdurchschnittliches Engagement bei Selbstschutzmaßnahmen.

- Gruppe 2 (20%): unterdurchschnittliche Tendenzen der Verleugnung, starke affektive Betroffenheit, kümmert sich stark um Selbstschutzmaßnahmen.
- Gruppe 3 (19%): starke Tendenzen der Verleugnung und kognitiven Entlastung, fühlt sich sicher vor Umweltbelastungen, resignative personale Kontrollüberzeugung
- Gruppe 4 (16%): Verleugnung des Umweltrisikos durch körperbezogene Vorstellungen, glaubt an die Widerstandskraft des Körpers, achtet aber auf Selbstschutzmaßnahmen.
- Gruppe 5 (18%): fühlt sich durch das Umweltrisiko auf keiner Ebene besonders tangiert.

Soziale Verhaltensweisen und andere psychische Folgen : Für Keupp spielt die Umweltkrise eine zentrale Rolle für das Welterleben bzw. die Identitätsbildung in der heutigen Zeit: „Die Welt wird als nicht mehr lenkbar erlebt, als ein sich hochtourig bewegendes Rennauto, in dem die Insassen nicht wissen, ob es eine Lenkung besitzt und wie diese zu betätigen wäre. ... Die gewaltigen ökologischen Bedrohungen tragen sicherlich erheblich zu dem wachsenden Demoralisierungspegel bei, sie setzen fatale Bedingungen für 'gelernte Hilf-' und 'Hoffnungslosigkeit'" (Keupp, 1994, S. 347). Ausgehend von qualitativen Studien wird etwa von Zukunftsängsten, Bedrohungsgefühlen, Ohnmacht, Hilflosigkeit, Verzweiflung, Entfremdungsgefühlen, Demoralisierung, erlebtem Verlust an Lebensqualität und Vertrauensverlust berichtet (Cramer, 1991b).

4. Abschließende Bemerkungen

Zusammenfassend läßt sich festhalten, daß der Makrostressor „Umweltkrise/Umweltbelastung" mit massiven psychischen Folgen verbunden ist. Besonderer Forschungsbedarf besteht an Verlaufsstudien zu Bewältigungsprozessen und an der Klärung der Frage, wie Bedrohungserleben in problemorientierte Handlungsweisen umgesetzt werden kann.

4.3.2 Steckbrief technische Unfälle und Katastrophen: Atomkraftwerks-Unfälle

---

1. Allgemeine Erläuterungen

Im Atomkraftwerk *Three Mile Island* bei Harrisburg (TMI) wurden im März 1979 aufgrund einer Mischung aus technischem Versagen und menschlichen Bedienungsfehlern etwa 1,5 Millionen Liter radioaktiv verseuchtes Wasser und zusätzlich radioaktives Kryptongas freigesetzt. Ein Teil des Gases gelangte im Verlauf eines Jahres in die Außenluft. „Die Gesundheitsbehörde empfahl eine Evakuierung, jedoch hat die Unklarheit dieser Empfehlung vermutlich dazu beigetragen, daß sich die Ängste der Betroffenen steigerten und langfristige Störungen entstanden." (Guski, 1993a, S. 27). Im *Atomkraftwerk Tschernobyl* (TN) in der Ukraine kam es im April 1986 durch ähnliche Abläufe wie in Harrisburg zur Überhitzung der Brennelemente im Reaktorkern und zur Explosion des Reaktorgebäudes. Radioaktivität wurde freigesetzt und verbreitete sich regional und überregional. Neben direkt getöteten und verletzten Menschen werden längerfristige Strahlenschäden befürchtet (vgl. Reason, 1994; Walletschek & Graw, 1988; s. auch Collins & Bandeira de Carvalho, 1993).

---

2. Untersuchung der Folgen

TMI: 17 Monate nach dem Unfall von TMI untersuchte man in einem psychologischen Forschungsprojekt die Langzeitstreßbelastung der AnwohnerInnen. In der Studie von Baum, Gatchel und Schaeffer (1983) wurde eine Gruppe von TMI-Anwohnern mit drei Kontrollgruppen verglichen (andere Studien s. unter 3.). *TN:* Zu diesem Unfall wurden in der Folgezeit auf regionaler und/oder überregionaler Ebene verschiedene Befragungen durchgeführt (s. etwa Hüppe & Janke, 1993; Peters, Albrecht, Hennen & Stegelmann, 1987; Viinamäki et al., 1995). Viinamäki und Mitarbeiter untersuchten in ihrer Feldstudie die BewohnerInnen eines kontaminierten Gebiets in der Nähe von TN und als Kontrollgruppe BewohnerInnen eines nicht kontaminierten Dorfes.

---

3. Auswahl beschriebener Folgen

Physiologische Folgen und Beeinträchtigung kognitiver Kompetenzen: TMI-AnwohnerInnen berichteten doppelt so häufig Symptome von Streß und gesundheitlicher Belastung wie die Kontrollgruppe. Bei kognitiven Leistungstests schnitten die TMI-AnwohnerInnen signifikant schlechter ab. Die Adrenalin- Noradrenalinkonzentration im Urin war erhöht (Baum, Gatchel & Schaeffer, 1983).

Emotionale Folgen: 15% der TeilnehmerInnen einer für die Bundesrepublik Deutschland repräsentativen TN-Befragung befürchten durch die radioaktive Belastung gesundheitliche Schäden für sich persönlich oder für die eigenen

Kinder (Peters et al., 1987). In der Untersuchung von Viinamäki et al. (1995) erreichten TN-Anwohnerinnen einen höheren Wert auf dem „General Health Questionnaire" (GHQ), d.h. sie beschrieben sich als ängstlicher, depressiver und selbstunsicherer als die Frauen in der Kontrollgruppe. Höhere Werte auf dem GHQ hingen außerdem mit Faktoren wie dem Alleinsein (ohne festen Partner lebend), einer schlechteren finanziellen Situation oder einer schwachen Einbettung in soziale Netzwerke zusammen.

Bewältigungsversuche: Der Bewältigungsstil wurde hier als ein mediierender Faktor betrachtet (Baum, Fleming & Singer, 1983). Es zeigte sich, daß die Menschen, die über einen hohen emotionszentrierten Bewältigungsstil verfügen, weniger Streß erlebten als Personen ohne diese Bewältigungsform. Das Verhältnis dreht sich beim problemzentrierten Bewältigungsstil um. Wer stärker problemzentriert mit Belastungen umgeht, zeigt auch höhere Streßbelastungswerte. Der statistische Gruppenvergleich zeigte zudem, daß TMI-Anwohner, die sich mitverantwortlich fühlen - also nicht nur Opfer sind - weniger Streß erleben und mehr Vertrauen in ihre Fähigkeit haben, Dinge in ihrem Leben zu beeinflussen. Zu TN gaben knapp 45% der in der Bundesrepublik Befragten an, nach dem Unfall ihre Ernährung geändert zu haben (Peters et al., 1987; zur Bewältigung s. auch Böhm, 1988).

Andere psychische Folgen/Mediatoren: TMI-AnwohnerInnen berichten über mehr Schwierigkeiten hinsichtlich subjektiv wahrgenommener Kontroll- und Einflußmöglichkeiten auf ihre Lebenssituation (Davidson, Baum & Collins, 1982).

4. Abschließende Bemerkungen

Bei Atomkraftwerksunfällen zeigten sich insgesamt ausgeprägte Symptome von Streß, sowohl subjektiv berichtet (TN) als auch objektiv meßbar (TMI). Die Forschergruppe um Baum bewertet das Ausmaß der Streßbelastung der TMI-AnwohnerInnen aber als „subklinisch". Ruff (1986) kritisiert an den Studien zur Langzeitstreßbelastung u.a., daß der statistische Vergleichsgruppenansatz und der Einsatz standardisierter Erhebungsinstrumente nur oberflächliche Aussagen über Art und Umfang, in dem TMI-AnwohnerInnen individuell Streß erlebten und verarbeiteten, zulassen. Zu TN liegen den AutorInnen keine Studien zur aktuellen psychischen Situation direkt Betroffener vor.

Eine zentrale Auswirkung beider Unfälle dürfte (zumindes im „Westen") ein massiver Vertrauensverlust gegenüber Atomkraftwerken und staatlichen bzw. wissenschaftlichen Informationsquellen sein. Für Legewie (1992) ist zudem der in eigenen Studien gefundene Zukunftspessimismus eine zentrale Konsequenz des TN-Unfalls.

4.3.3 Steckbrief technische Unfälle und Katastrophen: Altlasten

---

1. Allgemeine Erläuterungen

Im Bereich der Altlasten stehen die beiden Namen *„Love Canal"* (LC) in New York und *„Dortmund-Dorstfeld"* (DD) für viele Fälle von Auswirkungen chemischer Altlasten auf die ortsansässige Bevölkerung. In den fünfziger Jahren kippte eine Chemiefirma mehrere tausend Tonnen Giftmüll in den *Love Canal*. Nach etwa 20 Jahren stellte man dann fest, daß Gift aus dem Kanal in den Boden des inzwischen besiedelten Gebietes sickerte. Bodenchemische Analysen, die Entdeckung giftiger Dämpfe, ein Anstieg der Fehlgeburten, Angebote der Behörden zum Fortzug aus dem Gebiet und langjährige Unruhen, auch angesichts unklarer Entschädigungsregelungen, waren Stationen des Konfliktes. In *Dortmund-Dorstfeld* wurde in den 70er Jahren auf dem Gelände einer ehemaligen Kokerei ein Wohngebiet errichtet. Verschiedene Bodenschadstoffe führten zu Geruchsbelästigungen und zu gesundheitlichen Beschwerden bei den BewohnerInnen. Daraufhin wurden, auch aufgrund der starken Proteste der BewohnerInnen, chemische Analysen des Bodens und medizinische und psychologische Untersuchungen der Bevölkerung durchgeführt. Zusätzliche Beschwerden entstanden durch die sukzessive Sanierung des Geländes (Guski, 1993a).

---

2. Untersuchung der Folgen

Am Anfang der achtziger Jahre wurden im Gebiet LC Befragungen (etwa zur persönlichen Wahrnehmung der eigenen Gesundheit, des Hauses und des Eigentums) durchgeführt (vgl. Edelstein, 1987). Im Gebiet DD wurde im Jahre 1990 eine Studie zu den psychosomatischen Beschwerden der BewohnerInnen erarbeitet (Guski, Matthies & Höger, 1991).

---

3. Auswahl beschriebener Folgen

<u>Befindlichkeitsstörungen (psychosomatische Störungen)</u>: Im Gebiet DD gab es vermehrt Klagen über Hautaffektionen, psychovegetative Beschwerden, Magen-Darm-Leber-Erkrankungen, Schlafstörungen und Kopfschmerzen. Auch fünf Jahre nach der ersten Untersuchung berichteten die BewohnerInnen des betroffenen Gebiets über signifikant mehr psychosomatische Beschwerden (z.B. Schlafstörungen, Erschöpfungszustände, Magenstörungen, Gliederschmerzen, Herzstörungen und Reizbarkeit) als die Kontrollgruppenmitglieder. Dabei zeigte sich, daß nicht das Ausmaß der Belastung, sondern die Dauer der Belastung und die physischen Begleitumstände der Sanierung signifikant mit den Beschwerden kovariierten (Guski, 1993a). Zusammenfassend meint Guski: „Besonders wesentlich für die Ausbildung der psychosomatischen Beschwerden im Altlastengebiet war die kognitive Verarbeitung der physischen Belastung, insbesondere die Einschätzung der Gefährlichkeit der Bodenbelastung vor und während der Sanierung sowie das (mangelnde) Vertrauen in die Stadtverwaltung" (Guski, 1993a, S. 27).

Emotionale Folgen und Beeinträchtigung kognitiver Kompetenzen: Etwa 90% der Betroffenen aus dem Gebiet LC sahen ihre Lebenssituation als problematisch an. Hauptprobleme lagen in der Unsicherheit über die eigene Gesundheitsgefährdung und in finanziellen Sorgen hinsichtlich der Hausfinanzierung. Dazu kamen praktische Probleme im Zusammenhang mit einem möglichen Umzug. Für viele BewohnerInnen von LC stellte der Verlust des Hauses ein großes emotionales Problem dar. Betroffene berichteten über den Verlust des Gefühls von Sicherheit und Verläßlichkeit, Autonomie und Status. Ihr eigenes Haus war für die BewohnerInnen bis zum Bekanntwerden der Katastrophe das „Herz der Familie". Besonders männliche Bewohner berichteten über Gefühle der Hilflosigkeit und über ihre empfundene Unfähigkeit, ihrer Familie ein sicheres Zuhause zu bieten. Eltern gaben besonders Ängste in bezug auf die zukünftige Gesundheit der Kinder an (Levine & Stone, 1986).

Soziale Verhaltensweisen: Einige BewohnerInnen von LC berichteten über problematische Beziehungen zu anderen Menschen und den Verlust von Freundschaften als ein Resultat der veränderten täglichen Routine, der erhöhten Beanspruchung und vermehrten Gefühle von Druck und Spannung. Für viele Betroffene war der Zusammenbruch der täglichen Routine, wie z.B. Gespräche führen, Einkaufen gehen, Mittagessen, Familientreffen und Geburtstagsfeiern, besonders belastend (s. Übersicht bei Guski, 1993a).

Bewältigungsversuche: Hallman und Wandersman (1992) berichten von der Bildung lokaler Umweltschutzgruppen als sogenannte „colletive coping responses". Im Gebiet DD wurden folgende Bewältigungsstrategien bei Betroffenen beobachtet: Gespräch mit NachbarInnen, Sammeln von Informationen, Verzicht auf die Benutzung des Gartens und die Beeinflussung der Stadtverwaltung durch Sammeln von Unterschriften u.ä. (Guski, 1993b).

---

4. Abschließende Bemerkungen

Hallman und Wandersman (1992; s. auch Baum & Fleming, 1993) führen die hohe Streßbelastung durch Altlasten auf befürchtete Gesundheitsprobleme, hohe Unsicherheiten und einen Mangel an Kontrolle zurück. Zudem spielt das Verhalten von VerursacherInnen (die evtl. Fehler begangen haben), Lösungsverantwortlichen (die evtl. zu langsam handelten) und Umweltschutzakteuren (die für negative Publicity sorgten, ohne daß gleichzeitig die Kontamination behoben wurde) eine wichtige Rolle. Weitergehend wird die Streßbelastung durch die Stigmatisierung betroffener Kommunen oder AnwohnerInnen (z.B. wurden Kinder von betroffenen Nachbarn ferngehalten, Freunde wandten sich ab), durch die Fürsorge für Mitbetroffene (belastete Soziale Netzwerke) und durch die laufende Aktualisierung des Themas, etwa über Medienberichte, erhöht. Sowohl in LC als auch in DD wurde die große Bedeutung der offiziellen Informationspolitik für die Streßentstehung deutlich.

4.3.4 Steckbrief Luftschadstoffe

1. Allgemeine Erläuterungen

Unter Luftschadstoffen können gasförmige Stoffe (z.B. Kohlenmonoxid, Schwefeldioxid, Kohlenwasserstoffe), feste Teilchen (Asche, Ruß) bzw. der sogenannte Sommersmog (Ozon in den unteren Luftschichten) und Winter-smog (primär Schwefeldioxid-Emissionen) gefaßt werden. Im Bereich der *Innenraumluft* zählen Formaldehyd, Asbest und Lösungsmittel zu den besonders relevanten Schadstoffen. Direkte Gesundheitskosten der Luftbelastung werden in den USA auf 250 Millionen Dollar pro Jahr geschätzt. Diese Luft-verschmutzung wird von der Hälfte der BewohnerInnen belasteter Gebiete als ein gesundheitsschädigendes und befindlichkeitsbeeinträchtigendes Problem betrachtet (Guski, 1993a). Nicht zu vergessen ist, daß neben der industriellen Luftbelastung zunehmend auch die biologische Luftbelastung (Pollen, Pilz-sporen) Beachtung auf sich zieht.

2. Untersuchung der Folgen

In Felduntersuchungen wurden bisher nur selten physiologische oder psy-chologische Parameter untersucht, zudem gibt es kaum experimentelle Be-funde zur Belästigungswirkung von Luftverunreinigungen. Allerdings wurde zwischen 1960 und 1980 eine große Zahl von Meinungsumfragen durchge-führt. Über psychiatrische Studien (Einweisungsrate psychiatrischer Notfälle in Relation zur Tageskonzentration von Luftschadstoffen) konnte gezeigt werden, daß Beziehungen zwischen Schadstoffkonzentrationen und psycho-pathologischen Symptomen bestehen können (Bullinger, 1992).

3. Auswahl beschriebener Folgen

Physiologische Folgen. Primär wurden blutchemische Effekte (Kohlenmon-oxid, das für die Sauerstoffunterversorgung des Gehirns relevant ist) beob-achtet (Rotton, 1987).

Emotionale Folgen: Evans, Colome & Shearer (1988) berichten, daß die Ozonkonzentration in Wechselbeziehung zur depressiven Stimmung und kri-tischen Lebensereignissen stehen kann. Die Autoren sehen hier eine Summie-rung von Belastungsfaktoren aus der Umwelt und persönlichen Lebensbedin-gungen. Zeidner und Shechter (1988) berichten, daß die wahrgenommene Belastung ein besserer Prädiktor für affektive Reaktionen ist als die tatsächli-che Schadstoffkonzentration.

Sozialer Verhaltensbereich: Luftschadstoffe werden in Verbindung mit nega-tiven Gefühlen gegenüber Mitmenschen und tendenziell aggressivem Ver-halten gebracht (Rotton, 1987).

Bewältigungsprozesse: Direkt problemlösendes Verhalten (z.B. weniger Auto fahren) wird selten beobachtet (Evans et al., 1988). Evans, Jacobs und Frager (1982) berichten von einer scheinbaren Adaption der BewohnerInnen von luftverschmutzten Gebieten: Untersuchungspersonen in Kalifornien verändern teilweise ihr Kriterium für die Entdeckung von Luftverschmutzung und üben ihre gewohnten Freizeitbetätigungen, z.b. Joggen, trotz höherer Luftbelastung aus. Gillwald (1983) berichtet allerdings, daß sich Personen, die in einem Gebiet mit hoher Luftbelastung leben, seltener im Freien aufhalten.

Belästigung: Bullinger (1989, 1990) berichtet aufgrund von einzelfallstatistischer Auswertung, daß erhöhte Konzentrationen von Schwefeldioxid und Schwebstaub zur negativen Beurteilung der Luftqualität sowie zu Belästigungsreaktionen auf Gerüche und verschmutzte Luft führen.

Befindlichkeit: Auswirkungen von Luftschadstoffen können Kopfschmerzen und Schwindelgefühle sein (Rotton, 1987). Bullinger (1989) zeigt, daß weibliche Bewohner höher belasteter Gebiete (Schwefeldioxid, Stickoxide, Kohlenmonoxid, Kohlenwasserstoffe und Staub) sich in ihrem alltäglichen Verhalten stärker eingeschränkt, müder und gesundheitlich stärker beeinträchtigt fühlen. Die Wirkung von Luftschadstoffen auf die Befindlichkeit war zudem zeitverschoben. Andere Befunde weisen darauf hin, daß zwischen Luftbelastung (SO_2) und Wohlbefinden, ab einem bestimmten Schwellenwert, ein negativer Zusammenhang besteht. Das heißt, je höher die Luftbelastung in der Wohngegend ist, umso schlechtere Werte schrieben sich die Personen hinsichtlich des Wohlbefindens zu (Gillwald, 1983).

Umweltsyndrome: Verschiedene Umweltsyndrome (Sick-building-Syndrom, Holzschutzmittelsyndrom, Multiple Chemische Sensitivität) werden mit (Innen-) Luftschadstoffen in Verbindung gebracht (s. Kap. 4.3).

4. Abschließende Bemerkungen

Schadstoffe in der Innen- und Außenluft rufen eine Fülle negativer Folgesymptome hervor. Von besonderer Bedeutung ist, daß Luftschadstoffe häufig in Kombination mit Lärmbelastungen (z.B. beim KFZ-Verkehr) auftreten.

Im Bereich der Luftbelastung kann zudem exemplarisch verdeutlicht werden, wie die Lösung für ein Problem (bessere Isolierung, um weniger Energie zu verschwenden) unbeabsichtigt andere Probleme (höhere Belastung der Innenraumluft durch weniger Luftaustausch) nach sich ziehen kann.

4.3.5 Steckbrief Gerüche

1. Allgemeine Erläuterungen

„Geruchsstoffe sind Chemikalien, die konzentrationsabhängig den Geruchs-
sinn aktivieren und so Geruchsempfindungen auslösen können. Dabei handelt
es sich in der Regel um organische Verbindungen ..., aber auch einige anor-
ganische Substanzen..." (Steinheider, 1997, S. 27). Hauptverursacher sind
industrielle Anlagen (Brauereien, Petrochemie, Kohle-/Stahlindustrie, Papie-
rindustrie etc.), Landwirtschaft (Tierhaltung und Schlachthöfe), Vorgänge in
der Natur, Straßenverkehr, Hausbrand und nachbarschaftliche Gerüche durch
menschliche Aktivitäten (Steinheider, 1997). In einer niederländischen Studie
fühlten sich 20% der Befragten durch Gestank und schlechten Geruch belästigt (Cavalini, Koeter-Kemmerling & Pulles, 1991). Industriegerüche sind
der Hauptgrund für anlagenbezogene Beschwerdeanrufe bei Gewerbeaufsichtsämtern. 56% der Klagen bei den Gewerbeaufsichtsämtern in Nordrhein-
Westfalen in der Zeit von 1985 bis 1990 entfallen auf Geruchsbelästigungen,
31% der Anrufe auf Lärmbelästigungen (Winneke, 1994).

2. Untersuchung der Folgen

Geruchsimmissionen bzw. deren Konzentration werden über Ausbreitungs-
rechnungen bestimmt. Die Häufigkeit von Geruchsstoff-Immissionen kann
durch Probandenbegehungen erfaßt werden. Die Folgen von Gerüchen werden über Feldstudien und Laborexperimente ermittelt (Steinheider, 1997).

3. Auswahl beschriebener Folgen

Physiologische und somatische Folgen: Hier lassen sich ereignisevozierte
Potentiale, zentrale Aktivierung, Pupillenerweiterungen und Vasokonstriktio-
nen als Reaktion auf die Darbietung von meist unangenehmen Gerüchen wie
Schwefelwasserstoff zeigen. Zudem wird von Einschlaf- und Durchschlafstörungen, Nervosität, Benommenheit berichtet. Umgekehrt können angenehme
Gerüche Entspannung auslösen. Die Vermittlung der somatischen Effekte
erfolgt über die Wahrnehmung von Gerüchen, es gibt keine objektiven Bele-
ge für direkte somatische Wirkungen von Geruchsimmissionen beim Menschen (Steinheider, 1997).

Beeinträchtigung kognitiver Kompetenzen: Bei visuellen Suchaufgaben ver-
doppelte sich die benötigte Zeitspanne (Lorig et al., 1989). Rotton et al. (1979)
berichtet von einer erniedrigten Leistungsbereitschaft unter der Einwirkung von
unangenehmen Gerüchen.

Emotionale und soziale Folgen: Hier wird von negativer emotionaler Verfas-
sung, Stimmungsbeeinträchtigung, dysphorischer Stimmung, aggressivem
Verhalten, Ängstlichkeit, Müdigkeit und Traurigkeit berichtet (Rotton, Barry,
Frey & Soler, 1978; Rotton, Frey, Barry, Milligan & Fitzpatrick, 1979). Angenehme Gerüche verbessern die Stimmung (Lorig & Schwartz, 1988). Rot-

110

ton (1979) berichtet, daß ProbandInnen unter Geruchseinfluß anderer Personen stärkere elektrische Schocks verabreichen. Letztlich nimmt mit der Stärke des Geruchs die emotionale Relevanz zu (Bullinger, 1992).

Bewältigungsversuche: Bei chronischer Geruchsexposition können Gewöhnungseffekte auftreten. Cavalini et al. (1991) berichten, daß Menschen mit problemorientiertem Bewältigungsstil sich mehr belästigt fühlen als Menschen mit emotionsorientiertem Bewältigungsstil. Zusätzlich konnte gezeigt werden, daß die Art der Streßverarbeitung die Wirkungen der Gerüche beeinflußt (Steinheider, 1997).

Belästigungsempfinden: In drei Feldstudien zeigen Cavalini et al. (1991) eine Korrelation zwischen mittlerer saisonaler Belastung und der skalierten Belästigung. Einen starken Einfluß besitzen dabei personale Moderatorvariablen wie z.b. Alter und Glaube an die Gesundheitsschädlichkeit der Luftschadstoffe. Geruchsbelastungen sind diesen Studien zufolge nicht direkt mit somatischen Beschwerden verbunden. Belästigung kann als intervenierende Variable zwischen Geruchsbelastung und gesundheitlichen Symptomen verstanden werden.

Befindlichkeitsstörung: Experimente unter der Bedingung Zigarettenrauch vs. Reinluft zeigten, daß Beunruhigung, Anspannung, Erregung, emotionale Verstimmung und Reizbarkeit unter dem Einfluß von Zigarettenrauch zunehmen (Jones & Bogat, 1978). Steinheider (1997) zeigt, daß Industriegerüche neben Belästigungsreaktionen auch mit körperlichen Beschwerden zusammhängen können.

4. Abschließende Bemerkungen

Steinheider (1997) kommt in ihrer Arbeit zu dem Resümee, daß Industrie- und Umweltgerüchen Stressorqualität zugeschrieben werden kann. Zur Vorhersage von Geruchsbelästigungen sind sowohl durch Ausbreitungsberechnungen ermittelte Geruchskonzentrationen (Cavalini et al., 1991) als auch durch Begehungen erhobene Geruchshäufigkeiten (Steinheider, 1997) gleichermaßen geeignet. Zur Bewertung von Geruchsimmissionen wird seit 1993 die Geruchsimmissionsrichtlinie NRW herangezogen. Darin wird erstmals der Versuch unternommen, die Erheblichkeit von Geruchsimmissionen empirisch zu objektivieren.

4.3.6 Steckbrief Lärm

1. Allgemeine Erläuterungen

Lärm wird als unerwünschtes, belästigendes oder störendes Geräusch verstanden. Die Auswirkungen von Lärm sind relativ gut dokumentiert. Hauptbelastungsquellen sind Straßen- und Schienenverkehr, Fluglärm, Baustellen und Gewerbebetriebe. In der Bundesrepublik fühlen sich seit Jahren mehr als 50% der Bevölkerung durch den Straßenverkehrslärm belästigt, in den neuen Bundesländern liegt der Anteil sogar bei 85% (Guski, 1993a).

2. Untersuchung der Folgen

Folgen des Lärms werden über repräsentative Umfragen, über Laborversuche und die Analyse psychiatrischer Einweisungsquoten untersucht. Lärm wird meist über Mittelungspegelungen erfaßt. Letztlich kann man ihn aber nicht direkt messen, da er ein Ergebnis kognitiver Auseinandersetzung mit Geräuschen ist.

3. Auswahl beschriebener Folgen

<u>Physiologische und somatische Folgen:</u> Hier wird von Hörschädigung und von unspezifischen Streßreaktionen (Steigerung des diastolischen Blutdrucks, Kontraktion peripherer Gefäße, Veränderung der Herzfrequenz, erhöhte Katecholaminwerte im Urin) berichtet (Ortscheid, 1996; Steinheider, 1997). Eine Adaption an starke Schallbelastungen tritt auf physiologischer Ebene nicht ein; im Gegenteil, Personen aus schallbelasteten Gebieten entwickeln eine physiologische Sensibilisierung (s. Preuss, 1991). Vallet et al. (1983) konnte durch elektrophysiologische Untersuchungen eine Verringerung der Schlaftiefe aufzeigen.

<u>Beeinträchtigung kognitiver Kompetenzen:</u> Die Störung von Arbeitsleistungen nimmt zu, je weniger gleichmäßig die Geräusche sind, je höher die kognitiven Anforderungen zur Bewältigung der Aufgabe sind und je weniger Freiheiten die Betroffenen haben, die zeitliche Einteilung und Abfolge der Aufgabenschritte zu steuern (Jones, 1984; Sust, 1987, 1989). Schönpflug und Schulz (1979) berichten, daß die Anzahl falscher Entscheidungen bei Verwaltungstätigkeiten mit dem Schallpegel stieg, die Effizienz sank und gewählte Ruhezeiten zunahmen. Zudem entstand eine Neigung zu riskanteren Entscheidungen. Allgemein wird das Ausmaß von Leistungsminderungen durch verschiedene epidemiologische Studien belegt (s. etwa Cohen et al., 1986).

<u>Emotionale Folgen:</u> In einer Fluglärmstudie wurde eine erhöhte Einweisungsquote von Flughafenanwohnern in psychiatrische Kliniken gezeigt. Allerdings wurde dies eher als ein Effekt mangelnder sozialer Unterstützung gewertet (Abey-Wickrama, A'Brook, Gattoni & Herridge, 1969). Schallbelastung wird mit Depressionen (Guski, 1987) und mit Verhaltensstörungen bei

Kindern (Durchschlafstörungen, Bettnässen, Nägelbeißen, Nervosität und Verlangsamung der Motorik) in Zusammenhang gebracht (Curio & Ising, 1986).

Soziale Verhaltensweisen: Die Störung der Kommunikation ist eine Hauptwirkung des Lärms. Daneben wird vom Rückgang altruistischer Verhaltensweisen, von sozialem Rückzug bzw. der Verringerung der Anzahl zwischenmenschlicher Kontakte berichtet (Evans & Cohen, 1987)

Bewältigungsversuche: Ganz pragmatisch werden zur Bewältigung von Lärm Fenster geschlossen, Radio und Fernseher lauter gestellt, und es wird lauter gesprochen (Guski, 1993a; Ortscheid, 1996). Geräuschbelastung beim Schlafen wird durch Fensterschließen begegnet, dabei ergeben sich aber unangenehme Lüftungsprobleme (Scharnberg, Wühler, Finke & Guski, 1982). Tarnapolsky und Clark (1984) berichten von erhöhtem Verbrauch von Medikamenten und einer häufigeren Inanspruchnahme von Gesundheitszentren aufgrund der Lärmexposition.

Belästigungsempfinden: Dieser Bereich wird als wichtigste Wirkung von Lärm betrachtet (Guski, 1993a). Hier wird von Anspannung, Ärger, Aggressivität, Resignation und Erschöpfung (Welzl & Rediske, 1987; Vogel, 1982) berichtet. Die statistische Beziehung zwischen physikalischer Belastung und erfragter Belästigung ist dabei allerdings nicht sehr hoch, wenn nicht Art der Geräuschquelle und Auftretenszeitpunkt berücksichtigt werden. Eine wesentliche Rolle bei der Belastung durch Lärm spielt die Frage, ob es Phasen der Ruhe gibt. Personale Moderatoren (wirkungsbeeinflussende Variablen) sind die Schallquellen-Bewertung, die selbst eingeschätzte Lärmempfindlichkeit und das selbst eingeschätzte Lärmbewältigungsvermögen (Guski, 1993a).

Befindlichkeitsstörung: Berichtet wird von Wohlbefindensstörungen, dabei korreliert Nervosität mit Autolärm (Finke, Guski & Rohrmann, 1980). Kröling (1993) berichtet im Zusammenhang mit mehrstündiger Dauerbelastung durch niederfrequente Beschallung von unspezifischen Befindlichkeitsstörungen, Ermüdung, Konzentrationsstörungen und Benommenheit. Nach längerfristiger Exposition klagen Anwohner, sie würden „allmählich verrückt" (Guski, 1993a). Cohen, Evans, Stokols &Krantz (1986) sehen gelernte Hilflosigkeit, Mutlosigkeit, Apathie, Antriebsschwäche und Depressionen als mögliche Lärmfolgen.

4. Abschließende Bemerkungen

Forschungsbedarf besteht im Bereich der Auswirkungen von Geräuschen, die unterhalb und oberhalb der Hörschwelle liegen, und zu Wechselwirkungen des Stressors Lärm mit anderen Einflüssen (Preuss, 1995). Allgemein kann die fortgeschrittene interdisziplinäre Forschung in diesem Bereich der Umweltpsychologie bei der Erkundung anderer Folgenbereiche und bei der gutachterlichen Bewertung und Vermeidung der Folgen (s. etwa Höger, 1993) viele Anregungen geben.

4.4 Interventionsansätze

Wie lassen sich psychische Folgen der Umweltbelastung auffangen, beseitigen oder - besser noch - vermeiden? Zu jedem der bisher vorgestellten Noxen und Stressoren und zu jedem der Folgenbereiche wäre hier eine differenzierte Antwort zu erarbeiten. An dieser Stelle können allerdings nur grundsätzliche Optionen aufgezeigt werden. Ganz allgemein kann gesagt werden, daß an erster Stelle jeglicher Intervention natürlich die Minderung bzw. die Ermittlung und Entfernung potentiell schädigender Umwelteinflüsse steht.

Hier fangen aber die *Risikokontroversen* schon an, da nur in Ausnahmefällen Einigkeit darüber besteht, was genau schädigende Umwelteinflüsse sind. Wie bei den Ausführungen zu sozial- und naturwissenschaftlichen Aspekten der Umweltkrise (s. Kap. 2.2) gezeigt wurde, liegt dies u.a. daran, daß die Wissenschaft hier nicht mehr objektiver Ratgeber, sondern selbst Quelle von Unsicherheiten ist. Was letztlich von einer Gesellschaft als „schädlich" bewertet wird, ist eher ein Aushandlungsverfahren als ein „objektiver" Prozeß. Trotz dieser Unsicherheiten lassen sich zu psychischen Folgen, die einerseits aus der körperlichen Aufnahme (Noxen) und andererseits über die psychische Vermittlung (Stressoren) entstehen, Therapie- und Interventionsansätze vorstellen.

Im Bereich der Noxen können - insbesondere wenn chronische Schädigungen angenommen werden müssen - Therapieverfahren aus dem Bereich der (Umwelt-)Medizin und der klinischen Psychologie Anwendung finden. Bei symptomspezifischen Störungen ist hier z.B. an die Anregung der *Stoffwechselfunktion* („Entgiftung") und an Verfahren zum Ausgleich evtl. beeinträchtigter kognitiver Funktionen (z.B. Gedächtnistraining) zu denken. Bei dem Vorliegen einer generalisierten Organismusreaktion (z.B. beim Sick-building-Syndrom oder der multiplen chemischen Sensitivität) schlägt Preuss (1995) vor, *desensibilisierende therapeutische Ansätze* (Entspannungsstrategien, Gegenkonditionierung, systematische Desensibilisierung) und *suggestive Methoden* wie hypnotherapeutische Interventionen oder Visualisierungstechniken zu nutzen. Aus psychologischer Sicht ist hier zudem an die Verwendung adäquater Ansätze der *Risikokommunikation* (s.u.) zu denken. Weitergehend muß die Entwicklung von Bewältigungsstrategien berücksichtigt werden, um mit eventuellen Krankheiten leben und um den Heilungsprozeß optimal unterstützen zu können sowie um Möglichkeiten zu erarbeiten, mit nicht einfach abzustellenden Expositionsquellen zurechtzukommen.

Im Zusammenhang mit psychisch vermittelten Folgen ergibt sich aus den vorangegangenen Ausführungen die Aufgabe, neben der Minimierung schädlicher Umwelteinflüsse den Aufbau von *Bewältigungskompetenzen* zu fördern. Das (normative) Ziel von Interventionen muß hier lauten: *„Handlungsmöglichkeiten eröffnen statt Resignation fördern"*. Hier wird deutlich, daß effektive Interventionen auf der Seite psychischer Folgen immer auch in direktem Bezug zu Umweltschutzansätzen vor Ort (z.B. Lokale Agenda 21, Öko-Audit) stehen müssen! Ansonsten bleiben Handlungsoptionen verschlossen, und ein vereinzelter

Problemumgang wird gefördert. Zudem entsteht die Gefahr, daß sozialtechnologische Interventionen für Gesamt- statt für Partiallösungen gehalten werden.

Wie können nun individuelle (und damit sekundär auch soziale) Bewältigungskompetenzen aufgebaut werden? Hier ist - unabhängig davon, ob es um Makrostressoren, technische Katastrophen, Daily Hassels oder um Umgebungsstressoren geht - an vier Konzepte zu denken:

1. *Nutzung spezifisch psychologischer Interventionsansätze:* Im Kontext von Interventionen auf sozialer Ebene ist es legitim - und für Betroffene evtl. besonders wichtig - Streßwirkungen mittels psychologischer Ansätze (Entspannungstechniken, Streßmanagement) zu mindern. In diesem Zusammenhang macht Preuss (1991) den Vorschlag, auf individueller Ebene die Umgangsfähigkeit mit der ökologischen Krise durch Umwelt-Encounter zu verbessern. Im Rahmen von Workshops soll der individuelle Umgang mit den bedrohlichen Erfahrungsinhalten der ökologischen Katastrophe betrachtet werden, um problemorientierte Handlungsweisen zu ermöglichen.

2. *Rückgriff auf Konzepte der gesellschaftlichen und der therapeutisch-beratenden Risikokommunikation:* Wir wollen an dieser Stelle zwei Arenen der Risikokommunikation unterscheiden. Einerseits die gesellschaftliche oder öffentliche Risikokommunikation, an der Verursacher, exponierte Personen, die Öffentlichkeit, regulative Instanzen, WissenschaftlerInnen und Medien teilnehmen (Rohrmann, 1991), und andererseits die therapeutisch-beratende Risikokommunikation, die sich auf betroffene Personen und deren RatgeberInnen (UmweltberaterInnen, PsychologInnen, UmweltmedizinerInnen) beschränkt.

Schon der erste Bereich ist häufig von massiven Konflikten gekennzeichnet. Werden einige zentrale Gebote beachtet (s. Übersicht 4.5), steigen die Chancen für kooperative Konfliktlösungen und für die Vermeidung negativer psychischer Folgen, z.B. bei technischen Störfällen.

Im Zuge therapeutisch-beratender Risikokommunikation bleibt mehr Raum, um auch auf individuelle Ansichten des/der Klienten/in einzugehen. So schlägt Matthies (1998) vor, Alltagssichtweisen bzw. subjektive Theorien - etwa mittels Strukturlegetechniken (s. Kap. 3.4) - aktiv in den therapeutisch-beratenden Prozeß einzubeziehen. Mögliche Effekte dieser aktiven Einbindung lassen sich wie folgt benennen:

— Die Basis für eine *dialogische* Erkundung von Annahmen und Erfahrungen des Gegenübers wird gelegt.

— Die Grundlagen für eine u.U. sinnvolle psychotherapeutische Beratung werden erarbeitet.

— Problemwissen von Risikogruppen wird erfaßt, Informationsbedarf kann so identifiziert werden.

- Hinweise auf die klinische Relevanz von Umweltfaktoren werden gewonnen, die dann systematisch geprüft werden können.
- Zweifelhafte Bewältigungsstragien lassen sich hinterfragen.

Vor diesem Hintergrund nimmt zudem die Wahrscheinlichkeit zu, daß Betroffene offen für (gegebenenfalls notwendige) gemeinsam zu erarbeitende Modifizierungen ihrer Sichtweisen werden. Insbesondere ist hier an die Überprüfung von Kausalattribuierungen zu denken.

Übersicht 4.5: Richtlinien für Risiko- und Schadensdarstellungen
(nach Wiedemann, 1990, S. 50)

1. Gebot der Richtigkeit	Benutze gültige und zuverlässige Daten.
2. Gebot der Fairneß	Wähle die Bezugsgrößen, die auf das Risiko der Betroffenen zugeschnitten sind. Der Bezug auf das allgemeine Risiko in der Bevölkerung ist zum Beispiel irreführend, wenn die Risiken in der Nachbarschaft einer Müllverbrennungsanlage oder eines Kraftwerkes debattiert werden.
3. Gebot der Vollständigkeit	Wenn bei Entscheidungen um Technologien neben unmittelbaren Todesfallrisiken auch Langzeitrisiken und Risiken für die Umwelt von Bedeutung sind, so sind diese anzugeben.
4. Gebot der Verständlichkeit	Risikoangaben müssen verständlich formuliert werden. So ist ein Risiko von 0.0018 weniger verständlich als ein Risiko für ungefähr 2 Personen unter 1000.
5. Gebot des relevanten Risikovergleiches	Bei Risikovergleichen ist darauf zu achten, daß Vergleiche gewählt werden, die aus der Sicht von Laien auch vernünftig sind und nicht gegen deren Wahrnehmungsgewohnheiten verstoßen. Es ist also nicht richtig, unfreiwillige Risiken mit freiwillig übernommenen Risiken zu vergleichen.

3. Förderung politischen Engagements bzw. Schaffung von Handlungsangeboten und Partizipationsprozessen: Über Handlungsangebote können Menschen aktiv in Problemlösungen einbezogen werden. Verschiedene Studien (vgl. Sohr & Boehnke, 1994; Sutter & Böhm, 1989) weisen drauf hin, daß die positiven Aspekte dieser Tätigkeit die negativen Aspekte (z.B. Enttäuschung über mangelnde Unterstützung und Effektivität etc.) überwiegen können.

4. Aufbau sozialer Stützsysteme und Netzwerke: Soziale Stützsysteme und Netzwerke sind im Kontext der Umweltkrise etwa durch Gruppenbildungen im Umweltschutzbereich oder durch den Aufbau sogenannter dezentraler „Ökostationen" (Hahn, 1992; Fischer, 1995) zu entwickeln. Dieser Schritt ist in zweierlei Hinsicht sinnvoll: Im Bereich der Problemlösungsunterstützung stehen Netzwerkmitgliedern eine Fülle von Hilfeleistungen in bezug auf den Umgang mit der Umweltbelastung zur Verfügung. Erfahrungen mit umweltbewußtem Verhalten können ausgetauscht werden, und die Gruppe kann als Ideenbörse für praktischen Umweltschutz und politische „Einmischung" dienen. Dies kann es für den einzelnen wesentlich einfacher machen, Problemlösungsstrategien zu erkennen und umzusetzen. Zudem kann emotionale Unterstützung insbesondere im Umgang mit existentiellen Ängsten wichtig werden. Das Netz von Gleichgesinnten kann es einfacher machen, über Sorgen und Ängste zu reden; es schafft die Möglichkeit, Erfahrungen der Vereinzelung und Ohnmachtsgefühle aufzufangen.

Die Schaffung der unter Punkt 3 aufgeführten Handlungsangebote und Partizipationsprozesse sowie der Aufbau sozialer Stützsysteme und Netzwerke kann als Schritt hin zur Umsetzung des gemeindepsychologischen Empowermentkonzeptes verstanden werden. Dieses Konzept wird von Stark wie folgt erläutert: „*Empowerment* kann als ein andauernder, zielgerichteter Prozeß im Rahmen kleiner, meist lokaler Gemeinschaften verstanden werden. Er beinhaltet wechselseitige Achtung und Fürsorge, kritische Reflexion und Bewußtwerdung der Akteure, durch die eine *Form der Teilhabe* für die Personen oder Gruppen ermöglicht wird, die einen unzureichenden Zugang zu wichtigen *sozialen Ressourcen* haben. Durch diesen Prozeß können sie diesen Zugang verbessern und die für sie wesentlichen sozialen Ressourcen stärker kontrollieren" (Stark, 1996, S. 16f., Hervorhebung durch die AutorInnen). Im Zusammenhang mit der Umweltproblematik verweist der Empowermentansatz insbesondere darauf, politische Teilhabe, Selbstorganisation und Selbstreflexion (vgl. Homburg, 1995) Betroffener zu ermöglichen. Kurz gesagt: Problemlösungen sind nicht allein den „ExpertInnen" zu überlassen, sondern *partizipativ* zu entwickeln (vgl. „Lokale Agenda 21"). Dies minimiert schon heute negative Folgen der Umweltbelastung und macht zudem die erfolgreiche Umsetzung von Lösungskonzepten wahrscheinlicher (s. Kap. 6.3).

4.5 Zusammenfassung

Eingangs wurden als Hintergrund der Forschung zu psychischen Folgen der Umweltkrise die grundsätzliche Verunsicherung unserer Beziehung zur Umwelt und einige Streitpunkte im *Risikodiskurs* zum Thema „Umwelt und Gesundheit" beschrieben. Abbildung 4.2 faßt die anschließend in diesem Kapitel angesprochenen Aspekte zusammen.

Begonnen wurde mit der Beschreibung des körperlichen und des psychischen *Wirkpfades,* über die es zu psychischen Reaktionen kommen kann (s. Übersicht 4.6, Ebene 2).

Anschließend wurden bisher untersuchte *psychische Folgen* dargestellt (s. Übersicht 4.6, Ebene 2). Dabei ist zu betonen, daß insbesondere die psychische Vermittlung und die Folgen der Einwirkung interagieren können. So kann etwa die Bewußtwerdung von Beeinträchtigungen dazu führen, daß über Selbstbeobachtung vermehrt Folgesymptome wahrgenommen werden. Auf Studien zu konkreten Folgen einzelner *Umweltstressoren* bzw. *Umweltnoxen* (s. Übersicht 4.6, Ebene 1) ist dann in mehreren „Steckbriefen" näher eingegangen worden.

Im Zusammenhang mit Überlegungen zur Vermeidung und Milderung psychischer Folgen wurde betont, daß an erster Stelle jeglicher *Therapie* und *Prävention* die *Vermeidung* bzw. die Ermittlung und Entfernung potentiell schädigender Umwelteinflüsse stehen muß. Anschließend wurde die Bedeutung der Förderung von *Bewältigungsmöglichkeiten* - etwa über Schaffung von Handlungsangeboten und *Partizipationsmöglichkeiten* - betont (s. Übersicht 4.6, Ebene 3).

Dabei verweist die in Übersicht 4.6 aufgeführte *Rückkopplungsschleife* (Intervention - anthropogene Umweltbelastung) darauf, daß der Interventionsbereich „psychische Folgen“ nicht losgelöst vom Interventionsbereich „umweltverträgliches Handeln“ betrachtet werden kann (s. Kap. 6). Mit anderen Worten: Effektive Interventionen auf der Seite psychischer Folgen müssen immer auch in direktem Bezug zu Umweltschutzmaßnahmen stehen. Ansonsten bleiben Handlungsoptionen verschlossen, und ein individualisierender Problemumgang wird gefördert.

Übersicht 4.6: Ebenen der Betrachtung von psychischen Folgen der Umweltbelastung

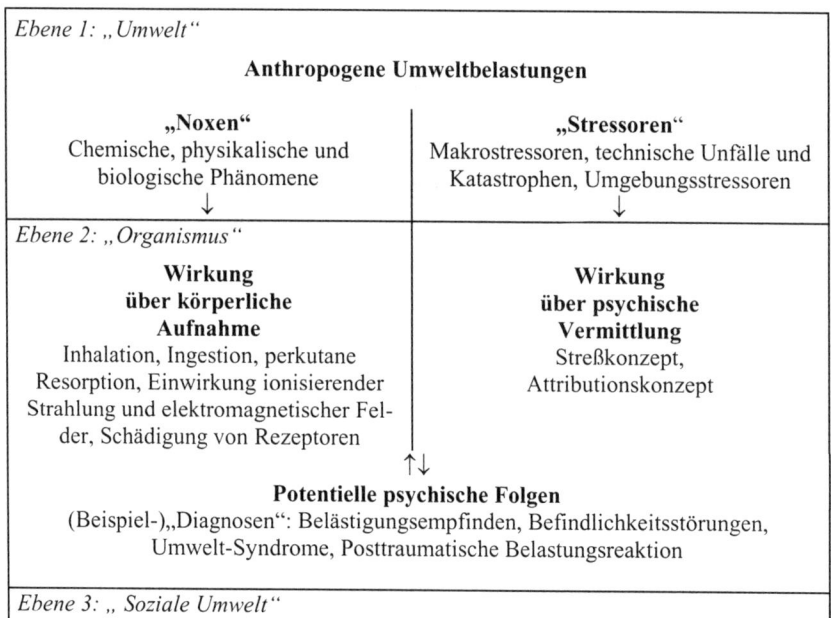

Ebene 1: „Umwelt“

Anthropogene Umweltbelastungen

„Noxen“ Chemische, physikalische und biologische Phänomene ↓	**„Stressoren“** Makrostressoren, technische Unfälle und Katastrophen, Umgebungsstressoren ↓

Ebene 2: „Organismus“

Wirkung über körperliche Aufnahme Inhalation, Ingestion, perkutane Resorption, Einwirkung ionisierender Strahlung und elektromagnetischer Felder, Schädigung von Rezeptoren	**Wirkung über psychische Vermittlung** Streßkonzept, Attributionskonzept

↑↓

Potentielle psychische Folgen

(Beispiel-)„Diagnosen“: Belästigungsempfinden, Befindlichkeitsstörungen, Umwelt-Syndrome, Posttraumatische Belastungsreaktion

Ebene 3: „Soziale Umwelt“

↑Interventionsansätze↑

- *Grundsätzliche Vorgaben:* Vermeidung bzw. Ermittlung und Entfernung potentiell schädigender Umwelteinflüsse, Aufbau von Bewältigungskompetenzen (Stichwort „Empowerment“), Einbettung in umfassende Umweltschutzkonzepte, die Mikro- und Makroebenen umfassen, keine Stigmatisierung.
- *Spezielle Angebote:* Adäquate Risikokommunikation, Schaffung von Handlungsangeboten und Partizipationsmöglichkeiten, Aufbau sozialer Netzwerke, Nutzung medizinischer und psychologischer Techniken (Entgiftung, Entspannung, Streßmanagement etc.).

Die vorgestellten Forschungsbefunde haben gezeigt, daß das Wissen zu Ursachen, zur *Risikobewertung*, zur *Epidemiologie*, zu *Wechselwirkungen* verschiedener Umwelteinflüsse und zur *Effektivitätsbeurteilung* von Interventionsmaßnahmen noch erheblich ausgebaut werden muß, um in der Praxis effizient präventiv und therapeutisch tätig sein zu können. Weitergehend darf bei der Folgendiskussion nicht vergessen werden, daß es letztlich um Folgen für die Bevölkerungen *aller Erdteile* und insbesondere auch für *anfällige Individuen* (Kinder, alte Menschen) und nicht nur um Folgen für *ArbeitnehmerInnen* in den *Industrieländern* geht. Hier ist also eine erweiterte Perspektive zu entwikkeln.

Dessen ungeachtet konnte insbesondere im Bereich der Prävention eine Fülle von schon bestehenden Handlungsoptionen aufgezeigt werden. Hier besteht, neben dem Forschungsbedarf, auch ein Bedarf an politischem Umsetzungswillen und an offensiver Angebotspolitik von „*Dienstleistungen*" (vgl. hierzu Kap. 7).

Abschließend ist festzuhalten, daß sich die Akteure in dem hier vorgestellten Themenbereich auf einem schmalen Grad zwischen der *Dramatisierung* und der *Bagatellisierung* von Gefahren bewegen. Einfache Antworten dürfen nicht erwartet werden.

5. Bedingungen umweltrelevanten Verhaltens

Eine Lösung der Umweltprobleme erfordert es, daß alle Nationen - vor allem die westlichen Industriestaaten - ihre Produktions- und Wirtschaftsweise ändern. Dabei hat sich in den letzten Jahren die Perspektive durchgesetzt, daß dies nicht durch technische oder politische Veränderungen allein erreichbar ist, sondern daß auch ein Wandel der individuellen Lebensstile erfolgen muß. Damit ist der Blick auf das *umweltrelevante*, also das *umweltschädigende oder umweltschützende*, Verhalten des Individuums gelenkt, um das es in diesem Kapitel gehen soll. Im folgenden werden Modelle und Studien vorgestellt, die sich zum Ziel gesetzt haben, das umweltrelevante Verhalten von Individuen zu beschreiben und zu erklären. Dazu wird einleitend „umweltrelevantes Verhalten" näher betrachtet (5.1), anschließend setzen wir uns mit dem - auf den ersten Blick sehr naheliegenden - Gedanken auseinander, daß Umweltverhalten aus Umweltbewußtsein resultiert (5.2). Es folgt eine Schilderung von vielfältigen Ansätzen und Modellen zur Erklärung umweltrelevanten Verhaltens (5.3), insbesondere wird betrachtet, inwiefern andere als ökologische Motive handlungsleitend sein können (5.4). Als einem besonderen Ansatz wird der Erklärung von Umweltverhalten als Nutzung einer kollektiven Ressource ein eigenes Kapitel eingeräumt (5.5). Die verschiedenen Erklärungsansätze werden in einem gesonderten Kapitel vergleichend reflektiert (5.6). Eine Zusammenfassung bildet den Abschluß des Kapitels (5.7).

5.1 Was ist umweltrelevantes Verhalten?

Um auf die folgenden Überlegungen einzustimmen, möchten wir Sie bitten, vorab eine kleine Aufgabe auszuführen:

> *Wenn Sie sich Ihren heutigen Tagesablauf vergegenwärtigen, finden sich bestimmt eine Reihe von Tätigkeiten und Handlungen, die umweltrelevant sind (z.B. Tätigkeiten, die Energie verbrauchen); erstellen Sie eine Liste dieser Tätigkeiten. Machen Sie danach eine Liste von Tätigkeiten, die nicht umweltrelevant sind.*

Bei genauerer Betrachtung finden sich kaum Lebensbereiche, die *nicht* umweltrelevant in dem Sinne sind, daß sie direkte oder indirekte Auswirkungen auf die lokale oder globale Umwelt haben. Unser Tag beginnt mit dem morgendlichen Duschen, das Trinkwasser und Energie verbraucht. Beim Frühstück nehmen wir Nahrungsmittel zu uns, die oftmals mehrere hundert Kilometer auf der Straße transportiert wurden, und zu deren Produktion - denken wir an den Orangensaft - womöglich Pflanzenschutzmittel eingesetzt worden sind. Bei dem Weg zum Arbeitsplatz und der „Wahl" unseres Verkehrsmittels geht es weiter: Sehen wir uns in der Lage, den Weg mit dem Rad oder zu Fuß zu bewältigen, oder benutzen wir das Auto?

Ein Großteil unseres täglichen Verhaltens ist umweltrelevant. Es lohnt sich also zu analysieren, wovon dieses Verhalten geleitet wird und dabei vielleicht etwas darüber zu erfahren, wie umweltfreundliches Verhalten gefördert und umweltschädigendes begrenzt werden kann. Gleichzeitig wird hier auch ein Problem deutlich: Wenn fast jedes Verhalten im Alltag umweltrelevant ist, macht es dann überhaupt Sinn, die vielen alltäglichen umweltrelevanten Tätigkeiten als *eine* besondere Verhaltensklasse zusammenzufassen? Dies läßt sich nur begründen, wenn anzunehmen ist, daß das, was dem Verhalten gemeinsam ist, also seine Umweltrelevanz, in seine Planung miteingeht.

Diese Intergration wird von dem Konstrukt *Umweltbewußtsein* geleistet. Eine sinnvolle Verhaltensklasse wäre demnach *umweltbewußtes Handeln*, d.h. Verhalten, bei dem sich die Ausführenden der Umweltrelevanz ihres Handelns aktuell oder zumindest prinzipiell bewußt sind. Besonders die frühen Arbeiten zum Umweltverhalten haben diese Perspektive eingenommen, hier wurde umweltrelevantes Handeln häufig als „Verlängerung" des Umweltbewußtseins bzw. sogar als Teil von Umweltbewußtsein verstanden (s. 3.2). So haben Maloney und Ward (1973) in ihrer Ecology Scale als vierte Komponente des Umweltbewußtseins das tatsächliche selbstberichtete Verhalten (actual commitment) erfaßt, und diese Komponente wurde von vielen ForscherInnen, die sich an dieser frühen Arbeit orientiert haben, übernommen. Auch eine ganze Reihe neuerer Arbeiten definiert Umweltverhalten als *umweltbewußtes* bzw. *umweltverantwortliches* Handeln (etwa Fuhrer, 1995; Kals, 1996; Kastenholz, 1994).

Seltener wird die Perspektive eingenommen, daß umweltrelevantes Verhalten alltägliches Verhalten ist, das lediglich aus einer *Außenperspektive* betrachtet umweltrelevant ist. So versuchen etwa Bamberg und Schmidt (1993) umweltrelevantes Alltagsverhalten, nämlich die Wahl des Verkehrsmittels für die regelmäßige Fahrt zur Uni, mit Hilfe eines allgemeinen Handlungsmodells zu erklären. In diesem Modell wird die subjektive Umweltrelevanz des Verhaltens nicht explizit berücksichtigt (vgl. Kap. 5.3.2).

Auf welche Bereiche des umweltrelevanten Alltagshandelns beziehen sich die Untersuchungen zur Erklärung von Umweltverhalten? Hier hat sich in den letzten Jahren ein Wandel vollzogen: Als umweltbewußtes Verhalten wurde in den Studien der siebziger Jahre schwerpunktmäßig das *umweltschützende Engagement* verstanden; z.B. die Teilnahme an Umweltinitiativen, die Bereitschaft, Unterschriften für den Umweltschutz zu leisten oder Produkte umweltschädigender Produzenten zu boykottieren. Erst in den späten achtziger Jahren wurde in der Forschung zum umweltrelevanten Handeln stärker das Alltagshandeln fokussiert. Bedeutsam ist hier die bereits in Kapitel 3.2 beschriebene

Studie von Schahn und Holzer (1990), die ihr Skalensystem zur Erfassung von Umweltbewußtsein auf insgesamt sieben verschiedene Handlungsbereiche (u.a. Energiesparen im Haushalt und umweltbewußtes Einkaufen, aber auch gesellschaftliches Engagement) bezogen. Mittlerweile beschränken sich einige Untersuchungen zum Umweltbewußtsein sogar auf das reine *umweltrelevante Alltagsverhalten*. In einer vielzitierten Studie von Diekmann und Preisendörfer (1992) wird das „persönliche Umweltverhalten" ausschließlich erfaßt über die Erhebung der vier Komplexe „umweltfreundliches Einkaufsverhalten", „umweltbewußte Abfallbeseitigung", „umweltschonender Umgang mit Energie" und „umweltfreundliches Verkehrsverhalten". Da es schwierig ist, Alltagsverhalten direkt zu beobachten, wird Umweltverhalten überwiegend als *selbstberichtetes* Verhalten per Fragebogen erfaßt. Untersuchungen, die Umweltverhalten direkt beobachten, bzw. „objektive" Indikatoren erheben (z.B. das Volumen der Mülltonne, den Kilowattstundenverbrauch oder die gefahrenen PKW-Kilometer) stellen Ausnahmen dar (Blöbaum, Hunecke, Matthies & Höger, 1997; Schahn, 1996b).

Um in der eigenen Begriffsverwendung in diesem Kapitel möglichst neutral zu bleiben, wollen wir weiterhin von Umweltverhalten oder umweltrelevantem Verhalten sprechen und meinen damit Verhalten, das aus einer Außenperspektive relevant für die Umwelt ist und dies aus Sicht der Handelnden selbst auch sein kann - aber nicht muß.

5.2 Umweltrelevantes Verhalten als Folge von Umweltbewußtsein?

Die Annahme, daß wir uns in unserem umweltrelevanten Verhalten vom Umweltbewußtsein leiten lassen, ist weitverbreitet und erscheint auf den ersten Blick naheliegend. Vor allem die älteren der in Kapitel 3.2 dargestellten Untersuchungen zur Struktur des Umweltbewußtseins (z.B. die Studie von Maloney & Ward, 1973) basieren u.a. auf der Annahme, das stetig zunehmende Umweltbewußtsein der Bevölkerung werde sich in individuellen und gesellschaftlichen Verhaltensänderungen niederschlagen. In den empirischen Befunden der damaligen Studien deutete sich jedoch bereits an, daß zumindest nicht von einem *engen* Zusammenhang zwischen Umweltbewußtsein und Verhalten auszugehen ist. Mittlerweile wird sogar vielfach von einer „Kluft" zwischen Umweltbewußtsein und Umwelthandeln gesprochen (vgl. de Haan & Kuckartz, 1996; Fuhrer, 1995; Krause, 1993; Preisendörfer & Franzen, 1996; Scott & Willits, 1994). Der korrelative Zusammenhang zwischen umweltbezogenen Werthaltungen bzw. umweltbezogenen Einstellungen einerseits und dem selbstberichteten oder beobachteten Umweltverhalten andererseits wird zunehmend als gering bzw. moderat betrachtet (s.u.).

In Kapitel 3 wurde bereits gezeigt, daß dem alltagssprachlichen Begriff Umweltbewußtsein eine Vielfalt unterschiedlicher sozialwissenschaftlicher Konzepte gegenüberstehen. In Anlehnung an unsere Strukturierung in Kapitel 3.2 sprechen wir hier nicht weiter undifferenziert von *Umweltbewußtsein* als Motor für Umwelthandeln, sondern unterscheiden im folgenden zwischen relativ *spezifischen umweltbezogenen Einstellungen* (bzw. verschiedenen Komponenten eines umweltbezogenen Einstellungskomplexes) und *allgemeineren umweltbezogenen Werthaltungen* und geben einen Einblick in Studien, die die jeweiligen Zusammenhänge zu umweltrelevantem Verhalten untersucht haben (s. 5.2.1 bzw. 5.2.2). Daran anschließend werden Überlegungen dazu angestellt, wie sich die teilweise sehr geringen Zusammenhänge erklären lassen (5.2.3). Es werden eine Reihe von Faktoren vorgestellt, denen eine vermittelnde Rolle zwischen Einstellung und Verhalten zugeschrieben werden kann (5.2.4). Schließlich wird kurz die Perspektive erläutert, daß individuelles umweltrelevantes Verhalten auch auf die Einstellung zurückwirken kann (5.2.5).

5.2.1 Spezifische umweltbezogene Einstellungen als Bedingungen des Umweltverhaltens

In einem Großteil der Untersuchungen zur Struktur des Umweltbewußtseins (s. Kap. 3.2) wurde Umweltbewußtsein als Einstellungskomplex aus mehreren, z.t. von Studie zu Studie unterschiedlichen Teilkomponenten begriffen. In allen Konzeptionen wird jedoch eine emotionale Komponente („persönliche Betroffenheit" bzw. „Affekt") berücksichtigt sowie eine Bereitschaftskomponente („Verbales Commitment", „Verhaltensintention"). Als dritter Bestandteil wird häufig eine Meinungs- („Wahrgenommene Ernsthaftigkeit") bzw. Wissenskomponente („ökologisches Wissen") erfaßt. Wie ist nun die Beziehung dieser vier umweltbezogenen Einstellungskomponenten zum umweltrelevanten Verhalten einzuschätzen?

In einem Teil der bereits vorgestellten Untersuchungen zur Struktur des Umweltbewußtseins (s. 3.2.2) wurde neben den oben skizzierten Komponenten das selbstberichtete Umweltverhalten gleich miterfaßt (z.B. Kley & Fietkau, 1979; Maloney & Ward, 1973; Schahn & Holzer, 1990). Diese Studien berichten allerdings recht uneinheitliche Ergebnisse, was den Zusammenhang zwischen den Einstellungskomponenten und dem Verhalten betrifft:

Kley und Fietkau (1979) erreichten mit den drei Komponenten „Persönliche Betroffenheit", „Verbales Commitment" und „Wahrgenommene Ernsthaftigkeit" eine als eher gering einzustufende Varianzaufklärung des selbstberichteten Verhaltens von 12%. Schahn und Holzer (1990) erreichten dagegen mit den Komponenten „Affekt" und „Bereitschaft" eine mehr als doppelt so hohe Varianzaufklärung, nämlich 35%. Berücksichtigt man weitere Studien, so geben diese Prozentzahlen ziemlich gut den Spielraum an, in dem sich die Höhe des Zusammenhangs zwischen Einstellungsmaßen und Verhaltensmaßen im allgemeinen finden läßt (vgl. Eckes & Six, 1994; Hines, Hungerford & Tomera, 1986/87).

Einen wichtigen Hinweis zur Einschätzung der Erklärungskraft spezifischer umweltbezogener Einstellungskomponenten für ökologisches Verhalten liefert die Metaanalyse von Hines et al. (1986/87). Die AutorInnen analysierten insgesamt 128 amerikanische Studien zum Zusammenhang zwischen „kognitiven Variablen" und Umweltverhalten und berechneten über alle Studien für verschiedene Variablen gemittelte Korrelationen (s. Tab. 5.1). Unter den betrachteten Variablen finden sich u.a. auch die klassischen Teilkomponenten des Umweltbewußtseins wieder, nämlich Bereitschaften (verbal commitment), Wissen (knowledge) und - in einem als „attitude" bezeichneten Komplex - auch eine emotionale und eine Meinungskomponente. Die Verhaltensbereitschaften wiesen hier im Vergleich den stärksten Zusammenhang zum Verhalten auf, nämlich eine mittlere Korrelation von r = .49 (dies entspricht einer Varianzaufklärung von etwa 25%). Der Einstellungskomplex „attitude" weist eine geringere mittlere Korrelation auf, beträgt aber doch r = .35. Die Wissenskomponente, die sich in den Untersuchungen zur Struktur des Umweltbewußtseins bereits fast ausnahmslos als separate Komponente erwies, erbrachte auch in der Metaanalyse die geringste Korrelation mit dem Umweltverhalten (r = .30).

Insgesamt ergibt sich also folgendes Bild, wenn Umweltbewußtsein als Einstellungskomplex in seiner Erklärungskraft für Umweltverhalten betrachtet wird: Es finden sich die stärksten Zusammenhänge mit der Bereitschaftskomponente, geringere mit der emotionalen bzw. der Meinungskomponente, und ökologisches Wissen weist den geringsten Zusammenhang zu umweltrelevantem Verhalten auf. Diese Ergebnisse werden durch einige neuere Studien gestützt (z.B. Grob, 1991, 1995; Kastenholz, 1994; Schahn & Holzer, 1990).

Tabelle 5.1: Ergebnisse der Metaanalyse von Hines, Hungerford und Tomera (1986/87) zum Zusammenhang zwischen kognitiven Variablen und Umweltverhalten

Variable	Durch-schnittlicher Korrelations-koeffizient	Standard-Abweichung	Anzahl der betreffenden Studien
„Verbal commitment"	.491	.130	6
„Locus of control"	.365	.121	14
„Attitude"	.347	.224	51
„Personal responsibility"	.328	.121	6
„Knowledge"	.299	.195	17
Bildung/Schulabschluß	.185	.122	11
Einkommen	.162	.084	10
Ökonomische Orientierung	.160	.118	6
Alter	-.151	.200	10
Geschlecht	.075	.084	4

5.2.2 Der Einfluß allgemeiner umweltbezogener Einstellungen und Werthaltungen auf Umweltverhalten

Nach einem alltagssprachlichen Verständnis ist Umweltbewußtsein mehr als eine positive Einstellung zu spezifischen umweltrelevanten Verhaltensweisen (s. Kap. 3). Umweltbewußtsein wird im allgemeinen Diskurs eher als eine positive Werthaltung gegenüber der Umwelt und umweltschützenden Handlungen verstanden. In einer Reihe von Studien wurde der Zusammenhang zwischen Umweltbewußtsein im Sinne einer solchen generellen Werthaltung und verschiedenen umweltbezogenen Verhaltensweisen betrachtet (Diekmann & Preisendörfer, 1992; Schahn, 1996b; Schahn & Holzer, 1990; Scott & Willits, 1994). Im folgenden wird auf einige wichtige neuere Ergebnisse eingegangen.

Diekmann und Preisendörfer (1992) führten eine Untersuchung an 1357 BürgerInnen der Städte Bern und München durch. Sie erhoben neben dem selbstberichteten Verhalten in vier umweltrelevanten Handlungsbereichen (Umweltfreundliches Einkaufsverhalten; Umweltbewußte Abfallbeseitigung; Umweltschonender Umgang mit Energie; Umweltfreundliches Verkehrsverhalten) eine eher allgemeine Einstellung gegenüber Umweltproblemen und dem Umweltschutz (Itembeispiel: „Wenn wir so weiter machen wie bisher, steuern wir auf eine Umweltkatastrophe zu"). Sie fanden je nach Verhaltensbereich Korrelationen zwischen r = .04 (Verkehrsverhalten) und r = .23 (Einkaufsverhalten).

Scott und Willits (1994) erfaßten an einer Stichprobe von 3632 erwachsenen BürgerInnen des US-Staates Pennsylvania das umweltrelevante Verhalten mittels der *actual commitment*-Skala von Maloney et al. (1973) und gleichzeitig deren Meinung gegenüber den 12 NEP Items von Dunlap und Van Liere (1978) (beide Skalen werden in Abschnitt 3.2.2 erläutert). Faktorenanalytisch trennten sie sowohl die NEP-Skala als auch die Verhaltensskala in je zwei Subskalen. Die bivariaten Korrelationen zwischen den NEP und den Verhaltensmaßen waren zwar alle statistisch signifikant, betrugen aber maximal r = .21.

Die Beziehung zwischen allgemeineren umweltbezogenen Einstellungen bzw. Werthaltungen und dem Verhalten sind offensichtlich noch geringer als die zwischen spezifischen Einstellungen (s.o.) und Umweltverhalten. Dies erscheint plausibel, da es sich um übergeordnete und somit auch theoretisch um „verhaltensferne" Konstrukte handelt (s. Kapitel 3.2.1). Nimmt man spezifische Einstellungsmaße und umweltbezogene Werthaltungen gemeinsam in ein Regressionsmodell auf, so zeigen Werthaltungen keine zusätzliche Prädiktorkraft (vgl. Schahn, 1996b).

Noch abstrakter als Werthaltungen, und daher aus theoretischer Sicht noch verhaltensferner, sind allgemeine Werte. Bezogen auf Umweltverhalten werden traditionellerweise Zusammenhänge mit einer postmaterialistischen Wertorientierung vermutet (zur Postmaterialismusthese s. Kap. 3.5). Dieser Zusammenhang läßt sich in einigen neueren Studien bestätigen (Grob, 1991, 1995; Kastenholz, 1994), auch hier ist der Zusammenhang zu Wertorientierungen jedoch geringer als zu den verhaltensnäheren Bereitschaften (vgl. Kastenholz, 1994, S. 145).

5.2.3 Mögliche Erklärungen für Inkonsistenzen

Viele Studien dokumentieren also eine relativ geringe Konsistenz zwischen verschiedenen Konzepten von Umweltbewußtsein und Umweltverhalten. Zwar ist es plausibel, daß umweltbezogene Wertorientierungen als verhaltensferne Konstrukte nur eine schwache Vorhersagekraft für Verhalten haben können, allerdings zeigen sich auch zwischen umweltbezogenen spezifischen Einstellungen und Umwelthandeln nur moderate Korrelationen. So weist Schahn (1996a) darauf hin, daß im Vergleich zu anderen Bereichen sozialpsychologischer Einstellungs-Verhaltens-Forschung im Umweltbereich die Korrelationen besonders gering ausfallen (vgl. Eckes & Six, 1994). Woran kann dies liegen? Im folgenden werden zunächst einige methodologische Erklärungen vorgestellt und dann ein Einblick in den Diskurs über inhaltliche Gründe für die geringe Konsistenz von Umweltbewußtsein und Umweltverhalten gegeben.

Methodologische Erklärungen
Als wichtiger Grund für die mangelnde Konsistenz wird oft das Problem der unterschiedlichen Spezifität der Einstellungs- und Verhaltensmessung angeführt (vgl. Katzenstein, 1995b; Lüdemann, 1993; Schahn, 1993b, 1996a; Weigel & Newman, 1981;). Die umweltbezogene Einstellung wird häufig auf einem allgemeineren Niveau gemessen als das Verhalten, das meist als selbstberichtete konkrete Handlung abgefragt wird (z.B. der Kauf von Milch in Pfandflaschen). Werden Einstellungen auf einem vergleichbaren Spezifitätsniveau erhoben, etwa in Form von Einstellungen zu konkreten Verhaltensweisen, ergeben sich höhere Korrelationen zwischen Einstellung und Verhalten (vgl. Hines et al., 1986/87).

Ein weiterer Grund für Inkonsistenzen wird in der Summierung unterschiedlicher ökologischer Verhaltensweisen zu einem Gesamt-Verhaltensindex gesehen. Das Problem wurde bereits von O'Riordan (1976) aufgeworfen und ist von Katzenstein (1995b) und von Kaiser (1996) auf die Einstellungs-Verhaltens-Diskrepanz beim Umweltverhalten bezogen worden. Kaiser (1996) macht darauf aufmerksam, daß unterschiedliche ökologische Verhaltensweisen, z.B. Altpapierseparierung und Verkehrsmittelwahl, durch unterschiedliche zusätzliche verhaltensrelevante Einflüsse mitbedingt werden, etwa durch unterschiedliche „Ausführensschwierigkeiten". Somit kann nicht von einer spezifischen Verhaltensweise auf eine andere geschlossen werden und eine einfache Summierung von unterschiedlichen Verhaltensweisen muß daher zu Inkonsistenzen führen.

Speziell für den Umweltbereich ergibt sich als weiteres Problem die unterschiedliche Perspektive von Forschenden und Beforschten. Was ForscherInnen als „umweltbewußtes" Handeln erfassen, mag aus dem Blickwinkel der handelnden Person vielleicht gar nicht besonders umweltrelevant sein. Gerade beim komplexen Thema des ökologischen Handelns werden zunehmend konkurrierende Einschätzungen der Umweltfreundlichkeit verschiedener Verhaltensalternativen über die Medien verbreitet. So kann es passieren, daß bestimmte, von der Forscherin als „ökologisch" eingestufte Verhaltensweisen (z.B. der Kauf von Milch in Pfandflaschen) von der befragten Person abgelehnt werden, weil sie andere, aber ebenfalls ökologische Bewertungskriterien heranzieht (z.B. die erhöhte Transportenergie, die für Glasflaschen aufgewendet werden muß). Auch hieraus können sich Inkonsistenzen ergeben.

Inhaltliche Erklärungen

Im Laufe der Jahre sind mehrere inhaltliche Gründe für die beobachtete geringe Einstellungs-Verhaltens-Konsistenz im Bereich des Umweltverhaltens formuliert worden.

Wie weiter unten gezeigt wird, läßt sich der korrelative Zusammenhang von Einstellung und Verhalten erhöhen, wenn zusätzliche, *moderierende Drittvariablen* berücksichtigt werden (s. 5.2.4). Sie resultieren aus der inhaltlichen Annahme, daß Einstellungen nur unter bestimmten Voraussetzungen, die in der Person, aber auch in der Situation liegen können, in tatsächliches Verhalten umgesetzt werden. Aus dieser Perspektive heraus sind eine Reihe von Faktoren auf ihre moderierende Wirkung hin untersucht worden. Untersuchungen und Ergebnisse hierzu werden im folgenden Abschnitt 5.2.4 vorgestellt.

Ein weiterer inhaltlicher Grund für die geringe Konsistenz von Einstellung und Verhalten wird darin gesehen, daß die Einstellung zum umweltschützenden Handeln womöglich nicht so bedeutsam ist, wie allgemein angenommen wird. Eine Reihe von AutorInnen (z.B. Katzenstein, 1995b; Littig, 1995; Spada, 1990) machen darauf aufmerksam, daß Umweltverhalten ein Alltagshandeln darstellt, das von einer ganzen Reihe von situativen und motivationalen Faktoren bestimmt wird, und nicht unbedingt primär von der Einstellung zum Umweltschutz. Um Umweltverhalten besser vorhersagen zu können, müßten demgemäß weitere Variablen, z.B. situative Faktoren und *konkurrierende Einstellungen und Motive* berücksichtigt werden. Hierauf soll im Abschnitt 5.5 näher eingegangen werden.

Schließlich betonen eine Reihe von AutorInnen mittlerweile die Bedeutsamkeit von *Verhaltensgewohnheiten* (Bamberg, 1996; Katzenstein, 1995b, S. 20ff; Spada, 1990, S. 626). Umweltrelevantes Verhalten besteht ja oftmals nicht in isolierbaren Einzelhandlungen (z.B. dem Unterschreiben einer Umweltschutzforderung), sondern ist Bestandteil komplexer, häufig wiederkehrender und automatisierter Verhaltensweisen. Automatisiertes Verhalten ist jedoch sehr änderungsresistent, selbst wenn ihm keine konkurrierenden Einstellungen oder Motive entgegenstehen.

5.2.4 Moderatoren zwischen Umweltbewußtsein und umweltbewußtem Handeln

Stellen wir uns vor, Person A hat die Einstellung, daß es dringend nötig ist, den individuellen PKW-Verkehr zu reduzieren, sie hat aber keine Möglichkeit, ihren Arbeitsplatz mit öffentlichen Verkehrsmitteln zu erreichen und fährt daher mit dem PKW. Diese Person handelt auf den ersten Blick im Widerspruch zu ihrer Einstellung. Andererseits mag es eine Person B geben, die zwar mit dem Fahrrad zur Arbeit fährt, sich also ökologisch verhält; sie hat jedoch keine besonders ausgeprägte ökologische Einstellung, sondern hat lediglich keine Verhaltensalternative, denn ihr wurde der Führerschein entzogen.

Um das Verhalten der beiden fiktiven Personen korrekt aus deren Einstellung vorhersagen zu können, wäre es sinnvoll, situative Variablen, hier das (Nicht) Vorhandensein einer ÖPNV-Verbindung bzw. die Verfügbarkeit eines PKWs, als *Moderatorvariablen* zu berücksichtigen.

In den letzten zwanzig Jahren der Umweltverhaltensforschung sind eine Reihe von Faktoren als Moderatoren zwischen Umwelteinstellung und Verhalten diskutiert und teilweise auch empirisch untersucht worden (einen differenzierten Einblick gibt Katzenstein, 1995b). Dabei wird häufig zwischen internen oder personalen und externen oder situativen Moderatoren unterschieden. Der im obigen Beispiel skizzierte Moderator „Verfügbarkeit von Verhaltensalternativen" ist als situativer, externer Moderator zu betrachten, „Fähigkeiten" (z.B. zum Radfahren) wäre ein interner, personaler Moderator. Im folgenden werden zunächst einige wichtige interne Moderatoren vorgestellt, anschließend zwei externe.

Interne Moderatoren
Bereits 1979 wurde in der Studie von Kley und Fietkau die *Verantwortungsattribution* für Umweltprobleme zusätzlich zu mehreren Komponenten des Umweltbewußtseins und dem selbstberichteten Umweltverhalten erhoben (zur Verantwortungsattribution s. auch Kap. 3.2.3). Die Autoren berichten, daß sich der Zusammenhang zwischen Einstellungs- und Verhaltensmaßen dadurch erhöhen ließ, daß die Einstellung mit einem Maß der internalen Verantwortungsattribution gewichtet wurde. Umweltbewußtsein schlägt sich also eher dann in entsprechendem Verhalten nieder, wenn die Person sich für die Bewältigung der Umweltprobleme persönlich verantwortlich fühlt. Auch in neueren Studien zeigt sich die internale Verantwortungsattribution (Kastenholz, 1994; Schahn 1996b; Schahn & Holzer, 1990) bzw. „ascription of responsibility" (Guagnano, Stern & Dietz, 1995; Hopper & Nielsen, 1991) als relevante Variable, teilweise als einflußmächtigster Prädiktor für Umweltverhalten (Schahn, 1996b; Schahn & Holzer, 1990). Meist wird jedoch nicht der moderierende Effekt der Verantwortungszuschreibung untersucht, sondern ihr eigenständiger Beitrag zur Verhaltensvorhersage.

Als weitere Moderatoren des Einstellungs-Verhaltenszusammenhangs können *Kontrollüberzeugungen* betrachtet werden. In einer Untersuchung des Kompostierverhaltens konnte Herr (1988) einen moderierenden Einfluß spezifischer Kontrollüberzeugungen zeigen: Die Einstellung zur Kompostierung schlug sich vor allem bei den Personen im Verhalten nieder, die von der Wirksamkeit persönlicher Umweltschutzmaßnahmen besonders überzeugt waren. Ein Einfluß von *spezifischen Kontrollüberzeugungen* bzw. Wirksamkeitserwartungen auf Umwelthandeln wird von mehreren AutorInnen berichtet, so etwa von Webster (1975) für umweltverträglichen Konsum, von De Young (1986) für die Beteiligung an Recyclingprogrammen, von Wentworth (1989) für Energiesparen im Haushalt und für umweltpolitische Aktivitäten (Sia, Hungerford & Tomera, 1986).

In einer Reihe von Arbeiten, die Umweltverhalten als normorientiertes Verhalten im Sinne von Schwartz (1970, 1977; Schwartz & Howard, 1981; s. auch Kap. 5.3.4) zu beschreiben und zu erklären suchen, wird die *Bewußtheit von Handlungskonsequenzen* als Moderator für die Umsetzung einer ökologischen Norm in tatsächliches ökologisches Verhalten angesehen (Blöbaum et al., 1997; Hopper & Nielsen, 1991). Diese Annahme ließ sich in mehreren Untersuchungen bestätigen.

Als weitere interne Moderatoren kommen *Wissen und Fähigkeiten* in Betracht (vgl. Katzenstein, 1995b). Nur wer über konkretes Handlungswissen (etwa über die Möglichkeit, bestimmte Wertstoffe einer Wiederverwertung zuzuführen) verfügt, kann eine umweltbewußte Einstellung auch in entsprechendes Verhalten umsetzen. In einer Reihe von Studien, in denen es um die Unterscheidung von RecyclerInnen und Non-RecyclerInnen ging, konnten Zusammenhänge zwischen dem *spezifischen Handlungswissen* und der Teilnahme am Recycling beobachtet werden (De Young, 1988/89; Herr, 1988; Oskamp et al., 1991; Vining & Ebreo, 1990). Im Gegensatz zum allgemeinen ökologischen Wissen, scheint das konkrete Handlungswissen mit ökologischem Verhalten korreliert zu sein. Es ist jedoch unklar, wie sich im Detail die Beziehung zwischen Einstellung, Verhalten und konkretem Wissen gestaltet. Untersuchungen, die den moderierenden Effekt belegen, gibt es nicht. Auch fehlen Untersuchungen zum kausalen Zusammenhang von Wissen und Handeln. Es ist ja nicht nur denkbar, daß Wissen eine Voraussetzung für Handeln ist, sondern es ist auch plausibel anzunehmen, daß die ökologische Praxis zu einem differenzierteren Wissen führt.

Externe Moderatoren
Als externe Moderatoren gelten außerhalb der Person liegende Bedingungen, die die Umsetzung von Einstellungen in Verhalten beeinflussen, beispielsweise *Verhaltensangebote* oder auch *soziale Normen*.

Der Einfluß von *Verhaltensangeboten* auf ökologisches Verhalten konnte in einer Reihe von sogenannten „Interventionsstudien" (s. Kapitel 6.2.1) gezeigt werden. In den siebziger Jahren sind mehrere, in der Tradition des lerntheoretischen Ansatzes stehende Interventionstechniken entwickelt worden, die an externen Verhaltensbedingungen ansetzen. So gibt es eine Reihe von Studien, in denen durch verhaltenserleichternde Umgestaltungen der Situation (z.B. Verringern der Entfernung zum Altpapiercontainer; höhere Frequenz der Altstoffabholung) eine bedeutsame Änderung des Recyclingverhaltens erreicht werden konnte (Jacobs & Bailey, 1982/83; Luyben & Bailey, 1979; Luyben, Warren & Tallman, 1979/80; Reid, Luyben, Rawers & Bailey, 1976). Das genaue Zusammenspiel von situativen Bedingungen und Einstellungen ist in diesen Studien allerdings nicht untersucht worden. Ein Hinweis für die moderierende Wirkung von Verhaltensangeboten kann der Arbeit von Schahn (1996b) entnommen werden. Er untersuchte zwei Kommunen hinsichtlich des selbstberichteten Umgangs mit Müll. Er erhob vor und nach der Einführung eines Getrenntsammelsystems, die in einer der beiden Kommunen erfolgte, das selbstberichtete Müllverhalten; zum ersten Zeitpunkt wurden auch Einstellungsvariablen (wahrgenommene Ernsthaftigkeit von Umweltproblemen, internale Verantwortungsattribution, Umweltwerte, usw.) erfaßt. Vergleicht man die quer- und längsschnittlichen Zusammenhänge zwischen Einstellungs- und Verhaltensvariablen, so zeigt sich in der Kommune, in der zwischenzeitlich ein Verhaltensangebot eingeführt wurde, eine *höhere Varianzaufklärung im Längsschnitt als im Querschnitt*. Die Vorhersage des Verhaltens aus Einstellungsvariablen verbesserte sich nach der Einführung des Getrenntsammelsystems. In der Kontrollkommune, in der sich die Verhaltensbedingungen nicht geändert hatten, verschlechterte sich der Zusammenhang im Längsschnitt. Dies kann als Hinweis darauf betrachtet werden, daß die Einführung des Verhaltensangebots den Zusammenhang zwischen Einstellung und Verhalten erhöht hat, also moderiert.

Auch *soziale Normen* können als externe Moderatoren betrachtet werden, die die Umsetzung von umweltbezogenen Einstellungen in entsprechendes Verhalten erleichtern oder behindern können. Katzenstein (1995b) illustriert die Wirkung sozialer Normen an einem Beispiel. Sie beschreibt eine Situation, in der sich eine (umweltbewußte) Person um eine Stelle bewirbt. Je nachdem, wo sich die Person bewirbt - bei einem Umweltschutzverband oder bei einem Industrieunternehmen - antizipiert die Bewerberin möglicherweise unterschiedliche dort geltende Normen und wird die Bewerbungsunterlagen einmal in einen Recyclingumschlag stecken, das andere Mal einen weißen, chlorgebleichten Umschlag verwenden.

Die Rolle von subjektiven Normen (d.h. die antizipierten Erwartungen bedeutsamer anderer) wird in neueren Untersuchungen und Modellen (s. Abschnitt 5.3) zum umweltbewußten Verhalten zunehmend berücksichtigt und scheint einen starken Einfluß auf das Verhalten zu haben. So berichtet Kastenholz (1994) einen korrelativen Zusammenhang von sozialen Normen und Umweltverhalten in einer Höhe von $r = .42$. Insbesondere im Verhaltensbereich der Müllvermeidung und des Recyclings ist der Einfluß sozialer Normen in mehreren Studien aufgezeigt worden (Hormuth & Katzenstein, 1990; Oskamp et al., 1991). Auch die hohe Wirksamkeit von normzentrierten Interventionstechniken, (z.B. Selbstverpflichtung, Blockleader; s. Abschnitt 6.2.2) können dahingehend gedeutet werden, daß soziale Prozesse für die Ausbildung und Veränderung ökologischen Verhaltens relevant sind.

Soziale Normen werden im allgemeinen jedoch nicht als Moderatoren im klassischen Sinn konzipiert, sondern als eigenständige Einlußfaktoren betrachtet. So wird etwa in der aus der Sozialpsychologie stammenden Theorie rationalen Verhaltens (Ajzen & Fishbein, 1980; Fishbein & Ajzen, 1975) davon ausgegangen, daß sowohl subjektive Normen als auch Einstellungen auf die Verhaltensintention wirken (s. auch Kap. 5.3.2).

5.2.5 Zur Rückwirkung von Umweltverhalten auf das Umweltbewußtsein

Bei der Betrachtung der Stärke des Zusammenhangs zwischen umweltbezogenen Einstellungen und Verhalten wurde bisher selbstverständlich davon ausgegangen, daß die Einstellung dem Verhalten kausal vorgeordnet ist, d.h. daß Umweltbewußtsein das Verhalten bedingt - und nicht umgekehrt. Es gibt jedoch mehrere sozialpsychologische Forscher, die einen umgekehrten Zusammenhang zwischen Einstellung und Verhalten postulieren, bzw. beobachtet haben (Bem, 1972; Festinger & Carlsmith, 1959). Eine Erklärung dafür liefert Bems (1972) Selbstwahrnehmungstheorie. Bem vermutet, daß Menschen aus Selbstbeobachtungen des eigenen Verhaltens Rückschlüsse auf ihre Einstellungen ziehen. D.h., wer an sich selbst die Beobachtung macht, daß er/sie sich umweltbewußt verhält, etwa bei der Verkehrsmittelwahl, kann daraus auf die eigene umweltbewußte Einstellung schließen. Auf dieser Idee basiert sogar eine umweltpsychologische Interventionsstrategie, die sogenannte „Foot-in-the-door"-Technik (Arbuthnot et al., 1977). Hier wird zunächst versucht, Personen zu einer „leichten" Verhaltensänderung zu veranlassen (z.B. *einen Tag im Monat* auf die Benutzung des PKWs zu verzichten). Wenn sich die Person darauf einläßt, wird sie einige Zeit danach erneut angesprochen und unter dem Hinweis, daß sie sich ja bereits umweltbewußt gezeigt habe, dazu ermuntert, weitergehende Veränderungen im Verhalten vorzunehmen (z.B. die PKW-Nutzung regelmäßig einzuschränken).

5.2.6 Zusammenfassung

Betrachtet man die Ergebnisse empirischer Untersuchungen des Zusammenhangs zwischen verschiedenen Konzeptualisierungen des Umweltbewußtseins und dem Umweltverhalten, so ergibt sich der Eindruck einer eher schwachen Beziehung. Besonders gering ist der korrelative Zusammenhang zwischen allgemeinen umweltbezogenen Werthaltungen und spezifischem Verhalten, aber auch die Erklärungskraft spezifischer umweltbezogener Einstellungen ist - verglichen mit anderen Bereichen der Einstellungs-Verhaltens-Forschung - gering. Hierfür lassen sich neben methodischen Gründen (unterschiedliches Spezifitätsniveau der Einstellungs- und Verhaltensmessung; Heterogenität der Verhaltensitems; Problem der unterschiedlichen Perspektive von Forschenden und Beforschten) mehrere inhaltliche Erklärungen formulieren:

So wird vermutet, daß der Zusammenhang zwischen Einstellung und Verhalten von einer Reihe weiterer Variablen (Moderatoren) vermittelt wird; außerdem wird angenommen, daß ökologisches Verhalten als Alltagshandeln nicht nur vom Umweltbewußtsein, sondern von einer Vielzahl von Einstellungen und Motiven beeinflußt wird. Schließlich ist zu bedenken, daß sich eingeschliffene Handlungsgewohnheiten schwer mit neugebildeten Einstellungen in Einklang bringen lassen, selbst wenn hier keine konkurrierenden Motive wirken.

Durch die Berücksichtigung von Moderatoren (Verantwortungszuschreibung, spezifische Kontrollüberzeugungen, Bewußtheit von Handlungskonsequenzen, Wissen und Fähigkeiten, Verhaltensangebote und soziale Normen) läßt sich in einer Reihe von Studien der Zusammenhang zwischen Umwelteinstellung und ökologischem Handeln erhöhen (Herr, 1988; Hopper & Nielsen, 1991; Kley & Fietkau, 1979). Die Vielzahl der relevanten Moderatoren und deren teilweise recht hohe Korrelation mit dem Umweltverhalten kann jedoch auch als Hinweis darauf betrachtet werden, daß diese als weitere personale und situative Faktoren *neben bzw. zusätzlich zu* umweltbezogenen Einstellungen das Umweltverhalten bestimmen (vgl. hierzu Kap. 5.4).

5.3 Modelle umweltrelevanten Verhaltens

Es gibt mittlerweile viele Modelle und Studien, die nicht allein umweltbezogene Einstellungen als Determinanten für ökologisches Handeln betrachten, sondern - teils theoretisch begründet, teils aus einer heuristischen Haltung heraus - eine Reihe von weiteren beeinflussenden Faktoren berücksichtigen. In diesem Kapitelteil soll ein Einblick in diese Studien und Modelle gegeben werden.

Weit verbreitet sind sogenannte *Strukturmodelle*, d.h. Modelle, die ein Set von verschiedenen Einflußfaktoren auf Umweltverhalten berücksichtigen, und deren Zusammenwirken beschreiben. Zum überwiegenden Teil wurden diese Strukturmodelle nicht aus Theorien abgeleitet, sondern die Aufnahme der unterschiedlichen Faktoren in das Modell und deren Gewichtung erfolgte aufgrund statistischer Analysen von Datenmaterial (z.B. schrittweise Regression oder konfirmatorische Faktorenanalyse), das gezielt zum Zwecke der Modellentwicklung erhoben wurden. Wir möchten die so entwickelten Modelle als *empirisch fundierte Strukturmodelle* bezeichnen. Seltener anzutreffen sind Stukturmodelle, die sich aus allgemeinen psychologischen Theorien ableiten. Diese Modelle sollen als *theoretisch fundierte Strukturmodelle* bezeichnet werden.

Von den Strukturmodellen lassen sich *Prozeßmodelle* umweltrelevanten Verhaltens abgrenzen. Prozeßmodelle haben eine zeitliche Entwicklungs- bzw. Kausalkomponente; sie versuchen den schrittweisen Prozeß abzubilden, in dem eine umweltbezogene Einstellung in Handeln umgesetzt wird. Auch bei den Prozeßmodellen lassen sich „theorielose", heuristische und theoriegeleitet entwickelte Modelle unterscheiden. Im Gegensatz zu den Strukturmodellen sind Prozeßmodelle empirisch wenig gut untersucht.

Im folgenden werden zunächst die Strukturmodelle (in den Abschnitten 5.3.1 und 5.3.2) und dann die Prozeßmodelle (in den Abschnitten 5.3.3 und 5.3.4) dargestellt.

5.3.1 Empirisch fundierte Strukturmodelle

Zum Teil sind die empirischen Strukturmodelle aus den in Kapitel 3.2 geschilderten Strukturuntersuchungen des Umweltbewußtseins hervorgegangen (z.B. Schahn & Holzer, 1990; Urban, 1986); bzw. sie schließen sich daran an (Grob, 1991, 1995; Kastenholz, 1994; Schahn, 1996). Teilweise werden - bezogen auf bestimmte umweltrelevante Verhaltensbereiche - sehr spezifische Modelle gebildet und untersucht (Kals, 1996). Ein Großteil der empirischen Strukturmodelle gründet sich auf eine regressionsanalytische Vorgehensweise (Kals, 1996; Schahn, 1996b; Schahn & Holzer, 1990; Sia et al., 1986; Sivek & Hungerford, 1989/90). Ausgehend von der Annahme, daß Umweltverhalten durch eine Vielzahl von Faktoren bestimmt ist, wird hier zunächst ein großer Pool von Variablen bestimmt, von denen vermutet wird, daß sie sich auf die abhängige Variable, also das Umweltverhalten, auswirken. Diese Variablen leiten sich häufig aus den Ergebnissen früherer Studien ab, teilweise werden auch neue, spezifische Variablen aufgrund von Plausibilitätsüberlegungen definiert (z.B. Kals, 1996; Schahn, 1996b). Sämtliche Variablen gehen dann als Prädiktoren in eine schrittweise Regression ein, mit dem Ziel, einen Prädiktorensatz zu bestimmen, der möglichst viel Varianz der abhängigen Variable aufklärt. Im folgenden werden einige typische Untersuchungen und Strukturmodelle vorgestellt[14].

---

[14] Eine angemessene Bewertung dieser Modelle setzt die Kenntnis bestimmter statistischer Kennwerte und Verfahren voraus, daher werden - soweit möglich - die entsprechenden Kennwerte angegeben. Eine differenzierte Erklärung der statistischen Verfahren kann an dieser Stelle allerdings nicht geleistet werden; wir verweisen hier auf die einschlägigen Methodenlehrbücher (z.B. Backhaus, Erichson, Plinke, Schuchard-Ficher und Weiber, 1988)

*Kasten 5.1: Die regressionsanalytische Vorgehensweise von Sia,
Hungerford & Tomera (1986):*

Sia und MitarbeiterInnen (1986) erfaßten eine Reihe von Konstrukten, um selbstberichtetes Umweltverhalten zu erklären. An einer Stichprobe von 171 Personen (teils Mitglieder einer Umweltschutzgruppe), wurden folgende Variablen erhoben:

Als *Indikatoren für ökologisches Verhalten* wurde erfaßt, wie oft die befragte Person innerhalb des vergangenen Jahres bestimmte umweltschützende Handlungen ausgeführt hat: 1. umweltschonender Konsum; 2. direkte Maßnahmen zum Umweltschutz (z.B. Litter-Pickup); 3. Überzeugen anderer; 4. Gesetzliche Aktionen und 5. politische Aktionen.

Als mögliche Prädiktoren erhoben sie folgende Variablengruppen (Übersetzung nach Kals, 1996):

a) ökologisches Bewußtsein im Sinne von Erfahrungen und Verbundenheit mit der Natur

b) wahrgenommenes Wissen über ökologisches Verbraucherverhalten

c) wahrgenommene Fähigkeiten zur Umsetzung umweltschützender Handlungsmöglichkeiten

d) psychologische Geschlechtsklassifikation

e) wahrgenommene individuelle Möglichkeiten, Umweltprobleme zu lösen

f) Bewertung von Umweltverschmutzungen

g) Bewertung von technologischen Lösungen

Auf der Grundlage einer regressionsanalytischen Auswertung konnten die AutorInnen zeigen, daß bis auf den letzten Prädiktor „Bewertung von technologischen Lösungen" alle Variablen einen signifikanten Beitrag zur Erklärung des ökologischen Verhaltens leisten. Insbesondere erbrachten die ersten drei Prädiktoren eine hohe Varianzaufklärung.

Sia, Hungerford und Tomera (1986) gingen in ihrer Untersuchung des Umweltverhaltens von acht Prädiktoren aus (s. Kasten 5.1). Als beste Prädiktoren für ökologisches Verhalten erwiesen sich die *wahrgenommenen Fähigkeiten, ökologisches Verhalten tatsächlich umzusetzen, ökologisches Bewußtsein* und das *wahrgenommene Wissen über ökologisches Verbraucherverhalten.* Insgesamt konnten die erhobenen Variablen bis zu 65% der Varianz im Umweltverhalten aufklären.

Als ein weiteres empirisches Strukturmodell soll das Ergebnis einer Untersuchung von Kastenholz (1994) vorgestellt werden. Kastenholz untersuchte 233 BewohnerInnen einer Schweizer Bergregion mit dem Ziel, Bedingungsfaktoren umweltverantwortlichen Verhaltens am konkreten Beispiel der globalen Klimaveränderungen zu bestimmen. Es wurden insgesamt 17 erklärende Variablen erhoben und deren bivariate Korrelation zur Zielvariablen „Umweltverantwortliches Handeln" bestimmt. Obwohl Kastenholz keine regressionsanalytische Auswertung vornimmt, ist sein Vorgehen vergleichbar. Er definiert einen Pool von Variablen, aus dem er nach statistischen Kennwerten eine Auswahl trifft. Zehn der 17 Variablen korrelierten signifikant (s. Abb. 5.1). In einem integrativen Logit-Modell[15], das alle Variablen berücksichtigt, erweisen sich folgende sechs als signifikante Einflußgrößen für das selbstberichtete umweltverantwortliche Handeln: *Verbale Handlungsbereitschaft, politisches Interesse, Berufsethik, soziale Normen, soziale Kontakte* und das *Alter der Befragten*.

Abbildung 5.1: Strukturmodell umweltverantwortlichen Handelns von Kastenholz (1994) (lediglich signifikante Korrelationen wurden eingezeichnet)

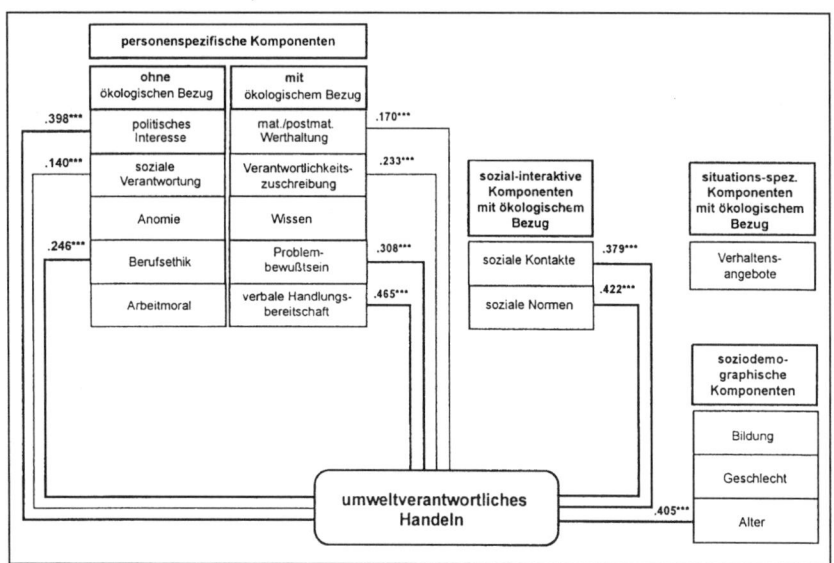

Neben den einfachen linearen Modellen, die meist regressionsanalytisch gewonnen werden, gibt es eine zweite Gruppe empirisch begründeter Strukturmodelle, die komplexere Zusammenhänge postulieren und prüfen. Hierfür typisch ist das von Urban (1986) entwickelte Modell ökologischen Handelns. Urban begreift „Umweltbewußtsein" als dreidimensionales kognitives Konstrukt und unterscheidet als Dimensionen: umweltrelevante Wertorientierungen, umweltbezogene Einstellungen und umweltorientierte Handlungsbereitschaften. Nur letztere sollen einen direkten Einfluß auf das Handeln haben. Urban postuliert - und seine empirischen Analysen bestätigen dies - eine hierarchische Struktur der drei Komponenten. Er geht davon aus, daß umweltrelevante Wertorientierungen die Handlungsbereitschaften nicht direkt beeinflussen, sondern indirekt, vermittelt über umweltbezogene Einstellungen (vgl. Abb. 5.2). Lediglich die Handlungsbereitschaft wirkt direkt auf das ökologische Handeln. Als weitere Faktoren, die potentiell auf die kognitiven Dimensionen des Umweltbewußtseins wirken, nimmt Urban insgesamt zehn „externe" Faktoren an,

---

[15] In ein Logit-Modell gehen als unabhängige Variablen kategoriale Daten ein; die Analyse folgt der Logik der Regressionsanalyse, d.h., es werden Einflußstärken auf eine abhängige Variable bestimmt. Dabei ist die LOGIT-Analyse im Vergleich zur Regressionsanalyse ein robusteres Verfahren. Näheres über das Verfahren findet sich bei Backhaus et al. (1988)

die er zu drei Gruppen zusammenfaßt: (1) Kognitive Variablen; (2) Soziodemographische Variablen und (3) Sozio-ökologische Variablen. Um die hierarchischen Zusammenhänge der internen Variablen untereinander und die Wirkung der externen Faktoren zu prüfen, führte Urban mit 216 BewohnerInnen des Ruhrgebiets eine Fragebogenerhebung durch, in der die entsprechenden Variablen abgefragt wurden. Seine pfadanalytische Auswertung scheint den hierarchischen Charakter der Beziehung der internen Variablen und die Wirkung von insgesamt sechs internen Variablen zu bestätigen (s. Abb. 5.2). Mit dem empirischen Modell konnten insgesamt 24% der Verhaltensvarianz erklärt werden.

Abbildung 5.2: Urbans Modell ökologischen Handelns (nach Urban, 1986)

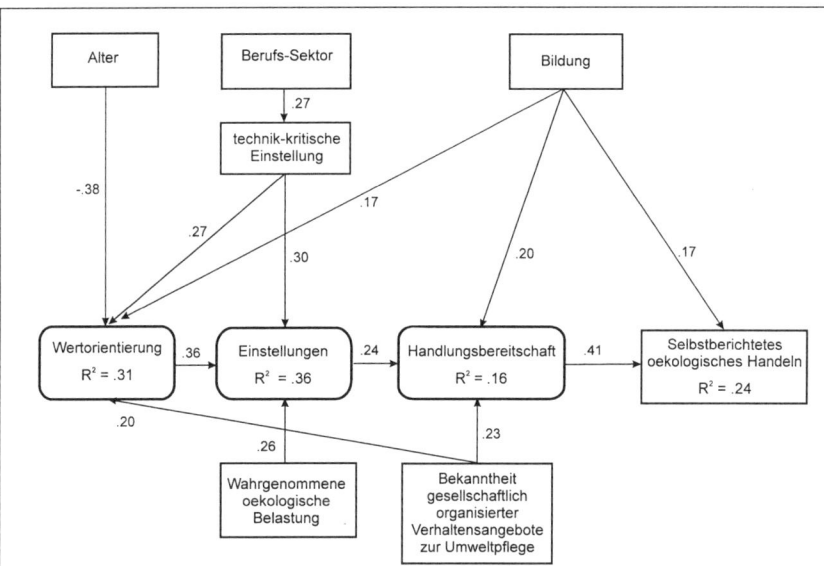

Erläuterung: Die Pfadkoeffizienten bezeichnen die direkten Einflußstärken einer jeden Prädiktor-Variablen auf deren jeweilige Kriteriums-Variable (in Pfeilrichtung). R^2 berichtet den Anteil erklärter Varianz in der Variation der dazugehörigen Variablen (maximal: $R^2 = 1$ = 100%). Bei der Berechnung von R-Quadrat wurde eine Korrektur hinsichtlich der Anzahl der jeweiligen unabhängigen Variablen vorgenommen, so daß die R^2 miteinander vergleichbar sind (aber auch niedrigere Werte als im unkorrigierten Modus aufweisen).

Ein weiteres komplexes empirisches Strukturmodell wurde von Grob (1991; 1995) entwickelt. Grobs Modell[16] zur Erklärung ökologischen Handelns besteht aus fünf Komponenten. Er unterscheidet zwischen der *persönlich-philosophischen Lebenshaltung* (u.a. postmaterielle Werte), dem *Umweltbewußtsein* (bestehend aus einer Wissens- und einer Wahrnehmungskomponente), der *Betrof-*

---

[16] Grob postuliert in seinem Modell Kausalbeziehungen, insofern könnte es auch als Prozeßmodell verstanden werden. Da Grob jedoch die empirische Prüfung seines Modells in den Vordergrund stellt und streng genommen nur korrelative Zusammenhänge und nicht Kausalbeziehungen empirisch prüfbar sind, haben wir sein Modell als empirisch fundiertes Strukturmodell begriffen und entsprechend eingeordnet.

fenheit (emotionale Reaktion auf Umweltprobleme), *Kontrollattributionen* (sowohl spezifische umweltbezogene Kontrollüberzeugungen als auch allgemeinere) und dem Verhalten im Umweltbereich (s. Abb. 5.3). Die Beziehungen der Komponenten untereinander wurden mit Hilfe von Lisrelanalysen untersucht, dabei bestätigte sich die vorab postulierte Beziehungsstruktur: Das individuelle Verhalten wird maßgeblich direkt und indirekt von der persönlich-philosophischen Lebenshaltung bestimmt und direkt von der emotionalen Betroffenheit, weniger stark vom „Umwelt-bewußtsein", so wie es Grob operationalisiert hat, d.h. vom ökologischen Wissen und der Wahrnehmung von Umweltproblemen.

Abbildung 5.3: Modell umweltgerechten Verhaltens (nach Grob, 1991; Kennwerte beziehen sich auf die Lisrelanalysen)

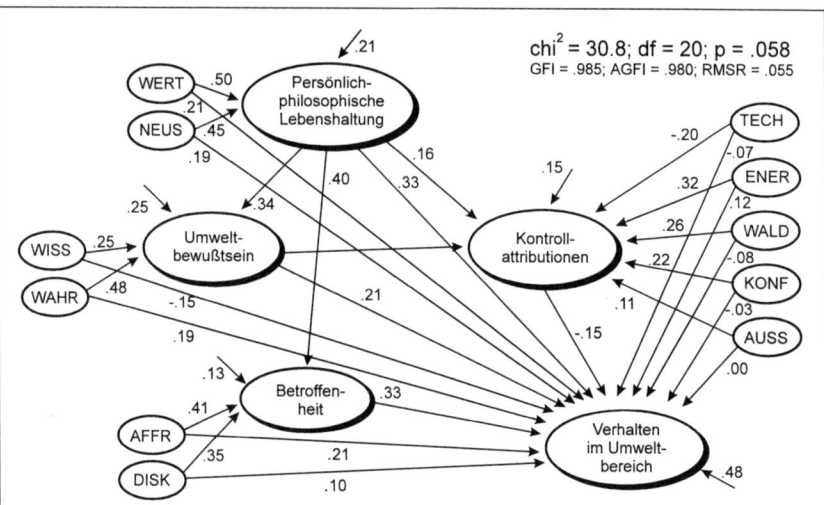

Kausalmodell Einstellungen im Umweltbereich und umweltgerechtes Verhalten; Modell II WISS=Wissen; WAHR=Wahrnehmung; AFFR=Affektives Reagieren; DISK=Diskrepanzwahrnehmung; WERT=Werthaltung; NEUS=Bereitschaft, Neues zu denken; TECH=Glaube an Wissenschaft und Technik; ENER=Kontrollmeinung zum Energieverbrauch; WALD=Kontrollmeinung zum Waldsterben; KONF=Kontrollmeinung zum Konflikt in Partnerschaft; AUSS=Kontrollmeinung zum persönlichen Aussehen

Betrachtet man die Struktur und die Variablen der verschiedenen empirischen Modelle zur Erklärung von Umweltverhalten, ergibt sich insgesamt ein unübersichtliches und heterogenes Bild; die Modelle variieren in Umfang und Struktur und berücksichtigen sehr unterschiedliche Faktoren (s. Übersicht 5.1). Es lassen sich zwar einige Übereinstimmungen feststellen: Zum Beispiel haben Handlungsbereitschaften einen hohen Zusammenhang zum Verhalten - falls sie als Modellvariablen berücksichtigt werden (so bei Kastenholz, 1994 und bei Urban, 1986). Ähnliches gilt für Kontrollattributionen, die sowohl bei Sia et al. (1986) als auch bei Grob (1991) berücksichtigt werden. Es zeigen sich jedoch auch viele Unterschiede zwischen den Modellen. Diese bestehen nicht nur darin, daß einige Modelle nur direkte, andere auch indirekte Zusammenhänge postulieren, sondern die Unterschiede bestehen insbesondere in den resultierenden Modellvariablen. Die Modelle von Grob (1991) und von Sia et al. (1986) stimmen beispielsweise nur in einer Variable überein, in den Kontrollüberzeugungen. Und hier ergeben sich sogar gegensätzliche Zusammenhänge, denn in Grobs Modell korrelieren Kontrollüberzeugungen negativ mit dem Verhalten.

Übersicht 5.1: Relevante Faktoren zur Erklärung von Umweltverhalten im Rahmen unterschiedlicher empirischer Modelle

---

Sia, Hungerford und Tomera (1986)
Umweltverhalten (erfaßt als selbstberichtete umweltschützende Handlungen wie umweltschonender Konsum, direkte Maßnahmen zum Umweltschutz, Überzeugen anderer und politische Aktionen) wird beeinflußt durch:
– ökologisches Bewußtsein im Sinne von Erfahrungen und Verbundenheit mit der Natur
– wahrgenommenes Wissen über ökologisches Verbraucherverhalten
– wahrgenommene Fähigkeiten zur Umsetzung umweltschützender Handlungsmöglichkeiten
– psychologisches Geschlecht
– wahrgenommene individuelle Möglichkeiten, Umweltprobleme zu lösen
– Bewertung von Umweltverschmutzungen

Kastenholz (1994)
Umweltverhalten (erfaßt als selbstberichtetes umweltverantwortliches alltägliches Verhalten in Alltag und Beruf, umweltbezogenes Informationsverhalten und umweltpolitische Aktivität) wird beeinflußt durch:
– verbale Handlungsbereitschaft
– politisches Interesse
– Berufsethik
– soziale Normen
– soziale Kontakte
– Alter der Befragten

Urban (1986)
Umweltverhalten (erfaßt als Ausmaß selbstberichteter umweltorientierter Aktivität) wird direkt beeinflußt durch:
– ökologische Handlungsbereitschaften
indirekt (über die Bereitschaft) beeinflußt durch:
– ökologische Einstellung
– technik-kritische Einstellung
– Alter
– Berufserfahrung
– Bildung
– wahrgenommene ökologische Belastung
– Bekanntheit gesellschaftlich organisierter Verhaltensangebote zur Umweltpflege

Grob (1991)
Umweltverhalten (erfaßt als selbstberichtete Verkehrsmittelnutzung und Energieverbrauch im Haushalt) wird direkt beeinflußt durch:
– persönlich-philosophische Lebenshaltung
– Betroffenheit
– Umweltbewußtsein (Wissen und Wahrnehmen von Umweltproblemen)
– Kontrollattributionen (negativer Zusammenhang!)

Es ist ein Problem der empirisch gewonnenen Modelle, daß zum Teil von sehr unterschiedlichen, spezifischen Variablenpools ausgegangen wird. Dies schränkt die Interpretierbarkeit und Übertragbarkeit der Modelle sehr stark ein (s. Abschnitt 5.6.1). Im Grunde lassen sich Aussagen über die Prädiktorkraft einzelner Variablen immer nur in bezug auf den gesamten Variablenpool der spezifischen Untersuchung treffen.

Ein weiteres Problem ergibt sich für Modelle, die Annahmen über direkte oder indirekte Wirkzusammenhänge formulieren und prüfen. Die Differenzierung zwischen vermittelten und direkten Zusammenhängen ist nämlich nicht empirisch bestimmbar, sondern impliziert theoretische Annahmen.

5.3.2 Theoretisch fundierte Strukturmodelle

Im Gegensatz zu den empirisch begründeten Strukturmodellen wurden mittlerweile auch theoretisch begründete Modelle ökologischen Verhaltens erarbeitet. So wurde eine von Ajzen und Fishbein (1980; Fishbein & Ajzen, 1975) entwikkelte allgemeine Handlungstheorie, die Theorie rationalen Handelns, bzw. ihre Weiterentwicklung, die Theorie des geplanten Verhaltens (Ajzen, 1991), mehrfach auf verschiedene Formen ökologischen Verhaltens angewandt, u.a. auf Recyclingverhalten (Goldenhar, 1991; Taylor & Todd, 1995), Verkehrsmittelwahlverhalten (Bamberg, 1996; Bamberg & Schmidt, 1993) und auf die Bereitschaft, eine Unterschrift für den Umweltschutz zu leisten (Hamid & Cheng, 1995).

Abbildung 5.4: Anwendung der Theorie des geplanten Verhaltens (TOPB) auf das Autofahren (nach Bamberg & Schmidt, 1993)

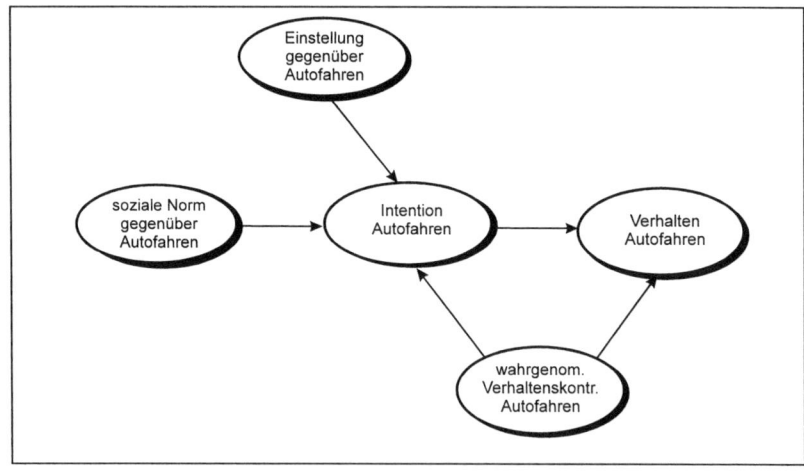

Die Theorie des geplanten Verhaltens *(theory of planned behavior*, TOPB) postuliert, daß das beobachtbare oder selbstberichtete Verhalten einer Person nicht direkt durch verhaltensrelevante Überzeugungen (beliefs) bestimmt wird, sondern durch die Verhaltensintention (s. Abb. 5.4). Diese wird durch folgende drei Konstrukte determiniert: 1. durch die *Einstellung gegenüber dem Verhalten*, 2. durch die *subjektive Norm* (die antizipierten Erwartungen von bedeutsamen anderen Personen) bezogen auf das Verhalten und 3. durch die *wahrgenommene Verhaltenskontrolle*, die gleichzeitig auch einen direkten Einfluß auf das Verhalten hat.

Bamberg und Schmidt (1993) haben die TOPB auf Verkehrsmittelwahlverhalten angewendet. Sie befragten Gießener Studierende hinsichtlich ihrer Intention, für den Weg zur Uni das Auto, den Bus oder das Fahrrad zu benutzen. Die spezifischen kognitiven Konstrukte der TOPB wurden durch mehrere Fragen erhoben. Mit Hilfe dieser Variablen und der Berücksichtigung des vergangenen Verhaltens (als Indikator für Verhaltensgewohnheiten) ließ sich eine Varianzaufklärung der Verhaltens*intentionen* von bis zu 80% erreichen. Da es sich bei der TOPB um ein allgemeines Handlungsmodell handelt, tauchen umweltspezifische Konstrukte - etwa umweltbezogene Einstellungen - im Modell nicht auf.

Abbildung 5.5: Prozeßmodell umweltbewußten Handelns
(nach Stern & Oskamp, 1987)

Level of Causality	Type of Variable	Examples
8	Background factors	Income, education, number of household members, local temperature conditions
7	Structural factors	Size of dwelling unit, appliance ownership
	Institutional factors	Owner/renter status, direct or indirect payment for energy
6	Recent events	Difficulty paying energy bills, experience with shortages, fuel price increases
5	General attitudes	Concern about national energy situation
	General beliefs	Belief households can help with national energy problem
4	Specific attitudes	Sense of personal obligation to use energy efficiently
	Specific beliefs	Belief that using less heat threatens familiy health
	Specific knowledge	Knowledge that water heater is a major energy user
3	Behavioral commitment	Commitment to cut houshold energy use 15%
	Behavioral intention	Intention to install a solar heating system
2	Resource-using behavior	Length of time air conditioner is kept on
	Resource-saving behavior	Insulating attic, lowering winter thermostat setting
1	Resource use	Kilowatt-hours per month
0	Observable effects	Lower energy costs, elimination of drafts, family quarrels thermostat

5.3.3 Heuristisch entwickelte Prozeßmodelle

Ein erstes Prozeßmodell umweltbewußten Verhaltens wurde von Stern und Os-kamp (1987) vorgestellt. Es bezieht sich auf Energienutzung im Haushalt und definiert eine Reihe von einander beeinflussenden Variablen, die von externen Faktoren (Einkommen, Bildung, Hausbesitz) ausgehen und zum tatsächlichen Energienutzungsverhalten im Haushalt führen (s. Abb. 5.5). Es werden insgesamt neun Ebenen angenommen, die aufeinander aufbauen; Einstellungen und Überzeugungen (attitudes, beliefs) sind als zentrale Faktoren auf den mittleren Ebenen 4 (spezifische Einstellungen, Überzeugungen und Wissen) und 5 (generelle Einstellungen und Überzeugungen) angesiedelt, sie vermitteln zwischen externen Faktoren und dem Verhalten. Da das Modell und die getroffenen Kausalitätsannahmen nicht weiter theoretisch begründet werden, ist das Modell als ein heuristisches Prozeßmodell zu bezeichnen (vgl. Katzenstein, 1995b, S. 39).

5.3.4 Theoretisch fundierte Prozeßmodelle

Vermutlich aufgrund der unbefriedigenden Zusammenhänge zwischen „Umweltbewußtsein" einerseits und dem umweltrelevanten Verhalten andererseits ist in den späten achtziger Jahren der Prozeß der Umsetzung von Umweltbewußtsein in tatsächliches Verhalten ins Zentrum umweltpsychologischer Forschung gerückt. Eine aus der Sozialpsychologie stammende Theorie der Norm-Aktivation erklärt solch einen Umsetzungsprozeß für Hilfeleistungsverhalten. Schwartz (1970, 1977; Schwartz & Howard, 1981) begreift Hilfeverhalten als normorientiertes Verhalten und postuliert eine Reihe von Moderatoren, die dafür relevant sind, daß die persönliche Norm, anderen zu helfen, in einer akuten Notsituation tatsächlich zur Hilfeleistung führt (s. Abb. 5.6).

Abbildung 5.6: Norm-Aktivationsmodell in Anlehnung an Schwartz, 1977 (aus Blöbaum et al., 1997)

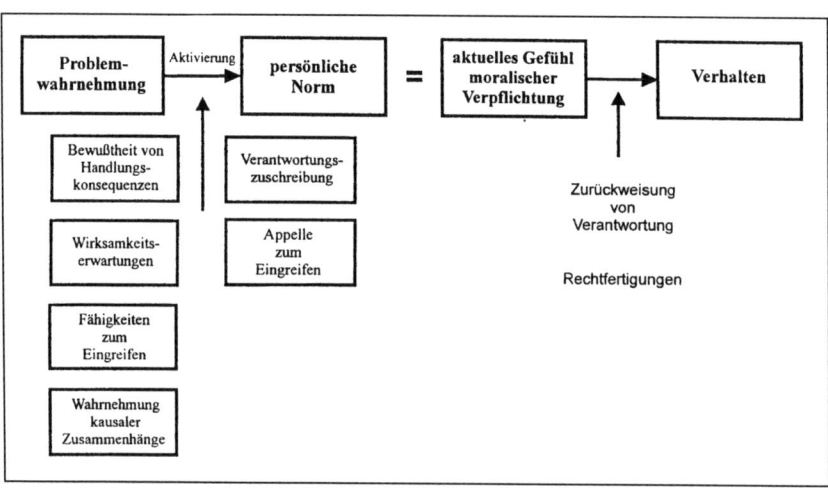

Dieses Modell, bzw. Teile davon, sind in den letzten Jahren in einer Reihe von Untersuchungen auf umweltrelevantes Verhalten angewendet worden (Black, Stern & Elworth, 1985; Blöbaum, Hunecke, Matthies & Höger, 1997; Fuhrer & Wölfing, 1997; Hopper & Nielsen, 1991; Stern, Dietz & Black, 1986; Van Liere & Dunlap, 1978). Meist werden zwei Konstrukte des Prozeßmodells betrachtet: Die *Verantwortungsübernahme/Verantwortungszuschreibung* und die *Bewußtheit von Handlungskonsequenzen*. Im allgemeinen konnten die grundlegenden Modellannahmen bezogen auf Umweltverhalten empirisch gestützt werden: Die Norm, sich umweltbewußt zu verhalten, wird dann verhaltenswirksam, wenn sich die Befragten einerseits der umweltbezogenen Konsequenzen ihres Handelns bewußt sind und *gleichzeitig* eine interne Verantwortungszuschreibung vornehmen, also die Verantwortung für ihr Handeln bei sich sehen. Dabei hat sich in den erwähnten Studien der *Prozeßcharakter* des Modells nicht nachweisen lassen: Wenn man einen korrelativen Zusammenhang zwischen der Bewußtheit von Handlungskonsequenzen und Umwelthandeln findet, dann ist damit nicht nachgewiesen, daß die Bewußtheit eine Voraussetzung für das Handeln ist und diesem vorausgeht. Eine empirische Prüfung der zeitlich-kausalen Abläufe ist streng genommen nur experimentell möglich und bisher nicht erfolgt.

Abbildung 5.7: Rahmenmodell zur Erklärung von Umwelthandeln (nach Fuhrer, 1995)

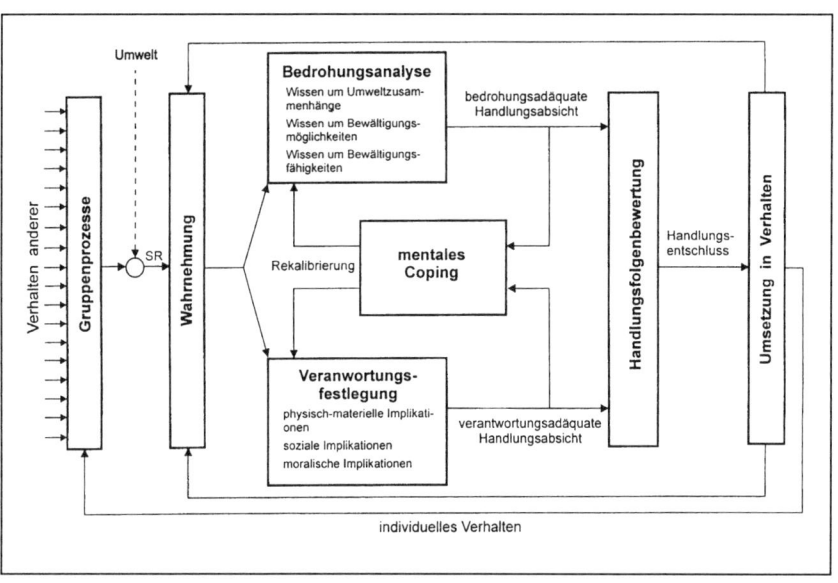

Fuhrer (1995) hat ein Prozeßmodell umweltverantwortlichen Handelns entwikkelt, das eine Reihe theoretischer Annahmen zusammenführt und vor allem der sozialen Vermittlung von Wissen über Umweltprobleme explizit Rechnung trägt (s. Abb. 5.7). Er verbindet die Grundannahmen des Schwartzschen Normaktivationsmodells mit dem kognitiven Streßmodell von Lazarus (Lazarus &

Launier, 1981; siehe hierzu auch Kap. 4.1). Als Ausgangspunkt für Umwelt-verhalten nimmt er Gruppenprozesse an, die die Wahrnehmung der Umwelt im Sinne *sozialer Repräsentationen* (SR) (Moscovici, 1984) beeinflussen. Bemerkenswert in Fuhrers Modell ist die Berücksichtigung von *Rekalibrierungen*, also Umbewertungen bei der Bedrohungsanalyse und der Verantwortungsfestlegung. Werden - etwa aufgrund zu hoher Verhaltenskosten - Handlungsabsichten letztlich nicht in Handlungen umgesetzt, kann es zu einer Neuinterpretation der Situation und zu einer veränderten Verantwortungszuweisung, bzw. Bedrohungseinschätzung kommen.

Aufgrund seiner Komplexität und Rekursivität ist Fuhrers Modell in seiner Gesamtaussage kaum empirisch prüfbar. Teilaussagen konnten allerdings empirisch gestützt werden. So konnten Fuhrer, Kaiser, Seiler und Maggi (1995) zeigen, daß das individuelle Umweltbewußtsein maßgeblich durch soziale Einflüsse geprägt ist. In einer neueren Arbeit von Fuhrer und Wölfing (1997) wurde das Modell auf drei Typen von Umwelthandeln (politische Aktivität; Soziale Beeinflussung; Mobilitätsverhalten) angewandt. In Lisrelanalysen konnte das Modell für *politische Aktivitäten* weitestgehend bestätigt werden. In den beiden anderen Handlungsbereichen zeigten sich allerdings nicht für alle Modellteile konforme Ergebnisse.

5.3.5 Ist Umweltverhalten gleich Umweltverhalten?

Ein Großteil der vorgestellten Modelle differenzieren nicht zwischen verschiedenen Bereichen von Umweltverhalten, sondern beziehen sich auf Umweltverhalten generell. Dies wird einerseits an der Terminologie deutlich (so etwa bei Fuhrer, 1995; Grob 1991, 1995; Urban, 1986), letztlich offenbart es sich immer in der Operationalisierung. Bei der intensiveren Erforschung der Bedingungen des Umweltverhaltens haben sich in den letzten Jahren allerdings Befunde gemehrt, die darauf hindeuten, daß es sinnvoll sein kann, zwischen verschiedenen Typen von Umweltverhalten zu unterscheiden.

Bereits Schahn und Holzer (1990) fanden bei einer Faktorenanalyse ihrer Inhaltsskalen (s. Kap. 3.2.2), daß sich nur bestimmte Verhaltensbereiche zusammenfassen lassen, so etwa Energie- und Wassersparen oder Einkaufsverhalten und Abfallverhalten; die Fragen zum Transportenergiesparen bildeten einen eigenen Faktor.

Auch Diekmann und Preisendörfer (1992) plädieren für eine *Disaggregation des Umweltverhaltens*. Sie stellten in ihrer Studie fest, daß sich bei einer differenzierenden Betrachtung *unterschiedliche empirische Modelle* für die verschiedenen Verhaltensbereiche ergaben. So zeigten sich Einflüsse der Variable „Geschlecht" zwar beim Einkaufs- und Transportmittelwahlverhalten, jedoch nicht bei Abfalltrennung und Energiesparen (Näheres zu Geschlechtseffekten s. Kap. 5.4.3). Besonders bedeutsam ist, daß in dieser Studie auch die Korrelationen zwischen Umweltbewußtsein und Verhalten je nach Verhaltensbereich stark variierten. Bei Abfallvermeidung und umweltschonendem Konsum ergaben sich höhere Korrelationen als zwischen Umweltbewußtsein und Energiesparverhalten bzw. der Transportmittelwahl. Diese Befunde führen die Autoren darauf zurück, daß Verhaltensänderungen in den unterschiedlichen Bereichen mit verschieden hohen *Verhaltenskosten* verbunden sind: Eine Verhaltensänderung im Bereich der Transportmittelwahl sehen sie mit hohen Verhaltenskosten verbunden, die Änderung des Abfallverhaltens kostet vermutlich weniger. Da sich umweltbezogene Einstellungen unter geringen Verhaltenskosten leichter in Verhalten umsetzen lassen, erklären sich hierdurch die höheren Korrelationen beim Abfall- und Einkaufsverhalten. Ähnlich argumentieren Guagnano, Stern und Dietz (1995). Sie untersuchten den Zusammenhang einer ökologischen Normorientierung mit dem tatsächlichen Recyclingverhalten unter zwei Schwierigkeitsbedingungen. Die Hälfte der untersuchten Personen hatte die Möglichkeit, Wertstoffe bequem in eine Wertstofftonne am Haus zu entsorgen, die andere mußte sich an die Termine einer Straßensammlung halten. Auch hier ergaben sich unterschiedlich gute Vorhersagen, allerdings in der Weise, daß es in der Gruppe mit den *höheren Verhaltenskosten* bessere Modellvorhersagen gab. Daß sich umweltrelevante Verhaltensweisen Bereichen unterschiedlicher Schwierigkeit zuordnen lassen, konnte auch in einer Untersuchung von Fejer und Stroschein (1991) gezeigt werden.

5.3.6 Zusammenfassung

Innerhalb der letzten 15 Jahre sind eine Reihe von Struktur- und Prozeßmodellen zur Erklärung ökologischen Handelns entwickelt worden. Vor allem die *empirisch begründeten Modelle* postulieren dabei eine Vielzahl von teilweise recht unterschiedlichen relevanten Variablen. Neben den klassischen Komponenten des Umweltbewußtseins (deren Bezug zum Umwelthandeln wurde bereits im vorangehenden Kapitel 5.2 beschrieben) zeigen sich in den empirischen Modellen einige der bisher als Moderatoren erachteten Variablen als relevante eigenständige Einflüsse. Dies gilt für *spezifische Kontrollüberzeugungen bzw. Handlungsmöglichkeiten*, die sich in den Modellen von Sia et al. (1986) und von Grob (1991, 1995) als Prädiktoren qualifizierten, und für *soziale Normen* (s. Kastenholz, 1994). Darüber hinaus erweisen sich oftmals soziodemographische Variablen als einflußmächtig (Kastenholz, 1994; Urban, 1986) (s. hierzu Kap. 5.4.3).

Während in den empirischen und heuristischen Modellen „Umweltbewußtsein" im Sinne umweltbezogener Einstellungen und Werte, bzw. Komponenten des Umweltbewußtseins noch auftauchen (Grob, 1991, 1995; Kastenholz, 1994; Sia et al., 1986; Stern & Oskamp, 1987; Urban, 1986), verschwindet dieses Konstrukt als erklärende Variable in den theoretisch begründeten Modellen völlig (Bamberg & Schmidt, 1993; Blöbaum et al., 1997; Fuhrer, 1995). Dies ist verständlich, da es sich bei den zugrundegelegten Theorien um allgemeine bereichsunspezifische Theorien handelt. Ökologisches Verhalten wird auf Grundlage dieser Theorien zu einem besonderen Fall des „geplanten Verhaltens" (TOPB), zur „aktivierten Norm" (Normaktivationsmodell), bzw. zum Ergebnis und Teil einer Verantwortungs- und Bedrohungsanalyse (Rahmenmodell von Fuhrer).

Neuere Befunde (Diekmann & Preisendörfer, 1992; Guagnano et al., 1995; Schahn & Holzer, 1990) lassen es sinnvoll erscheinen, Umweltverhalten u.a. nach der Höhe seiner *Verhaltenskosten* zu differenzieren.

Eine vergleichende Bewertung der Modelle, bzw. eine Reflexion über die Implikationen der Verwendung dieser z.t. sehr unterschiedlichen Modelle, erfolgt im Abschnitt 5.6.

5.4 Weitere Motive und Determinanten des Umweltverhaltens

Zu Beginn dieses Kapitels (s. Kap. 5.2) wurde festgestellt, daß umweltbezogene Einstellungen und Werthaltungen das Umweltverhalten in geringerem Ausmaß direkt beeinflussen als vermutet. Eine von mehreren inhaltlichen Erklärungen für die geringen korrelativen Zusammenhänge basiert auf der Annahme, daß Umweltverhalten nicht nur von Umweltschutzmotiven geleitet wird, sondern daß es alternative und sogar gegensätzliche Motive für Umwelthandeln geben kann. In diesem Kapitel wollen wir hierzu einige Überlegungen anstellen und dazu Studien vorstellen, die zwischen unterschiedlichen Motiven für Umweltschutzverhalten differenzieren (s. 5.4.1); in diesem Zusammenhang wird auch betrachtet, welche Motive von Handelnden selbst für ihr Verhalten angegeben werden (5.4.2). Schließlich soll in diesem Kapitel darauf eingegangen werden, daß sich in einer Reihe von Untersuchungen des Umweltverhaltens soziodemographische Variablen als gute Prädiktoren des Umweltverhaltens erwiesen haben. Wie läßt es sich erklären, daß Alter und Geschlecht korrelative Zusammenhänge zum selbstberichteten Umwelthandeln aufweisen (5.4.3)?

5.4.1 *Altruistische und egoistische Motive für den Umweltschutz*

Bereits im vorangehenden Kapitelteil haben wir Erklärungsmodelle kennengelernt, die auf dem Normaktivationsmodell von Schwartz basieren und Umweltverhalten als normgeleitetes Handeln verstehen (Fuhrer, 1995; Hopper & Nielsen, 1991; Stern, Dietz & Black, 1986). Die dem Handeln zugrundeliegende Norm läßt sich inhaltlich füllen als *soziale Aufforderung, die Umwelt zu schützen*, bzw. *möglichst wenig zu belasten*. Dies impliziert auf den ersten Blick ein *altruistisches Motiv* für umweltschonendes Verhalten; es ist nicht auf egoistische Interessen ausgerichtet, sondern auf die Umwelt. Auch die Modelle, die Umweltbewußtsein als Motor für Umwelthandeln postulieren, nehmen implizit dieses altruistische Motiv an. Betrachten wir die Diskussion zum Umweltschutz und mögliche Begründungen dafür, so lassen sich hier weitere Differenzierungen treffen. Gerade die Ökologie hat ja die Perpektive eröffnet, daß der Mensch in seinen Lebensbedingungen vom Zustand seiner Umwelt abhängig ist. Insofern geht es beim Umweltschutz nicht nur direkt um den Erhalt der Umwelt, sondern indirekt auch um die Sorge für die Menschheit. Stern, Dietz und Kalof (1993) haben eine Studie durchgeführt, in der sie entsprechend zwischen *bio-*

und *anthropozentrischen* Motiven für umweltschützendes Verhalten differenzieren (s. Kasten 5.2). Sie setzen diesen beiden altruistischen Motiven noch ein drittes, *egozentrisches, Motiv* gegenüber: den *individuellen Gesundheitsschutz*. In ihrer Untersuchung erweisen sich alle drei Motive als relevant für die Bereitschaft zu politischen Aktionen für den Umweltschutz. Für die Zahlungsbereitschaft erwies sich allerdings lediglich die Antizipation einer Bedrohung egozentrischer Werte als signifikanter Prädiktor.

Kasten 5.2: Die Studie von Stern, Dietz und Kalof (1993) zur Relevanz von Werthaltungen für Umweltverhalten

---

In einer amerikanischen Studie untersuchten Stern, Dietz und Kalof (1993) inwiefern die Bereitschaft, umweltschützend aktiv zu werden, von verschiedenen Wertorientierungen beeinflußt wird.

Die AutorInnen gehen davon aus, daß die Sorge um Umweltprobleme (*environmental concern*) daraus resultiert, daß *verschiedene Werte* als bedroht betrachtet werden können: die *Biosphäre* (die belebte Umwelt; sie ist z.B. durch das Artensterben bedroht), *andere Menschen* (u.a. nachfolgende Generationen; sie sind z.B.durch Ressourcenerschöpfung gefährdet) und *die eigene Person* (die direkt durch Umweltbelastungen betroffen sein kann). Stern und MitarbeiterInnen nehmen an, daß diese drei Werte für verschiedene Menschen in unterschiedlichem Ausmaß relevant sein können. Sie postulieren ein Modell, in dem *die wahrgenommenen Konsequenzen* für die aufgeführten drei Werte, gewichtet nach der jeweiligen Wertorientierung des Individuums, die *Bereitschaft zum umweltschützenden Handeln* additiv vorhersagen.

Um ihre Annahmen zu prüfen, erhoben sie an 349 College-StudentInnen deren wahrgenommene Bedrohung der aufgeführten drei Werte und unterschiedliche Bereitschaften zum Umweltschutz (politische Aktionen und Akzeptanz von Umweltsteuern bzw. erhöhte Benzinpreise). Als Ergebnis zeigte sich einerseits, daß *alle drei Werte*, bzw. das Ausmaß der antizipierten Bedrohung dieser Werte, für die *Bereitschaft zu politischen Aktionen* signifikante Prädiktoren sind. Für die *Akzeptanz von Umweltsteuern und erhöhte Benzinpreise* erwies sich jedoch allein die *wahrgenommene Bedrohung egozentrischer Werte* als signifikanter Prädiktor.

Darüber hinaus haben Stern et al. *Geschlechterdifferenzen* näher betrachtet. Sie fanden, daß Frauen in ihrer Untersuchung generell stärker ausgeprägte Bereitschaften zeigten, sowohl für politische Aktionen als auch für die Akzeptanz von Umwelt- und Benzinsteuern. Aufgrund ihrer statistischen Analysen können die AutorInnen zeigen, daß dieses Ergebnis auf die stärkere Wahrnehmung einer Bedrohung für alle drei Wertebereiche zurückzuführen ist.

Hierzu im Gegensatz stehen die Ergebnisse zweier Studien von Kals (1996). Die Autorin untersuchte an mehreren deutschen Stichproben den Zusammenhang zwischen umweltschützenden Bereitschaften (z.B. politisches Engagement aber auch umweltförderliche Entscheidungen im Alltag) und zwei Prädiktorengruppen. Eine Gruppe charakterisiert die Autorin als *selbstbezogen* (z.B. „wahrgenommenes Ausmaß lokaler Luftverschmutzung" und „dadurch ausgelöstes Belastungsgefühl"), die andere als *moralbezogen* (z.B. Zuschreibung von Verantwortlichkeit, Kontrolle und Verursachung). Sie findet in ihren Studien zwischen den moralbezogenen Prädiktoren und den Bereitschaften deutlich engere Zusammenhänge als zwischen den selbstbezogenen Prädiktoren und den Bereitschaften. Hier spielen also die egozentrischen Motive eine geringere Rolle beim Umweltverhalten als altruistische Motive[17].

De Young (1996) interessiert sich ebenfalls für die Motivation zum umweltschonenden Verhalten, nimmt aber eine andere Perspektive ein als Stern et al. (1993) oder Kals (1996). Er fragt nach den *unmittelbaren Verhaltensauslösern* (proximate behavioral cues) für eine Änderung umweltbezogener Verhaltensweisen. De Young differenziert dabei, ob diese aus der physischen Umwelt, der sozialen Umwelt, oder von der handelnden Person selbst stammen. Sein Interesse konzentriert sich auf verhaltensauslösende Reize, die in der Person liegen, insbesondere auf Motivatoren, die er als *intrinsische Befriedigung* (intrinsic satisfaction) bezeichnet. Er analysierte insgesamt neun Studien, die sich überwiegend mit der Teilnahme an Recyclingprogrammen befassen und in denen unterschiedlichste Motive für die Teilnahme am Programm erfragt wurden. Er faßt die abgefragten Motive zu fünf Kategorien der intrinsischen Motivation zusammen (*frugality, participation, altruism, luxury, competence*) und analysiert die Studien daraufhin, ob die Kategorien mit dem selbstberichteten Recyclingverhalten zusammenhängen. Korrelationen können sowohl beim Motiv *frugality* (Sparsamkeit) aufgezeigt werden, als auch zwischen dem Motiv *participation* (Mitmachen) und dem Recyclingverhalten.

Daß Sparsamkeit einen bedeutsamen Prädiktor zur statistischen Vorhersage von selbstberichtetem Recyclingverhalten darstellt, kann auch der bereits erwähnten Studie von Schahn (1996b) entnommen werden.

5.4.2 Motive aus subjektiver Sicht

Bisher ist aus einer Außenperspektive betrachtet worden, welche abgefragten Motive mit umweltschützendem Verhalten korrespondieren. Bedeutsam ist jedoch auch, welche Motive *aus der Perspektive der Handelnden selbst* als wichtig und als handlungsleitend angegeben werden.

Matthies (1994b) hat in einer Studie mit 162 BürgerInnen einer ost- und einer westdeutschen Stadt insgesamt acht verschiedene Motive für Müllvermeidung und Recycling vorgegeben und von den Befragten in eine Rangreihe bringen lassen (s. Abb 5.8). Bei Betrachtung der Vergabe des ersten Platzes wird deutlich, daß am stärksten das anthropozentrische Motiv „um unseren Nachkommen eine intakte Umwelt hinterlassen zu können" präferiert wird, gefolgt von biozentrischen („um die Natur zu schützen") und egozentrischen Motiven („um die eigene Gesundheit zu schützen"). Interessanterweise zeigte sich in der Untersuchung ein Unterschied in den Antworten der west- und ostdeutschen Befragten: Für die Ostdeutschen war der Naturschutz ein wichtigeres Motiv als der Gesundheitsschutz, bei den Westdeutschen war es umgekehrt.

---

[17] Mehr zu den moralischen Grundlagen des Umweltverhaltens aus Sicht der qualitativen Forschung s. Eckensberger, Sieloff, Kasper, Schirk und Nieder (1992); Hoff und Lecher (1995)

Abbildung 5.8: Motive für Mülltrennung und -vermeidung (nach Matthies, 1994b, S. 132)

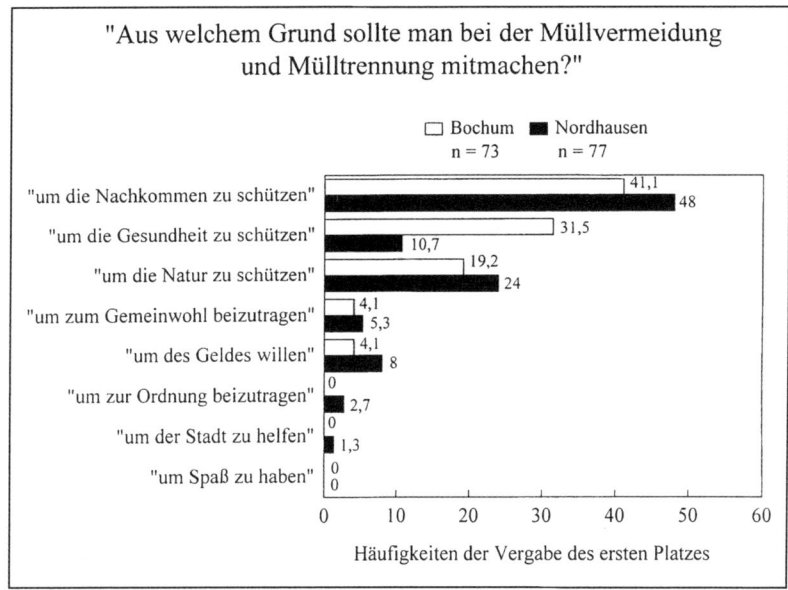

Schahn (1996b) ließ ebenfalls Motive für die Teilnahme an einer Getrenntsammlung von Kompostabfall bewerten. Auch in dieser Befragung waren Umweltschutz und die Sorge für nachfolgende Generationen die am häufigsten zutreffenden Motive, die von über 95 % der Befragten für ihr Handeln als relevant erachtet wurden. Das egozentrische Motiv, den eigenen Mülleimer zu entlasten, wurde dagegen von nur 70 % der Befragten angegeben (vgl. Schahn, 1996b, S. 160).

Hallin (1995) führte 20 offene Interviews mit BewohnerInnen einer Kleinstadt in Minnesota durch. Die InterviewpartnerInnen wurden aufgrund ihrer besonders hohen bzw. geringen Umweltschutzaktivität ausgewählt, die in einer vorgeschalteten größeren Befragung erhoben worden war (abgefragt wurde vornehmlich Recyclingverhalten und Ressourcenschonung im Haushalt). Hallin berichtet, daß die zehn aktiven, umweltschonenden BürgerInnen durchgehend moralische und ethische Aspekte anführen, wenn sie auf den Umgang mit natürlichen Ressourcen angesprochen werden. Neben altruistischen Motiven geben alle befragten UmweltschützerInnen an, daß sie eine persönliche Befriedigung aus ihrem ressourcenschonenden Verhalten ziehen. Von den zehn InterviewpartnerInnen mit gering ausgeprägtem Umweltschutzverhalten wurden keine moralischen oder ethischen Aspekte für den Ressourcenverbrauch angesprochen. Hallin fand in den Äußerungen der Nicht-UmweltschützerInnen drei (egozentrische) Gründe für das Unterlassen von Umweltschutzhandeln: Zeitmangel, Mangel an finanziellen Anreizen und Umständlichkeit.

Werden die Handelnden also direkt nach den Gründen für Umweltschutzverhalten befragt, so beziehen sie sich deutlich auf übergeordnete, biozentrische und anthropozentrische Werte wie den Schutz der Umwelt und die Sorge um nachfolgende Generationen (Hallin, 1995; Matthies, 1994b; Schahn, 1996b), jedoch auch auf das egozentrische Motiv des eigenen Gesundheitsschutzes, sofern dieses vorgegeben wird (Matthies, 1994b). Diese Beobachtungen stehen im Einklang mit den - aus einer Außenperspektive ermittelten - Befunden von Kals (1996), die auf eine besondere Relevanz von altruistischen, moralischen Motiven beim Umweltschutz deuten. Obwohl selbstbezogene Motive wie Spaß am Mitmachen und Sparsamkeit im Vergleich mit altruistischen Motiven als weit weniger wichtig eingestuft werden, wurden diese in offenen Interviews von UmweltschützerInnen durchaus angesprochen (Hallin, 1995).

5.4.3 Der Einfluß soziodemographischer Variablen auf Umweltverhalten

Eine besondere Gruppe von häufig untersuchten, aber theoretisch wenig begründeten möglichen Determinanten umweltrelevanten Handelns sind die *soziodemographischen Variablen* (z.b. Alter oder Geschlecht). Da sie einfach zu erheben sind, läßt man sie in vielen Untersuchungen einfach „mitlaufen". In Kapitel 3.2 wurde bereits auf Zusammenhänge zwischen Umweltbewußtsein und soziodemographischen Variablen eingegangen. Als relevante Variablen für das Umweltbewußtsein erwiesen sich v.a. Alter (negativ), Bildung (positiv) und Geschlecht (Frauen äußern trotz geringeren Umweltwissens höhere Bereitschaften). Gelten die beobachteten Zusammenhänge auch für das selbstberichtete oder beobachtete Verhalten?

Bei der Betrachtung der soziodemographischen Variable „Alter" ergeben sich interessante Widersprüche zwischen Umweltbewußtsein und Umweltverhalten. Im Gegensatz zu Befunden, daß die jüngere Generation dem Umweltschutz mehr Bedeutung beimißt und über ein höheres ökologisches Wissen verfügt (vgl. Kapitel 3.2), korreliert das selbstberichtete alltägliche Umwelthandeln in neueren Studien mit dem Alter *positiv* (Kastenholz, 1994; Preisendörfer, 1996; Uusitalo, 1990). Ältere Menschen verhalten sich im Alltag eher umweltschonend. Vermutlich läßt sich dies darauf zurückführen, daß in neueren Studien schwerpunktmäßig umweltschonendes Alltagshandeln erhoben wird, also Müllvermeidung, Energie- und Wassersparen im Haushalt, Einschränkung der PKW-Nutzung. Diese Verhaltensweisen knüpfen einerseits an Praktiken und Werte an, die eher in der älteren Nachkriegsgeneration anzutreffen sind (Wiederverwenden, Sparen); andererseits auch an finanzielle Beschränkungen, denen alte Menschen z.T. unterliegen (Sparen, Verzicht auf PKW).

Was Geschlechtsunterschiede betrifft, gibt es eindeutige Befunde: Wenn es um das selbstberichtete umweltschonende Alltagsverhalten geht, erzielen Frauen fast durchgängig höhere Werte (Diekmann & Preisendörfer, 1992; Matthies, 1994; Schahn & Holzer, 1990). Worauf dies zurückzuführen ist, darüber ist mehrfach spekuliert worden: Teilweise wird die traditionelle Rollenverteilung und damit verknüpft die stärkere Verantwortungsübernahme von Frauen für

Haushaltstätigkeiten dafür verantwortlich gemacht (Schahn & Holzer, 1990). Dies müßte sich darin niederschlagen, daß Frauen den Männern v.a. beim Müllvermeiden und beim Energie- und Wassersparen im Haushalt überlegen sein müßten, nicht jedoch, was politische Aktivität und Transportmittelwahl betrifft. Die Befunde sind hier aber nicht eindeutig. Zwar entsprechen die Ergebnisse von Schahn und Holzer (1990) der Rollenverteilungshypothese, aber nicht die neueren Befunde von Diekmann und Preisendörfer (1992). Hier gab es zwischen Männern und Frauen keine Unterschiede bei der Abfalltrennung und dem Energiesparen, wohl aber beim Verkehrsverhalten.

Eine alternative Erklärung liefern Stern et al. (1993, s. Kasten 5.2). Die höhere Bereitschaft zu politischen Aktionen der Frauen wird von den AutorInnen auf die Wahrnehmung einer stärkeren Bedrohung der für sie relevanten Werte zurückgeführt. Bei gleicher Einschätzung der Bedrohung ergab sich in den Bereitschaften kein Unterschied zwischen Männern und Frauen. Hier wäre dann allerdings zu erklären, warum Frauen eine stärkere Bedrohung durch Umweltprobleme wahrnehmen als Männer. Einen Vorschlag hierzu machen Flynn, Slovic und Mertz (1994); indem sie darauf hinweisen, daß insbesondere Männer von den anthropogenen Umweltveränderungen profitieren (siehe Kap. 3.3).

Insgesamt ist es erstaunlich, daß es - im Vergleich zu der generellen Berücksichtigung von soziodemographischen Variablen - so wenig Theoriebildung und Forschung zur Erklärung dieser Effekte gibt.

5.5 Umweltrelevantes Verhalten als individuelle Nutzung einer kollektiven Ressource

In den vorangegangenen Abschnitten haben wir die Bedingungen umweltrelevanten Handelns zunächst in umweltbezogenen Einstellungen und Werten gesucht. Dabei konnten wir an neueren Forschungsansätzen beobachten, daß neben Einstellungen und Werten andere Faktoren, beispielsweise Anreize und soziale Normen zunehmend als Bedingungen für ökologisches Verhalten betrachtet werden und diese teilweise verdrängen. Bei der Anwendung allgemeiner Handlungsmodelle, wie z.B. der TOPB (s. 5.3.2) verschwand das kognitive Konstrukt „Umweltbewußtsein" als Bedingung von Umweltverhalten sogar völlig.

In diesem Abschnitt soll nun eine Perspektive dargestellt werden, aus der umweltschädigendes Verhalten als Folge eines *strukturellen Problems* begriffen wird, das als *commons dilemma*, zu deutsch „ökologisches Dilemma" oder „Allmendeklemme", bezeichnet wird.

5.5.1 Die Allmende als Prototyp für ein kollektives Umweltgut

1968 erschien in der Zeitschrift *Science* ein Artikel des Biologen Garrett Hardin (1968), in dem dieser das Schicksal einer gemeinschaftlich genutzten Dorfweide (englisch: „commons") beschreibt. Da jeder Dorfbewohner das Recht hat, eine unbegrenzte Zahl von Tieren auf der Gemeindeweide grasen zu lassen, kann ein einzelner, um einen maximalen Nutzen zu haben, die Zahl seiner Tiere beliebig erhöhen. Die damit verbundenen Kosten einer möglichen Überweidung hat dagegen nicht der einzelne Herdenbesitzer, sondern die Gemeinschaft zu tragen. Hardin beschreibt in seinem Artikel, wie das individuelle Gewinnstreben einzelner Herdenbesitzer letztlich dazu führt, daß die *commons* zunehmend überweidet und schließlich zerstört wird; entsprechend lautete der Titel des Artikels auch „Tragedy of the Commons".

Der Artikel von Hardin hat vor allem deswegen so viel Beachtung gefunden, weil er das Dilemma, das sich für die NutzerInnen der Gemeindeweide ergibt, als prototypisch für individuelles Verhalten in der Umweltkrise dargestellt hat. Das *Commons Dilemma* läßt sich auf eine Reihe ökologischer Probleme anwenden, etwa auf die Überfischung der Meere, oder die Belastung der Luft durch Schadstoffe (vgl. Spada & Opwis, 1985, S. 63). Ein Commons Dilemma tritt immer dann auf, „... wenn der Gewinn einer Umweltnutzung individualisiert und der Schaden sozialisiert wird." (Spada & Opwis, 1985, S. 63).

Das Dilemma ist genau betrachtet ein doppeltes, denn es ergibt sich nicht nur ein Widerspruch zwischen individuellen und gemeinschaftlichen Interessen, sondern auch zwischen kurz- und langfristigen Zielen. Von einer Übernutzung des Umweltgutes profitieren einzelne lediglich kurzfristig, langfristig geht die Ressource für alle NutzerInnen verloren.

5.5.2 Simulationsspiele zum ökologischen Dilemma

Der erste Aspekt des oben beschriebenen *ökologischen Dilemmas*, der Widerspruch zwischen individuellen und gemeinschaftlichen Interessen, kann auch als ein *soziales Dilemma* bezeichnet werden. Das Verhalten in sozialen Dilemmata wurde in der Sozialpsychologie in Simulationsspielen - prototypisch ist das Gefangenen-Dilemma-Spiel - untersucht. Typischerweise basieren soziale Dilemma-Spiele auf der Regel, daß übermäßige Gewinne des einzelnen auf Kosten des gemeinsamen Gewinns aller Beteiligten gehen (einen Überblick über die Forschung hierzu gibt Dawes, 1980). Die sozialen Dilemma-Spiele berücksichtigen jedoch nicht die Eigendynamik der gemeinsam genutzte Ressource (z.B. das exponentielle Zurückgehen der Fischbestände bei Überfischung) und daher fehlt es ihnen an der dynamischen Entwicklung, die für ökologische Dilemmata typisch sind (vgl. Spada & Opwis, 1985). Im deutschsprachigen Raum hat eine Forschergruppe um Spada (Spada & Opwis, 1985) daher Simulationsspiele speziell zum ökologischen Dilemma entwickelt. Ein typisches ökologisches Dilemma-Spiel ist das Fischereikonfliktspiel (s. Kasten 5.3), das mittlerweile zum Computersimulationsspiel weiterentwickelt wurde (Mosler, 1993). Allgemein werden in ökologischen Dilemma-Spielen in der Regel Interaktionen von fünf bis 20 (manchmal virtuellen) MitspielerInnen simuliert, die unter variierenden Rahmenbedingungen über mehrere Spielrunden hinweg eine gemeinsame Ressource nutzen. Diese kann sich unter bestimmten Bedingungen selbst regenerieren, jedoch auch durch Übernutzung zerstört werden.

In einer Reihe von Arbeiten ist mit Hilfe von Simulationsspielen untersucht worden, wie sich MitspielerInnen unter variierenden Rahmenbedingungen als RessourcennutzerInnen verhalten. Häufig endeten solche Spiele dramatisch; in einigen Untersuchungen, die in den späten Siebzigern an der Arizona State University durchgeführt wurden (vgl. Cass & Edney, 1978; Edney & Harper, 1978), erfuhren die Ressourcen eine völlige Ausplünderung durch die mitspielenden studentischen Versuchspersonen. Aus einer umweltschützenden Perspektive ist es nun interessant, unter welchen Bedingungen die gemeinsame Ressourcennutzung *keinen* tragischen Verlauf nimmt, sondern eine dauerhafte Nutzung möglich ist.

Kasten 5.3: Das Fischereikonfliktspiel von Spada und Opwis (1985)

Das Fischereikonfliktspiel wurde von der Forschungsgruppe um Spada (Spada, May & Opwis, 1983; Spada, Opwis & Donnen, 1985) entwickelt; es verbindet die zwei für ein ökologisches Dilemma relevanten Widersprüche: 1. den Widerspruch zwischen individuellen und gemeinschaftlichen Interessen; und 2. den Widerspruch zwischen kurzfristigem Nutzen und langfristigem Schaden.

In dem Spiel geht es darum, in einer Gruppe von mehreren SpielerInnen Fische aus einem gemeinsam genutzten Teich zu fischen. In seiner ersten Fassung wurde das Spiel von vier SpielerInnen über 11 Durchgänge hinweg gespielt. Die SpielerInnen erhielten allerdings weder eine Information über die Anzahl der Durchgänge, noch Informationen über die Wachstumsrate des Fischbestandes; sie durften nur in der letzten Runde kommunizieren. Die Aufgabe für den einzelnen bestand darin, den individuellen Gewinn - bemessen nach der Fangmenge - zu maximieren; die gesamte im Spielverlauf erzielte Fangmenge wurde nach Spielende in Geld ausgezahlt (zwischen 15 und 20 DM). Zu Beginn jedes Durchgangs wurden die SpielerInnen gebeten, a) die aktuell optimale Gesamtfangquote zu schätzen, b) das Verhalten (die Fangquoten) ihrer MitspielerInnen einzuschätzen und c) die eigene Fangquote festzulegen und schriftlich zu begründen. Entsprechend den Quoten der vier SpielerInnen wird ihnen die erzielte individuelle Fangmenge gutgeschrieben und der Fischbestand insgesamt entsprechend reduziert. Daran anschließend müssen die SpielerInnen den Bestand in der folgenden Fangsaison - dem folgenden Spieldurchgang - einschätzen. Die Wachstumsrate (Fischmenge in Abhängigkeit von der Fischmenge in der vorhergehenden Saison) war im voraus festgelegt und wurde den SpielerInnen nicht bekannt gegeben. Ihnen wurde lediglich zu Beginn eines neuen Durchgangs der neue Fischbestand mitgeteilt.

Spada und Mitarbeiter ließen insgesamt zehn Gruppen diese erste Version des Fischereikonfliktspieles durchführen und fanden sehr unterschiedliche Spielverläufe - je nach Gruppe. Während in vier Gruppen nach 10 Durchgängen der Fischbestand noch so hoch war wie anfangs, kam es in den restlichen sechs Gruppen im Verlauf des Spiels zu einem Rückgang des Fischbestandes, eine Gruppe hatte so intensiv gefischt, daß der Teich nach der letzten Runde fast völlig leer war.

Als Ergebnis ihrer Untersuchungen formulierten Spada und Opwis (1985) unter anderem, daß Gruppen mit geringem Gesamtertrag (Gesamtfangmenge plus Fischbestand am Ende des Spiels) schlechtere Einschätzungen des Verhaltens ihrer MitspielerInnen und der Entwicklung des Fischbestandes getroffen hatten. Als Erfordernis für ein umweltbewußtes Verhalten in einer ökologischen Dilemma-Situation skizzierten sie daher entsprechend u.a. das „Wissen um ökologische Zusammenhänge" und das „Vertrauen in das Verhalten der um das Umweltgut konkurrierenden Umweltpartner".

5.5.3 Bedingungen individuellen Handelns in Dilemma-Spielen

Anhand der oben beschriebenen Simulationsspiele zu sozialen und ökologischen Dilemmata konnten eine Reihe von Faktoren identifiziert werden, die das Kooperationsverhalten von einzelnen und von Gruppen positiv beeinflussen und eine dauerhafte Nutzung der Ressource fördern (einen differenzierten Überblick gibt Ernst, 1997). Für das Verhalten in Dilemma-Situationen sind einerseits strukturelle Gegebenheiten relevant. So ist es im Sinne einer dauerhaften Nutzung der Ressource sinnvoll, die *Zahl der NutzerInnen* zu begrenzen, bis hin zur Privatisierung des Gemeineigentums. Für eine funktionierende gemeinschaftliche Nutzung sind vor allem die *Interaktionsmöglichkeiten zwischen den Mitspielenden* von entscheidender Bedeutung.

Bei der Variation von *Kommunikationsmöglichkeiten zwischen den SpielerInnen* konnte in sozialen Dilemma-Spielen festgestellt werden, daß Kommunikation kooperatives Verhalten fördert. Gifford (1987) bietet mehrere Erklärungen für diesen Effekt an: (1.) Kommunikation führt zu einem besseren Verständnis der Spielregeln (Übertragen auf ökologische Dilemma-Situationen also zu einem besseren ökologischen Wissen). (2.) Es kann durch Kommunikation Mißtrauen abgebaut werden. (3.) Schließlich können durch Kommunikation Vereinbarungen - bezogen auf das Fischereikonfliktspiel z.B. über Fangquoten - getroffen werden.

Auch der Grad der *Anonymität der MitspielerInnen* bzw. die *Öffentlichkeit des eigenen Handelns* scheint für den Spielverlauf von Bedeutung zu sein. Mosler (1993) konnte zeigen, daß es für die TeilnehmerInnen an einem computersimulierten Fischereispiel relevant war, inwiefern die Mitspielenden sich *öffentlich sichtbar* (durch das Setzen einer entsprechenden Flagge) zur Einhaltung einer für die gemeinschaftlichen Interessen optimalen Fangquote verpflichteten. Unter dieser Bedingung setzten die einzelnen SpielerInnen geringere Fangmengen fest.

Daneben scheinen auch die *Annahmen über das Verhalten der beteiligten MitspielerInnen* eine Rolle zu spielen. In Untersuchungen mit dem Fischereikonfliktspiel (Spada et al., 1985; s. Kasten 5.3) konnte gezeigt werden, daß neben dem Wissen um ökologische Zusammenhänge die Güte der Antizipation des Verhaltens der MitspielerInnen für den gemeinsamen Spielerfolg entscheidend war.

Inwiefern das *individuelle Umweltbewußtsein* der MitspielerInnen in einem Commons Dilemma-Spiel ihr Kooperationsverhalten beeinflußt, ist bisher kaum analysiert worden. In der Untersuchung von Mosler (1993) zeigten sich nur in der Bedingung ohne öffentliche Verpflichtung ein Effekt des individuellen Umweltbewußtseins (gemessen als selbstberichtetes Umweltschutzverhalten). SpielerInnen mit höherem Umweltbewußtsein setzten geringere, d.h. ökologisch verträglichere, Fangquoten fest. Unter der Bedingung der öffentlichen Kennzeichnung der kooperativen MitspielerInnen, unterschieden sich die Gruppen mit hohem und geringem selbstberichteten Umweltverhalten nicht.

5.5.4 Müssen Allmenden tragisch enden?

In Hardins vielzitiertem Artikel wird die Allmende schließlich zerstört. Die Ursache hierfür sieht er in einer grundlegenden Disposition des Menschen, auf kurzfristige und individuelle Ziele ausgerichtet zu sein; Hardin nennt dies *Rationalität*. Aufgrund dieser Rationalität muß es zwangsläufig zum Scheitern der gemeinschaftlichen Nutzung von Umweltgütern kommen; folgerichtig spricht er von einer Tragödie, deren Verlauf im klassischen Drama ja auch von Beginn an vorgegeben und unabänderlich ist. Diese Perspektive klingt auch in mehreren sozialwissenschaftlichen Erklärungen für das Verhalten von Menschen in ökologischen Dilemma-Situationen an, in denen unkooperatives Verhalten als individuell rational, kooperatives als irrational bezeichnet wird (z.B. Frey & Bohnert, 1996; Gutscher & Mosler, 1996; Schaible-Rapp, 1993).

Wie läßt sich dann aber erklären, daß Allmenden über Jahrhunderte hinweg tatsächlich funktioniert haben? Noch heute gibt es in vielen Alpenregionen gemeinschaftlich genutzte Almweiden, also funktionierende Allmenden, die bisher nicht tragisch endeten. Wir sehen darin einen deutlichen Hinweis darauf, daß es keine generelle Disposition des Menschen gibt, Gemeinschaftsgüter mit dem Ziel eines indivuellen Gewinns zu plündern. Offensichtlich ermöglichen kulturelle Traditionen und soziale Einbettung es dem einzelnen, sich in „wirklichen" (im Sinne von nicht gespielten) ökologischen Dilemma-Situationen kooperativ zu verhalten. Die SozialwissenschaftlerInnen McCay und Jentoft (1996) schlagen vor, Allmende-Tragödien nicht einer individuellen Rationalität zuzuschreiben, sondern als „Versagen der Gemeinschaft" zu betrachten und machen darauf aufmerksam, daß Allmendeprobleme erst dann auftauchen, wenn es bei der Nutzung einer kollektiven Ressource an der notwendigen sozialen Einbettung des einzelnen fehlt.

Betrachten wir daraufhin die Dilemmaspiele, in denen eine Übernutzung der Allmende häufiger vorkommt, dann ist festzustellen, daß hier die Möglichkeit der Entwicklung einer Gemeinschaft gezielt verhindert wird. Kommunikation ist in Dilemmaspielen meist verboten (s. Kasten 5.3), als Spielziel wird eine individuelle Gewinnmaximierung explizit vorgegeben, dagegen fehlen Hinweise auf zeitliche und soziale Aspekte. Das Ziel einer langfristig erfolgreichen gemeinschaftlichen Bewirtschaftung der Allmende kann aus solchen Vorgaben nicht erschlossen werden und ein kurzfristiges, egoistisches Agieren erscheint unter diesen Bedingungen tatsächlich als „rationales" Verhalten.

5.5.5 Perspektiven des Ansatzes

Hardins (1968) Veröffentlichung der „Tragedy of the Commons" hat eine starke Resonanz in den unterschiedlichsten Wissenschaftsdisziplinen erfahren (z.B. in der Ökonomie, Soziologie, Politologie und auch Ethnologie) und allgemein zu einer starken Sensibilisierung für die Rolle des kooperativen Verhaltens bezogen auf Umweltprobleme geführt. Im Bereich der psychologischen Forschung hat das Paradigma den Blick vor allem auf die *strukturellen Bedingungen des Umwelthandelns* und seine *soziale Einbettung* gelenkt.

Allerdings ist unklar, inwiefern das Allmende-Paradigma sich generell auf individuelles Umweltverhalten anwenden läßt. Katzenstein (1995b) macht dies deutlich, indem sie fragt, ob eine Person, die aufgefordert ist, im Haushalt Energie zu sparen, tatsächlich in einer Allmendeklemme steckt. Die Autorin zeigt, daß im Allmende-Paradigma eine Reihe von inhaltlich-theoretischen Annahmen stecken, deren Übertragbarkeit auf Alltagssituationen bisher ungeprüft sind; etwa die Annahmen, daß die handelnden Personen einzelne Subjekte sind, daß Individuen sich frei und unabhängig voneinander entscheiden und daß Menschen ihr Verhalten an der Maximierung von Gewinnen orientieren. Vor allem problematisiert Katzenstein die Annahme, daß individuelle und soziale Ziele bei Umweltgütern im Widerspruch zueinander stehen und dabei umweltverträgliche Interessen auf der Seite der Gemeinschaft, umweltschädliche auf Seiten des Individuums angesiedelt werden. Diese Konstruktion verstellt den Blick darauf, daß individuelle Interessen auch von sozialen Strukturen geprägt sind. Beispielsweise können umweltschädliche Verhaltensweisen durchaus mit sozialen Interessen in Einklang stehen wie etwa eine umweltschädigende Mobilität gleichzeitig als Erfordernis der modernen arbeitsteiligen Gesellschaft akzeptiert wird.

5.6 Einstellung, Moral oder Rationalität?

Bisher wurden in diesem Kapitel eine Reihe von - teilweise recht unterschiedlichen - Ansätzen zur Erklärung ökologischen Verhaltens vorgestellt. In diesem Kapitelteil sollen die verschiedenen Ansätze nun in einen größeren Bezugsrahmen gestellt und bewertet werden (5.6.1). Dabei sollen auch die Menschenbilder reflektiert werden, die in den verschiedenen Modellen impliziert sind (5.6.2) und insbesondere auf zwei konkurrierende Sichtweisen der Motiviertheit ökologischen Verhaltens eingegangen werden, gemeint ist die Debatte „Ökonomie versus Moral".

5.6.1 Kriterien zur Bewertung der unterschiedlichen Modelle

Um auf das Thema dieses Abschnittes einzustimmen, möchten wir die Leser und Leserinnen eingangs bitten, sich mit der folgenden Frage zu beschäftigen:

> *Warum ist es interessant für Sie, etwas über die möglichen Gründe für um-*
> *weltschützendes bzw. umweltschädigendes Verhalten von Individuen und*
> *Gruppen zu erfahren? Welche Funktionen können mögliche Erklärungen für*
> *Sie erfüllen?*

Im Abschnitt 5.2 sind wir kritisch dem naheliegenden Gedanken nachgegangen, daß umweltrelevantes Handeln als eine Folge von Umweltbewußtsein - also umweltbewußter Einstellungen und Werthaltungen - zu betrachten ist. Wir haben eine Reihe von Studien und Befunden vorgestellt, um letztlich den Schluß zu ziehen, daß der in empirischen Studien erhobene Zusammenhang zwischen umweltbewußten Einstellungen und Werthaltungen eher gering ist und dies gegen die Annahme spricht, umweltrelevantes Verhalten beruhe vor allem auf umweltbezogenen Einstellungen und Werthaltungen. Zur Bewertung der Relevanz von Umweltbewußtsein für Verhalten haben wir uns also auf das Kriterium der Vereinbarkeit von theoretischen Annahmen mit empirischen Befunden gestützt, ein Kriterium das in der Psychologie, die sich als eine empirische Humanwissenschaft versteht, weit verbreitet und akzeptiert ist. Aus einem naiv-realistischen Verständnis heraus mag die *Vereinbarkeit von Theorie und Empirie* als das entscheidende Kriterium für die Bewertung von Theorien erscheinen, vielleicht gar als Beweis für deren „Wahrheit". Aufgrund wissenschaftstheoretischer Überlegungen (vgl. Feyerabend, 1977; Groeben & Westmeyer, 1975; Popper, 1969), aber auch aufgrund spezifischer Probleme der Psychologie (vgl. Foppa, 1984) kann die Vereinbarkeit von Theorie und Empirie nicht als das entscheidende Kriterium zur Bewertung von Theorien betrachtet werden. Als weitere relevante Bewertungsgrundlage erhalten daher sogenannte „interne" Kriterien an Bedeutung, etwa der *Prognosewert* von Theorien, d.h. die Vorhersagekraft, *die Verträglichkeit mit anderen Theorien* oder *die Weite des Gegenstandsbereiches* (eine Übersicht und Diskussion dieser und weiterer Bewertungskriterien findet sich bei Groeben & Westmeyer, 1975). Welche dieser Kriterien sollen nun für die Bewertung der unterschiedlichen Ansätze und Modelle zur Erklärung von Umweltverhalten herangezogen werden, bzw., welche werden allgemein herangezogen?

Maximale Varianzaufklärung

Ein häufig anzutreffendes explizites Kriterium ist die *maximale Aufklärung der Varianz der abhängigen Variable*, also des umweltrelevanten Verhaltens (z.B. Kals, 1996; Schahn, 1996b). Dieses Kriterium spricht vor allem für die empirisch begründeten Strukturmodelle. Insbesondere die regressionsanalytisch gewonnenen Modelle basieren explizit auf dem Prinzip der maximalen Varianzaufklärung und wählen genau die Prädiktoren aus einem Pool aus, die hierzu maximal beitragen. Aber auch Strukturgleichungsmodelle werden aufgrund der empirischen Verhältnisse so angepaßt, daß die erklärte Varianz maximiert wird. Obwohl die Begrifflichkeit dies nahe legt und die Kriteriumsvariable - meist das Umweltverhalten - in diesen Modellen *in einem statistischen Sinne durch die Prädiktoren vorhergesagt* wird, handelt es sich bei der Varianzaufklärung nicht um ein Maß des Prognosewerts des Modells, etwa für das zukünftige Verhalten der untersuchten Stichprobe oder gar für das Verhalten in anderen Stichproben. Die Varianzaufklärung ist streng genommen ein deskriptives Maß, das lediglich für die untersuchte Stichprobe gilt. Insofern ist sie ein *Hinweis auf die Vereinbarkeit von Theorie und Empirie* in dem oben skizzierten eingeschränkten Sinne.

Aufgrund der zunächst nicht gegebenen Übertragbarkeit wird häufig versucht, das empirisch gewonnene Modell an einer weiteren Stichprobe zu replizieren (etwa Kals, 1996; Sivek & Hungerford, 1989/90) und somit eine Generalisierung auf andere Stichproben plausibel zu machen. Nur gestützt auf erfolgreiche Replikationsstudien können empirische Modelle einen Anspruch auf Generalisierbarkeit erheben. Daß eine Übertragung von Befunden auf andere Stichproben problematisch sein kann, zeigen vergleichende Untersuchungen unterschiedlicher Stichproben (etwa Axelrod & Lehman, 1993) und Befunde internationaler Studien. Eine Gruppe europäischer PsychologInnen untersuchte die klassischen Komponenten des Umweltbewußtseins an speziellen Gruppen in Italien, Großbritannien, Portugal, Frankreich und Deutschland (Lévy-Leboyer et al., 1996). Dabei zeigte sich nicht nur, daß die einzelnen Komponenten in den verschiedenen nationalen Gruppen unterschiedlich stark ausgeprägt waren, sondern es resultierten auch sehr unterschiedliche korrelative Zusammenhänge, die bei einer regressionsanalytischen Modellbildung für die verschieden Nationen zu unterschiedlichen Modellen geführt hätte.

Erklärungswert und Weite des Gegenstandsbereiches
An den empirisch begründeten Modellen - und z.t. an der Forschung zum umweltrelevanten Handeln insgesamt - wird häufig ihre *Theorielosigkeit* kritisiert (vgl. Fuhrer, 1995, S. 96; Katzenstein, 1995b, S. 39). Damit ist einerseits gemeint, daß die Modelle lediglich (wie bei den empirisch begründeten Strukturmodellen) Zusammenhänge beschreiben, diese aber nicht durch den Rückgriff auf allgemeinere, bereichsunspezifische Theorien zu erklären imstande sind. Diesen Rückgriff leisten beispielsweise die vorgestellten theoretisch begründeten Modelle, also die Adaptationen der Theorie des rationalen bzw. des geplanten Verhaltens und des Normaktivationsmodells von Schwartz (vgl. 5.3.2 und 5.3.4). Solche Adaptationen haben den Anspruch, zu einem tieferen Verständnis von Umwelthandeln zu führen (vgl. Bamberg, 1996, S. 309) und reklamieren damit einen höheren *Erklärungswert*.

Die Adaptation allgemeiner Modelle hat ihrerseits eine positive Rückwirkung auf die Wissenschaft Psychologie insgesamt: Durch die Berücksichtigung bewährter psychologischer Theorien werden diese wiederum *in ihrem Gegenstandsbereich erweitert* und bestätigt, was im Hinblick auf die Weiterentwicklung des gesamten Faches wünschenswert erscheint.

Kriterien für die Anwendung

Um praktisch anwendbar zu sein, müssen Modelle der Erklärung ökologischen Verhaltens eine Reihe von Kriterien erfüllen. Im Praxiskontext ist es wichtig, daß Theorien *Hinweise zur Entwicklung von verhaltensändernden Maßnahmen* geben können. Dazu müssen die Theorien *Kausalannahmen* beinhalten, d.h., dieser Anspruch der Praxis favorisiert Prozeßmodelle, die die Entwicklung der kausalen Voraussetzungen für ökologisches Verhalten abbilden und deren Umsetzung in Verhalten (s. Abschnitt 5.3.3 und 5.3.4). Sollen die abgeleiteten Maßnahmen auch effektiv sein, müssen solche Prozeßmodelle einen gewissen *Prognosewert* besitzen. Dieser ließe sich (mit den oben erwähnten Einschränkungen) statistisch absichern, hierzu sind allerdings Langzeitstudien bzw. experimentelle Untersuchungen nötig, die bisher aufgrund des hohen Aufwandes kaum erfolgt sind. Im deutschsprachigen Raum ist von Schahn (1996b) eine Längsschnittuntersuchung durchgeführt worden, bei der allerdings keine Kausalannahmen geprüft wurden; eine weitere Längsschnittuntersuchung wird derzeit in Kiel am Institut für die Pädagogik der Naturwissenschaften durchgeführt (Rost & Lehmann, 1997), längsschnittliche Ergebnisse stehen jedoch noch aus.

Aus dem Anspruch der Ableitbarkeit von Interventionen ergeben sich auch *inhaltliche Anforderungen an Modelle*. Um Ansatzpunkte für Verhaltensänderungen zu bieten (vgl. auch Schahn, 1996b, S. 265), sollten sie auch *externe Variablen* berücksichtigen. Ein Beispiel hierfür ist das Modell von Fietkau und Kessel (1981), das die Wirkung von Verhaltensangeboten und Handlungsanreizen auf umweltrelevantes Verhalten postuliert und hier auch explizit Möglichkeiten zur Verhaltensänderung ansiedelt (s. Abb. 5.9).

Diese Auswahl an unterschiedlichen Kriterien für Modelle umweltrelevanten Verhaltens macht deutlich, daß es keine allgemeingültige Bewertung der verschiedenen Ansätze geben kann. Statt dessen zeigt sich, daß die Entscheidung, welches Modell sinnvoll ist, von den Interessen der BewerterInnen bestimmt wird. SozialpsychologInnen werden vermutlich theoriegeleitete Ansätze favorisieren, PraktikerInnen überschaubare Prozeßmodelle, die Ansatzpunkte für verhaltensändernde Maßnahmen bieten.

Abbildung 5.9: Einflußschema für umweltbewußtes Verhalten (nach Fietkau &
Kessel, 1981)

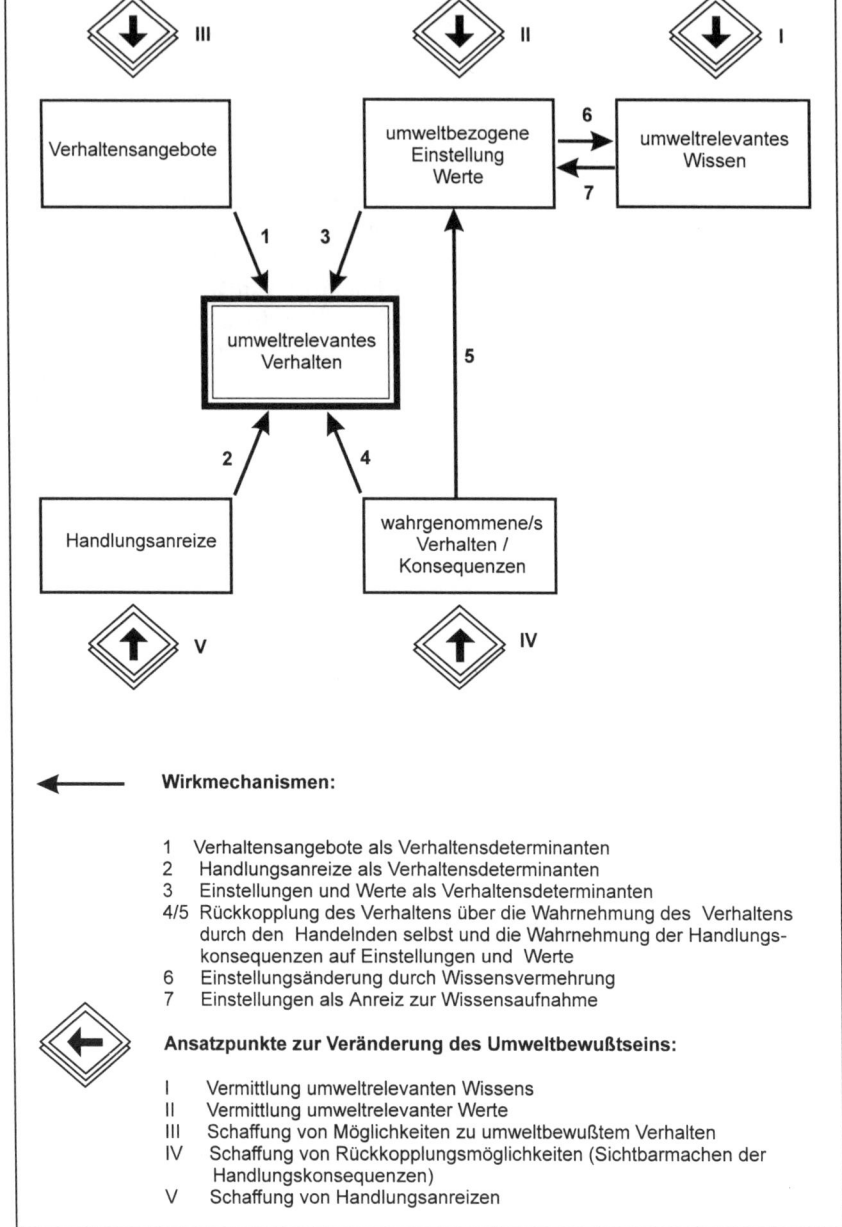

Wirkmechanismen:

1 Verhaltensangebote als Verhaltensdeterminanten
2 Handlungsanreize als Verhaltensdeterminanten
3 Einstellungen und Werte als Verhaltensdeterminanten
4/5 Rückkopplung des Verhaltens über die Wahrnehmung des Verhaltens
   durch den Handelnden selbst und die Wahrnehmung der Handlungskonsequenzen auf Einstellungen und Werte
6 Einstellungsänderung durch Wissensvermehrung
7 Einstellungen als Anreiz zur Wissensaufnahme

Ansatzpunkte zur Veränderung des Umweltbewußtseins:

I Vermittlung umweltrelevanten Wissens
II Vermittlung umweltrelevanter Werte
III Schaffung von Möglichkeiten zu umweltbewußtem Verhalten
IV Schaffung von Rückkopplungsmöglichkeiten (Sichtbarmachen der
   Handlungskonsequenzen)
V Schaffung von Handlungsanreizen

5.6.2 Modelle des Umweltverhaltens und Menschenbildannahmen

In einer der ältesten psychologischen Studien zum umweltschützenden Handeln, der Studie von Maloney und Ward (1973), formulieren die Autoren abschließend sehr pointiert: „... most people say that they are willing to do a great deal to help curb pollution problems and are fairly emotional about it, but in fact, they actually do fairly little and know even less" (S. 585). Es ist vermutlich aus dem Umweltschutz-Engagement der UntersucherInnen heraus zu erklären, daß die Befunde schwacher Zusammenhänge zwischen Umweltbewußtsein und tatsächlichem bzw. selbstberichtetem Verhalten nicht selten hämisch kommentiert werden. So sprechen Preisendörfer und Franzen (1996) in diesem Zusammenhang vom „schönen Schein des Umweltbewußtseins" und de Haan und Kuckartz (1996) berichten süffisant über die - im Gegensatz zum bekundeten hohen Problembewußtsein der Deutschen - im internationalen Vergleich geringe Zahlungsbereitschaft: „Höhere Steuern zum Zwecke eines verbesserten Umweltschutzes zu zahlen, sind die Deutschen noch weniger gewillt. Da rutschen auch die Deutschen (West) auf Platz 13 ab und müssen sich sogar von den als wenig umweltbewußt geschmähten Briten überholen lassen" (S. 82).

Die zitierten Textstellen sollen zeigen, daß in die Erforschung ökologischen Handelns auch normative Einflüsse eingehen. Offenbar ist die Diskrepanz von Einstellung und Verhalten nicht nur ein wissenschaftliches Problem, sondern es ist (auch) aus der Perspektive von WissenschaftlerInnen unmoralisch, sich einerseits umweltbewußt zu geben, nicht aber auch entsprechend zu handeln. Dies gilt vor allem, wenn der Mangel der Umsetzung von Umweltbewußtsein auf konkurrierende egoistische Motive zurückgeführt werden kann. Daher erscheint es wichtig, sich mit den impliziten Menschenbildern der unterschiedlichen Modelle näher zu beschäftigen.

Einige Modelle transportieren die Idee, daß Umweltverhalten *moralisch motiviert* ist, also nicht eigennützig erfolgt. Dies drückt sich z.T. bereits in der Begriffswahl aus; so sprechen einige AutorInnen von *umweltverantwortlichem Verhalten* (Blöbaum et al., 1997; Fuhrer, 1995; Kastenholz, 1994), teilweise gehen explizit internale Verantwortungszuschreibungen in die Modelle ein (Black, Stern & Elworth, 1985; Hopper & Nielsen, 1991; Kals, 1996; Stern, Dietz & Black, 1986; Stern, Dietz & Guagnano, 1995; Van Liere & Dunlap, 1978).

Demgegenüber wird in der Anwendung der Theorie rationalen oder geplanten Verhaltens auf Umweltverhalten (Bamberg, 1996; Bamberg & Schmidt, 1993; Goldenhar, 1991; Hamid & Cheng, 1995; Taylor & Todd, 1995) davon ausgegangen, daß *umweltrelevante Entscheidungen rational im Sinne einer individuellen Ergebnismaximierung* getroffen werden[18]. Auch die Modellierung um-

---

[18] Hierzu ist von Thøgerson (1995, S. 546) kritisch angemerkt worden, daß in diesen Modellen teilweise als Einstellungskomponenten die *Erwartungen über Konsequenzen des eigenen Handelns für andere* erhoben wurden. D.h. hier wurden persönliche Normen und nicht Einstellungen erfaßt.

weltbezogenen Verhaltens durch das Allmendedilemma transportiert das Bild eines in Bezug auf die Umwelt *rational und eigennützig* handelnden Menschen (s. Kap. 5.5).

Die beiden skizzierten Traditionen können unter dem Schlagwort „Moral versus Ökonomie" als konträre Positionen charakterisiert werden. Es können aus ihnen gegensätzliche Strategien zur Veränderung von Umweltverhalten abgeleitet werden. Aus der Akzentuierung der „Moral"-Seite folgt die Forderung von *Erziehungs- und Bildungsmaßnahmen*; werden Menschen als prinzipiell eigennützig handelnde Wesen betrachtet, scheint die Forderung nach einer *Veränderung der Anreizstrukturen* geboten. Auch wenn sich unter den SozialwissenschaftlerInnen, die zum Umweltverhalten forschen, mittlerweile ein Konsens darüber abzeichnet, daß ökonomische *und* moralische Motive bei der Erklärung und Veränderung von Umwelthandeln berücksichtigt werden sollten, scheinen sich PlanerInnen und AkteurInnen hierüber immer wieder streiten zu können.

Noch ein Punkt ist uns wichtig: Die Modelle und Annahmen über Umweltverhalten werden nicht nur unter SozialwissenschaftlerInnen diskutiert, sondern sie wirken sich auch auf den öffentlichen Diskurs über die menschlichen Dimensionen der Umweltproblematik aus (daß sie das tun, zeigt die starke Verbreitung der Studie von Diekmann und Preisendörfer, 1992). Vor diesem Hintergrund erscheint es bedenklich, Ansätze zu propagieren, die mangelndes Umweltverhalten auf *unveränderliche menschliche Dispositionen* zurückführen (z.B. eine Orientierung auf kurzfristigen individuellen Nutzen). Diese Perspektive auf die Bedingungen von Umweltverhalten ist einerseits empirisch nicht haltbar. Andererseits wirkt sie entmutigend und läuft somit Gefahr, im Sinne einer selbsterfüllenden Prophezeiung notwendige gesellschaftliche Veränderungen zu blockieren.

5.7 Zusammenfassung

In diesem Kapitel wurde zunächst betrachtet, inwiefern umweltbezogene Einstellungen und Werthaltungen das Umweltverhalten beeinflussen (5.2). Ausgehend von eher geringen korrelativen Zusammenhängen, wurde unser Blick zunächst auf Moderatorvariablen gelenkt, d.h. auf interne und externe Bedingungen, die die Umsetzung von umweltbezogenen Einstellungen in entsprechendes Verhalten vermitteln. Hier zeigten sich, neben Verantwortlichkeitsattributionen und spezifischen Wirksamkeitserwartungen, soziale Normen als wichtige Moderatoren bzw. als zusätzliche bedeutsame Einflüsse. Bei der Betrachtung verschiedener Struktur- und Prozeßmodelle (5.3) für die Erklärung von Umweltverhalten fiel auf, daß in neueren, theoretisch fundierten Modellen das Konstrukt „Umweltbewußtsein" nicht mehr auftaucht. Umweltverhalten wird in diesen Modellen als rationales Verhalten (TOPB) bzw. als Sonderfall normorientierten Verhaltens betrachtet. Anschließend wurde genauer betrachtet, inwiefern Umweltverhalten mit altruistischen bzw. egoistischen Motiven korrespondiert (5.4). Als weiterer Erklärungsansatz wurde das Allmendeparadigma betrachtet, das Umweltverhalten als Problem der gemeinsamen Nutzung kollektiver Güter begreift (5.5). Schließlich wurde darüber reflektiert, welche Modelle für welchen Zweck angemessen erscheinen (5.6), und es wurde auf die Implikationen der Modelle eingegangen.

6. Möglichkeiten zur Förderung von umweltschonendem Verhalten

Seit mehr als 25 Jahren werden psychologische Konzepte zur konkreten Förderung von umweltschonendem Verhalten eingesetzt und deren Wirksamkeit in sogenannten Interventionsstudien geprüft. In diesem Forschungsbereich der *umweltpsychologischen Intervention* wurde - überwiegend unabhängig von der in Kapitel 5 dargestellten Modellforschung - ein umfangreiches Bündel von Techniken zur gezielten Förderung und Stabilisierung umweltschonender Verhaltensweisen entwickelt. In diesem Kapitel wollen wir zunächst einen groben Überblick über die umweltpsychologische Interventionsforschung, ihre Methoden und Konzepte geben (6.1), bevor in den nächsten Kapitelteilen ausführlich die verschiedenen Interventionstechniken und -strategien vorgestellt und bewertet werden (6.2 und 6.3). Eine Reflexion über Probleme und Perspektiven der umweltpsychologischen Interventionsforschung (6.4) sowie Hinweise für die Gestaltung von Interventionen bilden den Abschluß des Kapitels (6.5).

6.1 Konzepte und Methoden umweltpsychologischer Interventionsforschung

In Interventionsstudien geht es um die Anwendung psychologisch begründeter Techniken zur Verhaltensänderung (Intervention) und gleichzeitig um die Beurteilung ihrer Wirksamkeit. In diesem Kapitel soll zunächst auf das Thema der theoretischen Fundierung von Umweltinterventionen eingegangen werden (6.1.1). Darauf folgend wird ein kurzer Überblick über die historische Entwicklung des Forschungsgebietes gegeben (6.1.2). Abschließend soll ein Einblick in die Methoden zur Bewertung (Evaluation) der Wirksamkeit von Interventionstechniken gegeben werden (6.1.3).

6.1.1 Die theoretische Basis umweltpsychologischer Interventionen

In Kapitel 5 haben wir eine ganze Reihe von Erklärungsansätzen für Umweltverhalten vorgestellt. Häufig wurde von den AutorInnen der Erklärungsmodelle als Motiv für ihre Arbeit angegeben, Ansatzpunkte für die Veränderung des problematischen Umweltverhaltens aufzuzeigen (z.B. Bamberg & Schmidt, 1993; Fietkau & Kessel, 1981). Insofern wäre zu erwarten, daß die psychologischen Interventionen im Bereich des Umweltverhaltens sich aus diesen Ansätzen entwickelt haben, bzw. auf die vorgestellten Modelle zurückgreifen. Dies ist jedoch eher die Ausnahme als die Regel. Die umweltpsychologische Interventionsforschung hat sich im Gegenteil überwiegend unabhängig von der Modellforschung entwickelt. Hierfür lassen sich zwei Erklärungen finden: Einerseits konnte mit der Erprobung von Techniken zur Verhaltensänderung aufgrund des *akuten Problemdrucks* nicht gewartet werden, bis sich konsensfähige Theorien entwickelt hatten. Andererseits konnte bereits auf Konzepte und Techniken zurückgegriffen werden, die in anderen psychologischen Teildisziplinen entwickelt worden waren; beispielsweise auf *Konzepte der Sozialpsychologie* und auf *konkrete Techniken zur Verhaltensänderung*, die aus anderen Anwendungsgebieten der Psychologie stammten (z.B. aus der Therapieforschung).

Die theoretische Fundierung der in den letzten 25 Jahren angewandten Techniken zur Veränderung von Umweltverhalten ist dementsprechend heterogen. Der Versuch, die Techniken nach theoretischen Gesichtspunkten zu ordnen wurde mehrfach unternommen und hat zu unterschiedlichen Taxonomien geführt (z.B. Cook & Berrenberg, 1981; De Young, 1993; Geller, 1989; Geller et al., 1990; Herr, 1988; Katzenstein, 1995b; Schaible-Rapp, 1993).

Einige AutorInnen (z.B. Herr, 1988; Katzenstein, 1995b; Schaible-Rapp, 1993) legen ihrer Strukturierung die Unterscheidung zwischen einer *kognitiven* und einer *verhaltenstheoretischen Orientierung* zugrunde. Ein Teil der angewandten Interventionsstrategien basiert auf der Annahme, daß umweltbezogenes Verhalten über *kognitive Prozesse* im weitesten Sinne gesteuert wird, bzw. beeinflußbar ist. So impliziert etwa die *Strategie der Vermittlung von Information* die Annahme, daß Wissen oder Einstellungen für das Umweltverhalten relevant sind und durch die Informationsvermittlung verändert werden können. Auch die wenigen Interventionen, die auf umweltspezifischen Handlungsmodellen basieren, sind dieser theoretischen Orientierung zuzuordnen. So setzen Hopper und Nielsen (1991) ausgehend vom Schwartzschen Normaktivationsmodell (s. Kap. 5.3.4) erfolgreich *Blockleader* ein, um internale Verantwortungszuschreibungen anzuregen. Demgegenüber steht eine große Zahl von Studien, die Techniken einsetzen, die einer *verhaltenstheoretischen Orientierung* zuzuordnen sind, z.B. die *Gabe von Belohnungen* oder der *Einsatz von konkreten Verhaltenshinweisen (prompts)*. Diese Strategien basieren auf der Annahme, daß Verhalten durch vorausgehende oder nachfolgende kontingente Reize gesteuert wird. Dieser Ansatz wurde vor allem in den späten siebziger und in den achtziger Jahren von Geller (Geller, 1987; 1989; Geller, Winnet & Everett, 1982) favorisiert (Abbildung 6.1 gibt einen Überblick über Ansatzpunkte und Strategien). Hier hat sich eine weitere Strukturierung durchgesetzt, die sich am *zeitlichen Bezug von Intervention und Zielverhalten* orientiert (s. Abb. 6.1). So wird zwischen Techniken unterschieden, die zeitlich *vor* dem Zielverhalten ansetzen (antezedente Techniken, z.B. Hinweisreize) und solchen, die *nach* dem Verhalten folgen (Konsequenzstrategien, z.B. Belohnungen).

Genauer betrachtet lassen sich eine ganze Reihe von Techniken nicht eindeutig einer der beiden Orientierungen zuordnen. Beispielsweise gilt die *Gabe von Rückmeldung* über das eigene Verhalten als verhaltenstheoretisch orientierte Strategie (Geller, 1989; Schahn, 1993a). Die Wirksamkeit dieser Technik läßt sich jedoch auch durch kognitive Prozesse erklären. So leitet Goldenhar (1991) diese Technik aus der Theorie rationalen Verhaltens von Ajzen und Fishbein (1980) ab.

In einer neueren Taxonomie von Geller et al. (1990) werden neben dem zeitlichen Bezug zum Verhalten als weitere Ordnungskriterien die *Individuums- bzw. Gruppenbezogenheit* von Techniken eingeführt sowie die Dimension *aktiv - passiv*. De Young (1993) führt als weiteres Kriterium die Unterscheidung zwischen *internen* und *externen* Motivatoren ein.

Abbildung 6.1: Verhaltenstheoretisch basierte Interventionsstrategien (nach Schahn, 1993a, S. 38)

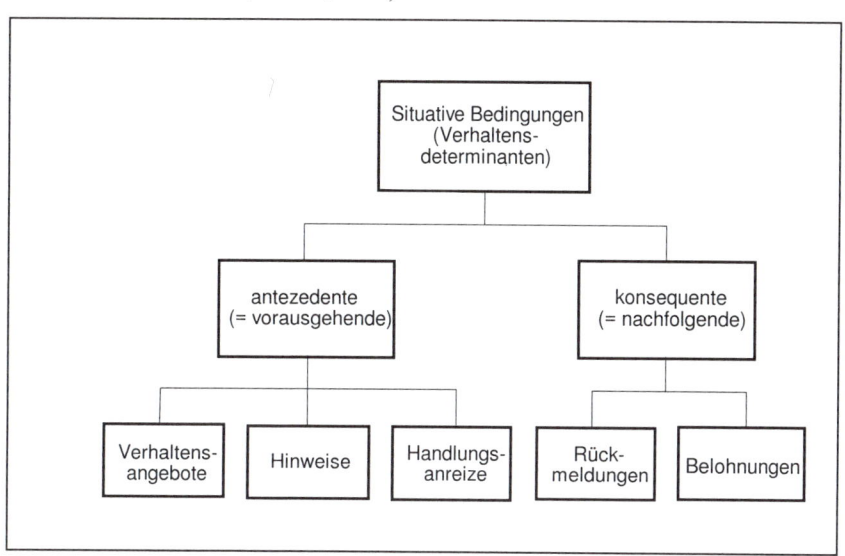

Im Hinblick auf eine Weiterentwicklung von Modell- und Interventionsforschung erscheint es uns wichtig, Bezüge zwischen beiden Traditionen herzustellen und neuere Erkenntnisse der Modellforschung zum Umweltverhalten bei einer Taxonomie der Interventionstechniken zu berücksichtigen. Wir schlagen daher ein neues eigenes Ordnungssystem vor, das z.T. an Unterscheidungen bestehender Strukturierungsversuche anknüpft, dabei aber gleichzeitig die neuere Modellforschung berücksichtigt. Wir unterscheiden dabei einerseits nach den *Ansatzpunkten der Interventionstechniken*. Um an die - derzeit in der Diskussion von Erklärungsmodellen stark akzentuierte - Unterscheidung von internen und externen Motivatoren anzuknüpfen, differenzieren wir, ob sich die Maßnahmen auf die *Veränderung externer Bedingungen* beziehen (z.B. Veränderung der Entfernung von Altglascontainern; s. Kap. 6.2.1) oder ob sie sich direkt an einzelne Personen wenden und über die *Veränderung interner Handlungsbedingungen* (z.B. Wissen, Einstellungen) Verhaltensänderungen anstreben (s. Kap. 6.2.2). Unter der Perspektive, daß sich bei der Modellierung von Umweltverhalten durchgängig soziale Normen und Verantwortungsattributionen als verhaltenswirksam gezeigt haben, unterscheiden wir bei den Ansätzen, die an internen Handlungsbedingungen ansetzen, zusätzlich zwischen *wissens- und normzentrierten Interventionstechniken*. Darüber hinaus halten wir die von Geller et al. eingeführte Unterscheidung zwischen Individuums- und Gruppenbezogenheit von Interventionen für sinnvoll. Zu einer neuen Kategorie fassen wir daher Interventionsansätze zusammen, die sich nicht an einzelne Individuen wenden, sondern auf die Änderung des Verhaltens von Gruppen zielen (s. Kap. 6.3).

6.1.2 Zur historischen Entwicklung der umweltrelevanten Interventionsforschung

Den neuesten systematischen Überblick über die Entwicklung der internationalen umweltpsychologischen Interventionsforschung geben Dwyer, Leeming, Cobern, Porter und Jackson (1993), sie stützen sich dabei sowohl auf ältere Überblicksarbeiten (Geller et al., 1982; Kruse & Arlt, 1984) als auch auf eigene Recherchen über den Zeitraum der Jahre 1980 bis 1990. Die AutorInnen datieren den Beginn der umweltrelevanten Interventionsforschung auf die frühen 70er Jahre. In jener Zeit wurden Interventionen im Bereich des *Energiesparens* durchgeführt, was auf die erste Ölkrise zurückführbar ist. Hierbei handelte es sich beispielsweise um Interventionen zur Reduktion von Heiz- bzw. Klimatisierungsenergie (Becker, 1978; Becker & Seligman, 1978; Seligman, Becker & Darley, 1978). In weiteren frühen Studien ging es um die Reduktion der PKW-Nutzung durch Belohnung der Nutzung alternativer Verkehrsmittel oder durch Begünstigungen von Fahrgemeinschaften (z.B. Rose & Hinds, 1976).

Ein weiteres Thema der Interventionsforschung in den Jahren 1970-80 war das *Littering*, d.h. die Verschmutzung öffentlicher Flächen durch kleinere Abfallstücke (z.B. Getränkedosen, Zigarettenschachteln). Hierzu erfolgten eine ganze Reihe von Studien. So wurden von Burgess, Clark & Hendee (1971) verschiedene Techniken eingesetzt, um den herumliegenden Müll in einem Kino zu reduzieren (einen aktuellen Überblick über die Forschung zum Littering geben Huffman, Grossnickle, Cope & Huffman, 1995).

Nach einem Anstieg der Zahl der Studien von 0 im Jahre 1970 bis auf 14 im Jahre 1977, nahmen die Beiträge bis 1990 wieder kontinuierlich ab (für 1990 fanden Dwyer et al. (1993) nur eine Studie). Dwyer et al. (1993) führen diesen Rückgang auf die mangelnde Resonanz auf psychologische Interventionsstudien in der Öffentlichkeit zurück; dabei verweisen sie auch auf das Problem, daß nur wenige Studien Langzeiteffekte nachweisen konnten (s. auch 6.4). Der rückläufige Trend in der umweltpsychologischen Interventionsforschung scheint jedoch nicht anzuhalten; so befaßte sich 1995 ein ganzes Sonderheft der Zeitschrift *Environment and Behavior* mit Interventionsstudien zum Littering und v.a. zum *Recycling*.

Die Förderung des *Recyclings*, d.h. der Teilnahme an verschiedenen Systemen der Wertstoffseparierung ist ein umweltrelevanter Verhaltensbereich, der seit den Achtzigern bevorzugter Gegenstand von Interventionsstudien ist (Burn, 1991; Burn & Oskamp, 1986; Cobern, Porter, Leeming & Dwyer, 1995; De Leon & Fuqua, 1995; Jacobs & Bailey, 1982/83; Jacobs, Bailey & Crews, 1984; Pardini & Katzev, 1983-84). Betrachten wir die hier eingesetzten Techniken, so ist festzustellen, daß in neuerer Zeit insbesondere Kommunikationsstrategien und die Strategie der Selbstverpflichtung eingesetzt werden (s. Kap. 6.2.2).

Bisher wurden lediglich englischsprachige Studien erwähnt, und es stellt sich die Frage, wie es mit der Interventionsforschung im deutschsprachigen Raum aussieht. Will man hier Auskunft über den Stand der Entwicklung von Strategien zur Verhaltensänderung geben, ergibt sich das Problem, daß ein großer Teil von Interventionsstudien als sogenannte „graue Literatur" nicht öffentlich zugänglich ist. Da es sich bei der Gestaltung und Evaluation von Interventionsprogrammen häufig um Auftragsprojekte handelt, entscheiden über deren Veröffentlichung die Auftraggeber (z.B. Kommunen, Ministerien, private Betriebe). Darüber hinaus mangelt es auch an einem deutschsprachigen Publikationsorgan. Eine relevante Informationsquelle für Interventionsprojekte ist der regelmäßige Rundbrief der Initiative Psychologie für den Umweltschutz e.V. (IPU)[19]. Hier wird regelmäßig von Psychologiestudierenden über entsprechende Projekte - häufig Diplomarbeiten - berichtet. Vor allem im Bereich der Müllseparierung und Müllvermeidung hat es an den Universitäten in Heidelberg und in Bochum eine Reihe psychologischer Projekte gegeben (Brüggemann, 1995; Busse & Matthäus, 1993; Matthies & Krömker, 1995; Röseler & Rudolph, 1991; Schahn, Erasmy, Trimpin & Ditschun, 1994; Uhlig, 1993); und an verschiedenen Instituten in Kiel gibt es Projekte zum Energiesparen, bzw. zur Reduktion der PKW-Nutzung (Prose, 1997a; Prose, Hübner & Kupfer, 1994; Prose & Wortmann, 1991; Wortmann, 1995).

6.1.3 Zur Evaluation von Interventionen

Ein wichtiger Bestandteil von Interventionsstudien ist die Evaluation, also die Bewertung der eingesetzten Technik (einen allgemeinen Überblick über das Thema Evaluation geben Cook & Matt, 1990; Rossi & Freeman, 1993; bezogen auf Umweltinterventionen Cone & Hayes, 1984). Je nach Ausrichtung des Projektes können unterschiedliche Bewertungskriterien relevant sein. Im folgenden soll zunächst das Kriterium der *internen Validität* vorgestellt werden. Sie kann als Grundlage für die wissenschaftliche Beurteilung der Wirksamkeit

---

[19] Nähere Angaben zu dieser Initiative finden sich in Kapitel 7.

von Interventionen betrachtet werden und stellt besondere Anforderungen an das *Evaluationsdesign*. Darüber hinaus ist aber auch die *externe Validität*, d.h. die Problematik der Übertragbarkeit der Interventionsergebnisse auf andere Kontexte und Zielgruppen relevant sowie die *Effizienz* einer Intervention.

Interne Validität

Die meisten Interventionsstudien sind Feldexperimente: Das Verhalten - oft gleichgesetzt mit objektiven Indikatoren (z.B. die Menge des gesammelten Altpapiers) - kann als abhängige Variable betrachtet werden, deren Variation auf die verhaltensändernde Intervention (das *Treatment*) zurückgeführt werden soll. Hieraus ergibt sich zunächst die Notwendigkeit einer *mehrmaligen Messung*, denn nur so lassen sich Veränderungen erfassen. Da sich zudem „im Feld" Störvariablen nicht gezielt kontrollieren lassen, muß das Untersuchungsdesign so angelegt sein, daß es Rückschlüsse darüber zuläßt, inwiefern ein möglicher Effekt auf Störvariablen zurückzuführen ist. Eine typische Störvariable ist das „zwischenzeitliche Geschehen"; damit gemeint sind Ereignisse, die unabhängig von der eigentlichen Intervention Verhaltensänderungen auslösen können. Im Bereich der umweltpsychologischen Intervention könnten dies beispielsweise Medienberichte über Umweltprobleme sein (einen Überblick über Faktoren, die die interne Validität einschränken können, finden sich bei Cook & Campbell, 1976). Um den Einfluß von Störfaktoren einschätzen zu können, empfiehlt es sich, zusätzlich eine *Kontrollgruppe* in die Untersuchung miteinzubeziehen. Sind Störvariablen wirksam, sollten sich diese in beiden Gruppen niederschlagen, dann ist nur die Differenz zwischen beiden Gruppen als Effekt der Intervention zu betrachten. Eine ganze Reihe von Interventionsstudien operiert daher mit mehreren Gruppen[20] (u.a. Burn 1991; Burn & Oskamp, 1986; Cobern et al., 1995; De Leon & Fuqua, 1995; Hopper & Nielsen, 1991; Nielsen & Ellington, 1983; s. auch Kasten 6.1).

---

[20] Streng genommen gilt die validitätssichernde Funktion eines Kontrollgruppendesigns nur für randomisierte Gruppen, d.h. bei zufälliger Zuweisung der ProbandInnen zu den Interventions- bzw. Kontrollgruppen. Dies ist im Feld jedoch oft nicht möglich.

Kasten 6.1: Anlage einer typischen Interventionsstudie

Die meisten Interventionsstudien verwenden ein Evaluationsdesign mit mehrmaligen Verhaltensmessungen; d.h., das Verhalten (z.b. die Teilnahme am Recycling oder der Stromverbrauch im Haushalt) wird mehrmals über einen längeren Zeitraum erhoben. Typischerweise werden *mehrere Interventionsgruppen* betrachtet, in denen verschiedene Techniken angewandt werden; fast immer wird auch eine *Kontrollgruppe* beobachtet, in der keine Intervention erfolgt.

Als Indikator für das Zielverhalten können verschiedenene Maße herangezogen werden. Häufig werden *Verhaltensergebnisse* gemessen, etwa die insgesamt in einer Gruppe gesammelte Menge an Altpapier. Teilweise wird auch das *Zielverhalten selbst* erfaßt. Bei verschiedenen Interventionen zur Förderung der Teilnahme am Recycling (in Form einer wöchentlichen Straßensammlung von Altpapier) wurde als Zielverhalten direkt erfaßt, ob sich einzelne Haushalte an der wöchentlichen Sammlung beteiligen, also Altpapier an den Straßenrand stellten (z.B. Jacobs & Bailey, 1982/83).

Abbildung 6.2: Mögliche Meßverläufe in Interventionsstudien

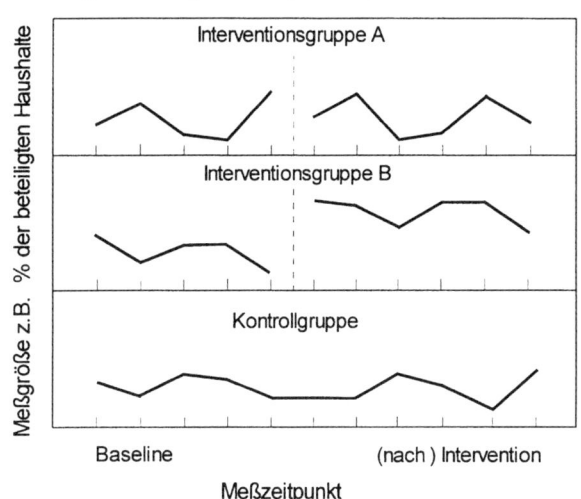

Aus dem Vergleich der Meßverläufe wird auf die Wirksamkeit der Interventionen geschlossen. Der in Abbildung 6.2 skizzierte Verlauf läßt vermuten, daß Intervention B eine Verhaltensänderung bewirkt hat: Die Beteiligung ist zu allen Meßzeitpunkten nach der Intervention höher als vorher; gleichzeitig zeigt sich in der Kontrollgruppe keine systematische Veränderung. Intervention A zeigt keine eindeutigen Effekte.

Externe Validität

Ein weiteres Kriterium bei der Bewertung von Interventionen ist die *externe Validität*, d.h. die Gültigkeit des Effekts für andere als die untersuchte Gruppe. Auch für PraktikerInnen ist dies ein bedeutsames Kriterium, denn es geht um die Frage, ob sich die Intervention auf andere ähnliche Kontexte mit gleichem

Effekt übertragen läßt. Kann eine Intervention, die in einem Studierenden-wohnheim entwickelt und geprüft worden ist, mit gleichem Erfolg auf ein Mietshaus übertragen werden? Andere Übertragungsprobleme ergeben sich aus dem Vorgehen bei der Evaluation. So kann es passieren, daß die Bereitschaft zur Teilnahme am Recycling nicht nur - wie beabsichtigt - durch die Intervention selbst gesteigert wird, sondern auch dadurch, daß die Zielgruppe bemerkt, wie ihr Verhalten beobachtet und protokolliert wird. Dadurch kann der Effekt der Intervention überschätzt werden. Wird die Maßnahme auf eine ähnliche Zielgruppe aber ohne die Verhaltensbeobachtung übertragen, könnte der Effekt viel geringer ausfallen. Da es sich bei umweltgerechtem Verhalten um sozial erwünschtes Verhalten handelt, ist es daher besonders wichtig, Verhaltens-messungen unbeobachtet vorzunehmen. Im Hinblick auf eine gute Übertrag-barkeit, sollte die Intervention möglichst mit Stichproben durchgeführt wer-den, die auch tasächlich eine mögliche Zielgruppe für die Intervention dar-stellen.

Effizienz
Neben den Problemen der internen und externen Validität einer Interventions-maßnahme, stellt sich für PraktikerInnen die Frage nach der *Effizienz* der Inter-vention, d.h. nach dem Verhältnis von Kosten und Effekt. Hierbei kann zwi-schen *Kosten/Nutzen-Analysen* und *Kosten/Wirkungs-Analysen* unterschieden werden.

Bei der Kosten/Nutzen-Analyse werden - sofern dies möglich ist - alle direkten und indirekten Kosten und Erträge der Intervention monetarisiert, d.h. in Geld-beträge umgerechnet. Beispielsweise können die Aufwendungen für die Er-stellung und den Druck einer Broschüre über die richtige Wertstofftrennung und für deren Verteilung an die Zielgruppe aufsummiert werden und mit den Ergebnissen der Intervention (z.B. Gewinn durch den Verkauf der höheren Wertstoffmengen, Verringerung der Kosten für Nachsortieren und evtl. Entsor-gung) verglichen werden. Die Differenz zwischen Kosten und Erträgen ergibt dann den Gewinn der Intervention. Es kann auch eine Kosten/Nutzen-Quote errechnet werden; dies ist sinnvoll, wenn die Effizienz verschiedener Interven-tionen verglichen werden soll.

Bei Kosten/Wirkungs-Analysen werden die Ergebnisse der Intervention nicht monetarisiert, da dies - etwa bei sozialen Interventionen (z.B. Bekämpfung des Analphabetismus, aber auch die Förderung der Sensibilität für Umweltproble-me) oft nicht möglich und sinnvoll ist.

Die Tatsache, daß bei Effizienzanalysen - insbesondere bei der Kosten/Nutzen-Analyse - mit harten Daten operiert wird, sollte nicht darüber hinwegtäuschen, daß die Definition dessen, was ein Nutzen der Intervention ist oder ein mögli-cher negativer Effekt, stark von der Perspektive der Bewertenden abhängt. Auch ist zu berücksichtigen, daß sich in die Analyse einbezogene Faktoren (z.B. Müllgebühren, Wissen über Umweltschädlichkeit bestimmter Verfahren) im Laufe der Zeit ändern können.

6.2 Individuumsbezogene Interventionstechniken

Wie in Abschnitt 6.1.1 bereits erläutert, gruppieren wir die Interventionsstrategien einerseits danach, ob sie *individuums- oder gruppenbezogen* sind. In diesem Kapitelteil wird nun ein Überblick über die *individuumsbezogenen* Techniken und Strategien gegeben (s. Übersicht 6.1). Zunächst werden die individuumsbezogenen Techniken vorgestellt, die sich auf die *Veränderung externer Bedingungen* beziehen (6.2.1); anschließend werden Techniken vorgestellt, die über die *Veränderung interner Handlungsbedingungen* (z.B. Wissen, Einstellungen) Verhaltensänderungen anstreben (6.2.2).

Übersicht 6.1: Individuumsbezogene Interventionsansätze und -techniken im Bereich der Veränderung von Umweltverhalten

Ansatzpunkt Situation: Techniken, die an externen Handlungsbedingungen ansetzen	Ansatzpunkt Person: Techniken, die an internen Handlungsbedingungen ansetzen
	wissenszentrierte Techniken:
— Technische Veränderungen (z.B. Verbesserung der Zugänglichkeit von Altpapiercontainern) — Belohnungen & Bestrafungen (z.B. Steuerersparnis bei schadstoffarmen Fahrzeugen)	— schriftliche Vermittlung von Problem- und Handlungswissen — Vermittlung von Wissen über das eigene Verhalten und seine Konsequenzen (Feedback) *normzentrierte Techniken:* — persönliche Vermittlung von Problem- und Handlungswissen — Zielsetzung — Verpflichtung — Soziale Modelle — Blockleader

6.2.1 Ansatzpunkt „Situation": Techniken, die an externen Handlungsbedingungen ansetzen

Techniken, die sich hier einordnen lassen, stehen in der breits erwähnten verhaltenstheoretischen Interventionstradition, die Verhalten über die Veränderung situativer Bedingungen zu verändern sucht (s. Abb. 6.1). Hierunter fallen einerseits *technische Veränderungen*. Eine weitere Variante der Veränderung externer Bedingungen ist der Einsatz von *materiellen Belohnungen bzw. Bestrafungen.*

Technische Veränderungen

Hierunter werden Veränderungen der physischen, situativen Bedingungen des Verhaltens verstanden, mit dem Ziel einer Erleichterung des erwünschten Verhaltens, bzw. der Erschwernis unerwünschten Verhaltens. Solche Maßnahmen werden auch als *technische oder Designstrategien* (*engineering and design strategies*) bezeichnet (Geller, 1989), bzw. als *Umweltveränderung* (*environmental alteration,* Dwyer et al., 1993).

Ein Beispiel für eine *verhaltenserleichternde technische Veränderung* ist die Verbesserung der Erreichbarkeit von Wertstoffsammelstellen, um Recyclingverhalten zu fördern. Jacobs, Bailey und Crews (1984) erreichten beispielsweise durch die Ausgabe von Mehrkammerbehältern für Abfall und Wertstoffe einen deutlichen Anstieg der Erfassungsquote von Wertstoffen. Auch im Bereich des Energie- und Wassersparens werden technische Veränderungen als Interventionsstrategien eingesetzt (z.B. Wasserspartaste am WC; Energiespartaste an der Waschmaschine).

Technische Veränderungen können auch zur *Verhaltenserschwernis* eingesetzt werden. So berichten beispielsweise Schirk und Walter (1990) von einer Maßnahme zur Förderung der Mülltrennung im Krankenhaus, bei der der Zugang zum Restmüllbehälter (durch einen Deckel, der per Fußtritt zu öffnen ist) erschwert wurde, bei gleichzeitiger Verbesserung der Zugänglichkeit der Wertstoffbehälter. Ein weiteres Beispiel für eine Verhaltenserschwernis ist der Einsatz eines Verzögerungsmechanismus bei Fahrstühlen. Um die Fahrstuhlnutzung für kurze Strecken zu erschweren, haben Van Houten, Nau und Merrigan (1981) in einem mehrstöckigen Gebäude Türschlußwartezeiten von 10 auf 26 Sekunden verlängert. Damit „lohnte" sich die Benutzung des Fahrstuhls nur, wenn mehrere Etagen zurückzulegen waren.

Die Wirksamkeit solcher technischen Veränderungen ist durch eine Reihe von Interventionsstudien belegt: Sowohl bei Untersuchungen in Studierendenwohnheimen (Luyben et al., 1979/80), als auch in anderen Kontexten konnte ein Effekt der Nähe und Zugänglichkeit von Müll-Containern gezeigt werden (Luyben & Bailey, 1979; Reid et al., 1976). Bei Van Houten et al. (1981) konnte durch die beschriebene Zeitverzögerung beim Türenschließen eines Fahrstuhls im Vergleich zu anderen Maßnahmen (z.B. Informationsvermittlung) deutlich der beste Effekt erreicht werden.

Materielle Belohnung

Materielle Anreize und Belohnungen bzw. Bestrafungen sind Techniken, die aufgrund ihres verhaltenstheoretischen Hintergrunds vor allem in den siebziger

174

Jahren eine breite Anwendung erfuhren[21]. Diese Techniken haben aber auch als wirtschaftliche und fiskalische Steuerungsinstrumente eine lange Tradition, und ihre Anwendung auf umweltbezogenes Verhalten wird immer wieder diskutiert (z.b. mengenabhängige Müllgebühren; Subventionen für energiesparende Heiztechnologie). Als Belohnungen für umweltschonendes Verhalten gelten kleine Geschenke und Geldbeträge (etwa für die Abgabe von Wertstoffen) bis hin zu umfangreichen steuerlichen Vergünstigungen (z.b. für den Einsatz neuer, umweltschonender Technologien).

Ein wohlbekanntes Beispiel für den Einsatz von Belohnungen zur Veränderung von Umweltverhalten ist die Erhebung und Rückgabe von Pfand. Pfandsysteme werden vor allem im Bereich der Förderung der Wiederverwertung und des Recyclings, aber auch im Bereich der Vermeidung von Littering eingesetzt. Die Rückgabe von Wertstoffen wird durch die Pfandvergütung belohnt, unerwünschtes Alternativverhalten (Wegwerfen in den Restmüll oder Abwurf auf öffentlichen Plätzen) wird materiell bestraft. In einer Studie von Levitt und Leventhal (1986) konnte die Wirksamkeit eines Pfandsystems zur Reduktion des Litterings an Autobahnen nachgewiesen werden. Flaschen, auf die Pfand erhoben wurde, fanden sich deutlich seltener im herumliegenden Müll als andere Getränkeverpackungen und Materialien, die nicht mit Pfand belegt waren.

Vermutlich im Hinblick auf den Erhalt einer dauerhaften *intrinsischen Motivation* (s.u.), werden Belohnungen häufig in Form einer Teilnahme an *Lotterien* eingesetzt (Bacon-Prue, Blount, Pickering & Drabman, 1980; Foxx & Schaffer, 1981; Jacobs & Bailey, 1982/83; Luyben & Cummings, 1981/82; Mayer & Geller, 1982/83); d.h., für bestimmte Leistungen im Umweltverhalten (Menge gesammelter Wertstoffe oder Benutzung öffentlicher Verkehrsmittel) werden größere materielle Belohnungen oder Geschenke verlost. Eine entsprechende Interventionsstudie wird in Kasten 6.2 (Jacobs & Bailey, 1982/83) vorgestellt.

---

[21] Im folgenden wollen wir keinen Unterschied zwischen Anreiz- und Belohnungstechniken machen. Aus einer verhaltenstheoretischen Perspektive besteht zwischen beiden der Unterschied, daß Anreize (als Ankündigungen von Belohnungen) vor dem Verhalten ansetzen, Belohnungen danach. Da es jedoch problematisch ist, Anreize ohne die entsprechende Konsequenz einzusetzen, erscheint uns diese Unterscheidung sinnlos (vgl. auch Dwyer et al., 1993).

Kasten 6.2: Vergleich externer Motivatoren (Jacobs & Bailey, 1982/83)

In einer Studie zur Förderung der Sammlung von Altpapier (zweiwöchentliche Straßensammlung) erprobten Jacobs und Bailey (1982/83) mehrere Interventionstechniken, die externe Verhaltensbedingungen verändern. Die Autoren teilten die BewohnerInnen von 615 Haushalten (in Tallahassee, Florida) in fünf Gruppen:

Haushalte in der *Erinnerungsgruppe* (N=123) erhielten etwa sechs Tage vor dem Abfuhrtermin einen Erinnerungshandzettel.

Haushalte in der *Bezahlungsgruppe* (N=147) erhielten den Handzettel und wurden dem Marktpreis entsprechend für das an den Straßenrand gelegte Altpapier bezahlt.

Haushalte in der *Lotteriegruppe* (N=86) erhielten den Handzettel und nahmen zusätzlich, wenn sie sich an der Altpapiersammlung beteiligten, an einer Lotterie teil, in der es 5 Dollar zu gewinnen gab.

In der *Wöchentlichen Gruppe* (N=140) wurde der zweiwöchentliche Abholrhytmus auf eine Woche erhöht. Auch diese Gruppe erhielt den Informationshandzettel.

In der *Kontrollgruppe* (N=110) erfolgte keine Intervention.

Abbildung 6.3: Beteiligung am Recycling unter verschiedenen
Interventionsbedingungen (nach Jacobs & Bailey, 1982/83)

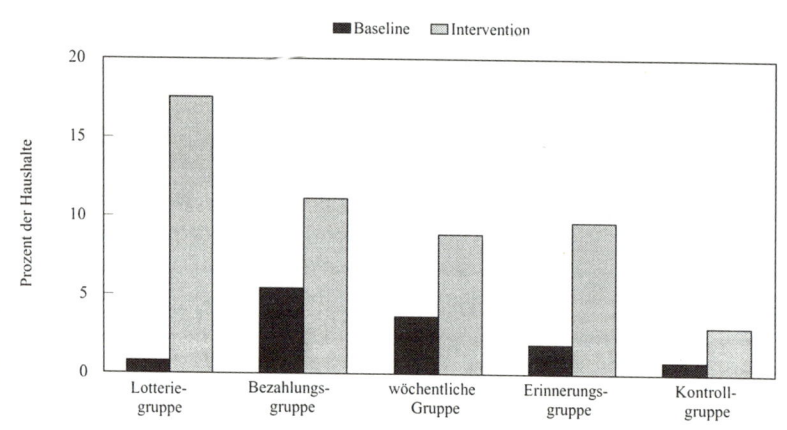

Es wurde zu je vier Meßzeitpunkten vor und während der Intervention die prozentuale Beteiligung in den jeweiligen Gruppen erhoben (Abbildung 6.3 gibt die gemittelten Werte an). Die stärkste Veränderung ergab sich in der Lotteriegruppe.

Betrachten wir die bei Dwyer et al. (1993) aufgeführten Interventionsstudien, die die Effekte von Belohnungsstrategien evaluieren, wird deutlich, daß mit einer Ausnahme alle Studien positive Effekte im Vergleich zur Kontrollgruppe berichten, und auch in vergleichenden Studien schneiden Belohnungsstrategien meist gut ab.

Dennoch haben Belohnungsstrategien Nachteile. Einer liegt auf der Hand: Materielle Belohnungen sind mit Kosten verbunden; und da Verhaltensänderungen, die mit Belohnungen erzielt werden, sich meist auf den Zeitraum der Belohnung beschränken (Couch, Garber & Karpus, 1978/79; Davidson-Cummings, 1977), sind dies *permanent anfallende Kosten*. Es besteht jedoch auch ein *psychologisch begründeter Einwand* gegen diese Strategie. Deci (1971, 1972) hat darauf hingewiesen, daß eine materielle Belohnung die „intrinsische Motivation", die Motivation von innen, gefährdet. Wenn ein bestimmtes umweltschonendes Verhalten aus innerem Antrieb (z.B. aus Umweltschutzgründen) geschieht, und dann eine Bezahlung dafür eingeführt wird, kann dies zu einer Neudefinition der Situation und der Verhaltensmotive führen. Thøgerson (1996) spricht in diesem Zusammenhang von einem „reframing". Was bisher aus intrinsischen Motiven erfolgte, kann durch die Belohnung zu einem ökonomisch orientierten Verhalten umdefiniert werden, für dessen Aufrechterhaltung es beim Ausbleiben der Belohnung keine Begründung mehr gibt.

Materielle Bestrafung

Materielle Belohnung und Bestrafung sind in der Praxis kaum voneinander abgrenzbar. Sofern erwünschtes Umweltverhalten materiell belohnt wird, ergibt sich gleichzeitig eine Bestrafung der weniger umweltschonenden Verhaltensalternative. Mengenabhängige Müllgebühren belohnen Müllreduktion und bestrafen Haushalte mit höheren Müllmengen. Relevant ist vermutlich der Vergleich mit der bisherigen Situation. Erhöhen sich Kosten für unerwünschtes Verhalten sprunghaft, so kann dies als „Bestrafung" interpretiert werden. Entsprechend bezeichnen Dwyer et al. (1993) eine Erhöhung der Stromkosten für den Verbrauch in Spitzenzeiten als Bestrafung. Heberlein und Warriner (1981) konnten für diese Form der Veränderung externer Handlungsbedingungen positive Effekte nachweisen. Weitere Beispiele für eine materielle Bestrafung sind Verbote und damit verbundene Ordnungsstrafen (z.B. für Umweltdelikte).

Verbote und Bestrafungen sind allerdings Techniken, die von PsychologInnen im Bereich der Veränderung von Umweltverhalten selten eingesetzt bzw. empfohlen werden. Hierfür lassen sich mehrere Gründe anführen. Einerseits erfordern Verbote eine konsequente Kontrolle des individuellen Verhaltens, und damit sind meist hohe Kosten verbunden; d.h., die Technik ist teuer. Außerdem können Verbote und Bestrafungen sogar zu entgegengesetzten Reaktionen führen, zur sogenannten *Reaktanz* (Brehm, 1966, 1972). Offenbar reagieren manche Personen gezielt mit konträrem Verhalten, wenn ein Verbot als ungerechtfertigte Einschränkung der persönlichen Freiheit empfunden wird. Es ist daher zu empfehlen, nur dann Verbote und Bestrafungen einzusetzen, wenn diese auch weithin akzeptiert werden.

6.2.2 Ansatzpunkt „Person": Techniken, die an internen Handlungsbedingungen ansetzen

Während die bisher geschilderten Techniken Verhalten über die Veränderung externer Bedingungen zu verändern suchen, wenden sich mehrere Techniken direkt an das Individuum und versuchen über die Veränderung individueller kognitiver Konstrukte (z.B. Wissen, Einstellungen, Verantwortungszuschreibungen), zu einer Verhaltensänderung anzuregen. Hier erscheint es uns sinnvoll, zwischen *wissenszentrierten* und *normzentrierten* Strategien zu unterscheiden. Als wissenszentriert bezeichnen wir Techniken, die *Wissen* in einem weiteren Sinne vermitteln (Problemwissen, Handlungswissen, Wissen über das individuelle Verhalten und seine Konsequenzen). Der Einsatz dieser Techniken basiert auf der Annahme, daß Individuen ihr Verhalten wissensbasiert steuern, indem sie beispielsweise die Konsequenzen ihres Handelns berücksichtigen. Außerdem wird davon ausgegangen, daß der Zielgruppe bestimmte Informationen zu einer angemessenen Verhaltenssteuerung fehlen. Diese Informationsdefizite werden dann gezielt behoben.

Als normzentriert bezeichnen wir Techniken, die darauf abzielen, beim einzelnen *soziale Normen* und *Verantwortungsübernahme* anzuregen. Die so bezeichneten Strategien vermitteln zwar meist auch Wissen, darüber hinaus werden jedoch direkt (z.B. durch die Vorgabe von Zielen) oder indirekt (etwa durch den Einsatz von *Blockleadern*) Normen vermittelt bzw. angeregt.

Im folgenden werden zunächst die wissenszentrierten Techniken und anschließend die normzentrierten Strategien beschrieben. Überlegungen zur Wirksamkeit werden jeweils abschließend angestellt.

Schriftliche Vermittlung von Handlungs- und Problemwissen
Eine intuitiv naheliegende und auch weit verbreitete Strategie zur Verhaltensänderung ist die *Vermittlung von Problemwissen*, d.h., es wird auf das Ausmaß eines spezifischen Umweltproblems (z.B. des Treibhauseffektes) hingewiesen und der Zusammenhang zum individuellen Handeln verdeutlicht (eigener Energiekonsum). Häufig wird in Verbindung mit diesen Probleminformationen auch *Handlungswissen* vermittelt, indem erläutert wird, welche Verhaltensänderungen konkret gewünscht werden (z.B. Verzicht auf Vollbäder, Drosseln der Raumtemperaturen). Gerade die schriftliche Vermittlung von Handlungs- und Problemwissen ist weit verbreitet. Wer kennt nicht die unzähligen Broschüren über Energiesparen im Haushalt oder über Mülltrennung, in der nach einer kurzen Problemdarstellung Handlungswissen - meist in Form von Tips - vermittelt wird. Entsprechend häufig ist die Technik der schriftlichen Informationsvermittlung auch in Interventionsstudien eingesetzt worden. Zwar zeigt diese Strategie in einer ganzen Reihe von Studien Erfolge (im Bereich des Recyclings: z.B. Burn & Oskamp, 1986; Jacobs & Bailey, 1982/83; beim Energiesparen: Luyben 1980a, 1980b, 1982/83; im Bereich Littering: Oli-

ver, Roggenbuck & Watson, 1985; Reiter & Samuel, 1980); verglichen mit anderen Techniken (z.B. technische Veränderungen oder Belohnungen) sind die Effekte jedoch eher schwach (z.B. Jacobs & Bailey, 1982/83; Van Houten et al., 1983).

Ein Sonderfall der schriftlichen Vermittlung von Handlungswissen sind knapp formulierte *Verhaltenshinweise* (prompts), die oft als Schilder dort angebracht sind, wo das Verhalten erfolgt bzw. (nicht mehr) erfolgen soll. In der Abbildung 6.4 findet sich eine Auswahl von solchen Hinweisschildern.

Abbildung 6.4: Einige alltägliche Verhaltenshinweise

Bitte beim Verlassen des Raumes die Heizung abdrehen!

Rauchen verboten!

L i c h t ?

Haltet die Uni sauber!

BITTE DEN TISCH ABRÄUMEN!

Nur für Weissglas!

Bitte keine heiße Asche einfüllen!

Verhaltensaufforderungen bzw. -verbote sollten genau dort angebracht sein, wo das entsprechende Verhalten ausgeführt werden soll, bzw. wo das unerwünschte Verhalten unterbleiben soll. Beispielsweise sollte die Aufforderung, vor dem Verlassen des Raumes die Heizung abzudrehen, dort plaziert werden, wo sie die unerwünschte Verhaltensalternative (Verlassen des Raumes, ohne die Heizung abgedreht zu haben) unterbricht, z.B. in Augenhöhe neben der Tür. Aber nicht nur die Plazierung, auch die Formulierung solcher Hinweise ist relevant. Höfliche Bitten erzielen im allgemeinen eher die erwünschte Reaktion als strenge Ge- und Verbote (vgl. Bell, Green, Fisher & Baum, 1996).

Vermittlung von Wissen über das eigene Verhalten (Feedback)
Eine weitere Strategie zur Verhaltensänderung basiert auf der Rückmeldung des individuellen Verhaltens bzw. seiner Konsequenzen. Vor allem im Bereich der Förderung des Energiesparens wurde diese Technik häufig eingesetzt. Zurückgemeldet wurde meist nicht das konkrete Energienutzungsverhalten, sondern Verhaltensergebnisse (z.B. Energieverbrauch in Kilowattstunden oder Energiekosten). Dabei wird in einigen Studien über eine entsprechende Anzeige in der Wohnung der aktuelle Stromverbrauch permanent angezeigt (McClelland & Cooke, 1979/80; Sexton, Johnson & Konakayama, 1987), in anderen Studien wird der Verbrauch für den zurückliegenden Tag, bzw. für längere Zeiträume, dem einzelnen Haushalt schriftlich zurückgemeldet (Hayes & Co-

ne, 1981; Katzev, Cooper & Fisher, 1980/81). In Kasten 6.3 wird eine Studie näher beschrieben, in der erfolgreich Feedback zur Verhaltensänderung eingesetzt wurde. Studien, die Feedback einsetzen, berichten überwiegend positive Effekte, die allerdings mit Beendigung des Feedbacks meist verschwinden.

Kasten 6.3: Rückmeldung des monatlichen Energieverbrauchs - Studie von Hayes und Cone (1981)

Da ihnen ein tägliches Feedback für eine dauerhafte Intervention zu aufwendig erschien, erprobten Hayes und Cone (1981) eine schriftliche monatliche Rückmeldung des Energieverbrauchs. Vierzig zufällig ausgesuchte Haushalte erhielten Rückmeldung darüber, um wieviel Prozent ihr aktueller Energieverbrauch über bzw. unter dem Verbrauch im selben Monat der letzten drei Jahre lag. Neben der relativen Verbrauchsveränderung wurde aufgeführt, wieviel Geld damit gespart bzw. zusätzlich gezahlt wurde, und es wurde der tatsächliche Stromverbrauch des letzten Monats angegeben. Abbildung 6.5 ist zu entnehmen, daß die Intervention zu einer deutlichen Reduktion führte. Nach Wegfall der Rückmeldung kehrte die Interventionsgruppe auf das alte Verbrauchsniveau zurück.

Abbildung 6.5: Energieverbrauch in Haushalten mit und ohne Feedback (nach Hayes & Cone, 1981)

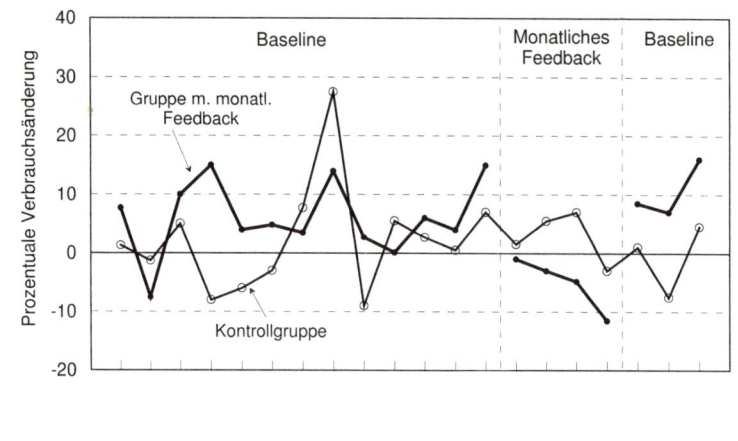

Wirksamkeit der wissenszentrierten Techniken

Techniken der Wissensvermittlung kommen in breitangelegten Interventionsprogrammen sehr häufig zur Anwendung, dies gilt vor allem für die schriftliche Vermittlung von Problem- und Handlungswissen. Neben dem Aspekt, daß diese Technik bei einer großen Zielgruppe besonders kostengünstig ist, gibt es für den Einsatz dieser Strategie auch psychologische Gründe.

Wissensvermittlung kann als wichtige Voraussetzung für Verhaltensänderungen betrachtet werden; vor allem für die Vermittlung von Handlungswissen leuchtet dies unmittelbar ein: Ohne zu wissen, *wie* man sich umweltschonend verhalten soll, kann man es nicht, auch wenn man will. Darüberhinaus ist Probleminformation notwendig, um die intrinsische Motivation für das umweltschonende Verhalten zu fördern und zu erhalten. Wie wir bereits dargestellt haben, kann die Veränderung von externen Handlungsbedingungen (z.B. die Belohnung für die Teilnahme am Recycling) zu Verhaltensänderungen führen, die allerdings meist nur solange aufrechterhalten werden, wie die Intervention andauert. Wenn aber gleichzeitig mit der Gabe einer Belohnung auch Probleminformationen geliefert werden (z.B. über knapper werdende Ressourcen, Mangel an Deponieraum), kann die Verhaltensänderung auch zu einer Einstellungsänderung führen und die Verhaltensänderung dauerhaft stützen (daß es in Folge von Verhaltensänderungen zu Einstellungsänderungen kommen kann, wurde bereits in Kap. 5.2.5 erläutert). Insofern ist die Gabe von Probleminformationen auch als Ergänzung von Techniken sinnvoll, die an externen Bedingungen ansetzen (vgl. Geller, 1989).

Die Technik der Informationsvermittlung wird daher in Interventionsstudien sehr häufig eingesetzt, oftmals mit anderen Techniken kombiniert (z.B. mit Belohnung) und ist in solchen Kombinationen auch meist (mit) erfolgreich. Allein und im Vergleich mit anderen Techniken hat die schriftliche Wissensvermittlung meist nur schwache Effekte.

Als wirksamste wissenszentrierte Technik hat sich die Gabe von individuellem Feedback erwiesen, vor allem im Bereich der Förderung des Energiesparens. Hier ist sie allerdings immer mit einer materiellen Belohnung verknüpft, denn eine Reduktion des Energieverbrauchs bedeutet - bei verbrauchsabhängigen Stromkosten - immer eine Geldersparnis. Insgesamt ergibt sich somit das Bild, daß wissenszentrierte Strategien z.T. notwendige Bedingungen für dauerhafte Verhaltensänderungen darstellen bzw. eine wichtige Unterstützungsfunktion haben.

Persönliche Vermittlung von Problem- und Handlungswissen

In einigen Interventionsstudien wurde Problem- und Handlungswissen nicht schriftlich, sondern im persönlichen Gespräch vermittelt. Da in dieser Situation neben dem Wissen auch soziale Normen vermittelt werden (sofern die informierende Person Informationen und Verhaltensaufforderungen mit persönlichem Engagement vorträgt), betrachten wir dieses Vorgehen als *normzentrierte* Technik.

Einen ersten Hinweis auf die Wirksamkeit dieser Strategie im Bereich der Veränderung von Umweltverhalten liefert eine Studie von Burn und Oskamp (1986). Sie ließen Pfadfinder Informationen zum Recycling persönlich vermitteln. Obwohl es sich um Haushalte handelte, die sich zuvor über sechs Wochen nicht am Recycling (regelmäßige Straßenabfuhr) beteiligt hatten, erreichten

Burn und Oskamp mit ihren Interventionspaketen über sechs Wochen betrachtet Beteiligungen von 15 % bis 19 % (in der Kontrollgruppe lag die Beteiligung bei 3 %). Allerdings wurde die Technik der persönlichen Informationsvermittlung immer kombiniert eingesetzt (zusammen mit schriftlicher Information, mit Selbstverpflichtung, bzw. mit beidem). Dieses Evaluationsproblem ergibt sich auch bei einer Studie von Spacarelli, Zolik und Jason (1989/90). Sie verglichen die Wirksamkeit schriftlicher Aufforderungen zum Altpapierrecycling (Handzettel) mit der Wirksamkeit einer persönlichen Aufforderung, die mit der Verteilung des Handzettels verknüpft wurde (Persönliche Aufforderung plus Handzettel). Als wirksam erwies sich lediglich die Kombination, nicht die schriftliche Information allein.

Vorgabe von Zielen

Hierbei handelt es sich um die einfache Strategie, Individuen mit einer vorgegebenen Verhaltensnorm zu konfrontieren. McCaul und Kopp (1982) gaben College-Studierenden das konkrete Ziel vor, täglich vier Aluminiumdosen zu sammeln. Im Gegensatz zur Gruppe der Studierenden, die keine Zielvorgabe erhielten, sammelten die Studierenden daraufhin in einem zweiwöchigen Zeitraum 37 % mehr Dosen als Studierende ohne Zielvorgabe.

Verpflichtung

Die Technik der Selbstverpflichtung (*commitment*) besteht darin, Personen darum zu bitten, sich schriftlich oder mündlich zu einer konkreten Verhaltensweise (etwa dem Sammeln von Altpapier) zu verpflichten. Diese Verpflichtung ist immer ein sozialer Akt, da sich die Person zwar freiwillig, jedoch immer gegenüber einer Person oder Institution verpflichtet. Selbstverpflichtung wurde von einer Forschungsgruppe um Katzev (z.B. Pardini & Katzev, 1983/84) in mehreren Interventionsstudien zur Veränderung von Umweltverhalten eingesetzt (Transportmittelwahl und Recycling) und intensiv untersucht. Die Technik basiert theoretisch auf dem *minimal justification principle* (Lepper, Greene & Nisbett, 1973). Dieses Prinzip besagt, daß internale Kontrolle einen stärkeren und dauerhafteren Einfluß auf Verhalten hat als externe Kontrolle. Die dauerhafte Wirksamkeit dieser Technik konnte in mehreren Studien gezeigt werden; im Bereich der Transportmittelnutzung durch Bachmann und Katzev (1982) und im Bereich der Förderung von Recycling (Burn & Oskamp, 1986; Pardini & Katzev, 1983/84; s. Kasten 6.4).

De Leon und Fuqua (1995) problematisieren, daß in manchen Studien zur Selbstverpflichtung nur das Verhalten von Personen berücksichtigt wird, die sich tatsächlich verpflichteten (Burn & Oskamp, 1986; Pardini & Katzev, 1983/84). Damit verknüpft stellt sich die Frage der Generalisierbarkeit der festgestellten Effekte, denn es ist nicht davon auszugehen, daß alle Personen einer Zielgruppe eine vorgeschlagene Selbstverpflichtung auch tatsächlich eingehen. In ihrer Studie berücksichtigten De Leon und Fuqua (1995) daher auch das Verhalten von Personen, die zwar schriftlich zur Selbstverpflichtung aufgefordert worden waren, darauf aber nicht eingingen. Hier zeigte diese Technik keine Effekte.

Kasten 6.4: Studie zum Vergleich von mündlicher und schriftlicher Selbstverpflichtung (Pardini & Katzev, 1983/84)

Pardini und Katzev (1983/84) verglichen in einer Studie zur Förderung der Beteiligung an der Altpapiersammlung (regelmäßige Straßensammlung) verschieden starke Formen der Selbstverpflichtung. Sie verteilten 30 Haushalte per Zufall auf drei Interventionsgruppen:

Haushalte in der *Informationsgruppe* erhielten lediglich einen Zettel, der über das Recyclingprogramm und Abholtermine aufklärte. Der Zettel wurde ohne persönlichen Kontakt vor die Tür gelegt.

Haushalte in der „*verbalen"* Selbstverpflichtungsgruppe wurden persönlich über das Programm informiert und gefragt, ob sie sich für zwei Wochen zur Teilnahme bereit erklären (was alle taten).

Haushalte in der „*schriftlichen"* Selbstverpflichtungsgruppe wurden darüber hinaus gebeten, eine entsprechende Erklärung zu unterzeichnen (was auch in dieser Gruppe alle taten).

In dieser Studie erfolgte keine Vorher-Nachher-Messung, sondern die Beteiligung am Recycling wurde für den zweiwöchigen Verpflichtungszeitraum erhoben und für die darauf folgenden zwei Wochen. Abbildung 6.6 zeigt die Meßergebnisse. Die Haushalte in der Gruppe mit schriftlicher Selbstverpflichtung zeigten eine höhere Beteiligung im Interventionszeitraum und v.a. in der Nacherhebung.

Abbildung 6.6: Effekte von verbaler und schriftlicher Selbstverpflichtung (nach Pardini & Katzev, 1983/84)

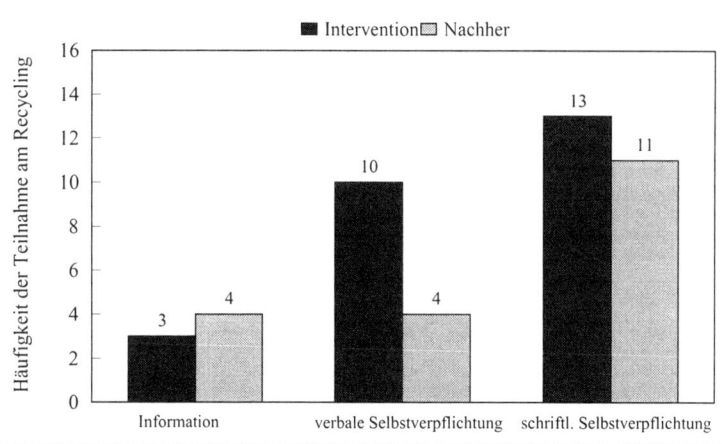

183

Soziale Modelle

Immer wieder werden zur Verhaltensänderung *soziale Modelle* eingesetzt, z.B. werden per Film oder real Personen gezeigt, die das erwünschte Verhalten ausführen. Obwohl diese Technik auch als besondere Form der Vermittlung von Handlungswissen betrachtet werden kann, haben wir sie als normzentrierte Technik eingeordnet, da Modelle neben Handlungswissen vor allem soziale Normen vermitteln. Winnett und MitarbeiterInnen haben diese Technik (in Form eines 20minütigen Films, in dem Enegiesparverhalten gezeigt wird) genutzt, um Energiesparverhalten zu fördern. Sie berichten, daß der Einsatz des Films - ebenso wie die vergleichsweise eingesetzte Technik des Feedback - deutliche Verhaltensänderungen erbrachte (Einsparungen zwischen 7% bis 26%), die über neun Wochen anhielten (Winnett et al., 1982).

Kasten 6.5: Studie zum Einsatz von Blockleadern

Burn (1991) setzte zur Förderung von Recyclingverhalten (Straßensammlung) Blockleader und schriftliche Information ein. Die Haushalte in der *Informationsgruppe* erhielten einen Text, in dem massiv für die Teilnahme am Recycling geworben wurde. Die Haushalte der Blockleadergruppe wurden persönlich durch ihren Blockleader angesprochen und zur Teilnahme aufgefordert.

Blockleader waren Personen, die sich bereits regelmäßig am Recycling beteiligten. Sie wurden von der Forscherin persönlich angesprochen und gebeten, ihre NachbarInnen demnächst aufzusuchen und zur Teilnahme am Recycling aufzufordern. Hierzu erhielten die Blockleader eine Adressliste (ca. 10 Haushalte) auf der sie notieren sollten, wann sie die entsprechenden Nachbarn angesprochen hatten. Die Liste sollte an die Forscherin zurückgeschickt werden.

Eine weitere Gruppe wurde zur Kontrolle herangezogen, sie erhielt keinerlei Intervention.

Abbildung 6.7: Beteiligung am Recycling unter verschiedenen Interventionsbedingungen (nach Burn, 1991)

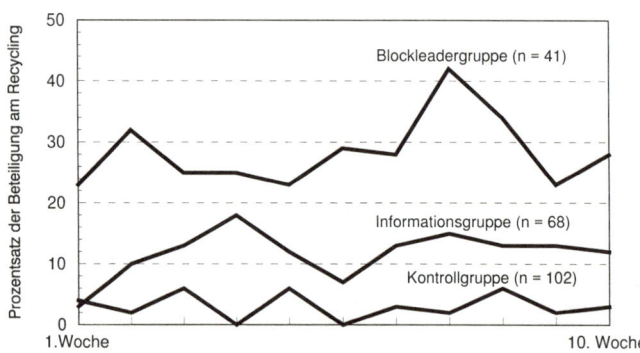

Abbildung 6.7 zeigt die Beteiligung in den drei Gruppen. Erwartungsgemäß ist die Beteiligung in der Kontrollgruppe am geringsten, in der Blockleadergruppe am höchsten. Burn erklärt den Erfolg der Blockleaderstrategie damit, daß diese eine *soziale Norm* vermittelt, bzw. soziale Anerkennung anregt. Außerdem fungieren die Blockleader selbst als soziale Modelle und vermitteln Handlungswissen.

Blockleader

Blockleader sind bisher vor allem im Bereich der Förderung des Recyclings eingesetzt worden. Bei dieser Technik werden aus der Zielgruppe, z.B. den BewohnerInnen eines Wohnblocks oder Straßenzuges, Personen ausgewählt, die bereits das erwünschte Verhalten zeigen (z.B. regelmäßig Wertstoffe sammeln und abgeben). Diese Personen werden dazu aufgefordert, „Blockleader" für ihre NachbarInnen zu sein, d.h. über Wertstoffseparierung und Abholtermine zu informieren und als AnsprechpartnerIn zur Verfügung zu stehen. Burn (1991) erzielte mit dieser Technik (bei gleichzeitigem Einsatz von schriftlicher Information) sehr hohe Beteiligungen von 58% (gegenüber 20% in der Kontrollgruppe). Auch in anderen Studien fand sich ein deutlicher Effekt der Blockleadertechnik (Hopper & Nielsen 1991; Nielsen & Ellington, 1983). Die Wirksamkeit dieser Technik erklären Hopper und Nielsen mit der Aktivierung sozialer Normen. In ihrer Untersuchung können sie zeigen, daß der Einsatz von Blockleadern zu einer stärkeren Übernahme von Verantwortung für Recycling führt.

Wirksamkeit der normzentrierten Techniken

Für viele der Strategien, die durch die Anregung sozialer Normen zur Verhaltensänderung motivieren, hat sich in vergleichenden Interventionsstudien gezeigt, daß sie wirksamer sind als reine Informationsvermittlungsstrategien. Das ist nicht erstaunlich, denn diese Techniken treiben ja über eine reine Informationsvermittlung hinaus noch einen zusätzlichen Aufwand, indem sie diese etwa persönlich vermitteln. Bedeutsam ist aber, daß einige normzentrierte Techniken (Selbstverpflichtung, soziale Modelle, Blockleader) über den Zeitraum der Intervention hinaus wirksam sind. Dadurch scheinen sie nicht nur den wissenszentrierten Techniken überlegen, sondern auch den Techniken, die über die Veränderung externer Bedingungen Verhalten zu beeinflussen suchen.

Allerdings sind normzentrierte Techniken personell aufwendig. Dies gilt vor allem für die Techniken, die einen persönlichen Kontakt erfordern (Persönliche Vermittlung von Informationen, persönliches Einholen einer Selbstverpflichtung, Einsatz von Blockleadern). Vor dem Hintergrund knapper Ressourcen erscheint daher der Blockleaderansatz vielversprechend, da hier Teile der Zielgruppe als MultiplikatorInnen eingesetzt werden.

Die Verhaltensbeeinflussung durch die Vermittlung sozialer Normen mag für einige LeserInnen einen unangenehmen, „moralinsauren" Beigeschmack haben. Aus einer Perspektive heraus, die soziale Einflüsse eher negativ sieht, könnte man vielleicht von „sozialer Kontrolle" oder von „sozialem Druck" sprechen. Ob es legitim ist, Verhalten durch das Anregen sozialer Normen zu ändern, ist eine Frage, die hier nicht beantwortet werden kann. Da es beim Umweltschutz um einen *hohen allgemeinen Wert* geht, erscheint den AutorInnen in diesem Zusammenhang das Ansprechen sozialer Normen gerechtfertigt. Dabei ist allerdings zu berücksichtigen, inwiefern die Norm in der Zielgruppe prinzipiell akzeptiert wird. Auch hier können sich sonst Reaktanzprobleme ergeben.

6.2.3 Externe oder interne Anreize?

Abschließend zu diesem Kapitel sollen einige Überlegungen zur Wirksamkeit von Interventionsstrategien angestellt werden. Vorab möchten wir Ihnen vorschlagen, anhand einer Aufgabe über Ihre eigenen Erfahrungen im Bereich der Verhaltensänderung einmal nachzudenken.

Vielleicht haben Sie bereits Erfahrungen damit gemacht, auf welche Weise sie Menschen in ihrer Umgebung dazu bringen können, ihr Verhalten dauerhaft zu ändern. Betrachten Sie ein für Sie bedeutsames Problemverhalten (z.B. das Mülltrennungsverhalten Ihrer NachbarInnen, das Arbeitsverhalten in Ihrer Lerngruppe). Welche der oben dargestellten Strategien, glauben Sie, wäre hier angemessen und wirksam? Welche Strategie hätte bei Ihnen persönlich den besten Erfolg? Kämen bestimmte Strategien für Sie oder andere gar nicht in Frage?

Vor dem Hintergrund der Diskussion, ob Umweltverhalten durch externe Handlungsbedingungen oder aufgrund einer Motivation von innen gesteuert wird, läßt sich die Frage stellen, ob die Techniken, die an externen Handlungsbedingungen ansetzen, wirksamer sind als die Techniken, die an die Vernunft oder Verantwortung von Personen appellieren. Vor allem in den Anfangsjahren der Interventionsforschung wurden hierzu Studien durchgeführt und beispielsweise die Gabe von Information mit Belohnungsstrategien verglichen. Hierbei erwiesen sich Belohnungen bzw. Lotterien meist als effektiver (Geller, Chaffee & Ingram, 1975; Jacobs & Bailey, 1982/83; Witmer & Geller, 1976). Auch technische Veränderungen zeigten sich in einigen Studien reinen Informationsstrategien überlegen (Van Houten et al., 1981). Es mußte also festgestellt werden, daß Wissensvermittlung zwar eine wichtige Voraussetzung für Verhaltensänderungen darstellt, jedoch in vielen Fällen nicht hinreichend zu sein scheint. Vor dem Hintergrund der oben angesprochenen Diskussion mag damit der Eindruck entstanden sein, daß Verhalten letztlich doch von externen Faktoren abhängt.

Vor allem in den letzten Jahren wurden jedoch verstärkt Techniken entwickelt, die über die Aktivierung sozialer Normen Umweltverhalten zu verändern suchen. Für diese Strategien konnte in mehreren Studien gezeigt werden, daß auch sie reinen Informationsstrategien überlegen sind (Burn, 1991; Burn & Oskamp, 1986; Pardini & Katzev, 1983/84; Spaccarelli, Zolik & Jason, 1989/90). Darüber hinaus konnten für diese Techniken Langzeiteffekte gezeigt werden (Burn, 1991; Burn & Oskamp, 1986; Cobern et al., 1995; Pardini & Katzev, 1983/84).

Eine Entscheidung darüber, ob Umweltverhalten von externen oder internen Handlungsbedingungen abhängt, läßt sich auch aus diesen Befunden nicht ableiten. Wohl aber die Einsicht, daß *sowohl* Verhaltenserleichterungen und ökonomische Anreize *als auch* die Anregung sozialer Normen zur Veränderung von Umweltverhalten führen können. Welche Strategie im konkreten Fall vermutlich effektiver ist, dürfte auch vom Verhaltensbereich abhängen. Diese Überlegung ist in der Interventionsforschung bisher kaum anzutreffen. So ist es denkbar, daß zwar Mülltrennungsverhalten durch normzentrierte Strategien gefördert werden kann, nicht aber der Umstieg auf umweltschonende Verkehrsmittel. Wie wir in Kap 5.3.5 dargestellt haben, gibt es Hinweise darauf, daß es sinnvoll ist, verschiedene Typen von Umveltverhalten zu unterscheiden, die unterschiedlich schwierig sind bzw. mit unterschiedlich hohen Kosten verknüpft. Vor diesem Hintergrund lassen sich Überlegungen anstellen, ob leichtes Umweltverhalten eher durch normzentrierte Strategien beeinflußbar ist als sehr schwieriges. Guagnano, Stern und Dietz (1995) vertreten die These, daß für normzentrierte Interventionen insbesondere Verhaltensweisen im mittelschweren Bereich in Frage kommen.

Ein weiterer relevanter Aspekt, der bei der Bewertung von Interventionsstrategien bedacht werden muß, ist die Möglichkeit einer zielgruppenspezifischen Wirkung von Interventionen. So ist es nicht unplausibel, daß Menschen unterschiedlich gut auf verschiedene Strategien der Verhaltensänderung „ansprechen". Informationsstrategien haben vermutlich dann große Effekte, wenn in der Zielgruppe tatsächlich ein Informationsbedarf vorliegt; soziale Normen lassen sich nur dort anregen, wo sie bereits existieren.

Welcher Weg im konkreten Anwendungsfall eingeschlagen wird, sollte also unbedingt nach den Bedingungen „vor Ort" entschieden werden (s. Kap. 6.5).

6.3 Intervention als Initiation von sozialem Wandel

Umweltprobleme lassen sich nicht dadurch bewältigen, daß nur einzelne Individuen ihr Alltagsverhalten verändern. Gerade bei den globalen Umweltproblemen ist es nötig, daß ein sozialer Wandel in Bevölkerungsgruppen eintritt. Um einen solchen Wandel zu erreichen, erscheint es wünschenswert, neben individuumzentrierten Strategien auch solche Techniken bzw. Heuristiken zu entwickeln, die gezielt Gruppenprozesse in Gang bringen, welche in ihrer Gesamtheit zu dem gewünschten sozialen Wandel - beispielsweise beim Energiekonsum - beitragen. In jüngster Zeit mehren sich im Bereich der Umweltpsychologie theoretische und vor allem praktische Ansätze, die diese Perspektive einnehmen und explizit auf die Verhaltensänderung von Gruppen bzw. sozialen Systemen zielen.

Die theoretische Entwicklung in diesem Bereich wird vor allem von Mosler und Gutscher (1996; Gutscher & Mosler, 1996) vorangetrieben. Sie arbeiten an der Entwicklung eines Modells zur Vorhersage des Umweltnutzungsverhaltens von Gruppen. Ihr Modell berücksichtigt neben einer Interaktion zwischen Individuum und Umweltressource auch die Interaktion der einzelnen Gruppenmitglieder untereinander. Mit Hilfe ihres computerbasierten Modells bearbeiten sie beispielsweise die Frage, wie eine umweltbewußte Minderheit instruiert und organisiert werden sollte, um langfristig die Gesamtgruppe in ihrem Umweltverhalten positiv zu beeinflussen.

Praktische Arbeiten zur oben skizzierten Perspektive, also Interventionsstudien zur Veränderung des Umweltverhaltens von Gruppen, sind im deutschsprachigen Raum von einer Kieler Arbeitsgruppe entwickelt worden (Prose, 1997; Prose, Hübner & Kupfer, 1994; Prose & Wortmann, 1991a). Bezogen auf kleinere, überschaubare Gruppen wurden in einer Reihe von Bochumer Arbeiten Interventionskonzepte vorgestellt (Busse & Matthäus, 1993; Matthies & Brüggemann, 1996; Matthies & Krömker, 1995).

Im folgenden sollen vor allem diese praktischen Arbeiten und die zugrundeliegenden Heuristiken vorgestellt werden, auf theoretische Annahmen wird dabei nur am Rande eingegangen. Da sich beide Ansätze u.a. auf das Konzept des sozialen Marketings beziehen, soll vorab eine Heuristik von Geller (1989; Geller et al., 1990) vorgestellt werden, da dieser als erster das Konzept des sozialen Marketings für den Umweltschutz aufgegriffen hat (6.3.1). Daran anschließend wird das Kieler Konzept des partizipativen sozialen Marketings für den Klimaschutz vorgestellt (6.3.2) und schließlich der Bochumer Ansatz der Intervention im geschlossenen Setting (6.3.3).

6.3.1 Gellers Heuristik zur Entwicklung und Durchführung von breitangelegten Interventionsprogrammen

1989 stellte Geller eine Heuristik vor, mit deren Hilfe psychologische Interventionsprogramme zur Veränderung von Umweltverhalten geplant, durchgeführt und evaluiert werden sollten. Geller verknüpft dabei zwei Konzepte: den auf verhaltenstheoretischen Annahmen beruhenden Ansatz der angewandten Verhaltensanalyse (*applied behavior analysis*) und das Konzept des sozialen Marketings.

Heuristik der angewandten Verhaltensanalyse
Gemäß der angewandten Verhaltensanalyse sollte bei großangelegten Interventionsprogrammen in vier Schritten vorgegangen werden:

1. Bestimmung des Zielverhaltens: Wenn es z.B. darum geht, den Heizenergiekonsum im Privathaushalt zu reduzieren, muß zunächst festgelegt werden, welche konkreten Verhaltensweisen zu diesem Konsum beitragen (z.B. Kaufentscheidungen; Einstellen von Thermostaten; Lüftungsverhalten) und eine Auswahl getroffen werden, welche Verhaltensweisen geändert werden sollen.

2. Implementierung einer Interventionsstrategie: Aus einer Fülle unterschiedlicher Interventionsstrategien (z.B. Belohnung; Technische Veränderungen; Wissensvermittlung; Einsatz sozialer Modelle) werden einzelne oder ein Bündel passender Maßnahmen ausgewählt und durchgeführt. Dabei sind eine Reihe von Richtlinien beachtenswert; u.a. empfiehlt Geller, die Intervention von Personen durchführen zu lassen, die aus der Zielgruppe stammen.

3. Evaluation: Um die Wirksamkeit der Intervention und die Kosteneffizienz beurteilen zu können, sollte idealerweise vor, während und nach der Intervention das Zielverhalten erfaßt werden.

4. Verbreitung: Schließlich sollten die Ergebnisse der Intervention auch verbreitet werden. Damit ist insbesondere gemeint, daß die entsprechenden Studien so publiziert werden, daß auch PraktikerInnen von den Erfahrungen des Interventionsprogramms profitieren können.

Soziales Marketing
Der Ansatz des sozialen Marketings (Kotler & Zaltman, 1971; Novelli, 1984) basiert auf dem betriebswirtschaftlichen Konzept des Marketings, einer Strategie zur optimalen Vermarktung eines Produktes. Das Attribut „*sozial*" hebt darauf ab, daß es hier jedoch nicht um die Vermarktung eines Produktes geht, sondern um die *Vermarktung einer sozialen Idee*. Beispiele für solche sozialen Ideen sind der Gesundheitsschutz im Betrieb, die Aidsprävention, die Akzeptanz von Minderheiten und eben auch der Erhalt der natürlichen Umwelt durch entsprechendes umweltschonendes Verhalten. Das Vorgehen beim sozialen Marketing gliedert sich in vier Schritte (nach Geller, 1989):

1. Marktanalyse: Hier geht es darum, den Markt für die soziale Idee zu erkunden, indem etwa die Wahrnehmung der Problematik und vorhandene Einstellungen der Zielgruppe erhoben werden.

2. Marktsegmentierung: In einem zweiten Schritt soll die Zielgruppe in homogene Subgruppen eingeteilt werden, die hinsichtlich der sozialen Idee z.B. unterschiedliche Wahrnehmungen oder Einstellungen haben.

3. Marketing-Strategie: Um die soziale Idee zu vermarkten, wird auf die klassischen Wege der Vermarktung zurückgegriffen: Produktgestaltung (hier Gestaltung der sozialen Idee und ihrer „Verpackung"); Promotion (z.B. Werbung); Plazierung (d.h. Optimierung der Zugänglichkeit der Idee bzw. ihrer Verbreitungswege) und Preisgestaltung (Berücksichtigung der individuellen Kosten, die mit der Umsetzung der sozialen Idee verknüpft sind).

4. Evaluation: Im Bereich des sozialen Marketings sind meist nur einfache Vorher-Nachher-Messungen möglich; meist handelt es sich um Befragungen der Zielgruppe.

Integration von angewandter Verhaltensanalyse und sozialem Marketing
Geller schlägt vor, die beiden vorgestellten Interventionsheuristiken (angewandte Verhaltensanalyse und soziales Marketing) zu integrieren (s. Abb. 6.8). Hierdurch ergeben sich zwei bedeutsame Erweiterungen des verhaltenstheoretischen Ansatzes. Durch das vorgeschaltete Element der Markt-Analyse wird explizit die Erhebung „kognitiver Faktoren" als notwendig erachtet (z.B. Wahrnehmung der Problematik, Bereitschaft zur Verhaltensänderung), ein Vorgehen, das aus verhaltenstheoretischer Perspektive bisher nicht als sinnvoll galt.

Ein weiteres neues Element ist die Zielgruppensegmentierung, d.h. die Unterteilung der Zielgruppe in relevante Subgruppen. Diese Subgruppen können sich einerseits in ihren physischen Verhaltensbedingungen unterscheiden (z.b. kann es für ältere Menschen körperlich anstrengender sein, ein bestimmtes umweltrelevantes Verhalten, etwa den Kauf von Produkten in Pfandflaschen und -gläsern, zu zeigen), andererseits auch in ihren kognitiven Verhaltensbedingungen, wie etwa in der Problemwahrnehmung.

Abbildung 6.8: Zusammenführung von sozialem Marketing und angewandter Verhaltensanalyse (nach Geller, 1989)

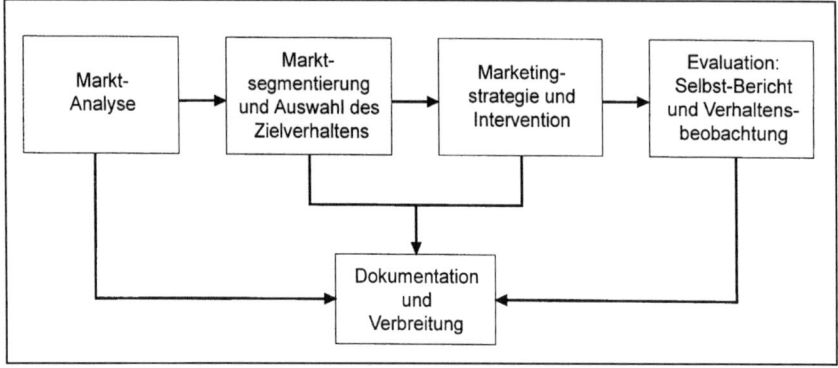

Modell hierarchischer Interventionen

In einer späteren Arbeit von Geller und MitarbeiterInnen (Geller et al., 1990) wird der Gedanke der Zielgruppensegmentierung weiter ausdifferenziert. In dieser Arbeit steht zwar nicht Umweltverhalten im Mittelpunkt, sondern es geht um Sicherheitsverhalten - konkret um die Benutzung des Sicherheitsgurtes; dennoch sind die Grundideen auf die Veränderung von Umweltverhalten übertragbar. Die AutorInnengruppe vertieft hier die Idee, daß ein ideales Interventionsprogramm sich aus verschiedenen Programmteilen zusammensetzen sollte, die unterschiedliche Zielgruppen ansprechen. Darunter sind Personenkreise zu verstehen, die unterschiedlich schwer zu einer Verhaltensänderung zu bewegen sind. Diese Gruppen erfordern entsprechend unterschiedlich *intensive* Interventionstechniken. Die AutorInnen gehen davon aus, daß hochwirksame Techniken sehr personal- und kostenintensiv sind (z.b. persönliche Kommunikation), wohingegen kostengünstige Strategien (z.b. Plakate) weniger gut wirken. Sie schlagen daher vor, Interventionen gestaffelt einzusetzen (s. Abb. 6.9): Zunächst sollte eine wenig intensive, dafür jedoch kostengünstige Strategie eingesetzt werden, die möglichst breit angelegt ist, z.b. Hinweisschilder an Autobahnen und breite Informationsangebote. In weiteren Schritten sollten dann für die „resistenten" Personengruppen zunehmend stärkere und kostspieligere Strategien eingesetzt werden. Bis hin zur intensiven Überzeugungsarbeit in speziellen Gruppen (z.b. gezielte Informationsveranstaltungen in Schulen, um junge Leute anzusprechen, die Sicherheitsgurte besonders stark ablehnen). Um

Kosten zu sparen, sollen Teile der Zielgruppe als „AgentInnen" (*agents*) für die Durchführung von Interventionen auf der nächsthöheren Ebene jeweils mitein-bezogen werden (s. Abb. 6.9).

Abbildung 6.9: Hierarchie multipler Interventionen (nach Geller et al., 1990)

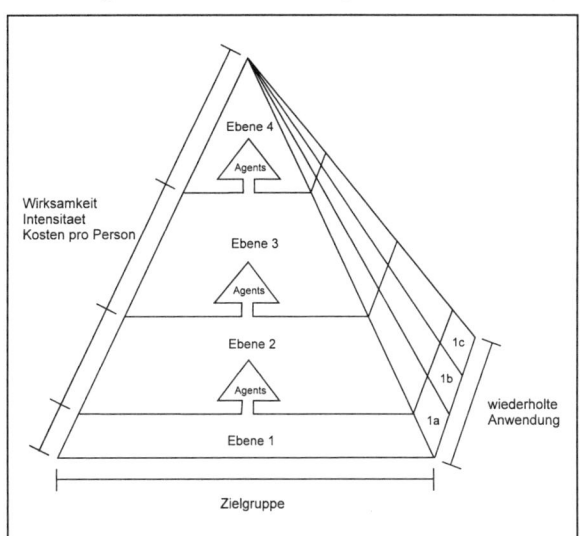

Gellers integrativer Ansatz und sein Modell hierarchischer Interventionen wurde hier aus mehreren Gründen vorgestellt. Zunächst lenkt Geller das Augen-merk auf *große Gruppen* und gleichzeitig auf den *Prozeß* der Gestaltung und Durchführung von Interventionsprogrammen. Darüber hinaus finden sich bei Geller erste Ansätze der *Einbeziehung von Teilen der Zielgruppe* in die Inter-ventionsgestaltung und -durchführung. Diese Ideen werden in den Konzepten und Projekten der beiden nachfolgenden Kapitel aufgegriffen und verfeinert.

6.3.2 Partizipatives Soziales Marketing

Das Konzept des sozialen Marketings wurde durch eine Kieler Arbeitsgruppe um Prose (Prose, 1997; Prose et al., 1994; Prose & Wortmann, 1991a) für die Verbreitung der Klimaschutzidee (Klimaschutzaktion „nordlicht") aufgegriffen. Gestützt auf sozialpsychologische Theorien wurde der Ansatz dabei um ein partizipatives Element erweitert. Im Konzept des *partizipativen sozialen Mar-ketings* wird davon ausgegangen, daß große Teile der Zielgruppe bereit sind, die soziale Idee, angepaßt auf ihre Situation vor Ort, persönlich weiterzutragen. Dieses Weitertragen ist der Kern des partizipativen sozialen Marketings. Prose benutzt zur Verdeutlichung den Begriff *Schneeballeffekt*. Im Idealfall soll jede von der Aktion angesprochene Person die Idee an eine oder mehrere Personen weitervermitteln, so daß eine schnelle und breite Streuung einsetzt. Das Ver-breiten einer sozialen Idee über persönliche Kontakte ist dabei nicht nur kostensparend, sondern auch besonders wirksam. Prose kann sich hier u.a. auf Theorien der Einstellungsänderung beziehen (Petty & Cacioppo, 1986).

Das Konzept der Verbreitung bzw. *Diffusion* (vgl. Rogers & Shoemaker, 1971) bezieht sich nicht nur auf die Klimaschutz*idee*, sondern gilt auch für konkretes Klimaschutz*verhalten*. Als wichtiger Mechanismus der Diffusion von Verhalten wird *Modellernen* angesehen (Bandura, 1986). Bezogen auf Klimaschutzmaßnahmen kann beispielsweise bei NachbarInnen und FreundInnen direkt beobachtet werden, daß Energiesparlampen verwendet werden. Personen aus dem eigenen Bekanntenkreis können somit als Vorbilder für Energiesparverhalten fungieren und sind dabei aufgrund ihrer Vertrautheit und persönlichen Glaubwürdigkeit vermutlich wirksamer als unbekannte, „neutrale" Modelle.

Ein weiterer Mechanismus, den sich das partizipative soziale Marketing (PSM) zunutze macht, ist die Stützung einer Verhaltensänderung durch die Förderung der Wahrnehmung entsprechender sozialer Normen. Indem der einzelne über Personen seines sozialen Umfeldes zu klimaschützendem Verhalten angeregt wird, vermittelt sich gleichzeitig die soziale Norm, beim Klimaschutz mitzumachen. Die „nordlicht"-Kampagne wendet sich daher auch gezielt an MultiplikatorInnen und ganze soziale Netze (Vereine, Schulklassen, Nachbarschaften, Gemeinden).

Abbildung 6.10: Modell für die Verbreitung und Unterstützung der Klima-schutz-Idee (nach Prose, Hübner, Kupfer, 1992)

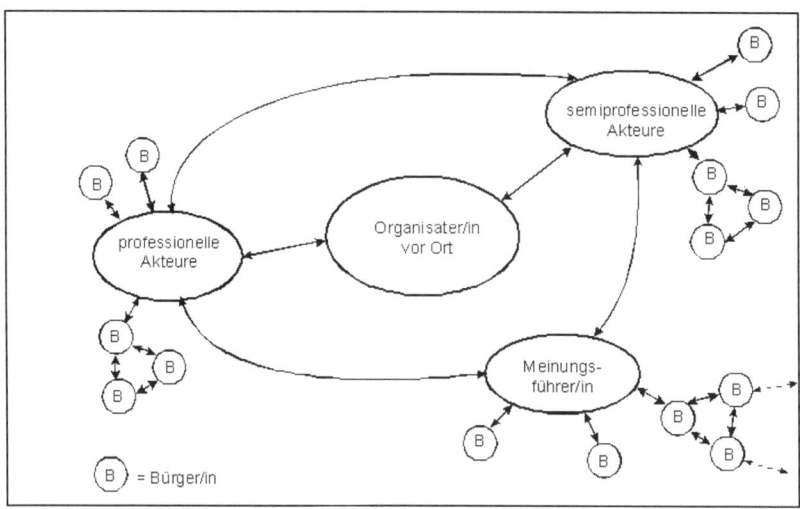

Die Kieler Klimaschutzaktion „nordlicht" umfaßt insbesondere die Aktionen „Strom und Wasser sparen" und „Weniger ist mehr beim Autoverkehr".

Konkret drückt sich die PSM-Strategie in diesen Aktionen darin aus, daß sie sich mit der Klimaschutzidee und Vorschlägen zur Verhaltensänderung direkt an MultiplikatorInnen wendet und auf diese Weise die Diffusion dieser Idee in

Gang bringt (s. Abb. 6.10). Hierzu bedient sich die Kampagne jeweils eines vierseitigen Handzettels, der zur Verbreitung gedacht ist. Auf dem Handzettel werden neben einigen knappen Hintergrundinformationen zum Energie- und Wassersparen bzw. zur Einschränkung bei der PKW-Nutzung[22] eine Reihe einfacher und konkreter Hinweise zur Verhaltensänderung gegeben. Die Aufgaben auf dem Handzettel sind dabei so gewählt, daß sie sich leicht verbreiten lassen. Beispielsweise werden im Rahmen der Stromsparaktion Personen dazu aufgefordert *zwei* Energiesparlampen zu kaufen; eine für den eigenen Haushalt und eine weitere, um sie zu verschenken. Somit wird gezielt die persönliche Kommunikation der Idee und auch Modellverhalten angeregt.

Aufgrund der unbestimmten Größe der Zielgruppe (mit „nordlicht" sollen im Prinzip alle BürgerInnen der Industrienationen auf der Nordhalbkugel erreicht werden), ist es schwierig, die Wirksamkeit der Kampagne genau zu bestimmen. Eine Möglichkeit der Evaluation besteht in der Auswertung der Rückmeldecoupons. Auf der Rückseite der Handzettel zum Stromsparen und zur Reduktion der PKW-Nutzung wird dazu aufgefordert, jede Beteiligung an die Kieler Zentrale rückzumelden. Aus diesen zurückgeschickten Coupons läßt sich beispielsweise für die PKW-Kampagne feststellen, daß bis März 1997 (Beginn der Aktion war 1994) ca. 2000 Personen an der Aktion teilnahmen und insgesamt 276 327 eingesparte Kilometer berichten. Die Rückmeldecoupons bieten allerdings keine sichere Grundlage für die Analyse der tatsächlichen Beteiligung und Verbreitung. Eine Evaluationsstudie zur ersten „nordlicht"-Kampagne, die in Schleswig-Holstein durchgeführt wurde (Prose et al., 1994), konnte zeigen, daß nur ein Bruchteil der TeilnehmerInnen ihre Teilnahme auch tatsächlich rückmelden. Die Wirksamkeit von „nordlicht" kann also - wie jede breitangelegte Kampagne - nicht eindeutig bestimmt werden. An die Stelle der Evaluation der internen und externen Validität tritt hier die „Prozeßevaluation", d.h. die genaue Dokumentation der Intervention, einschließlich der auftretenden Probleme und Lösungsmöglichkeiten.

6.3.3 Intervention im geschlossenen Setting

Anfang der neunziger Jahre wurde in Bochum in einer Reihe von Diplomarbeiten das Konzept der „Intervention im geschlossenen Setting" entwickelt und zur Planung und Durchführung von Interventionen im Bereich der Mülltrennung und Müllvermeidung angewandt (Brüggemann, 1995; Busse & Matthäus, 1993; Matthies & Brüggemann, 1996; Matthies & Krömker, 1995). Hierbei handelt es sich - ähnlich wie bei Gellers Konzept (s.o.) - um eine Interventions*heuristik*, d.h. um ein Rahmenkonzept zur Entwicklung und Durchführung von Interventionen. Der Begriff „geschlossenes Setting" bezieht sich dabei sowohl auf Aspekte der Zielgruppe als auch auf die Situation, in der die Intervention stattfindet. Bei der Zielgruppe sollte es sich um eine überschaubare, d.h. um eine gut abgrenzbare und vernetzte Gruppe handeln, die in einem räumlich ge-

---

[22] Eine detaillierte Darstellung der Aktion zur PKW-Nutzung findet sich bei Prose (1997).

schlossenen Setting miteinander agiert (z.B. die SchülerInnen einer Schule, die BewohnerInnen eines Wohnhauses, oder das Personal eines Krankenhauses). Auch die Bezugsgröße für das Zielverhalten sollte sinnvoll abgrenzbar sein. So bildet das Müllaufkommen *der gesamten Schule* eine klare Zielgröße für eine Intervention, die auf *alle* SchülerInnen und LehrerInnen zielt.

Die zentrale Idee des Bochumer Interventionskonzeptes ist eine sehr weitgehende *Einbeziehung der Zielgruppe* in die Planung und Durchführung der Intervention. Im Idealfall wird lediglich ein Prozeß angestoßen, in dessen Verlauf sich die Zielgruppe selbst ein Maßnahmenbündel zusammenstellt und dieses auch umsetzt. Dieser Prozeß sollte allerdings begleitet und unterstützt werden.

Art und Ausmaß der Beteiligung der Zielgruppe kann im konkreten Fall sehr unterschiedlich sein. Matthies und Krömker (1995) wendeten das Konzept auf die BewohnerInnen eines Studierendenwohnheims an und erreichten eine sehr weitgehende Selbstbeteiligung und Selbstgestaltung (s. Kasten 6.7). Busse und Matthäus (1993, s.a. Matthäus & Busse, 1996) konnten bei einer Intervention in einem Pflegeheim dagegen nur eine relativ geringe aktive Beteiligung erreichen (s. Kasten 6.6).

Theoretische Basis für das Konzept der Intervention im geschlossenen Setting ist die Betrachtung der Zielgruppe als „soziales System", das aufgrund seiner autonomen Steuerungslogik von außen nicht gezielt manipuliert werden kann (vgl. Schiepek, 1991). Von außen ist lediglich eine „Verstörung" des Systems möglich, und auch diese kann nur gelingen, wenn sich die Intervenierenden an das System „ankoppeln" können[23].

Abbildung 6.11: Die drei Phasen der Heuristik „Intervention im geschlossenen Setting"

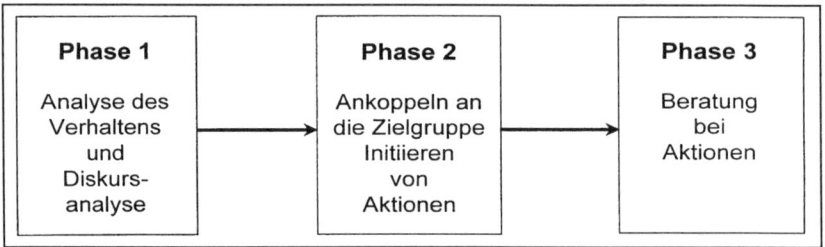

Phase 1	Phase 2	Phase 3
Analyse des Verhaltens und Diskurs-analyse	Ankoppeln an die Zielgruppe Initiieren von Aktionen	Beratung bei Aktionen

Vorgehen bei der Intervention im geschlossenen Setting
Ausgangspunkt für eine solche partizipative Intervention ist die Erteilung eines „Auftrages". Dieser kann von Teilen der Zielgruppe (z.B. SchülerInnen oder Schulpflegschaft) oder auch von außen (Schulbehörde) an die InitiatorInnen der Intervention herangetragen werden. Das konkrete Vorgehen läßt sich in drei Phasen gliedern (s. Abb. 6.11).

---

[23] Diese Perspektive wird beispielsweise in der systemischen Therapie eingenommen (vgl. Ludewig, 1995).

1. Analyse des Verhaltens und Diskursanalyse: In dieser Phase geht es darum, den spezifischen Kontext, in dem die Intervention stattfinden soll (etwa ein Krankenhaus oder ein Studierendenwohnheim), kennenzulernen. Dabei interessiert neben dem problematischen Verhalten selbst auch der räumliche Kontext und vor allem der *Diskurs über das Problemverhalten.* Wichtig ist beispielsweise, inwiefern das Problem für die gesamte Gruppe Thema ist. Um den Diskurs zu analysieren, können unterschiedliche Wege beschritten werden, beginnend bei informellen Gesprächen bis hin zu regelrechten Umfragen.

2. Ankoppeln an die Zielgruppe: Im Mittelpunkt der zweiten Phase steht die Kontaktaufnahme zu möglichst großen Teilen der Zielgruppe und der Versuch, einen ersten Impuls zur Veränderung zu geben. Bei großen Gruppen ist es praktikabel, eine *offene Arbeitsgruppe* zu initiieren, die sich mit der Gestaltung und Durchführung einer Intervention befaßt (s. Kasten 6.7). In kleineren Gruppen können möglicherweise *alle Gruppenmitglieder* einbezogen werden (s. Kasten 6.6).

3. Beratung bei Aktionen: In dieser Phase geht es um die Unterstützung der Zielgruppe oder einer Teilgruppe bei der Auswahl, Gestaltung und Durchführung von Interventionsmaßnahmen. Im Idealfall ist hier nur eine Vorstellung verschiedener Interventionsmöglichkeiten und organisatorische Unterstützung notwendig. Indem die Auswahl und Ausgestaltung der Interventionstechniken von Teilen der Zielgruppe vorgenommen wird, bzw. mit deren Beteiligung, kann „Insiderwissen" über den situativen Kontext, über Gruppenmerkmale und über Barrieren und Ressourcen direkt genutzt werden.

Konkrete Projekte

Erstmals wurde das Konzept der „Intervention im geschlossenen Setting" in einer Arbeit von Busse und Matthäus (1993) angewandt (s. Kasten 6.6). Hier ging es um Müllvermeidung in einem Pflegeheim. In einer späteren Studie wurde das Konzept benutzt, um die unzureichende Mülltrennung in einem Studierendenwohnheim zu beheben (Matthies & Krömker, 1995; s. Kasten 6.7). Mittlerweile ist es auch in den Settings „Schule" (Brüggemann, 1995) und „Universitäts-Caféteria" (Matthies et al., 1996) eingesetzt worden.

Kasten 6.6: Intervention zur Förderung der Müllvermeidung in einem
Pflegeheim (Busse & Matthäus, 1993)

Busse und Matthäus (1993; s.a. Matthäus & Busse, 1996) setzten das Konzept zur Förderung einer effektiven Mülltrennung und Müllvermeidung ein. Das Setting der Intervention war ein Pflegeheim, in dem die Autoren selbst als Teilzeitkräfte tätig waren; also der Auftrag zur Intervention kam von „innen".

Das Vorgehen in der *ersten Phase* beschränkte sich auf eine genaue Verhaltensanalyse (regelmäßiges Wiegen der Altpapier und Altpappefraktion), der Diskurs war den Intervenierenden ausreichend bekannt: Es gab zwar ein hohes Problembewußtsein, gleichzeitig wurde jedoch von großen Teilen des Personals bezweifelt, daß eine Verbesserung der Müllfraktionierung ohne einen erhöhten Arbeitsaufwand möglich sei.

In der *zweiten Phase* wurde im Rahmen einer Dienstbesprechung das Problem thematisiert und zur Mitarbeit bei der Auswahl und Gestaltung von Interventionsstrategien aufgefordert. Da eine Mehrbelastung durch das Projekt befürchtet wurde, war es sinnvoll, der Zielgruppe eine Beteiligung ohne große Arbeitsbelastung anzubieten.

In der *dritten Phase* wurde das Pflegepersonal daher sehr eingeschränkt und eher „passiv" einbezogen. Konkret wurde von den Intervenierenden ein Maßnahmenbündel vorgeschlagen, zu dem die gesamte Zielgruppe Rückmeldung und Modifizierungsvorschläge machen konnte (was auch geschah).

Um den Effekt der Maßnahmen zu evaluieren, wurde über 36 Wochen hinweg das gesammelte Altpapier und die Altpappe wöchentlich gewogen. Es zeigte sich in beiden Interventionsgruppen (die Intervention wurde in verschiedenen Bereichen der Pflegeeinrichtung in ähnlicher Weise durchgeführt) daß die gesammelten Wertstoffmengen während und nach der Intervention stark zunahmen (z.B. 70 % bzw. 160 % mehr Altpapier). Eine nachgeschaltete Befragung des Personals (die Pflegeteams bestanden aus acht bzw. neun MitarbeiterInnen) zeigte im ganzen eine positive Reaktion auf die Intervention. Keine(r) der Befragten hielt die Einbeziehung des Personals bei der Planung und Durchführung der Maßnahmen für überflüssig.

Kasten 6.7: Förderung der Mülltrennung in einem Studierendenwohnheim
(Matthies & Krömker, 1995)

Bei dem Projekt von Matthies und Krömker (1995) kam der Anstoß zur Intervention vom Betreiber des Wohnheims, also von „außen". Nach diesem Anstoß wurden alle Phasen der Heuristik (s. Abb. 6.11) vollständig durchlaufen.

In der *ersten Phase* wurde sowohl eine Diskurs- als auch eine intensive Verhaltensanalyse durchgeführt (Nachsortieren der verschiedenen Müllfraktionen).

Basierend auf dem Eindruck, daß ein Großteil der Studierenden die mangelhafte Mülltrennung als ein Problem ansah, wurde in der *zweiten Phase* zu einer Heimsitzung zum Thema „Müll" eingeladen. Hier konstituierte sich auf Anregung der Intervenierenden eine Arbeitsgruppe (die „Müll-AG").

Diese AG entwickelte sehr eigenständig ein ganzes Bündel von Maßnahmen; u.a. einen offenkundig gefälschten Brief des Wohnheimbetreibers mit der Drohung der Erhöhung der Miete und mit witzigen Informationsblättern zur korrekten Müllsortierung. In dieser *dritten Phase* waren die Initiatorinnen des Interventionsprogramms nur beratend tätig und lieferten v.a. organisatorische Unterstützung.

Um den Effekt der Intervention abschätzen zu können, wurde im Wohnheim über 30 Wochen zu 8 Zeitpunkten der Müll nachsortiert und die prozentualen Störstoffanteile im Verpackungsmüll und im Restmüll bestimmt. Bemerkenswert ist, daß sich über die 30 Wochen hinweg der Störstoffanteil in der Verpackungsfraktion kontinuierlich verringerte. Er ging von über 40% (Gewicht) vor der Intervention auf 15% ein halbes Jahr nach Beginn der Intervention zurück.

6.4 Probleme und Perspektiven der Interventionsforschung

Mit der Erforschung der Wirksamkeit unterschiedlicher Strategien zur Veränderung von Umweltverhalten sind eine Vielzahl von Problemen bzw. Herausforderungen verknüpft. Auf einige soll hier eingegangen werden.

Probleme bei der Bestimmung der „allgemeinen Effektivität" einzelner Techniken

Zentrales Anliegen der Interventionsforschung ist es, die Effektivität von Interventionstechniken und -strategien zu prüfen und damit Hinweise zu liefern, welche Strategie in einem konkreten Fall die effektivste ist (vgl. Dwyer et al., 1993). Dies erfordert eine *einheitliche Definition* und *klare Abgrenzung der unterschiedlichen Techniken*, über deren Effektivität etwas ausgesagt werden soll. Hier ergeben sich jedoch Probleme: Zum einen können alle Techniken in ihrer *konkreten Ausgestaltung* stark variieren und in ihren Variationen unterschiedlich wirksam sein. So gibt es nicht nur *die* Technik der „Belohnung", sondern allein der Spezialfall der monetären Belohnung impliziert theoretisch eine unbegrenzte Zahl unterschiedlich hoher Belohnungen. Bei den normzentrierten Techniken, bei denen ein persönlicher Kontakt eine Rolle spielt, ergeben sich ebenfalls eine Vielzahl von Variationen in der konkreten Umsetzung. Zum anderen lassen sich manche Techniken schlecht voneinander abgrenzen. Die Technik der Selbstverpflichtung beispielsweise setzt eine Wissensvermittlung voraus und ist nicht unabhängig hiervon einsetzbar. Teilweise ergeben sich die Konfundierungen auch aus der Situation, wie z.B. bei Interventionen zum Stromverbrauch, wo immer auch Belohnung/Bestrafung (Strom kostet Geld) eine Rolle spielt.

Zudem ist es aber auch unabhängig von den beschrieben Problemen fraglich, ob es sinnvoll ist, eine „allgemeine Effektivität" von Interventionstechniken oder Strategien bestimmen zu wollen. Wie im Kapitel 6.2.3 bereits angesprochen, ist für die Wirksamkeit einer Interventionstechnik auch relevant, auf welche Zielgruppe und in welchem situativen Kontext sie eingesetzt wird (vgl. Schultz, Oskamp & Mainieri, 1995). Wissensvermittlung kann überflüssig sein, wenn die Zielgruppe bereits einen hohen Informationsstand hat. Technische Veränderungen sind vermutlich dann besonders wirksam, wenn die Verhaltensmöglichkeiten bisher situativ stark eingeschränkt waren.

Bedürfnisse der Praxis und Perspektiven der umweltpsychologischen Interventionsforschung

Die Ausrichtung der gegenwärtigen umweltpsychologischen Interventionsforschung steht mit den Bedürfnissen und Erfordernissen der Umweltschutz-Praxis nicht unbedingt im Einklang. Im folgenden werden einige Probleme angesprochen und Perspektiven aufgezeigt.

Die Interventionsforschung konzentriert sich derzeit auf *vergleichende Untersuchungen von Einzeltechniken* (s.o.). Das hier gewonnene Wissen über die Effektivität einzelner Techniken ist für die Praxis sicher sinnvoll, vor allem, wenn kostengünstige und dauerhaft wirksame Strategien entwickelt werden. Darüber hinaus werden jedoch *Konzepte und Heuristiken zur Entwicklung von konkreten Maßnahmen* benötigt. Hier gibt es zwar Ansätze (s. Kapitel 6.3), diese müßten jedoch weiterentwickelt werden.

Darüber hinaus ist zu problematisieren, daß sich die psychologische Interventionsforschung bisher fast ausschließlich auf das Verhalten von Individuen im Privathaushalt bezieht. Im Hinblick auf die Auswirkungen auf den Umweltschutz wäre es jedoch ratsam, sich stärker den *Entscheidungsträgern und AkteurInnen in Kommune und Wirtschaft* zuzuwenden. Dies geschieht bisher erst in Ansätzen (z.B. Hennicke, Jochem & Prose, 1997; Wortmann & Schuster, 1997). Eine weitere Zielgruppe, die von der psychologischen Interventionsforschung vernachlässigt wird, obwohl in ihr ein großes Umweltschutzpotential steckt, sind Kinder.

Schließlich soll ein Problem angesprochen werden, das sich aus der Ausrichtung der akademischen Psychologie auf beobachtbares Verhalten ergibt: Vor dem Hintergrund der globalen Umweltkrise wird heute allgemein ein *grundlegender Bewußtseinswandel* gefordert, bzw. ein *umfassender Wandel in den Lebensgewohnheiten* (Bund für Umwelt- und Naturschutz Deutschland & Misereor, 1996). In ihrer Orientierung auf *konkretes, beobachtbares Verhalten* kann die Interventionsforschung diese abstrakten und ganzheitlichen Ziele nicht direkt aufgreifen. Wenn die umweltpsychologische Interventionsforschung den Kontakt zum Anwendungsbereich nicht verlieren will, sollte sie sich zukünftig stärker zu solchen Konzepten wie „Nachhaltigkeit" oder „ökologischer Lebensstil" in Beziehung setzen (s. Kap. 2.1.4).

6.5 Hinweise zur Gestaltung von Interventionen

Bei der Vielfalt möglicher Anwendungsfälle ist es weder möglich noch ratsam, ein Patentrezept für Umweltinterventionen zu entwickeln. Wer Hilfen für die Interventionsplanung sucht, sei auf Kapitel 6.3 und die dort beschriebenen Heuristiken verwiesen (Hilfen zur Konzeption von Interventionen finden sich auch bei Kals, 1996, S. 140ff.). Hier sollen einige zentrale Hinweise gegeben werden, die sich aus dem bisher Dargestellten ableiten lassen:

1. Verhaltens-, Zielgruppen und Situationsspezifität berücksichtigen

Interventionen zur Veränderung und Stabilisierung von Umweltverhalten müssen sich immer an die jeweiligen konkreten Bedingungen anpassen. D.h., es muß berücksichtigt werden, *welche konkrete Verhaltensänderung* angestrebt wird (Verbesserung der Wertstoffseparierung im Haushalt; Umstieg auf weniger umweltbelastende Verkehrsmittel), *welche Zielgruppe(n)* erreicht werden sollen (ältere Menschen oder junge Familien; Gruppen mit unterschiedlichem Problembewußtsein, vgl. Prose & Wortmann, 1991b) und *welche situativen Bedingungen* vorliegen (bestehendes Wertstofferfassungssystem und Wohnungsgröße; Verkehrsanbindung). (Kap. 6.2.3; 6.3.1; 6.3.3)

2. Orientierung auf Langzeitwirkungen

Es gibt einige Interventionstechniken, die sich zwar kurzfristig als sehr effektiv erwiesen haben (z.B. Belohnungen), die aber über ihren Einsatz hinaus nicht zu dauerhaften Verhaltensänderungen führen. Um dauerhafte Verhaltensänderungen zu erreichen, ist es notwendig, die *intrinsische Motivation* des einzelnen zu erhalten und langfristig zur Verantwortungsübernahme für das Verhalten anzuregen. D.h., es sollten immer *auch wissens- und normzentrierte Techniken* eingesetzt werden. Zudem läßt sich die Verantwortungsübernahme fördern, wenn die Zielgruppe aktiv in die Planung und Durchführung der Intervention miteinbezogen wird. (Kap. 6.2.2; 6.2.3; 6.3)

3. Reaktanz antizipieren

Vor allem beim Einsatz von Verboten/Bestrafungen und von normzentrierten Techniken besteht die Gefahr von Reaktanz. Hier ist es notwendig, vorab Informationen über die Problemsicht der Zielgruppe(n) zu erheben. Dies kann durch eine Befragung vorab geschehen oder ebenfalls durch das frühzeitige Einbeziehen der Zielgruppe bei der Entwicklung der Intervention. (Kap. 6.2.1; 6.2.2; 6.2.3; 6.3)

4. Einbeziehen der Zielgruppe

Aus den bisher vorgestellten Hinweisen ergibt sich die Forderung, die Zielgruppe bei der Planung und Durchführung der Intervention weitestgehend einzubeziehen. Hierdurch können einerseits wichtige Informationen gewonnen werden (Problemsicht, Akzeptanz), und es lassen sich damit weitere personelle Ressourcen erschließen. Darüber hinaus ist es auch eine wichtige ethische Frage (vgl. Schahn, 1993a, S. 41), ob eine Intervention vorgegeben oder partizipativ entwickelt wird. Wir bevorzugen letzteres. (Kap. 6.3)

5. Intervention als evaluierter Prozeß

Jede Intervention kann optimiert werden. Die Anpassung einer Interventionsidee an die jeweiligen konkreten Gegebenheiten kann durch Korrektur noch verbessert werden. Es empfiehlt sich daher, Konzepte schrittweise umzusetzen und dabei ggf. zu verändern. Sinnvoll kann es auch sein, Pilotprojekte vorauszuschicken. Voraussetzung ist auf jeden Fall eine prozeßbegleitende Evaluation; z.B. Verhaltensbeobachtungen und Erhebung der Akzeptanz der Intervention. (Kap. 6.3; 6.1.3)

Abschließend möchten wir einige praktische Tips geben, die sich nicht direkt aus dem bisher Geschriebenen ergeben, die jedoch in unserer persönlichen Erfahrung im Bereich der Umweltintervention wurzeln.

1. Selbst Ausprobieren bzw. Mitmachen

Vor der Planung einer verhaltensändernden Intervention sollten Sie unbedingt das Zielverhalten auch selbst ausprobieren (Müllsortieren, Umstieg auf andere Verkehrsmittel, Verzicht auf Vollbäder). Das sensibilisert für mögliche Verhaltensbarrieren und steigert Ihre Glaubwürdigkeit.

2. Einbeziehen von Engagierten

Wenn es bereits Personen oder Gruppen gibt, die sich mit dem Umweltproblem, das Ausgangspunkt für die Intervention ist, beschäftigen (z.B. örtliche Klimaschutzgruppen; UmweltaktivistInnen in Ihrem Betrieb), dann sollten diese frühzeitig in die Planung der Intervention einbezogen werden. Damit erweitern Sie ihre Kenntnis der Zielgruppe und sichern sich zusätzliche Unterstützung, bzw. gewinnen MultiplikatorInnen.

3. Realistisch sein

Selbst bei den drängendsten Umweltproblemen werden Sie immer auf mehr oder weniger Personen stoßen, die nicht zu einer Veränderung ihres Verhaltens zu bewegen sind. Rechnen Sie also nicht mit einer 100prozentigen Beteiligung. Realistisch bei grundlegenden Verhaltensänderungen sind je nach Verhaltensart und Kontext Beteiligungen zwischen 5 und 50 Prozent. Rechnen Sie auch damit, daß Erfolge nach einem Höhepunkt wieder abflauen.

4. Optimistisch sein

Trotzdem sollten PlanerInnen von Interventionen optimistisch sein. Es lassen sich immer Möglichkeiten finden, ein System zu beeinflussen, wenn auch nicht immer grundlegend und auf Anhieb. Wenn Sie der Überzeugung sind, im konkreten Fall sei eine Verhaltensänderung notwendig und realistisch, dann suchen Sie sich Verbündete und handeln Sie!

6.6 Zusammenfassung

In diesem Kapitel wurde ein Einblick in die umweltpsychologische Interventionsforschung gegeben. In deren 25jähriger Geschichte wurde eine Vielzahl von Strategien zur Förderung umweltschonender Verhaltensweisen entwickelt und evaluiert. Einleitend wurde auf das Verhältnis von Interventionsforschung und Modellforschung (dargestellt in Kapitel 5) eingegangen und festgestellt, daß sich beide Forschungstraditionen relativ unabhängig voneinander entwickelt haben. Da es im Hinblick auf eine Weiterentwicklung von Modell- und Interventionsforschung wichtig erscheint, Bezüge zwischen beiden Traditionen herzustellen, wurde ein Ordnungssystem vorgeschlagen, das an bisherige Taxonomien der Interventionstechniken anknüpft und gleichzeitig die neuere Modellforschung berücksichtigt (Kap. 6.1).

Zunächst wurden *individuumzentrierte Strategien* vorgestellt (Kap. 6.2). Um an die derzeit stark akzentuierte Unterscheidung von internen und externen Motivatoren anzuknüpfen, differenzierten wir diese Interventionsstrategien danach, ob sich die Maßnahmen auf die *Veränderung externer Bedingungen* beziehen (Technische Veränderungen, Belohnungen & Bestrafungen; s. Kap. 6.2.1) oder ob sie sich direkt an einzelne Personen wenden und über die *Veränderung interner Handlungsbedingungen* Verhaltensänderungen anstreben (s. Kap. 6.2.2). Weiter wurde zwischen *wissens- und normzentrierten Interventionstechniken* unterschieden. Als wissenszentrierte Techniken wurde die *schriftliche Vermittlung von Problem- und Handlungswissen* vorgestellt, sowie die *Technik der Vermittlung von Wissen über das eigene Verhalten und seine Konsequenzen (Feedback)*; als normzentrierte Techniken die *persönliche Vermittlung von Problem- und Handlungswissen, Vorgabe eines Ziels, Verpflichtung, Soziale Modelle* und *Blockleader*.

Aus den dargestellten Ergebnissen der Interventionsforschung wurde abgeleitet, daß wissenszentrierte Techniken vergleichsweise schwache Effekte haben. Ihnen sind die Techniken, die an externen Handlungsbedingungen ansetzen, überlegen. Aber auch die normzentrierten Techniken haben stärkere und vor allem dauerhaftere Effekte. Es ergibt sich das Bild, daß *sowohl* Verhaltenserleichterungen und ökonomische Anreize *als auch* die Anregung sozialer Normen zur Veränderung von Umweltverhalten führen können.

Die im Unterkapitel 6.3 vorgestellten Interventionsheuristiken wenden sich explizit an *Gruppen* und versuchen Gruppenstrukturen zur Verbreitung der Intervention zu nutzen. Dabei wird zwar auf viele der individuumzentrierten Techniken zurückgegriffen, der Schwerpunkt liegt allerdings auf der gruppenbezogenen *Anpassung der Strategie* und auf der *Einbeziehung der Zielgruppe*. Bei Geller (Kap. 6.3.1) finden sich hierzu erste Anregungen. Er schlägt u.a. vor, bei der Implementierung von Interventionsprogrammen Subgruppen zu berücksichtigen und Teile der Zielgruppe zumindest bei der Durchführung der Intervention einzubeziehen. Die Idee der Einbindung von Teilen der Zielgruppe wird im Konzept des *partizipativen sozialen Marketings* (Kap. 6.3.2) zum Programm. Basierend auf sozialpsychologischen Ansätzen der Einstellungs- und Verhaltensänderung verfolgen Prose und MitarbeiterInnen ein Konzept der gezielten Diffusion einer sozialen Idee. Partizipation ist hier das zentrale Element. In der Heuristik der *Intervention im geschlossenen Setting* (Kap. 6.3.3) wird wieder in einem anderen Sinne die Zielgruppe in die Intervention einbezogen. Hier entwickelt die Gruppe mit Unterstützung durch umweltpsychologische ExpertInnen selbst ein Interventionsprogramm und setzt dies auch um.

Schließlich wurden Probleme und Perspektiven der umweltpsychologischen Interventionsforschung aufgezeigt (6.4) und thesenartig zentrale Hinweise zur Gestaltung von Interventionen gegeben (6.5).

7. Perspektiven der Umweltpsychologie

In den vorangegangenen Kapiteln haben wir uns mit den inhaltlichen Analyse- und Lösungsbeiträgen der Psychologie zur Umweltproblematik beschäftigt. In diesem letzten Kapitel gilt es, Entwicklungsperspektiven und -aufgaben für die Umweltpsychologie zu beschreiben. Eingangs werden die historische Entwicklung und die aktuelle Lage der Forschungstätigkeit umrissen (Kap. 7.1). Im weiteren geht es darum, die Umweltpsychologie als eine „Psychologie der Umweltkrise und des Umweltschutzes" näher zu bestimmen (Kap. 7.2). Kapitel 7.3 stellt Perspektiven für Forschung, Lehre und praktische Anwendung vor. Eine Zusammenfassung der Inhalte erfolgt in Kapitel 7.4.

7.1 Entwicklung und aktuelle Situation der Umweltpsychologie

Die junge Geschichte psychologischer Auseinandersetzung mit der Umweltthematik im deutschsprachigen Raum läßt sich - stark vereinfacht - in folgender Weise nachzeichnen:

Phase 1: Die Mensch-Umwelt-Beziehung als Thema der Psychologie

Als Wegbereiter der Umweltpsychologie wird Hellpach betrachtet. Er hat sich allgemein mit dem Einfluß der Umwelt auf menschliches Erleben und Verhalten beschäftigt. Hellpach arbeitet in seinem Buch „Geopsychische Erscheinungen" (1911) Zusammenhänge und Wechselwirkungen zwischen der natürlichen Umwelt (insbesondere Wetter, Klima und geographische Gegebenheiten) und menschlichem Befinden heraus. Er differenziert drei Formen menschlicher Umwelt, die es zu betrachten gilt: die Natur, die mitmenschliche Umwelt und die kulturelle Umwelt (Hellpach, 1924). Letztlich hat Hellpach allerdings keinen eigenen systematischen oder methodischen Zugang entwickelt (Graumann, 1976; Kaminski, 1976; Miller, 1986).

Zwei weitere wichtige Wegbereiter der psychologischen Betrachtung der Mensch-Umwelt-Beziehung sind Lewin und Barker. Beide Forscher betonen den potentiell fördernden bzw. behindernden Einfluß unterschiedlicher Umweltsysteme für die menschliche Entwicklung. Lewin (1963) fordert als Begründer der Feldtheorie, die Welt nicht nur über physikalische, sondern auch über soziale Eigenschaften zu beschreiben. Für ihn ist die „Umwelt" dabei nicht etwas Objektives, sondern etwas mit subjektiver Bedeutung Aufgeladenes. Barker (1968) betrachtet im Rahmen seiner „behavior settings" eher objektive Umweltmerkmale und deren Verhaltenskonsequenzen.

Kasten 7.1: Auszüge aus Selbstdarstellungen umweltpsychologischer
Verbände und eines interdisziplinären Forschungsprogramms
(Quellen s. Kap. 8.3)

Selbstbeschreibung der DGPs Fachgruppe Umweltpsychologie: „Mit der Gründung der Fachgruppe (FG) wird die Entwicklung eines Faches dokumentiert, die seit Anfang der 70er Jahre an deutschsprachigen Universitäten stattgefunden hat. ... Zu den Aufgaben der FG gehört es, den Kontakt und den Informationsfluß zwischen umweltpsychologisch arbeitenden Kolleginnen und Kollegen zu stärken und Forschungs- und Ausbildungsaktivitäten an den Universitäten sowie die forschungsbasierte Anwendung in relevanten Praxisfeldern zu fördern. Besondere Bedeutung kommt dem interdisziplinären Diskurs innerhalb der Sozialwissenschaften und mit den Naturwissenschaften zu. Hinzu kommt die Förderung des wissenschaftlichen Nachwuchses."

Selbstdarstellung der Initiative Psychologie im Umweltschutz: „Angesichts zunehmender Umweltprobleme zeigt sich immer deutlicher, daß die heute verfügbaren Lösungsansätze, die oft vorwiegend technisch orientiert sind, nicht ausreichen. Immer häufiger werden Maßnahmen gefordert, die den Menschen als Verursacher und Betroffenen von Umweltschäden in die Planung und Durchführung von Umweltschutzmaßnahmen einbeziehen. Hierzu kann die Psychologie als Lehre vom Denken, Fühlen und Verhalten des Menschen einen wesentlichen Beitrag leisten. Die IPU e.V. bietet daher ihr spezifisches Wissen an, um Umweltschutzmaßnahmen wirksamer zu gestalten, indem sie psychologische Erkenntnisse bei Einstellungs- und Verhaltensänderung, wissenschaftlicher Evaluation (Bewertung) von Maßnahmen und Öffentlichkeitsarbeit einbringt. ... Ziel der IPU ist die Förderung des Umweltschutzes mit den Mitteln der Psychologie. Dies geschieht sowohl auf lokaler als auch auf bundesweiter Ebene."

Die Zielsetzungen des DFG-Schwerpunktprogrammes „Mensch und globale Umweltveränderungen": „Neben den Natur- und Ingenieurwissenschaften kommt gerade den Sozial- und Verhaltenswissenschaften bei der Erforschung und Eindämmung risikoreicher globaler Umweltveränderungen eine wesentliche Rolle zu, da der derzeitige Wandel weitgehend anthropogen ist. ... [Das Forschungsprogramm, d. A.] beruht auf einer umfassenden Initiative von Wissenschaftlern der Fächer Psychologie, Soziologie, Politikwissenschaft, Ökonomie, Geographie und Ethnologie, an der auch Mitglieder des Senatsausschusses für Umweltforschung der DFG beteiligt waren. In einem gemeinsamen Forschungsprogramm sollen Fragestellungen globaler risikohafter Umweltveränderungen unter Nutzung der verschiedenen theoretischen Vorstellungen und methodischen Zugriffsweisen der beteiligten Disziplinen bearbeitet werden."

Phase 2: Die Umweltprobleme „entdecken" die Psychologie

Einerseits entwickelte sich vor dem oben geschilderten Hintergrund auch im deutschen Sprachraum Interesse an der *„ökologischen Psychologie"*. Dieser Perspektive geht es darum, die Wechselbeziehung des Menschen mit seiner (räumlichen, materiellen, sozialen) molaren - nicht molekularen - Umwelt zu betrachten. Andererseits drang in diesem Zeitraum auch die *Umweltkrise* in das öffentliche Bewußtsein (s. Kap. 2). Was in dieser Situation - Anfang der 70er Jahre - an „Verwicklungen" passierte, faßt Kaminski wie folgt zusammen: „Die Psychologie war in gewissem Sinne Opfer einer schicksalsschweren Koinzidenz: Kaum war - im Zuge einer fachinternen Entwicklungslogik - ein vielgestaltiges, neuartiges Interesse für 'molare Umwelt(en)' erwacht, kaum war Enthusiasmus für eine 'ökologische Perspektive' aufgekommen, da zeigten sich die ersten Vorboten der heraufziehenden 'ökologischen Krise' in Gestalt erster 'Umweltprobleme'. Für 'umweltbewußte' Outsider lag es daraufhin nahe zu erwarten, daß auch die Psychologie sich den unabweisbar drängenden Herausforderungen stellt. Dabei konnte ihr „Umwelt"-Interesse, das sich anfangs etwas verwirrend artikulierte, von außen hoffnungsfroh fehlinterpretiert werden" (Kaminsiki, 1997, S. 10). Die mit diesem Anliegen konfrontierten VertreterInnen der ökologischen Psychologie waren bestrebt, sich abzugrenzen, ihr Interesse war ja nicht die Entwicklung einer „Umweltschutzpsychologie", sondern die Entwicklung einer ökologischen Perspektive.

Angesichts des hier beschriebenen Mißverständnisses darf es nicht verwundern, wenn bis in die späten 80er Jahre die weitere Auseinandersetzung der Psychologie mit der Umweltproblematik schleppend erfolgte. Forschung zur Umweltproblematik fand zwar statt (vgl. etwa Nöldner, 1984), sie nahm im deutschsprachigen Raum sogar stetig zu (Schahn, 1996b), wurde aber doch als ein eher „exotisches" Thema betrachtet.

Phase 3: Die Psychologie „entdeckt" die Umweltprobleme

Diese Vernachlässigung der Umweltthematik änderte sich erst, als Bestrebungen zur Umweltbewahrung auch die Psychologie als Wissenschaft erreichten (Kaminski, 1997; s. auch Kap. 1). Die Trendwende findet zwischen 1991 und 1996 in Deutschland in folgenden Ereignissen ihren Ausdruck (Giesinger, 1997; Kaminski, 1997):

— Innerhalb des Berufsverbandes Deutscher Psychologen wird 1991 der Bundesausschuß Umweltpsychologie gegründet.

— In dem 1992 von der Bundesregierung eingesetzten interdisziplinären Wissenschaftlichen Beirat Globale Umweltveränderungen (WBGU) werden ein bzw. zwei VertreterInnen der Sozial- und Verhaltenswissenschaften einbezogen (s. Kruse, 1995a).

— Studierende der Psychologie gründen 1993 die Initiative Psychologie im Umweltschutz (IPU e.V., s. Kasten 7.1).

— Innerhalb der akademischen Psychologie gründet sich 1994 auf dem 39. Kongreß der Deutschen Gesellschaft für Psychologie die Fachgruppe Umweltpsychologie in der Deutschen Gesellschaft für Psychologie (DGPs, s. Kasten 7.1).

- Im Jahr 1995 nimmt das interdisziplinär angelegte DFG-Schwerpunktpro-gramm „Mensch und globale Umweltveränderungen - sozial- und verhal-tenswissenschaftliche Dimensionen" mit vielen psychologischen Projekten seine Arbeit auf (Scheuermann & Spada, 1996, s. Kasten 7.1).[24]

- Der Anteil der sozial- und verhaltenswissenschaftlichen Untersuchungen der Mensch-Umwelt-Beziehungen im deutschsprachigen Wissenschaftsraum, die sich dem Themenbereich „Umweltbelastung und ökologisches Handeln" zuordnen läßt, steigt von 10% im Jahr 1975 auf 53% im Jahr 1994 (Kruse, 1995b). Die Situation im Bereich umweltpsychologischer Lehre (i.e.S.) läßt sich schwer fassen, da es hierzu kaum Angaben gibt (vgl. Kaminski, 1995).

Welches Resümee zur aktuellen Lage der Umweltpsychologie läßt sich vor die-sem Hintergrund ziehen? Im Bereich der Forschung ist erfreulich viel Bewe-gung entstanden. Diese Bewegung muß nun dazu führen, daß auch im Bereich Lehre, Ausbildung und Anwendung Fortschritte erzielt werden.

7.2 Umweltpsychologie als „Psychologie der Umweltkrise und des Umweltschutzes": Bestimmungsaspekte

Ein zentraler Schritt zur Weiterentwicklung der Umweltpsychologie als „Psy-chologie der Umweltkrise und des Umweltschutzes" liegt in einer Rahmenge-bung der Forschungstätigkeit. Dieser verbindende Rahmen könnte *integrieren-de, optimierende* und *koordinierende* Wirkung haben. In der folgenden Samm-lung werden *erste Bestimmungsaspekte* solch einer Rahmengebung vorgestellt. Wir sprechen an dieser Stelle bewußt von Bestimmungsaspekten, nicht etwa von einer „Definition" der Umweltpsychologie. Dies trägt der Beobachtung Rechnung, daß es hier um ein junges und offenes Tätigkeitsfeld geht, dessen (normativer) Arbeitsauftrag in der Entwicklung begriffen ist.

Bestimmungsaspekte der Umweltpsychologie

Umweltpsychologie (i.e.S.) umfaßt wissenschaftliche Analyse- und Lösungs-beiträge zur Umweltproblematik und zum Umweltschutz. Diese

a) primär anwendungsbezogenen Beiträge mit

b) interdisziplinären Anknüpfungspunkten werden zur

c) Analyse von Erleben und Verhalten in ihrer

d) sozialen Einbettung erbracht.

---

[24] Zum Schweizer Schwerpunktprogramm Umwelt s. Kaufmann-Hayoz & Di Giulio (1996). Auf die internationale Situation gehen Pawlik & d'Ydewalle (1996) ein.

Inhaltlich beziehen sich umweltpsychologische Beiträge z. Z. insbesondere auf die Untersuchung

e) der (kognitiven) Repräsentation resp. der Wahrnehmung und Bewertung von Umweltproblemen,

f) der negativen psychischen Folgen der Umweltgefährdung und deren Vermeidung

g) der Analyse resp. Änderung und Stabilisierung umweltrelevanter Verhaltensweisen.

In diesem *Forschungsprozeß* sind

h) (Grund-)Begrifflichkeiten der Psychologie im Kontext der Umweltproblematik reflektiert zu entwickeln und

i) die Besonderheiten des Forschungsgegenstandes zu berücksichtigen.

Erläuterung der Bestimmungsaspekte

Die oben vorgestellten Bestimmungsaspekte sind in folgender Weise näher zu erklären:

zu a): Warum sollen primär anwendungsbezogene Beiträge erarbeitet werden?
Umweltpsychologie wird von seiner Anlage her als anwendungsbezogener Tätigkeitsbereich betrachtet. Sie wird konzipiert, um - neben eigenen Forschungsaktivitäten - grundlagen- und anwendungsbezogene Erkenntnisse aus allen Bereichen der Psychologie (Sozialpsychologie, Klinische Psychologie, Allgemeine Psychologie, Umweltpsychologie i.w.S. etc.) für eine Lösung von Problemen im Bereich der Umweltkrise nutzbar zu machen.

Dieser Anspruch impliziert einerseits eine *Koordinations- und Bündelungsfunktion* der Umweltpsychologie innerhalb der Psychologie, wenn es um Umweltschutz geht (vgl. Kaminski, 1997), und andererseits die Verpflichtung, wissenschaftliches „Know-how" bis hin zur praktischen Anwendung im Auge zu haben.

Die angesprochene Koordinations- und Bündelungsfunktion hebt das Verhältnis der Umweltpsychologie zu anderen Bereichen der Psychologie hervor *(„intradisziplinäre Positionsbestimmung")*. Am Beispiel der Beziehung von Umwelt- und Sozialpsychologie kann diese Positionsbestimmung im Sinne einer *wechselseitigen Befruchtung* verdeutlicht werden (Homburg, 1996). In den letzten Jahren ist aufbauend auf sozialpsychologischen Ansätzen eine Fülle umweltpsychologischer Forschung entstanden (z.B. Modellernen, prosoziales Verhalten, Theorie sozialer Repräsentation, sozialer Konstruktivismus, Attributionstheorie). Von dieser Entwicklung konnte aber auch wiederum die Sozialpsychologie gewinnen. Über den Rückgriff der umweltpsychologischen Forschung auf sozialpsychologische Theorien werden diese konkretisiert und können so u. U. weiterentwickelt werden.

zu b): Warum ist Umweltpsychologie interdisziplinär orientiert? Der „Gegenstand" Umweltkrise/Umweltschutz ist kein rein psychologischer Gegenstand. Er kann von der Psychologie nur in Teilbereichen erfaßt werden. Technische, makrosoziale oder ökonomische Aufgabenstellungen können z.B. nicht bearbeitet werden. Darum ist eine Offenheit für die Kooperation mit anderen Disziplinen wie etwa der Soziologie (s. Diekmann & Jäger, 1996) oder der Betriebswirtschaft, aber auch den Naturwissenschaften gerade bei der Konzeption von Lösungsansätzen unbedingt notwendig. Diese Notwendigkeit kann aber nicht darüber hinwegtäuschen, daß die interdisziplinäre Praxis keineswegs problemlos funktioniert. Im Gegensatz zur Mulitidisziplinarität erfordert die Interdisziplinarität eine organisierte Form der Kooperation verschiedener Disziplinen. Tabelle 7.1 zeigt einige hemmende und fördernde Faktoren für diese Kooperation. Im Zusammenhang mit der Interdisziplinarität stellen sich zwei weitere Aufgaben an die Umweltpsychologie: Sie muß nicht nur ein Selbstverständnis als Teilmenge der Psychologie, sondern auch als Teilmenge der (sozial- und naturwissenschaftlichen) Umweltforschung (s. Hirsch, 1995) entwickeln. Zentrale Elemente dieser *„interdisziplinären Positionsbestimmung"* könnte die Übernahme folgender Aufgaben in der Umweltforschung sein (s. Kruse, 1995a; Lantermann & Linneweber, 1996; Stern, 1992a,b; zu Aufgaben der Psychologie im Bereich „Sustainable Development" s. Kap. 2.1.4):

– Entwicklung von Theorien und Modellen der Mensch-Umwelt-Interaktion.

– Entwicklung von Methoden und Konzepten, die die Wechselwirkungen zwischen individueller und sozialer Dynamik im Umgang mit der Umwelt erfassen.

– Weitere Forschung zu Wahrnehmung, Folgen und Verhaltensänderungen im Bereich der Umweltkrise.

– Weitere Entwicklung konsensfähiger, verhaltensorientierter Interventionsansätze.

– Entwicklung von Strategien zur Optimierung der Informationsverarbeitung und Kommunikation innerhalb interdisziplinärer Arbeitsgruppen.

zu c) Warum geht es um Erleben und Verhalten? Die gegenwärtige Psychologie fußt nicht auf einem einheitlichen wissenschaftlichen System. Sie gliedert sich vielmehr in unterschiedliche Schulen auf. Diese Schulen verfügen über unterschiedliche Menschenbilder und Forschungsmethoden, sie betrachten zudem unterschiedliche Gegenstände. Der Gegenstand „Erleben und Verhalten von Menschen" kann allerdings als Konsensbereich oder „Kerngegenstand" psychologischer Tätigkeit aufgefaßt werden.

zu d) Warum geht es um Erleben und Verhalten in ihrer sozialen Einbettung? Diese Erweiterung berücksichtigt, daß Individuen auch im Kontext der Umweltproblematik nicht isoliert denken oder sich verhalten. Im Sinne einer ökologischen Perspektive werden beiden Bereichen durch *unterschiedliche* sich *wandelnde* soziale Zusammenhänge (Medienberichte, Handlungsangebote, Nachbarschaftskontakte, Normen etc.) Möglichkeiten und Einschränkungen mitgegeben, die es einzubeziehen gilt.

zu e) bis g): Zu den Feldern, in denen inhaltliche Beiträge der Umweltpsychologie erarbeitet werden, wird in den einzelnen Kapiteln Stellung bezogen. Diese Übersicht dient der pragmatischen Kennzeichnung vorliegender Forschungstätigkeit; eine normative Aussage im Sinne „Die Umweltpsychologie sollte... tun" ist es nicht.

Tabelle 7.1: Hemmende und fördernde Faktoren der (psychologisch-) interdisziplinären Arbeit (s. Defila & Di Giulio, 1996; Fränzle & Daschkeit, 1997; Lantermann & Linneweber, 1996).

Hemmnisse interdisziplinärer Arbeit	Fördernde Faktoren interdisziplinärer Arbeit
— Hoher Zeit- und Kostenaufwand der Kooperation.	— Etablierung optimaler organisatorischer Rahmenbedingungen (z.b. Zeit- und Geldressourcen, moderierte Sitzungen).
— Sprachprobleme zwischen unterschiedlichen Disziplinen (z.b.: Was ist eine „Fallstudie"?).	— Integration von Interdisziplinarität schon in die Ausbildung (z.b. über die Vernetzung disziplinären Wissens)
— Wissensprobleme und damit verbundenes aufwendiges Erlernen neuer Denkstrukturen.	— Entwicklung gemeinsamer Problembeschreibungen und Lösungsheuristiken.
— Ziel- und Wertekonflikte wegen des „Wahrheitsanspruchs" einzelner Disziplinen.	— Problem- und lösungsorientiertes Arbeiten.
— Kompetenzstreitigkeiten (z.b. fühlen sich verschiedene Disziplinen für gleiche Fragestellungen zuständig).	— Etablierung guter Kommunikationsstrukturen innerhalb des Arbeitskontextes und zur Vermittlung der Ergebnisse nach außen.
— Externe Wünsche nach stabilen psychologischen Regeln und Gesetzen.	— Gesellschaftliche Forderung nach interdisziplinären Lösungsansätzen.
— Theorievielfalt der Psychologie, die andere Wissenschaften irritieren kann.	— Öffnung beruflicher Laufbahnen für interdisziplinär qualifizierte BewerberInnen.

zu h) Warum sind (Grund-)Begrifflichkeiten der Psychologie im Kontext der Umweltproblematik reflektiert zu entwickeln? Die Wissenschaft - auch die Psychologie - ist keine von gesellschaftlichen Bedingungen losgelöste „Produzentin" von (wertfreien) „Wahrheiten". Sie ist vielmehr eine Mitspielerin im Prozeß der sozialen Wirklichkeitskonstruktion. So beteiligt sie sich z.B. an der Konstruktion bzw. Aufrechterhaltung des Konstruktes eines individuellen Umweltbewußtseins, indem Skalen zur Erfassung des individuellen Umweltbewußtseins entwickelt werden. Einerseits muß es Ziel der Umweltpsychologie sein, solch zentrale Begrifflichkeiten zu entwickeln. Andererseits muß die soziale Relevanz dieser Konstukte kritisch geprüft werden (zur Reflexion der wissenschaftlichen Konstruktion psychischer Disposition vgl. auch Westmeyer, 1995; Gergen, 1985).

zu (i) Warum sollen Besonderheiten des Forschungsgegenstandes berücksichtigt werden? Die Umweltkrise als Forschungsfeld stellt einige besondere Herausforderungen an die Wissenschaft, also auch an die Umweltpsychologie. Die Herausforderungen wurden in Kapitel 2.3 ausgeführt, wobei auch an dieser Stelle keine fertigen Umgangsweisen vorgestellt werden können. Als eine Herausforderung wurde die u.U. fehlende gesellschaftliche *Akzeptanz* gegenüber der Umweltpsychologie genannt. Diese könnte etwa durch mediierende Prozesse (z.B. gemeinsame Bedarfsklärung) entwickelt werden. Als eine weitere Herausforderung wurde der Umgang mit den sehr hoffnungsüberladenen Ansprüchen an wissenschaftliche Problemlösungen gekennzeichnet. Gerade bei Interventionen sind hier den beteiligten AkteurInnen realistische und langfristige Erfolgserwartungen zu vermitteln.

Weitere Herausforderungen für die Umweltpsychologie ergeben sich unserer Meinung nach aus der Selbstanwendung der von ihr verwendeten Konzepte. Wenn die Umweltpsychologie beispielsweise

— ökonomische, ökologische und soziale Nachhaltigkeit bzw. Verantwortlichkeit,

— Fehlerfreundlichkeit von Systemen sowie

— Lern- und Veränderungsbereitschaft

fordert bzw. fördert, muß diskutiert werden, ob und wie sie darauf hinarbeiten kann, diese Erwartungen auch selbst zu erfüllen.

7.3 Perspektiven für Forschung, Lehre und Praxis

In diesem Kapitel werden eingangs Perspektiven für Forschung und Lehre (7.3.1) vorgestellt. Den ebenso wichtigen Praxisfeldern widmen wir uns anschließend (7.3.2).

7.3.1 Perspektiven im Bereich Forschung und Lehre: „Arbeitsaufträge"

Perspektiven im Bereich Forschung und Lehre werden in den folgenden vier „Arbeitsaufträgen" gesehen:

1. Grundlegende umweltpsychologische Forschungskompetenzen sind zu entwickeln: Unser Vorschlag zur Rahmengebung umweltpsychologischer Forschung impliziert die Entwicklung grundlegender Kompetenzen. So sind *Forschungsprozesse* etwa zu

— kontextualisieren (Einbeziehung sozialer Rahmenbedingungen) sowie für eine

— interdisziplinäre, Zusammenarbeit und eine

— pluralistische Verwendung von Theorien und (Forschungs-)Methoden (vgl. etwa Gutscher, Hirsch & Werner, 1996) zu öffnen. Zudem sollten sie bis hin zur

— praktischen Anwendung

möglicher Ergebnisse geplant werden.

2. Zukünftige Forschungsfragestellungen sind zu erarbeiten (Aufgabenbestimmung): Angewandte Forschung stellt der Praxis „Problemlösungshilfen" zur Verfügung. Die zentrale Frage ist nun, ob Angebot (der Wissenschaft) und Nachfrage (der Umweltschutzpraxis) hier übereinstimmen. Zwischen beiden Partnerinnen sind derzeit mehr oder weniger problematische Beziehungsformen zu beobachten: Einerseits formuliert die Praxis Bedarf, den die Wissenschaft nicht abdeckt, und andererseits formuliert die Wissenschaft Handlungsbedarf, den die (politische) Praxis nicht akzeptiert. Hier müssen sich wissenschaftliche und praktische Handlungsfelder aufeinander zubewegen.

3. Inner- und außeruniversitäre Curricula sind zu entwickeln: Die Entwicklung inner- und außeruniversitärer Ausbildungskonzepte steckt noch in den Anfängen. Auch ohne eine Vereinheitlichung anzustreben, sind Abstimmungen möglich (Kaminski, 1995). Wichtig sind diese Abstimmungen insbesondere für folgende Bereiche:

— Gegenstand und Ziele der Umweltpsychologie.

— Zentrale Ausbildungsinhalte (Forschungsthemen, Anwendungsfelder, Methoden & Theorien, historische Entwicklung, Kompetenz zur Interdisziplinarität etc.).

— Bestimmung und Gewinnung von auszubildenden Zielgruppen (Studierende, PsychologInnen, andere Berufsgruppen wie UmweltberaterInnen, MedizinerInnen, PädagogInnen).

— Modelle der Ausbildung und Wissensvermittlung (Projektstudium, Praktika, Blockseminare, nebenberufliche Weiterbildung).

— Eröffnung von Berufschancen (s.u.).

4. Arbeitsressourcen sind zu erschließen (Fachentwicklung): Die oben angesprochenen Aufgaben der Umweltpsychologie lassen sich ohne grundlegende Ressourcen (personelle Mittel, Finanzmittel usw.) kaum angehen. Ziel muß es also sein, die möglichen Schritte zur weiteren Fachentwicklung zu erkennen und umzusetzen.

7.3.2 Perspektiven in der Praxis: Angebot von Dienstleistungen

Die (weitere) Entwicklung und Umsetzung umweltpsychologischer Dienstleistung ist dringend geboten (vgl. Giesinger, 1997; Günther, 1994; Kaminski, 1997; Legewie, 1992). Psychologische Analyse- und Lösungsbeiträge müssen konkrete Beratungsangebote beinhalten (s. Punkt a) der Bestimmungsaspekte). Doch nicht nur aus der Sicht der „Anbieter" besteht hier eine Handlungsnotwendigkeit. Der Wunsch nach psychologischer Unterstützung des Umweltschutzprozesses wird auch von direkten UmweltschutzakteurInnen geäußert (vgl. etwa Thielcke, 1993). Hier ist eine systematische Bedarfsanalyse zu erarbeiten.

Kasten 7.2 zeigt vorhandene psychologische Konzepte, die als Dienstleistungen im Umweltbereich angeboten werden bzw. angeboten werden können (s. auch Schahn & Giesinger, 1993). Wir greifen hier auf die in Kapitel 4 und 6 vorgestellten Interventionsansätze zum Umgang mit den psychischen Folgen der Umweltbelastung und zur Förderung umweltverträglichen Verhaltens zurück. Darüber hinaus gehen unter der Leitfrage „Welche psychologisch fundierten Techniken können zur Lösung der Umweltproblematik bzw. zur Initiierung und Unterstützung von Umweltschutzprozessen oder im weiteren Sinne zur Nachhaltigkeitsentwicklung beitragen" exemplarisch auch andere - nicht umweltpsychologische - Konzepte in die vorzustellenden Dienstleistungsschwerpunkte ein.

Im Zuge der weiteren Entwicklung und Umsetzung dieser Dienstleistungen gilt es, wichtige Hintergrundfragen zu klären. So ist etwa zu fragen: Welche Prinzipien sollen in der Arbeit (mit)bedacht werden? Folgende handlungleitende Prinzipien sind hier zu diskutieren:

— Interdisziplinäre Kooperation

— Beteiligung der Betroffenen (Orientierung an partizipativen Konzepten),

— Verbindung von Umwelt-, Sozial- und ökonomischer Verträglichkeit (Orientierung am noch zu präzisierenden Konzept der Nachhaltigkeit),

— Sensibilität für die Eingebundenheit in gesellschaftspolitische Prozesse (Stichwort „Funktionalisierung" durch Interessengruppen),

— Bevorzugung kleinräumiger Implementierungen, die reversibel sind und kollektive Lernprozesse zulassen (Experimentier- und Lerngesellschaft, Fietkau, 1984; Dierkes & Fietkau, 1988).

Kasten 7.2: Schwerpunkte umweltpsychologischer Dienstleistungen

---

**1. Schwerpunkt „Vermittlung von Hintergrundwissen sowie von Handlungs-
und Systemkompetenzen für (zukünftige) EntscheiderInnen":** Ziel dieses
Schwerpunktes ist die Vermittlung der Fähigkeit zum Problemlöse-Denken und die
Vermittlung von Kompetenzen im Umgang mit komplexen Systemen. Hierzu finden
etwa folgende Techniken Verwendung: Rollen-, Plan- und Simulationsspiele, Exkur-
sionen, Expertengespräche, Arbeitskreise, Zukunftswerkstätten, Computersimulationen, Simulationsspiele (vgl. Dörner, 1996; Dumke, 1992; Schadler & Schadler, 1995;
Spada & Ernst, 1992; Stäudel, 1990).

2. Schwerpunkt „Arbeitsfähigkeit von UmweltschutzakteurInnen": Die Unterstützung im Bereich „Arbeitsfähigkeit" (Bearbeitung von Gruppenkonflikten, Bur-
noutsymptomen, Streßzuständen etc.) gehört zum Kernbereich psychologischer Tätigkeit. Neu ist der Transfer in umweltspezifische Tätigkeitsbereiche. Dieser Transfer
ist z.b. für folgende Konzepte schon vorbereitet bzw. (mehr oder weniger) vollzogen:
Supervision (Kajan, 1995; Wegehaupt-Schneider, 1997); (Risiko-)*Kommunikation*,
Verhandlungs- und *Beratungstraining* (Karger, 1997; Kolb, 1997; Preuss, 1996;
Scheffler, 1997; Wenninger & Roch, 1996; Wiedemann, Femers & Nothdurft, 1994);
Moderations- und Metaplantechniken (Claussen, 1997); *Lerntechniken* (selbstorgani-
siertes Lernen, Konzeption von Fortbildung, Hoffmann, 1997).

3. Schwerpunkt „(Verhaltens)-Wandel in sozialen Systemen": Techniken zur Anregung des (Verhaltens-)Wandels in sozialen Systemen wurden in Kapitel 6 ausführlich
vorgestellt. Insbesondere wurden dort umfassende *Interventionsheuristiken* beschrieben.
Diese Ansätze sind bei den verschiedensten *Inhaltsbereichen* von Umwelt- und Natur-
schutzprozessen (Energiesparen, Verkehrsvermeidung, Wassersparen, Mülltrennung etc.)
und in den verschiedensten *Kontexten* bzw. für die unterschiedlichsten AuftraggeberInnen
einsetzbar (private Haushalte, Betriebe, Schulen, Krankenhäuser, Gemeinden).

4. Schwerpunkt „Gesundheitliche und psychosoziale Probleme": An Interventi-
onsansätzen bzw. an gemeindenahen Dienstleistungen in diesem Bereich (s. Kap. 4)
sind insbesondere der Aufbau sozialer Stützsysteme und Netzwerke und die Nutzung
psychologischer Interventionsansätze aus der Klinischen Psychologie zu nennen.

5. Schwerpunkt „Gesellschaftliche Konflikte und Partizipation": Ansätze, die es
ermöglichen, mit gesellschaftlichen Konflikten konstruktiv umzugehen und Bürge-
rInnenbeteiligung fördern, werden in Zukunft an Bedeutung gewinnen (s. Kap.
2.1.4). Eine der Techniken, die zum Konfliktmanagement und zur Partizipation eingesetzt werden, ist etwa die *Mediation* (Fietkau, 1994), bei der mit Hilfe einer neu-
tralen Person versucht wird, unterschiedliche Beurteilungen einer Sachlage oder von
Handlungsnotwendigkeiten mit den Beteiligten zu klären und einer gemeinsamen
Problemlösung näherzubringen.

6. Schwerpunkt „Angewandte Forschung": Der Dienstleistungsschwerpunkt „angewandte Forschung" verweist auf die grundsätzliche Kompetenz von PsychologInnen, über die Untersuchung konkreter (psychischer, sozialer und örtlicher) Gegebenheiten Problemlösungskonzepte bedarfsbezogen zu entwickeln, umzusetzen und/oder
zu evaluieren (vgl. etwa Wortmann & Schuster, 1997).

Wichtig ist auch die Bearbeitung der Frage, wie *Entwicklung und Qualitätssi-
cherung zu gewährleisten sind*. Hier müssen Erfahrungen und Standards (Su-

pervision, Kundenrückmeldung), die in anderen psychologischen Praxisfeldern (Klinische Psychologie, Arbeits- und Betriebspsychologie) schon vorliegen, aufgegriffen werden. Letztlich gilt es zu überlegen, welche Strategien eine *„Marktöffnung"* für umweltpsychologische Angebote ermöglichen. Dieser Frage kommt angesichts der oft beklagten „leeren Kassen" und des Handlungsbedarfs in allen oben benannten Dienstleistungsschwerpunkten eine besondere Relevanz zu. Neben Lobbyarbeit ist hier an Öffentlichkeitsarbeit zu denken, die bisher „zu zufällig, zu wenig professionalisiert und zu wenig konsequent" ist (Giesinger, 1997, S. 33). Argumente, die zur Inanspruchnahme qualifizierter umweltpsychologischer Dienstleistung durch verschiedene AkteurInnen motivieren, sollten in den vorangegangenen Ausführungen deutlich geworden sein. Letztlich dürfte auch hier die Erarbeitung von *Motivkombinationen* (z.b. Umweltschutz, finanzielle Interessen und Innovation) von entscheidender Bedeutung sein.

7.4 Zusammenfassung

In diesem letzten Kapitel wurde eingangs die *historische Entwicklung* der Umweltpsychologie umrissen (7.1). Dabei wurde festgestellt, daß die Psychologie eine Anlaufphase brauchte, ehe sie sich aktiv mit der Umweltproblematik auseinandersetzte.

Über die Zusammenstellung erster *Bestimmungsaspekte* der Umweltpsychologie (7.2) wurde anschließend ein Vorschlag für einen verbindenden und u.U. integrierenden sowie koordinierenden Forschungsrahmen der „Psychologie der Umweltkrise und des Umweltschutzes" vorgestellt. Dabei wurde ausgeführt, daß Umweltpsychologie in diesem Sinne wissenschaftliche Analyse- und Lösungsbeiträge zur Umweltproblematik und zum Umweltschutz umfaßt. Diese primär *anwendungsbezogenen Beiträge* mit *interdisziplinären Anknüpfungspunkten* werden zur Analyse von *Erleben* und *Verhalten* in ihrer *sozialen Einbettung* erbracht. Ergänzend sind in diesem *Forschungsprozeß* auch die Begrifflichkeiten, mit denen die Psychologie im Kontext der Umweltproblematik kommuniziert, zu reflektieren und die Besonderheiten des Forschungsgegenstandes zu berücksichtigen.

Anschließend wurde für die Bereiche *Forschung* und *Lehre* (7.3) die Entwicklung grundlegender umweltpsychologischer *Forschungskompetenzen,* zukünftiger *Forschungsfragestellungen,* inner- und außeruniversitärer *Curricula* und die Erschließung von *Arbeitsressourcen* angeregt.

Darüber hinaus wurde die Entwicklung und Umsetzung umweltpsychologischer *Dienstleistungen* (7.3) etwa in folgenden Bereichen gefordert: *Vermittlung von Hintergrundwissen, Arbeitsfähigkeit von UmweltschutzakteurInnen, (Verhaltens)-Wandel in sozialen Systemen, gesundheitliche und psychosoziale Probleme, gesellschaftliche Konflikte und Partizipation.*

Abschließend ist festzuhalten, daß eine umweltpsychologische Tätigkeit erst dann befriedigend sein kann, wenn neben der Weiterentwicklung von Forschung und Lehre auch die aktive Einbringung des erarbeiteten Wissens in möglichst viele gesellschaftliche Kontexte gelingt.

8. Serviceteil

8.1 Auswählte Einführungsliteratur

Katzenstein, H. (1995a). Umweltbewußtsein und Umweltverhalten. Kurseinheit I Umweltbewußtsein: Konzepte und empirische Erfassung. Hagen: Fernuniversität-Gesamthochschule Hagen.
Katzenstein, H. (1995b). Umweltbewußtsein und Umweltverhalten. Kurseinheit II Umweltverhalten: Determinanten und Strategien in der Veränderung. Hagen: Fernuniversität-Gesamthochschule Hagen.
Beide Bände bieten einen Inhaltlich und didaktisch sehr gelungenen Einblick in die Forschungsfelder Umweltbewußtsein und Umweltverhalten.
Aurand, K., Hazard, B. P. & Tretter, F. (Hrsg.) (1993). Umweltbelastungen und Ängste. Opladen: Westdeutscher Verlag.
Umfassende und perspektivreiche Zusammenstellung von Arbeiten zum Thema „Umweltangst".
Kals, E. (Hrsg.) (1998). Umwelt und Gesundheit. Die Verbindung ökologischer und gesundheitlicher Ansätze. Weinheim: Beltz PVU.
Eine aktuelle Quelle zum Thema „Umwelt und Gesundheit"
Bell, A.P.; Greene, T.C.; Fisher, J.D.; Baum, A. (1996). Environmental Psychology (fourth edition). Fort Worth, Philadephia: Harcourt Brace.
Lehrbuch, das die Umweltpsychologie im weiteren Sinne vorstellt.
Gardner, G.T. & Stern, P.C. (1996). Environmental problems and human behavior. Boston: Allyn and Bacon.
Umfassender Überblick zu sozialwissenschaftlichen bzw. psychologischen Forschungsansätzen im Bereich der Umweltprobleme.
Kruse, L.; Graumann, C. F. & Lantermann, E. D. (1990). Ökologische Psychologie. Ein Handbuch in Schlüsselbegriffen. München: PVU.
Kurze präzise Beiträge in viele einzelne Felder der ökologischen Psychologie. Dabei werden auch umweltschutzbezogenen Themen behandelt.
Schahn, J. & Giesinger, T. (Hrsg.) (1993). Psychologie für den Umweltschutz. Weinheim: PVU.
Praxisnaher Einblick in psychologische Anwendungsfelder im Bereich Umweltschutz.

8.2 Ausgewählte Zeitschriften

Artikel über psychologische Analyse- und Lösungsbeiträge zu Umweltgefährdung und Umweltschutz sind in der Publikationslandschaft weit verstreut. Fündig wird man besonders häufig in folgenden Zeitschriften:

- Environment and Behavior

- Journal of Environmental Psychology
- Risk Analysis
- Journal of Applied Social Psychology
- Umweltpsychologie (erscheint seit Oktober 1997)

8.3 Ausgewählte „www-Adressen"

Das Internet bieten einen schnellen Zugriff auf eine Fülle umweltpsychologisch relevanter Informationen. Hier einige Adressen von Organisationen, die in den vorangegangenen Kapiteln angesprochen werden. Sie können als „Startpunkte" für eine weitergehende Netzerkundung dienen (Stand: 3/98):

Agenda 21 Seiten:
http://www.geocities.com/RainForest/7090/agd21k00.htm
Informationen rund um die Agenda 21.

DFG Schwerpunktprogramm Mensch und globale Umweltveränderungen
http://www.psychologie.uni-freiburg.de/umwelt-spp/umwelt-spp.html
U.a. werden Forschungsprojekte des Schwerpunkts vorgestellt.

Fachgruppe Umweltpsychologie in der Deutschen Gesellschaft für Psychologie (DGPs)
http://www.fernuni-hagen.de/OEKOPSYCH/dgps/
Informationen zu Fachgruppenmitgliedern, Veranstaltungen, Ordnung der Fachgruppe

Initiative Psychologie im Umweltschutz (IPU) e.V.
http://www.eco.psy.ruhr-uni-bochum.de/ipu/
Informationen zur IPU, Literaturhinweise, Verweise ins WWW, Termine

Klimaschutzaktion *nordlicht/Projekt Klimaschutz*
http://www.psychologie.uni-kiel.de/nordlicht/klima_hp.htm
Informationen zu Klimaschutzkampagnen auf sozialpsychologischer Basis, Online-Publikationen.

Wissenschaftlicher Beirat Globale Umweltveränderungen (WBGU)
http://www.awi-bremerhaven.de/WBGU/
Hier sind Gutachten des Beirats direkt einsehbar.

9. Literatur

Abey-Wickrama, I., A'Brook, M.F., Gattoni, F.E.G. & Herridge, C.F. (1969). Mental-hospital admissions and aircraft noise. Lancet, Part 2, 1275-1277.

Ajzen, I. (1991). The Theory of Planned Behavior. Some unresolved issues. Organizational Behavior and Human Decision Processes, 50, 179-211.

Ajzen, I. & Fishbein, M. (1980). Understanding attitudes and predicting social behavior. Englewood-Cliffs, NJ: Prentice-Hall.

Albrecht, D.E., Bultena, G., Hoiberg, E. & Nowak, P. (1982). The new environmental paradigm scale. Journal of Environmental Education, 13, 39-43.

Amelang, M. & Bartussek, D. (1981). Differentielle Psychologie und Persönlichkeitsforschung, 2. Auflage. Stuttgart: Kohlhammer.

Amelang, M., Tepe, K., Vagt, G. & Wendt, W. (1976). Über einige Schritte der Entwicklung einer Skala zum Umweltbewußtsein (Arbeiten aus dem Psychologischen Institut der Universität Hamburg, Nr.36). Hamburg: Psychologisches Institut.

Amelang, M., Tepe, K., Vagt, G. & Wendt, W. (1977). Mitteilung über einige Schritte der Entwicklung einer Skala zum Umweltbewußtsein. Diagnostica, 23 (1), 86-88.

Andreas, K. (1994). Nervensystem. In H. Marquardt & S.G. Schäfer (Hrsg.), Lehrbuch der Toxikologie (S. 291-312). Mannheim: Wissenschaftsverlag.

Antholzer, R. & Kley, J. (1977). Attitüden und Verhalten im Zusammenhang mit dem Problem der Umweltzerstörung. Unveröffentlichte Diplomarbeit. Tübingen: Eberhard-Karl-Universität.

Arbuthnot, J., Tedeschi, R., Wayner, M., Turner, J., Kressel, St. & Rush, R. (1977). The induction of recycling behavior through the Foot-in-the-Door-Technique. Journal of Environmental Systems, 6, 355-368.

Arcury, T.A. (1990). Environmental attitude and environmental knowledge. Human Organization, 49 (4), 300-304.

Arts, B. (1994). Nachhaltige Entwicklung. Eine begriffliche Abgrenzung. Peripherie, 54, 6-27.

Aurand, K., Hazard, B.P. & Tretter, F. (1993). Schlußfolgerungen und Ausblick. In K. Aurand, B.P. Hazard, & F. Tretter (Hrsg.), Umweltbelastungen und Ängste (S. 415-422). Opladen: Westdeutscher Verlag.

Axelrod, L.J. & Lehman, D.R. (1993). Responding to environmental concerns: What factors guide individual action? Journal of Environmental Psychology, 13, 149-159.

Bachmann, W. & Katzev, R. (1982). The effects of non-contingent free bus tikkets and personal commitment on urban bus ridership. Transportation Research, 16A, 103-108.

Backhaus, K., Erichson, B., Plinke, W., Schuchard-Ficher, Chr. & Weiber, R. (1988). Multivariate Analyse Methoden. Berlin: Springer.

Bacon-Prue, A., Blount, R., Pickering, D. & Drabman, R. (1980). An evaluation of three litter control procedures - trash receptacles, paid workers, and the marked item technique. Journal of Applied Behavior Analysis, 13, 165-170.

Bamberg, S. (1996). Habitualisierte Pkw-Nutzung: Integration des Konstrukts „Habit" in die Theorie des geplanten Verhaltens. Zeitschrift für Sozialpsychologie, 27, 295-310.

Bamberg, S. & Schmidt, P. (1993). Verkehrsmittelwahl - eine Anwendung der Theorie geplanten Verhaltens. Zeitschrift für Sozialpsychologie, 24, 25-37.

Bandura, A. (1986). Social Foundations of Thought and Action. A Social Cognitive Theory. Englewood Cliffs: Prentice-Hall.

Barker, R.G. (1968). Ecological Psychology. Stanford: Standford University Press.

Bauerschmidt, R. (1990). Hauptursache Chemieproduktion. In U.E. Simonis (Hrsg.), Basiswissen Umweltpolitik. Ursachen, Wirkungen und Bekämpfung von Umweltproblemen (S. 40-50). Berlin: Sigma.

Baum, A. (1991). Toxins, technology, and natural disasters. In A. Monat & R.S. Lazarus (Eds.), Stress and Coping. New York, Oxford: University Press.

Baum, A. & Fleming, R. (1993). Implications of psychological research on stress and technological accidents. American Psychologist, 48, 665-672.

Baum, A., Fleming, R. & Singer, J.E. (1983). Coping with victimization by technological disaster. Journal of Social Issues, 39, 117-138.

Baum, A., Gatchel, R.J. & Schaeffer, M.A. (1983). Emotional, Behavioral and Physiological Effects of Chronic Stress at Three Mile Island. Journal of Consulting and Clinical Psychology, 51, 565-572.

Baum, A., Singer, J.E. & Baum, L. (1982). Stress and the environment. In G.W. Evans (Ed.), Environmental Stress (pp. 15-44). New York. Cambridge University Press.

Beck, U. (1986). Risikogesellschaft. Auf dem Weg in eine andere Moderne. Frankfurt am Main: Suhrkamp.

Beck, U. (1991). Die Soziologie und die ökologische Frage. Berliner Journal für Soziologie, 3, 331-341.

Beck-Gernsheim, E. (1994). Individualisierungstheorie: Veränderungen des Lebenslaufs in der Moderne. In H. Keupp (Hrsg.), Zugänge zum Subjekt (S. 97-125). Frankfurt am Main: Suhrkamp.

Becker, J.L. (1978). Joint effect of feedback and goal setting on performance: A field study of residential energy conservation. Journal of Applied Psychology, 63, 428-433.

Becker, J.L. & Seligman, C. (1978). Reducing air conditioning waste by signalling it is cool outside. Personality and Social Psychology Bulletin, 4, 412-415.

Bell, P.A., Greene, T.C., Fisher, J.D. & Baum, A. (1996). Environmental Psychology (4th ed.). Fort Worth: Harcourt Brace.

Bem, D. (1972). Self-Perception theory. In L. Berkowitz (Ed.), Advances in experimental social psychology Vol. 6. (pp. 1-62). New York: Academic Press.

Bien, G. (1993). Philosophische Reflexionen zum Problem der Ökologie. In K.-H. Erdmann (Hrsg.), Perspektiven menschlichen Handelns, 2. Auflage (S. 39-52). Berlin, Heidelberg: Springer.

Billig, A. (1994). Ermittlung des ökologischen Problembewußtseins der Bevölkerung. Berlin: Umweltbundesamt.

Billig, A., Briefs, D. & Pahl, A. (1987). Das ökologische Problembewußtsein umweltrelevanter Zielgruppen. Wertwandel und Verhaltensäußerung. Berlin: Umweltbundesamt.

Bischof, W. (1996). Intramurales Befinden. In P.M. Wiedemann & H.M. Seitz (Hrsg.), Gesundheitsbelastungen - 6. Sommerschule Anthropogene Umweltveränderungen (S. 235-248). Jülich: Forschungszentrum Jülich.

Black, J.S., Stern, P.C. & Elworth, J.T. (1985). Personal and contextual influences on household energy adaptions. Journal of Applied Psychology, 70, 3-21.

Blöbaum, A., Hunecke, M., Matthies, E. & Höger, R. (1997). Ökologische Verantwortung und private Energie- & PKW-Nutzung. (Bericht Nr.49). Bochum: Ruhr-Universität Bochum, Fakultät für Psychologie.

Bobis-Seidenschwanz, A. & Wiedemann, P.M. (1993). Gesundheitsrisiken nieder- und hochfrequenter elektromagnetischer Felder - Bestandsaufnahme der öffentlichen Kontroverse. Arbeiten zur Risiko-Kommunikation, Heft 39. Jülich: Forschungszentrum Jülich.

Bock, H. & Zafirov, B. (1992). Der sprachliche Umgang mit Müll und Abfall: Eine zeichenbezogene Untersuchung von Presseberichten. Zeitschrift für Semiotik, 14, 271-286.

Boehnke, K. (1991). Makrosozialer Streß und Copingstrategien im Jugendalter. Zeitschrift für Sozialisationsforschung und Erziehungssoziologie, 11, 30-42.

Boehnke, K. (1992). Auswirkungen von makrosozialem Stress auf die psychische Gesundheit: Ein Beitrag zur Theoriebildung. In J. Mansel (Hrsg.), Reaktionen Jugendlicher auf gesellschaftliche Bedrohung (S. 24-37). Weinheim: Juventa.

Boehnke, K., Macpherson, M.J., Meador, M. & Petri, H. (1989). Atomare Bedrohung und psychische Gesundheit im Jugendalter. In A. Böhm, A. Faas & H. Legewie (Hrsg.), Angst allein genügt nicht (S. 151-178). Weinheim: Psychologie heute.

Bogun, R., Osterland, M. & Warsewa, G. (1992). Arbeit und Umwelt im Risikobewußtsein von Industriearbeitern. Soziale Welt, 43(2), 237-245.

Böhm, A. (1988). Der Unfall von Tschernobyl, Umweltbelastungen und Atomkriegsdrohungen - Wie leben die Berliner damit? Verhaltenstherapie und psychosoziale Praxis, 20 (2), 157-169.

Bonato, M. (1990). Wissensstrukturierung mittels Struktur-Lege-Techniken: Eine graphentheoretische Analyse von Wissensnetzen. Frankfurt am Main: Lang.

Börg, W., Matheisen, J. & Voltenauer-Lagemann, N. (1983). Untersuchung des Umweltbewußtseins der Bevölkerung im Hinblick auf die Bewertung des Umweltzustandes. Forschungsbericht des Socialdata-Instituts. München: Socialdata-Institut.

Böse-O'Reilly, S. & Kammerer, S. (1997). Aufgaben und Ziele der Umweltmedizin. In S. Böse-O'Reilly & S. Kammerer (Hrsg.). Leitfaden Umweltmedizin: Befund, Diagnostik - Therapie, Prävention (S. 2-4). Lübeck, Stuttgart, Jena, Ulm: Gustav Fischer.

Bostrom, A., Morgan, M.G., Fischhoff, B. & Read, D. (1994). What do people know about global climate change? Risk Analysis, 14 (6), 959-969.

Brand, K.W., Büsser, D. & Rucht, D. (1986). Aufbruch in eine andere Gesellschaft: Neue soziale Bewegungen in der Bundesrepublik. Aktualisierte Neuausgabe. Frankfurt am Main, New York: Campus.

Brechbühl, U. & Rey, L. (1996). Übergeordnete Naturvorstellungen in ihrer sprachlichen Vermittlung. In R. Kaufmann-Hayoz & A. Di Giulio (Hrsg.), Umweltproblem Mensch: Humanwissenschaftliche Zugänge zu umweltverantwortlichem Handeln (S. 425-443). Bern, Stuttgart, Wien: Haupt.

Brehm, J.W. (1966). A theory of psychological reactance. New York: Academic Press.

Brehm, J.W. (1972). Response to loss of freedom: A theory of psychological reactance. New York: General Learning Press.

Brown Travis, C., McLean, E.B. & Ribar, C. (1989). Environmental Toxins: Psychological, Behavioral, and Sociocultural Aspects, 1973-1989. Psycinfo, Bibliographies in Psychology No. 5.

Brown, R.L. (1993). Ein neues Zeitalter kündigt sich an. In G. Michelsen (Hrsg.), Zur Lage der Welt (S. 11-44). Frankfurt am Main: Fischer

Brüderl, L.; Halsig, N. & Schröder, A. (1988). Historische Hintergründe, Theorien und Entwicklungstendenzen der Bewältigungsforschung. In L. Brüderl (Hrsg.), Theorie und Methoden der Bewältigungsforschung (S. 26-45). Weinheim: Beltz.

Brüggemann, U. (1995). Mülltrennung in der Schule. Dürchführung und Evaluation einer umweltpsychologischen Intervention. Unveröffentlichte Diplomarbeit. Ruhr-Universität Bochum, Fakultät für Psychologie.

Brun, W. (1992). Cognitive components in risk perception: Natural versus manmade risks. Journal of Behavioral Decision Making, 5, 117-132.

Brundtland-Bericht (1987). Weltkommission für Umwelt und Entwicklung: Unsere gemeinsame Zukunft. Deutsche Ausgabe, herausgegeben von Volker Hauff, Greven. Englisch: World Commission on Environment and Development, Our Common Future, Oxford and New York.

Bullinger, M. (1989). Psychological effects of air pollution on healthy residents - A time-series approach. Journal of Environmental Psychology, 9, 103-118.

Bullinger, M. (1990). Psychische, neuropsychologische und körperliche Wirkungen von Luftverunreinigungen. Habilitationsschrift, Universität München.

Bullinger, M. (1992). Befindlichkeitsstörungen. In H.-E. Wichmann, H.-W. Schlipköter & G. Fülgraff (Hrsg.), Handbuch der Umweltmedizin, Loseblatt-Ausgabe. Landsberg/Lech: Ecomed.

Bund für Umwelt und Naturschutz Deutschland & Misereor (Hrsg.) (1996). Zukunftsfähiges Deutschland. Basel: Birkhäuser.

Bundesministerium für Gesundheit (Hrsg) (1995). Gesundheit in Deutschland. Das Gesundheitswesen in der Bundesrepublik. Bonn.

Burgess, R.L., Clark, R.N. & Hendee, I.C. (1971). An experimental analysis of anti-litter-procedures. Journal of Applied Behavior Analysis, 4, 71-75.

Burn, S.M. (1991). Social Psychology and the Stimulation of Recycling Behaviors: The Block Leader Approach. Journal of Applied Social Psychology, 21, 611-629.

Burn, S.M. & Oskamp, S. (1986). Increasing Community Recycling with Persuasive Communication and Public Commitment. Journal of Applied Social Psychology, 16, 29-41.

222

Burschel, C. (1996). Umweltschutz als sozialer Prozeß. Die Organisation des Umweltschutzes und die Implementierung von Umwelttechnik im Betrieb. Opladen: Westdeutscher Verlag.

Busse, I. & Matthäus, S. (1993). Psychologische Interventionen zur Müllreduktion im Heimbereich. Unveröffentlichte Diplomarbeit. Ruhr-Universität Bochum, Fakultät für Psychologie.

Buttel, F.H. (1987). New Directions in Environmental Sociology. Annual Review of Sociology, 13, 465-488.

Campbell, J.M. (1983). Ambient stressors. Environment and Behavior, 15, 355-380.

Cannon, W.B. (1932). The wisdom of the body. New York: Norton.

Carson, R. (1962). Silent Spring. Boston. Deutscher Nachdruck, München: Beck

Cary, J. (1993). The nature of symbolic beliefs and environmental behavior in a rural setting. Environment and Behavior, 25, 555-576.

Cass, R.C. & Edney, J.J. (1978). The commons Dilemma: A simulation testing the effects of resource visibility and territorial division. Human Ecology, 6 (4), 371-386.

Catton, W.R. Jr. & Dunlap, R.E. (1980). A New Ecological Paradigm for Post-Exuberant Sociology. American Behavioral Science, 24, 15-47.

Cavalini, P.M., Koeter-Kemmerling, L.G. & Pulles, M.P. (1991). Coping with odour annoyance and odour concentrations: Three field studies. Journal of Environmental Psychology, 11, 123-142.

Champagne, P. (1991). Die öffentliche Meinung als neuer politischer Fetisch. Berliner Journal für Soziologie, 1, 517-525.

Chivian, E., McCally, M., Hu, H. & Haines, A. (Hrsg.) (1996). Krank durch Umwelt: Was jeder über Umweltgifte wissen sollte. München: Beck.

Clark, C.R. (1984). The effects of noise on health. In D.M. Jones & A.J. Chapman (Eds.), Noise and society (pp. 111-124). Chichester: John Wiley.

Claussen, B. (1997). Metaplan als Visualisierungs- und Kommunikationsinstrument. In G. Michelsen (Hrsg.), Umweltberatung: Grundlagen und Praxis (S. 190-196). Bonn: Economica Verlag.

Cobern, M. K., Porter, B.E., Leeming, F.C. & Dwyer, W.O. (1995). The effect of commitment on adoption and diffusion of grass cycling. Environment and Behavior, 27 (2), 213-232.

Cohen, S., Evans, G.W., Stokols, D. & Krantz, D.S. (1986). Behavior, health and environmental stress. New York: Plenum.

Cohen, S. & Horm-Wingerd, D. (1993). Children and the Environment. Ecological Awareness Among Preschool Children. Environment and Behavior, 25, 103-120.

Collins, D.L. & Bandeira de Carvalho, A. (1993). Chronic stress from the Goiania Cs Radiation Accident. Behavioral Medicine, 18, 149-157.

Collins, D., Baum, A. & Singer, J. (1983). Coping with chronic stress at Three Mile Island: psychological and biochemical evidence. Health Psychology, 2, 149-166.

Cone, J.D. & Hayes, S.C. (1984). Environmental Problems/Behavioral Solutions. Cambridge: Cambridge University Press.

Cook, S.W. & Berrenberg, J.L. (1981). Approaches to encouraging conservation behavior: A review and conceptual framework. Journal of Social Issues, 37 (2), 73-107.

Cook, T.D. & Campbell, D.T. (1976). The Design and Conduct of Quasi-Experiments and True Experiments in Field Settings. In M. D. Dunnette (Ed.), Handbook of Industrial and Organizational Psychology (pp. 223-326). Chicago: Rand McNally College Publishing Company.

Cook, T.D. & Matt, G.E. (1990). Theorien der Programmevaluation. Ein kurzer Abriß. In U. Koch & W. Wittmann (Hrsg.), Evaluationsforschung (S. 15-38). Berlin: Springer.

Couch, J.V., Garber, T. & Karpus, L. (1978/79). Response maintenance and paper recycling. Journal of Environmental Systems, 8, 127-137.

Cramer, M. (1991a). Studien zur Umweltbetroffenheit. In M. Cramer (Hrsg.), Unser Doppelleben - neue Studien zur Umweltbetroffenheit (S. 4-29). München: FHM, Fachbereich Sozialwesen.

Cramer, M. (Hrsg.) (1991b). Unser Doppelleben - neue Studien zur Umweltbetroffenheit. München: FHM, Fachbereich Sozialwesen.

Curio, I. & Ising, H. (1986). Gesundheitliche Auswirkungen des militärischen Tieffluglärms. Berlin: Umweltbundesamt.

Daunderer, M. (1995). Gifte im Alltag: Wo sie vorkommen, wie sie wirken, wie man sich dagegen schützt; der umfassende Ratgeber. München: Beck.

Davidson, D.J. & Freudenburg, W.R. (1996). Gender and environmental risk concerns. Environment and Behavior, 28, 302-339.

Davidson, L.M., Baum, A. & Collins, D.L. (1982). Stress and control-related problems at Three Mile Island. Journal of Applied Social Psychology, 12, 349-359.

Davidson-Cummings, L. (1977). Voluntary strategies in the environmental movement: Recycling as cooptation. Journal of Voluntary Action Research, 6, 153-160.

Dawes, R.M. (1980). Social dilemmas. Annual Review of Psychology, 31, 169-193.

de Haan, G. & Kuckartz, U. (1996). Umweltbewußtsein. Denken und Handeln in Umweltkrisen. Opladen: Westdeutscher Verlag.

De Leon, I.G. & Fuqua, R.W. (1995). The effect of public commitment and group feedback on curbside recycling. Environment and Behavior, 27 (2), 233-250.

De Young, R. (1986). Some Psychological Aspects of Recycling. The Structure of Conservation Satisfaction. Environment and Behavior, 18 (4), 435-449.

De Young, R. (1988/89). Exploring the difference between recyclers and non-recyclers. The role of information. Journal of Environmental Systems, 18, 341-351.

De Young, R. (1993). Changing Behavior and Making it Stick. Environment and Behavior, 25 (4), 485-505.

De Young, R. (1996). Some psychological aspects of reduced consumption behavior. The role of intrinsic satisfaction and competence motivation. Environment and Behavior, 28 (3), 358-409.

Deci, E.L. (1971). Effects of externally mediated rewards on intrinsic motivation. Journal of Personality and Social Psychology, 18, 105-115.

Deci, E.L. (1972). Intrinsic motivation, extrinsic reinforcement, and inequity. Journal of Personality and Social Psychology, 22, 113-120.

Defila, R. & Di Giulio, A. (1996). Interdisziplinäre Forschungsprozesse: Erwartungen und Realisierungsmöglichkeiten in einem Forschungsprogramm -

Das Schwerpunktzentrum „Umweltverantwortliches Handeln" in seinem Umfeld. In R. Kaufmann-Hayoz & A. Di Giulio (Hrsg.), Umweltproblem Mensch: Humanwissenschaftliche Zugänge zu umweltverantwortlichem Handeln (S. 79-129). Bern, Stuttgart, Wien: Haupt.

Diagnostisches und statistisches Manual psychischer Störungen (DSM-IV) (1996). Übersetzt nach der vierten Auflage des Diagnostic and statistical manual of mental disorders der American Psychiatric Association. Göttingen, Bern, Toronto, Seattle: Hogrefe-Verlag.

Diekmann, A. & Jaeger, C.C. (1996). Aufgaben und Perspektiven der Umweltsoziologie. In A. Diekmann & C.C. Jaeger (Hrsg.), Umweltsoziologie (S. 11-27). Sonderband 36/1996 der Kölner Zeitschrift für Soziologie und Sozialpsychologie.

Diekmann, A. & Preisendörfer, P. (1991). Umweltbewußtsein, ökonomische Anreize und Umweltverhalten. Empirische Befunde aus der Berner und Münchner Umweltbefragung. Schweizerische Zeitschrift für Soziologie, 17(2), 207-231.

Diekmann, A. & Preisendörfer, P. (1992). Persönliches Umweltverhalten. Diskrepanzen zwischen Anspruch und Wirklichkeit. Kölner Zeitschrift für Soziologie und Sozialpsychologie, 44, 226-251.

Dierkes, M. & Fietkau, H.-J. (1988). Umweltbewußtsein - Umweltverhalten. Stuttgart: Kohlhammer.

Dispoto, R.G. (1977). Interrelationships among measures of environmental activity, emotionality, and knowledge. Educational and Psychological Measurement, 37, 451-459.

Dörner, D. (1993). Die Logik des Mißlingens. Strategisches Denken in komplexen Situationen. Reinbek bei Hamburg: Rowohlt.

Dörner, D. (1996). Der Umgang mit Unbestimmtheit und Komplexität und der Bebrauch von Computersimulationen. In A. Diekmann & C.C. Jaeger (Hrsg.), Umweltsoziologie (S. 489-515). Sonderband 36/1996 der Kölner Zeitschrift für Soziologie und Sozialpsychologie.

Dumke, R. (1992). Umweltorientierung in der Erwachsenenbildung. In K. Schleicher (Hrsg.), Lernorte der Umwelterziehung (S. 163-191). Hamburg: Krämer.

Dunlap, R.E., Gallup, G.H. jr. & Gallup, A.M. (1993). Health of the Planet. A George H. Gallup Memorial Survey. Results of a 1992 International Environmental Opinion Survey of Citizens in 24 Nations. Princeton, NJ: George H. Gallup International Institute.

Dunlap, R.E. & Mertig, A.G. (1996). Weltweites Umweltbewußtsein. Eine Herausforderung für die sozialwissenschaftliche Theorie. In A. Diekmann & C.C. Jaeger (Hrsg.), Umweltsoziologie (S. 193-218). Sonderband 36/1996 der Kölner Zeitschrift für Soziologie und Sozialpsychologie.

Dunlap, R.E. & Van Liere, K.D. (1978). The „New Environmental Paradigm": A proposed measuring instrument and preliminary results. Journal of Environmental Education, 9, 10-19.

Dunlap, R.E. & Van Liere, K.D. (1984). Commitment to the dominant social paradigm and concern for environmental quality. Social Science Quarterly, 65, 1013-1028.

Dwyer, W.O., Leeming, F.C., Cobern, M. K., Porter, B.E. & Jackson, J.M. (1993). Critical Review of Behavioral Interventions to Preserve the Environment: Research since 1980. Environment and Behavior, 25 (3), 275-321.

Eckensberger, L.H., Sieloff, U., Kasper, E., Schirk, S. & Nieder, A. (1992). Psychologische Analyse eines Ökonomie-Ökologie-Konfliktes in einer saarländischen Region: Kohlekraftwerk Bexbach. In K. Pawlik & K.H. Stapf (Hrsg.), Umwelt und Verhalten: Perspektiven und Ergebnisse ökologischer Forschung (S. 145-169). Bern, Göttingen, Toronto, Seattle: Hans Huber.

Eckes, T. & Six, B. (1994). Fakten und Fiktionen in der Einstellungs-Verhaltens-Forschung: Eine Meta-Analyse. Zeitschrift für Sozialpsychologie, 25, 253-271.

Edelstein, M.R. (1987). Contaminated communities: The social and psychological impacts of residential toxic exposure. Boulder, CO: Westview Press.

Edney, J.J. & Harper, C.S. (1978). The effects of information in a resource management problem: A social trap analog. Human Ecology, 6 (4), 387-395.

Edwards, D. & Potter, J. (1992). Discursive Psychology. London: Sage.

Enquete Kommission „Vorsorge zum Schutz der Erde" (Hrsg.) (1990). Schutz der Erde. Eine Bestandsaufnahme mit Vorschlägen zu einer neuen Energiepolitik. Bonn.

Ernst, A.M. (1997). Ökologisch-soziale Dilemmata. Weinheim: PVU.

Evans, G.W. & Cohen, S. (1987). Environmental stress. In D. Stokols & I. Altman (Eds.), Handbook of Environmental Psychology (pp. 571-610). New York: Wiley.

Evans, G.W., Colome, S.D. & Shearer, D.F. (1988). Psychological reactions to air pollution. Environmental Research, 45, 1-15.

Evans, G.W., Jacobs, S.V. & Frager, N.B. (1982). Behavioral responses to air pollution. In A. Baum & J. Singer (Eds.), Advances in environmental psychology (Vol.4) (pp. 237-270). Hillsdale, NJ: Erlbaum.

Fejer, S. & Stroschein, F.-R. (1991). Die Ableitung einer Guttman-Skala für sozial- und ökologiebewußtes Verhalten: Anregungen zur Steigerung der Effizienz gezielter Maßnahmen im Social-Marketing. Planung und Analyse, 1/91, 5-12.

Festinger, I. & Carlsmith, J.M. (1959). Cognitive consequences of forced compliance. Journal of Abnormal and Social Psychology, 58, 203-210.

Feyerabend, P. (1977). Wider den Methodenzwang. Skizze einer anarchistischen Erkenntnistheorie. Frankfurt: Suhrkamp.

Fietkau, H.-J. (1981). Umweltpsychologie und Umweltkrise. In H.-J. Fietkau & D. Gorlitz (Hrsg), Umwelt und Alltag in der Psychologie (S. 113-135). Weinheim, Basel: Beltz

Fietkau, H.J. (1984). Bedingungen ökologischen Handelns: Gesellschaftliche Aufgaben der Umweltpsychologie. Weinheim, Basel: Beltz.

Fietkau, H.J. (1985). Zum Beispiel Umweltschutz. Die Industrie im Netzwerk gesellschaftlicher Werturteile. Institut für Umwelt und Gesellschaft, 85-19.

Fietkau, H.J. (1994). Leitfaden Umweltmediation. Hinweise für Verfahrensbeteiligte und Mediatoren. FS II 94 - 323 Schriften zu Mediationsverfahren im Umweltschutz Nr. 8. Berlin: WZB.

Fietkau, H.-J. & Hüttner, H. (1979). Bürgerengagement im Umweltschutz: Soziale Merkmale und Motive. Gegenwartskunde, 28, 29-38.

Fietkau, H.-J., Hüttner, H. & Six, D. (1980). Umweltbewußtsein in Berlin. Berlin: Internationales Institut für Umwelt und Gesellschaft.

Fietkau, H.-J. & Kessel, H. (1981). Umweltlernen. Königstein/Taunus: Hain.

Fietkau, H.-J., Kessel, H. & Tischler, W. (1982). Umwelt im Spiegel der öffentlichen Meinung. Frankfurt am Main: Campus.

Filipp, S.H. & Klauer, T. (1986). Ein dreidimensionales Modell der Klassifikation der Krankheitsbewältigung. Forschungsbericht Nr. 9: Universität Trier.

Finke, H.O., Guski, R. & Rohrmann, B. (1980). Betroffenheit einer Stadt durch Lärm. Bericht über eine interdisziplinäre Untersuchung. Berlin: Umweltbundesamt.

Fischer, M. (1994). Umwelt und Wohlbefinden. In A. Abele & P. Becker (Hrsg.), Wohlbefinden, 2.Auflage (S. 245-266). München, Weinheim: Juventa.

Fischer, M. (1995). Umwelt- und Gesundheitspsychologie: Ein humanwissenschaftlicher Beitrag zur Bewältigung der ökologischen Krise. In A.G. Keul (Hrsg.), Wohlbefinden in der Stadt: Umwelt- und gesundheitspsychologische Perspektiven (S. 22-42). Weinheim: Beltz, PVU.

Fischer, W. (1996). Nachhaltige Entwicklung - eine Norm für die Gestaltung unserer Zukunft. In W. Fischer, C. Karger & F. Wendland (Hrsg.), Wasser: Nachhaltige Gewinnung und Verwendung eines lebenswichtigen Rohstoffes (S. 3-23). Jülich: Forschungszentrum Jülich.

Fischer, G. W., Morgan, M. G., Fischhoff, B., Nair, I. & Lave, L. B. (1991). What risks are people concerned about? Risk Analysis, 11, 303-14.

Fischerlehner, B. (1993). „Die Natur ist für die Tiere ein Lebensraum, und für uns Kinder ist es so eine Art Spielplatz". Über die Bedeutung von Naturerleben für das 9-13jährige Kind. In H.-J. Seel, R. Sichler & B. Fischerlehner (Hrsg.), Mensch - Natur (S. 148-163). Opladen: Westdeutscher Verlag.

Fischhoff, B., Slovic, P., Lichtenstein, S., Read, S. & Combs, B. (1978). How safe is safe enough? A psychometric study of attitudes toward technological risks and benefits. Policy science, 9, 127-152.

Fishbein, M. & Ajzen, I. (1975). Belief, attitude, intention, and behavior: An introduction to theory and research. Reading, MA: Addison-Wesley.

Flick, U. (Hrsg.) (1991). Alltagswissen über Gesundheit und Krankheit. Subjektive Theorien und soziale Repräsentationen. Heidelberg: Asanger.

Flick, U. (Hrsg.) (1995). Psychologie des Sozialen. Repräsentation in Wissen und Sprache. Reinbeck bei Hamburg: Rowohlt.

Flynn, J., Slovic, P. & Mertz, C.K. (1994). Gender, race and perception of environmental health risks. Risk Analysis, 14, 1101-1108.

Folkman, S. & Lazarus, R.S. (1985). If it changes it must be process: Study of emotion and coping during three stages of college examination. Journal of Personality and Social Psychology, 48, 150-170.

Folkman, S. & Lazarus, R.S. (1988). Manual for the Questionnaire „ways of coping". Palo Alto, California: Consulting Psychologists Press.

Foppa, K. (1984). Operationalisierung und der empirische Gehalt psychologischer Theorien. Psychologische Beiträge, 26, 539-551.

Forrester, W. (1972). Der teuflische Regelkreis. Stuttgart.

Foxx, R.M. & Schaeffer, M.H. (1981). A company-based lottery to reduce the personal driving of employees. Journal of Applied Behavior Analysis, 14, 273-285.

Fränzle, O. & Daschkeit, A. (1997). Die Generierung interdisziplinären Wissens in der deutschen Umweltforschung - Anspruch und Wirklichkeit. Kiel: Geographisches Institut.

Frey, B.S. & Bohnert, I. (1996). Tragik der Allmende. Einsicht, Perversion und Überwindung. In A. Diekmann & C.C. Jaeger (Hrsg.), Umweltsoziologie (S. 292-307). Sonderband 36/1996 der Kölner Zeitschrift für Soziologie und Sozialpsychologie.

Fuhrer, U. (1995). Sozialpsychologisch fundierter Theorierahmen für eine Umweltbewußtseinsforschung. Psychologische Rundschau, 46, 93-103.

Fuhrer, U., Kaiser, F.G., Seiler, I. & Maggi, M. (1995). From social representations to environmental concern: The influence of face-to-face versus mediated communication. In U. Fuhrer (Hrsg.), Ökologisches Handeln als sozialer Prozeß (S. 61-75). Basel: Birkhäuser.

Fuhrer, U. & Wölfing, S. (1997). Von den sozialen Grundlagen des Umweltbewußtseins zum verantwortlichen Umwelthandeln. Die sozialpsychologische Dimension globaler Umweltproblematik. Bern: Huber.

Gardner, G.T. & Stern, P.C. (1996). Environmental problems and human behavior. Boston: Allyn and Bacon.

Gebhard, U. (1994). Wieviel Natur braucht der Mensch? Psychologische Befunde und umweltpädagogische Konsequenzen. In H. Schreier (Hrsg.), Die Zukunft der Umwelterziehung (S. 83-118). Hamburg: R. Krämer.

Geller, E.S. (1987). Applied Behavior Analysis and Environmental Psychology - From Strange Bedfellows to a Productive Marriage. In D. Stokols & I. Altmann (Eds.), Handbook of Environmental Psychology, Vol.1 (pp. 361-388). New York: John Wiley & Sons.

Geller, E.S. (1989). Applied behavior analysis and social marketing: An integration for environmental preservation. Journal of Social Issues, 45, 17-36.

Geller, E.S, Berry T.D., Ludwig T.D., Evans R.E., Gilmore M.R. & Clarke S.W. (1990). A conceptual framework for developing and evaluating behavior change interventions for injury control. Health Education Research, 5 (2), 125-137.

Geller, E.S., Chaffee, J.L. & Ingram, R.E. (1975). Promoting paper-recycling on a university campus. Journal of Environmental Systems, 5, 39-57.

Geller, E.S., Winett, R. & Everett, P. (1982). Preserving the Environment. New Strategies for Behavior Change. New York: Pergamon Press.

Gergen, K.J. (1985). Social constructionist inquiry: Context and implications. In K.J. Gergen & K.E. Davis (Eds.), The social construction of the person (pp. 3-18). New York: Springer.

Gergen, K.J. (1986). Correspondance versus Autonomy in the Language of Understanding Human Action. In D. Fiske & R. Shweder (Eds.), Metatheory in Social Science (pp. 136-162). Chicago: University of Chicago Press.

Gergen, K.J. (1989). Social Psychology and the Wrong Revolution. European Journal of Social Psychology, 19, 463-484.

Giegel, H.J. (1992). Die ökologische Krise in der Arbeitsgesellschaft. In J. Hoffmann, H. Matthies & U. Mückenberger (Hrsg.), Der Betrieb als Ort ökologischer Politik (S. 23-43). Münster:

Giesinger, T. (1997). Erwartungen von Umweltbewegung und Umweltpraxis an die Umweltpsychologie. Umweltpsychologie, 1(1), 26-35.

Gifford, R. (1987). Environmental Psychology. Boston: Allyn & Bacon.

Gillwald, K. (1983). Psychische und soziale Auswirkungen mäßiger Umweltqualität. Aus Politik und Zeitgeschichte, 42/43, 25-33.

Global 2000. Der Bericht an den Präsidenten (1980). Council on Environmental Qualitiy und US-Außenministerium (Hrsg.). Washington.

Goldenhar, L.M. (1991). Understanding, predicting, and influencing recycling behavior: The future generation. Michigan: University of Michigan.

Graumann, C.F. (1976). Die ökologische Fragestellung - 50 Jahre nach Hellpachs Psychologie der Umwelt. In G. Kaminski (Hrsg.), Umweltpsychologie (S. 21-25). Stuttgart: Klett.

Graumann, C.F. & Willig, R. (1983). Wert, Wertung, Werthaltung. In H. Thomae (Hrsg.), Theorien und Formen der Motivation. Enzyklopädie der Psychologie, C,IV,1 (S. 312-396). Göttingen: Hogrefe.

Grob, A. (1991). Meinung, Verhalten, Umwelt: Ein psychologisches Ursachennetz-Modell. Frankfurt am Main: Lang.

Grob, A. (1995). A structural model of environmental attitudes and behavior. Journal of Environmental Psychology, 15, 209-220.

Groeben, N. & Scheele, B. (1982). Einige Sprachregelungsvorschläge für die Erforschung subjektiver Theorien. In H.-D. Dann et al. (Hrsg.), Analyse und Modifikation subjektiver Theorien von Lehrern (S. 13-39). Konstanz: Universitätsverlag.

Groeben, N., Wahl, D., Schlee, J. & Scheele, B. (1988). Forschungsprogramm Subjektive Theorien: Eine Einführung in die Psychologie des reflexiven Subjekts. Tübingen: Franke.

Groeben, N. & Westmeyer, H. (1975). Kriterien psychologischer Forschung. München: Juventa.

Grün, J. & Wiener, D. (1984). Global Denken - Vor Ort Handeln. Weltmodelle von Global 2000 bis Herman Kahn. Kontroversen über unsere Zukunft. Freiburg im Breisgau:

Guagnano, G. A., Stern, P. C. & Dietz, T. (1995). Influences on attitude-behavior relationships. A natural experiment with curbside recycling. Environment and Behavior, 27 (5), 699-718.

Günther, R. (1995). Tätigkeiten und Chancen der PsychologInnen im Bereich der Umweltpsychologie in Deutschland. In G. Pulverich (Hrsg.), Umweltpsychologie - Verkehrspsychologie (S. 38-48). Bonn: Deutscher Psychologen Verlag.

Gundermann, K.O. (1991). Einführung. In K.O. Gundermann, H. Rüden & H.G. Sonntag (Hrsg.), Lehrbuch der Hygiene. Stuttgart: Fischer.

Gundermann, K.O. (1997). Umwelt und Gesundheit: Wege und Ziele der Umwelthygiene. München: Beck.

Guski, R. (1987). Lärm. Wirkungen unerwünschter Geräusche. Bern: Huber.

Guski, R. (1993a). Psychische Auswirkungen von Umweltbelastungen. Bericht Nr. 42/1993. Bochum: Ruhr-Universität Bochum, Fakultät für Psychologie.

Guski, R. (1993b). Psychosomatische Nachwirkungen des Umgangs mit Altlasten in einem Wohngebiet. In K. Aurand, B.P. Hazard & F. Tretter (Hrsg.), Umweltbelastungen und Ängste (S. 180-190). Opladen: Westdeutscher Verlag.

Guski, R., Matthies, E. & Höger, R. (1991). Psychosomatische Auswirkungen von Altlasten und deren Sanierung auf die Wohnbevölkerung. Bochum: Ruhr-Universität.

Gutscher, H., Hirsch, G. & Werner, K. (1996). Vom Sinn der Methodenvielfalt in den Sozial- und Geisteswissenschaften. In R. Kaufmann-Hayoz & A. Di Giulio (Hrsg.), Umweltproblem Mensch: Humanwissenschaftliche Zugänge zu umweltverantwortlichem Handeln (S. 43-78). Bern, Stuttgart, Wien: Haupt.

Gutscher, H. & Mosler, H.-J. (1996). Wege zur Deblockierung kollektiven Umweltverhaltens. In H. Mandl (Hrsg.). 40. Kongreß der Deutschen Gesellschaft für Psychologie. München: Institut für Pädagogische Psychologie und Empirische Pädagogik, Ludwig-Maximilians-Universität München.

Haborth, H.J. (1993). Dauerhafte Entwicklung statt globaler Selbstzerstörung. Berlin: Edition Sigma.

Hahn, E. (1992). Ökologischer Stadtumbau: Theorie und Konzept. Frankfurt am Main: Lang.

Halla, R. (1993). Angst und Umwelt aus der Sicht der neurobiologischen Psychiatrie. In K. Aurand, B.P. Hazard & F. Tretter (Hrsg.), Umweltbelastungen und Ängste (S. 51-62). Opladen: Westdeutscher Verlag.

Hallin, P.O. (1995). Environmental concern and environmental behavior in Foley, a small town in Minnesota. Environment and Behavior, 27 (4), 558-578.

Hallman, W.K. & Wandersman, A.H. (1992). Attribution of responsibility and individual and collective coping with environmental threats. Journal of Social Issues, 48, 101-118.

Hamid, P. N. & Cheng, S.-T. (1995). Predicting antipollution behavior. The role of molar behavioral intentions, past behavior, and locus of control. Environment and Behavior, 27 (5), 679-698.

Hammerl, B. (1994). Umweltbewußtsein in Unternehmen. Eine empirische Analyse des Umweltbewußtseins im Rahmen der Unternehmenskultur. Frankfurt am Main: Lang.

Hardin, G.J. (1968). The tragedy of the commons. Science, 162, 1243-1248.

Hartmuth, G. & Kruse, L. (1996). Globale Umweltveränderungen - der Mensch als Verursacher, Betroffener und potentieller Bewältiger. Umweltpsychologische Berichte aus Forschung und Praxis, 3, 45-62.

Hayes, S.C. & Cone, J.D. (1981). Reduction of residential consumption of electricity through simple monthly feedback. Journal of Applied Behavior Analysis, 14, 81-88.

Heberlein, T.A. & Warriner, G.K. (1983). The influence of price and attitude on shifting residential electricity consumption from on-to-off peak periods. Journal of Economic and Personality, 4, 107-130.

Heck, H.-D. (1992). Die Grenzen des Wachstums. Unsere Gesellschaft ändert sich von Grund auf. Bild der Wissenschaft, 29 (6), 52-57.

Heine, H. & Mautz, R. (1988). Haben Industriearbeiter besondere Probleme mit dem Umweltthema? Soziale Welt, 39 (2), 123 -143.

Heine, H. & Mautz, R. (1989). Industriearbeiter contra Umweltschutz? Frankfurt am Main, New York: Campus.

Hellpach, W. (1911). Geopsychische Erscheinungen. Leibzig: Engelmann.

Hellpach, W. (1924). Psychologie der Umwelt. In E. Abderhalden (Hrsg.), Handbuch der biologischen Arbeitsmethoden. Abt. VI: Methoden der experimentellen Psychologie. C, 3. Berlin: Urban & Schwarzenberg.

Hennicke, P., Jochem, E. & Prose, F. (Hrsg.) (1997). Interdisziplinäre Analyse der Umsetzungschancen einer Energiespar- und Klimaschutzpolitik. Forschungsbericht, Karlsruhe, Kiel, Wuppertal.

Herbert, W. & Häberle, T. (o.J.). Abschlußbericht zum Projekt „Umweltbewußtsein bei Experten und Bevölkerung". Universität Mannheim: Forschungsstelle für gesellschaftliche Entwicklung (FGE).

Herr, D. (1988). Bedingungsmodell umweltbewußten Handelns. Eine empirische Studie am Beispiel der umweltschonenden Wiederverwertung von organischem Abfall. Dissertation. Erlangen/Nürnberg: Universität Erlangen - Nürnberg, Fachbereich Wirtschafts- und Sozialwissenschaften.

Hillmann, K.-H. (1981). Umweltkrise und Wertewandel: Die Umwertung der Werte als Strategie des Überlebens. Frankfurt am Main: Lang.

Hines, J.M., Hungerford, H.R. & Tomera, A.N. (1986/87). Analysis and Synthesis of Research on Responsible Environmental Behavior: A Meta-Analysis. Journal of Environmental Education, 18 (2), 1-8.

Hirsch, G. (1995). Beziehung zwischen Umweltforschung und disziplinärer Forschung. GAIA 4, 5-6, 302-314.

Hitzler, R. (1994). Wissen und Wesen des Experten. In R. Hitzler, A. Honer & C. Maeder (Hrsg.), Expertenwissen. Die institutionalisierte Kompetenz zur Konstruktion von Wirklichkeit. Opladen: Westdeutscher Verlag.

Hoff, E.-H. & Lecher, T. (1995). Ökologisches Verantwortungsbewußtsein. In H. Jänike, H.J. Bolle & A. Carius (Hrsg.), Umwelt Global (S. 213-224). Berlin: Springer .

Hoffmann, C. (1997). Selbstorganisiertes Lernen im Umwelt- und Naturschutz. Unveröffentlichte Diplomarbeit. Fachgebiet Arbeits- und Organisationspsychologie, Universtität Osnabrück.

Hoffmann, W. (1997). Strahlenkrankheit. In S. Böse-O'Reilly & S. Kammerer (Hrsg.), Leitfaden Umweltmedizin: Befund, Diagnostik - Therapie, Prävention (S. 360-364). Lübeck, Stuttgart, Jena, Ulm: Gustav Fischer.

Höger, R. (1993). Lärmwirkungsforschung - Ergebnisse, Perspektiven, Praxis. Umweltpsychologische Berichte aus Forschung und Praxis, 1, 47-60.

Homburg, A. (1995). Subjektive Vorstellungen zur Umweltkrise. Eine empirische Studie zum Umweltbewußtsein. Berichte des Forschungszentrums Jülich; 3153. Jülich: Forschungszentrum Jülich.

Homburg, A. (1996). Anmerkungen zum Verhältnis von Umwelt- und Sozialpsychologie. In Informationsblatt der Fachgruppe „Sozialpsychologie" in der Deutschen Gesellschaft für Psychologie (DGPs) Nr. 19, 2/1996, 2-4.

Homburg, A. (1997). Umweltbewußtsein von Akteuren im Umweltschutz. In M. Birke, C. Burschel & M. Schwarz (Hrsg.), Handbuch Umweltschutz und Organisation. Ökologisierung, Organisationswandel, Mikropolitik (S. 390-412). München, Wien: Oldenbourg.

Hopper, J.R. & Nielsen, J. M. (1991). Recycling as altruistic behavior. Normative and behavioral strategies to expand participation in a community recycling program. Environment and Behavior, 23 (2), 195-220.

Hormuth, S.E. & Katzenstein, H. (1990). Psychologische Ansätze zur Müllvermeidung und Müllsortierung. Forschungsbericht für das Ministerium für Umwelt Baden-Württemberg. Heidelberg: Psychologisches Institut der Universität Heidelberg.

Huffmann, K.T., Grossnickle, W.F., Cope, J.G. & Huffman, K.P. (1995). Litter reduction. A review and intergration of the literature. Environment and Behavior, 27 (2), 153-183.

Hüppe, M. & Janke, W. (1993). Empirische Befunde zur Wirkung von Umweltkatastrophen auf das Erleben und die Streßverarbeitung von Männern und Frauen unterschiedlichen Alters. In K. Aurand, B.P. Hazard & F. Tretter (Hrsg.), Umweltbelastungen und Ängste (S. 133-144). Opladen: Westdeutscher Verlag.

Hurrelmann, K. (1996). Angstbesetzte Risikowahrnehmung bei Kindern und Jugendlichen. In G. de Haan (Hrsg.), Ökologie - Gesundheit - Risiko: Perspektiven ökologischer Kommunikation (S. 79-93). Berlin: Akademie Verlag.

Inglehart, R. (1971). The silent Revolution in Europe. Intergenerational change in post industrial societies. American Political Rewiew, 4, 991-1017.

Inglehart, R. (1990). Kultureller Umbruch. Wertewandel in der westlichen Welt. Frankfurt am Main: Campus.

Institut für praxisorientierte Sozialforschung (1984). Meinungen zum Umweltschutz 1984. Mannheim: IPOS

Institut für praxisorientierte Sozialforschung (1991). Einstellungen zu Fragen des Umweltschutzes 1991. Mannheim: IPOS

Institut für praxisorientierte Sozialforschung (1992). Einstellungen zu Fragen des Umweltschutzes 1992. Mannheim: IPOS

Institut für praxisorientierte Sozialforschung (1994). Einstellungen zu Fragen des Umweltschutzes 1994. Mannheim: IPOS

Jacobs, H.E. & Bailey, J.S. (1982/83). Evaluating participation in a residential recycling program. Journal of Environmental Systems, 12, 141-152.

Jacobs, H.E., Bailey, J.S. & Crews, J.J. (1984). Development and analysis of a community-based resource recovery program. Journal of Applied Behavior Analysis, 17 (2), 127-145.

Jones, D.M. (1984). Performance effects. In D.M. Jones & A.J. Chapman (Eds.), Noise and society (pp. 155-184). Chichester: Wiley.

Jones, J.W. & Bogat, G.A. (1978). Air pollution and human aggression. Psychological Reports, 43, 721-722.

Jukes, G.M. (1986). Luftverschmutzung in Innenräumen: Das Sick-Building-Syndrom. In G. de Haan (Hrsg.), Ökologie, Gesundheit, Risiko: Perspektiven ökologischer Kommunikation (S. 165-176). Berlin: Akademie.

Jungermann, H. & Slovic, P. (1993). Die Psychologie der Kognition und Evaluation von Risiko. In G. Bechmann (Hrsg.), Risiko und Gesellschaft. Grundlagen und Ergebnisse interdisziplinärer Risikoforschung (S. 167-208). Opladen: Westdeutscher Verlag.

Kaase, M. (1986). Die Entwicklung des Umweltbewußtseins in der Bundesrepublik Deutschland. In R. Wildenmann (Hrsg.), Wirtschaft, Umwelt, Gesellschaft - Wege zu einem neuen Grundverständnis (S. 289-316). Stuttgart: Staatsministerium.

Kahlert, J. (1991). Alltagstheorien der Lehrer über den Zustand der Natur. In G. Eulefeld, D. Bolscho, H. Seybold (Hrsg.), Umweltbewußtsein und Umwelterziehung. Ansätze und Ergebnisse empirischer Forschung, (S. 65-94). Kiel: IPN

Kahn, H. (1977). Vor uns die guten Jahre. Wien.

Kaiser, F.G. (1996). Die Mär von der Kluft zwischen Umweltbewußtsein und ökologischem Verhalten. In Rundbrief der Initiative Psychologie im Umweltschutz e.V., Nr. 6, 37-43.

Kajan, J. (1995). Supervision - Möglichkeiten und Grenzen. In A. Franz-Balsen & H. Apel (Hrsg.), Professionalität und Psyche. Einsichten aus der Klimabildung (S. 70-77). Frankfurt am Main, Hiddenhausen: Deutsches Institut für Erwachsenenbildung, Arbeitsgemeinschaft Natur- und Umwelterziehung.

Kals, E. (1996). Verantwortliches Umweltverhalten. Umweltschützende Entscheidungen erklären und fördern. Weinheim: Beltz, Psychologie Verlags Union.

Kals, E. (Hrsg.) (1998). Umwelt und Gesundheit. Die Verbindung ökologischer und gesundheitlicher Ansätze. Weinheim: Beltz PVU.

Kaminski G. (Hrsg.) (1976). Umweltpsychologie: Perspektiven, Probleme, Praxis. Stuttgart: Klett.

Kaminski, G. (1995). Ausbildung in Ökologischer bzw. Umweltpsychologie. Bericht über eine Umfrage. Psychologische Rundschau, 46, 119-124.

Kaminski, G. (1997). Psychologie im Umweltschutz. Umweltpsychologie, 1(1), 8-24.

Kammerer, S. (1997). Belastungen durch Zahnamalgam. In S. Böse-O'Reilly & S. Kammerer (Hrsg.). Leitfaden Umweltmedizin: Befund, Diagnostik - Therapie, Prävention (S. 345-346). Lübeck, Stuttgart, Jena, Ulm: Gustav Fischer.

Karger, C.R. (1997). Umweltkommunikationsprozesse und Interaktion. In G. Michelsen (Hrsg.), Umweltberatung: Grundlagen und Praxis (S. 85-95). Bonn: Economica Verlag.

Karger, C.R., Schütz, H. & Wiedemann, P.M. (1993). Zwischen Engagement und Ablehnung: Bewertung von Klimaschutzmaßnahmen in der deutschen Bevölkerung. Zeitschrift für Umweltpolitik und Umweltrecht, 16 (2), 201-217.

Karger, C.R. & Wiedemann, P.M. (1994). Wahrnehmung von Umweltproblemen. Natur und Landschaft, 69, 3-8.

Karger, C.R. & Wiedemann, P.M. (1996). Wahrnehmung und Bewertung von Umweltrisiken. Arbeiten zur Risiko-Kommunikation, Heft 59. Jülich: Forschungszentrum Jülich.

Kastenholz, H.G. (1994). Bedingungen umweltverantwortlichen Handelns in einer Schweizer Bergregion: Eine empirische Studie unter der besonderen Berücksichtigung anthropogen verursachter Klimaveränderungen. Bern: Lang.

Katzenstein, H. (1995a). Umweltbewußtsein und Umweltverhalten. Kurseinheit I Umweltbewußtsein: Konzepte und empirische Erfassung. Hagen: Fernuniversität-Gesamthochschule.

Katzenstein, H. (1995b). Umweltbewußtsein und Umweltverhalten. Kurseinheit II Umweltverhalten: Determinanten und Strategien der Veränderung. Hagen: Fernuniversität-Gesamthochschule.

Katzev, R.D., Cooper, L. & Fisher, P. (1980/81). The effect of feedback and social reinforcement on residential electricity consumption. Journal of Environmental Systems, 10, 215-227.

Kaufmann-Hayoz, R. (1996). Der Mensch und die Umweltprobleme. In R. Kaufmann-Hayoz & A. Di Giulio (Hrsg.), Umweltproblem Mensch: Humanwissenschaftliche Zugänge zu umweltverantwortlichem Handeln (S. 7-19). Bern, Stuttgart, Wien: Haupt.

Kaufmann-Hayoz R. & Di Giulio, A. (Hrsg.) (1996). Umweltproblem Mensch: Humanwissenschaftliche Zugänge zu umweltverantwortlichem Handeln. Bern, Stuttgart, Wien: Haupt.

Kelly, G. A. (1955). The Psychology of Personal Constructs. Vol. I, II. New York: Norton.

Kelly, G. A. (1986). Die Psychologie der persönlichen Konstrukte. Paderborn: Junfermann.

Kempton, W. (1991). Public understanding of Global Warming. Society and Natural Resources, 4, 331-345.

Keupp, H. (1994). Ambivalenzen postmoderner Identität. In U. Beck & E. Beck-Gernsheim (Hrsg.), Riskante Freiheiten (S. 336-350). Frankfurt am Main: Suhrkamp.

Klein, U. (1993). Der Landschaftsmensch: Eine empirische Studie zum Landschaftserleben von Studenten aus der Landschaftsplanung. In H.-J. Seel, R. Sichler & B. Fischerlehner (Hrsg.), Mensch - Natur: Zur Psychologie einer problematischen Beziehung (S. 180-198). Opladen: Westdeutscher Verlag.

Kley, J. & Fietkau, H.-J. (1979). Verhaltenswirksame Variablen des Umweltbewußtseins. Psychologie und Praxis, 1, 13-22.

Kofler, W. (1993). Umweltängste, Toxikopie-Mechanismus, komplexes evolutionäres Coping-Modell und die Notwendigkeit neuartiger Auflagen für genehmigungspflichtige Anlagen. In K. Aurand, B.P. Hazard, & F. Tretter (Hrsg.), Umweltbelastungen und Ängste (S. 225-267). Opladen: Westdeutscher Verlag.

Kolb, R. (1997). Gesprächstechniken. In G. Michelsen (Hrsg.), Umweltberatung: Grundlagen und Praxis (S. 121-130). Bonn: Economica.

Kotler, P. & Zaltman, G. (1971). Social marketing: An approach to planned social change. Journal of Marketing, 35, 3-12.

Krämer, M. (1991). Problembewältigung und Kontrollüberzeugungen. Bereichsübergreifende und bereichsspezifische Analysen unter Berücksichtigung der Themen Energie und Umwelt, Frieden und Rüstung sowie Arbeitslosigkeit. Regensburg: Roderer.

Kraus, T., Anders, M., Weber, A., Hermer, P. & Zschiesche (1995). Zur Häufigkeit umweltbezogener Somatisierungsstörungen. Ergebnisse einer interdisziplinären Querschnittstudie. Arbeitsmedizin, Sozialmedizin, Umweltmedizin, 30, 147-152.

Krause, D. (1993). Environmental Consciousness. An Empirical Study. Environment and Behavior, 25 (1), 126-142.

Kröling, P. (1993). Das Suick-Building Syndrom in klimatisierten Gebäuden: Symptome, Ursachen und Prophylaxe. In F. Diel (Hrsg.) Innenraum-Belastungen (S. 22-37). Wiesbaden: Bauverlag.

Kruse, L. (1974). Räumliche Umwelt. Die Phänomenologie des räumlichen Verhaltens als Beitrag zu einer psychologischen Umwelttheorie. Berlin: de Gruyter.

Kruse, L. (1989). Le Waldsterben: Zur Kulturspezifität der Wahrnehmung ökologischer Risiken. In Der Rektor der Fernuniversität - Gesamthochschule Hagen (Hrsg.), Hagener Universitätsreden 12. Hagen: Fernuniversität - Gesamthochschule.

234

Kruse, L. (1995a). Globale Umweltveränderungen: Eine Herausforderung für die Psychologie. Psychologische Rundschau, 46 (2), 81-92.

Kruse, L. (1995b). Umweltpsychologische Forschung. Psychologische Rundschau, 46 (2) 115-118.

Kruse-Graumann, L. (1996). Psychologische Ansätze zur Entwicklung einer Zukunftsfähigen Gesellschaft. In H.G. Kastenholz et al. (Hrsg.), Nachhaltige Entwicklung (S. 119-140). Berlin: Springer.

Kruse, L. & Arlt, R. (1984). Environment and behavior. An international and multidisciplinary bibliography 1970/1981 (Vol.1). New York: K.G.Saur.

Kruse, L., Graumann, C.F. & Lantermann, E.-D. (Hrsg.) (1990). Ökologische Psychologie. Ein Handbuch in Schlüsselbegriffen. München: PVU.

Küchenhoff, J. (1994). Umwelt-Psychosomatik. In A. Beyer & D. Eis (Hrsg.), Praktische Umweltmedizin (Abschnitt 3.20). Berlin: Springer.

Lamnek, L. (1989). Qualitative Sozialforschung, Band 2: Methoden und Techniken. München: PVU

Langeheine, R. & Lehmann, J. (1986a). Die Bedeutung der Erziehung für das Umweltbewußtsein. (Schriftenreihe Nr.101). Kiel: Institut für Pädagogik der Naturwissenschaften an der Universität Kiel.

Langeheine, R. & Lehmann, J. (1986b). Stand der empirischen Umweltbewußtseinsforschung. In R. Günther & G. Winter (Hrsg.), Umweltbewußtsein und persönliches Handeln (S. 39-41). Weinheim: Beltz.

Lantermann, E.-D. (1996). Nachhaltigkeit als Leitlinie interdisziplinärer Umweltforschung. In P.M. Wiedemann & H.M. Seitz (Hrsg.), Gesundheitsbelastungen (S. 3-16). Jülich: Forschungszentrum Jülich.

Lantermann E.-D. & Linneweber, V. (1996). Umweltpsychologie. In Psychologie Verlags Union (Hrsg.), Perspektiven der Psychologie: Eine Standortbestimmung (S. 129-145). Weinheim: Beltz, PVU.

Lau, C. (1989). Risikodiskurse: Gesellschaftliche Auseinandersetzung um die Definition von Risiken. Soziale Welt, 40, 418-436.

Lauströer, A. (1995). Alles öko oder was? Eine Analyse von Rechtfertigungen für umweltschädigendes Müllverhalten. Unveröffentlichte Diplomarbeit. Ruhr-Universität Bochum, Fakultät für Psychologie.

Laux, L. (1983). Psychologische Stresskonzeptionen. In H. Thomae (Hrsg.), Theorien und Formen der Motivation (S. 453-535). Göttingen: Hogrefe.

Lazarus, R.S. (1966). Psychological stress and the coping process. New York: MacGraw-Hill.

Lazarus, R.S. & Cohen, J (1977). Environmental Stress. In: J. Wohlwill & B. Altman (Hrsg.), Human behavior and environment, (pp. 90-127), New York: Plenum Press.

Lazarus, R.S. & Folkman, S. (1984). Stress, Appraisal and Coping. Berlin, Heidelberg, New York: Springer

Lazarus, R.S. & Launier, R. (1981). Stressbezogene Transaktionen zwischen Personen und Umwelt. In J. Nitsch (Hrsg.), Stress - Theorien, Untersuchungen, Maßnahmen. (S. 391-440). Bern: Huber.

Legewie, H. (1992). Was hat Tschernobyl mit Gemeindepsychologie zu tun? - Fiktive Werkstattnotizen 1985 bis 1990. In I. Böhm, T. Faltermaier, U. Flick & M. Krause Jacob (Hrsg.), Gemeindepsychologisches Handeln. Ein Werkstattbuch (S. 78-89). Freiburg im Breisgau: Lambertus Verlag.

Legewie, H. & Ehlers, W. (1992). Knaurs moderne Psychologie, neu bearbeitete Auflage. München: Droemer Knaur.

Lepper, M.R., Greene, D. & Nisbett, R.E. (1973). Undermining children's intrinsic interest with extrinsic reward: A test of the overjustification principle. Journal of Personality and Social Psychology, 28, 129-137.

Leser, H., Streit, B., Haase, H.-G., Huber-Fröhli, J., Mosimann, R. & Paesler, R. (1993). Wörterbuch Ökologie und Umwelt, Bd. 2. München: DTV, Braunschweig: Westermann.

Levine, A.G. & Stone, R.A. (1986). Threats to people and what they value: Residents' perceptions of the hazards of Love Canal. In A.H. Lebovitz, A. Baum & J.E. Singer (Eds.), Advances in environmental psychology, Vol. 6, (pp. 109-130). Hillsdale, New York: Lawrence Erlbaum.

Levitt, L. & Leventhal, G. (1986). Litter Reduction. How effective is the NY State Bottle Bill? Environment and Behavior, 18 (4), 467-479.

Lévy-Leboyer, C., Bonnes, M.; Chase, J., Ferreira-Marques, J. & Pawlik, K. (1996). Determinants of pro-environmental behaviors: A five countries comparison. European Psychologist, 1 (2), 123-129.

Lewin, K. (1963). Feldtheorie in den Sozialwissenschaften. Bern: Huber.

Lindvall, T. & Radford, T.P. (1973). Measurements of annoyance due to exposure to environmental factors. Environmental Research, 6, 1-36.

Linneweber, V. (1997). Psychologische und gesellschaftliche Dimensionen globaler Klimaveränderngen. In K.-H. Erdmann (Hrsg.), Internationaler Naturschutz (S. 117-143). Berlin: Springer.

Littig, B. (1995). Die Bedeutung von Umweltbewußtsein im Alltag oder: Was tun wir eigentlich, wenn wir umweltbewußt sind?. Frankfurt am Main: Lang.

Lorig, T.S. (1989). Human EEG and odor response. Progress in Neurobiology, 33, 387-398.

Lorig, T.S. & Schwartz, G.E. (1988). Brain and odor: I. Alteration of human EEG activity and behavior. Psychobiology, 16, 281-284.

Lüdemann, C. (1993). Diskrepanzen zwischen theoretischem Anspruch und forschungspraktischer Wirklichkeit. Eine Kritik der Untersuchung über „Persönliches Umweltverhalten: Diskrepanzen zwischen Anspruch und Wirklichkeit" von Andreas Dieckmann und Peter Preisendörfer. Kölner Zeitschrift für Soziologie und Sozialpsychologie, 45, 116-124.

Ludewig, K. (1995). Systemische Therapie. Grundlagen klinischer Theorie und Praxis. Stuttgart: Klett-Cotta.

Luhmann, N. (1986). Ökologische Kommunikation: Kann die moderne Gesellschaft sich auf ökologische Gefährdungen einstellen? Opladen: Westdeutscher Verlag.

Luyben, P.D. (1980a). Effects of informational prompts on energy conservation in college classrooms. Journal of Applied Behavior Analysis, 13, 467-479.

Luyben, P.D. (1980b). Effects of a presidential prompt on energy conservation in college classrooms. Journal of Environmental Systems, 10, 17-25.

Luyben, P.D. (1982/1983). A parametric analysis of prompting procedures to encourage electrical conservation. Journal of Environmental Systems, 12, 329-339.

Luyben, P. & Bailey, J. (1979). Newspaper recycling: The effects of reward and proximity of containers. Environment and Behavior, 11, 539-557.

Luyben, P.D. & Cummings, S. (1981/82). Motivating beverage container recycling on a college campus. Journal of Environmental Systems, 11, 235-245.

Luyben, P.D., Warren, S.B. & Tallmann, T.A. (1979/80). Recycling beverage containers on a college campus. Journal of Environmental Systems, 9, 189-202.

Maloney, M.P. & Ward, M.D. (1973). Ecology: Let's hear it from the people. American Psychologist, 28, 583-586.

Maloney, M.P., Ward, M.P. & Braucht, G.N. (1975). A Revised Scale for the Masurement of Ecological Attitudes and Knowledge. American Psychologist, 30, 787-790.

Matthäus, S. & Busse, I. (1996). Umweltpsychologische Strategien zur Abfallreduzierung in pflegerischen Institutionen. Umweltpsychologische Berichte 3/96, 81-94.

Matthies, E. (1998). Gesundheitliche Gefährdungen durch Umweltbelastungen - Zur Bedeutung subjektiven Wissens. In E. Kals (Hrsg.), Umwelt- und Gesundheit. Die Verbindung ökologischer und gesundheitlicher Ansätze. Weinheim: Beltz PVU.

Matthies, E. (1994a). Bedroht durch Luft, Wasser und Nahrung? Zur subjektiven Einschätzung der Gefährdung durch Umweltbelastungen. (Bericht Nr. 43). Bochum: Ruhr-Universität Bochum, Fakultät für Psychologie.

Matthies, E. (1994b). Umweltproblem „Müll". Eine psychologische Analyse ost- und westdeutscher Sichtweisen. Wiesbaden: Deutscher Universitätsverlag.

Matthies, E. (1995). Aspekte der Bedrohlichkeit von Umweltbelastungen. Eine Explorative Untersuchung mit der Repertory-Grid Technik. Bericht Nr. 45 Bochum: Ruhr-Universität Bochum., Fakultät für Psychologie.

Matthies, E. & Brüggemann, U. (1996). Verbesserung der Nutzung bereits vorhandener Getrenntsammelsysteme. Ein Projekt zur Evaluation der Übertragbarkeit maßgeschneiderter Interventionsmaßnahmen gefördert durch das Akademische Förderungswerk Bochum. (Projektbericht). Bochum: Ruhr-Universität Bochum, Fakultät für Psychologie.

Matthies, E., Güthoff, C., Baum, C., Scho, F., Sieberg, H., Einacker, J., Frings, L., Döhler, M., Voigt, M., Langhoff, M., Majtanik, M., Rosenbauer, N., Brücksken, P., Cibilski, R., Blesius, S., Pralat, S. & Lehmann, T. (1996). Sortieren geht über Studieren. Durchführung und Evaluation einer psychologischen Intervention zur Förderung der Müllfraktionierung in einer Universitätscaféteria. (Bericht Nr.48/1996). Bochum: Ruhr-Universität Bochum, Fakultät für Psychologie.

Matthies, E. & Krömker, D. (1995). Intervention im geschlossenen Setting: Ein systemisches Interventionskonzept zur Veränderung umweltbezogenen Verhaltens. In Rundbrief der Initiative Psychologie im Umweltschutz e.V., Nr.4, 59-65.

Mayer, G. & Geller, E.S. (1982/1983). Motivating energy travel: A community-based intervention for encouraging biking. Journal of Environmental Systems, 12, 99-112.

Mayring, P. (1990). Qualitative Inhaltsanalyse. Grundlagen und Techniken. 2. Auflage. Weinheim: PVU

McCaul, K. & Kopp, J. (1982). Effects of goal setting and commitment on increasing metal recycling. Journal of Applied Psychology, 67, 377-379.

McCay, B. & Jentoft, S. (1996). Unvertrautes Gelände: Gemeineigentum unter der sozialwissenschaftlichen Lupe. In A. Diekmann & C.C. Jaeger (Hrsg.), Umweltsoziologie (S. 272-292). Sonderband 36/1996 der Kölner Zeitschrift für Soziologie und Sozialpsychologie.

McClelland, L. & Cooke, W.S. (1979/80). Energy conservation effects of continuous in-home feedback in all-electric homes. Journal of Environmental Systems, 9, 169-173.

McDaniels, T., Lawrence, J.A. & Slovic, P. (1995). Characterizing perception of ecological risk. Risk Analysis, 15 (5), 575-588.

Meadows, D.H., Meadows, D.L. & Randers, J. (1992). Die neuen Grenzen des Wachstums. Stuttgart: DVA.

Meadows, D.L., Meadows, D.H., Zahn, E. & Millinger, P. (1972). Die Grenzen des Wachstums. Stuttgart. DVA.

Meister, G., Schütze, C. & Sperber, G. (1984). Die Lage des Waldes. Ein Atlas der Bundesrepublik. Daten, Analysen, Konsequenzen. Hamburg: Geo.

Merchant, C. (1991). Die Schändung von Mutter Erde. In R. P. Sieferle (Hrsg.), Natur. Ein Lesebuch (S. 364-372). München: Beck.

Miller, R. (1986). Einführung in die Ökologische Psychologie. Opladen: Leske und Budrich.

Moscovici, S. (1984). The phenomenon of social representations. In R. Farr & S. Moscovici (Eds.), Social Representations (pp. 3-70). Cambridge: Cambridge University Press.

Mosler, H.-J. (1993). Self-Dissemination of environmentally-responsible behavior: The influence of trust in a commons dilemma game. Journal of Environmental Psychology, 13, 111-123.

Mosler, H.-J. & Gutscher, H. (1996). Kooperation durch Selbstverpflichtung im Allmende-Dilemma. In A. Diekmann & C.C. Jaeger (Hrsg.), Umweltsoziologie (S. 308-323). Sonderband 36/1996 der Kölner Zeitschrift für Soziologie und Sozialpsychologie.

Mummendey, H.D. (1987). Die Fragebogenmethode. Göttingen: Hogrefe.

Neuburger, N. (1997). Chronic-fatigue-Syndrom. In S. Böse-O'Reilly & S. Kammerer (Hrsg.), Leitfaden Umweltmedizin: Befund, Diagnostik - Therapie, Prävention (S. 358-359). Lübeck, Stuttgart, Jena, Ulm: Gustav Fischer.

Neus, H., Sagunski, H., Koppos, A. & Schümann, M. (1996). Zur administrativen Umsetzung von Risikoabschätzungen - Ziele, Rahmenbedingungen und Entwicklungsbedarf. In P.M. Wiedemann & H.M. Seitz (Hrsg.), Gesundheitsbelastungen - 6. Sommerschule Anthropogene Umweltveränderungen (S. 73-106). Jülich: Forschungszentrum Jülich.

Nielsen, M.J. & Ellington, B.L. (1983). Social processes and resource conservation: A case study in low technology recycling. In N.R. Feimer & E.S. Geller (Eds.), Environmental Psychology (pp. 288-312). New York: Praeger.

Noelle-Neumann, E. & Piel, E. (Hrsg.) (1983). Allensbacher Jahrbuch der Demoskopie. München: Saur.

Nöldner, W. (1984). Psychologie und Umweltprobleme: Beiträge zur Entstehung umweltverantwortlichen Handelns aus psychologischer Sicht. Dissertation. Universität Regensburg.

Nothdurft, W. (1992). Müll reden: Mikroanalytische Fallstudie einer Bürgerversammlung zum Thema „Müllverbrennung". Arbeiten zur Risiko-Kommunikation, Heft 32. Jülich: Forschungszentrum Jülich.

Novelli, W.D. (1984). Developing marketing programs. In L.W. Frederikson, L.J. Solomon & K.A. Brehony (Eds.), Marketing health behavior (pp. 59-89). New York: Plenum Press.

Ohnsorge, P. (1997a). Holzschutzmittelsyndrom. In S. Böse-O'Reilly. & S. Kammerer (Hrsg.), Leitfaden Umweltmedizin: Befund, Diagnostik - Therapie, Prävention (S. 353-354). Lübeck, Stuttgart, Jena, Ulm: Gustav Fischer.

Ohnsorge, P. (1997b). Multiple chemical sensitivity. In S. Böse-O'Reilly & S. Kammerer (Hrsg.), Leitfaden Umweltmedizin: Befund, Diagnostik - Therapie, Prävention (S. 355-357). Lübeck, Stuttgart, Jena, Ulm: Gustav Fischer.

Oliver, S.S., Roggenbuck, J. W. & Watson, A.E. (1985). Education to reduce impacts in forest campgrounds. Journal of Forestry, 83, 234-236.

O'Riordan, T. (1976). Attitudes, values and environmental policy issues. In I. Altman & J.F. Wohlwill (Eds.), Human behavior and environment Vol.I (pp. 1-36). New York: Plenum Press.

Ortscheid, J. (1996). Lärm. In G. de Haan (Hrsg.), Ökologie - Gesundheit - Risiko: Perspektiven ökologischer Kommunikation (S. 115-126). Berlin: Akademie.

Oskamp, S., Harrington, M.J., Edwards, T.C., Sherwood, D.L., Okuda, S.M. & Swanson, D.C. (1991). Factors influencing household recycling behavior. Environment and Behavior, 23, 494-519.

Pardini, A.U. & Katzev, R.D. (1983/84). The effect of strength of commitment on newspaper recycling. Journal of Environmental Systems, 13, 245-254.

Pawlik, K. & d'Ydewalle, G. (1996). Psychology and the Global Commons: Perspectives of International Psychology. American Psychologist, 51 (5) 488-495.

Peters, H.P. (1995). Massenmedien und Technikakzeptanz. Arbeiten zur Risiko-Kommunikation, Heft 50. Jülich: Forschungszentrum Jülich.

Peters, H.P., Albrecht, G., Hennen, L. & Stegelmann, H.U. (1987). Die Reaktionen der Bevölkerung auf die Ereignisse in Tschernobyl. Ergebnisse einer Befragung. Kölner Zeitschrift für Soziologie und Sozialpsychologie, 39, 764-782.

Petty, R.E. & Cacioppo, J.T. (1986). The elaboration likelihood model of persuasion. In L. Berkowitz (Ed.), Advances in Experimental Social Psychology, Vol. 19 (pp. 123-205). Florida: Orlando.

Pongratz, H. (1992). Die Bauern und der ökologische Diskurs: Befunde und Thesen zum Umweltbewußtsein in der bundesdeutschen Landwirtschaft. München, Wien: Profil.

Popper, K.R. (1969). Logik der Forschung. Tübingen: Mohr.

Potter, J. & Wetherell, M. S. (1987). Discourse and social psychology. London: Sage.

Potter, J., Wetherell, M. S., Gill, R. & Edwards, D. (1990). Discourse: noun, verb or social practice? Philosophical Psychology, 3, 205-217.

Preisendörfer, P. (1996). Umweltbewußtsein in Deutschland. Bonn: Bundesministerium für Umwelt, Naturschutz und Reaktorsicherheit.

Preisendörfer, P. & Franzen, A. (1996). Der schöne Schein des Umweltbewußtseins. Zu den Ursachen und Konsequenzen von Umwelteinstellungen in der Bevölkerung. In A. Diekmann & C.C. Jaeger (Hrsg.), Umweltsoziologie (S. 219-244). Sonderband 36/1996 der Kölner Zeitschrift für Soziologie und Sozialpsychologie.

Preuss, S. (1991). Umweltkatastrophe Mensch - Über unsere Grenzen und Möglichkeiten, ökologisch bewußt zu handeln. Heidelberg: Asanger.

Preuss, S. (1995). Ökopsychosomatik. Heidelberg: Asanger.

Preuss, S. (1996). Strategien der Risikokommunikaion in der Umweltberatung. Umweltpsychologische Berichte aus Forschung und Praxis. 3/1996, 95-104.

Prose, F. (1997a). Sieben Schritte zur neuen Beweglichkeit.- Konzept und Zwischenergebnisse der nordlicht-Aktion zur Verminderung des motorisierten Individualverkehrs. In E. Giese (Hrsg.), Verkehr ohne (W)Ende? Psychologische und sozialwissenschaftliche Beiträge (S. 317-329). Tübingen: dgvt-Verlag.

Prose, F., Hübner, G. & Kupfer, D. (1994). Soziales Marketing für den Klimaschutz. Umweltpsychologische Berichte aus Forschung und Praxis, 2/1994, 65-75.

Prose, F., Hübner, G. & Kupfer, D. (1992). Modell zur Organisation des Energiesektors auf der Nachfrageseite, Forschungsbericht, Institut für Psychologie, Universität Kiel.

Prose, F. & Wortmann, K. (1991a). Negawatt statt Megawatt: Eine Energiesparlampen-Aktion. In Jahrbuch Ökologie (S. 174-185). München: Beck'sche Verlagshandlung.

Prose, F. & Wortmann, K. (1991b). Energiesparen: Verbraucheranalyse und Marktsegmentierung der Kieler Haushalte (Endbericht), Stadtwerke, Kiel.

Randolph, T.G. & Moss, R.W. (1986). Allergien: Folgen von Umweltbelastung und Ernährung. Karlsruhe: Müller.

Reason, J. (1994). Menschliches Versagen: Psychologische Risikofaktoren und moderne Technologien. Heidelberg, Berlin, Oxford: Spektrum Akademischer Verlag.

Reichert, D. & Zierhofer, W. (1993). Umwelt zur Sprache bringen. Über umweltverantwortliches Handeln und den Umgang mit Unsicherheit. Opladen: Westdeutscher Verlag.

Reid, D.H., Luyben, P.D., Rawes, R.J. & Bailey, J.S. (1976). Newspaper recycling behavior. The effects of prompting and proximity of containers. Environment and Behavior, 8, 471-482.

Reiter, S.M. & Samuel, W. (1980). Littering as a function of prior litter and the presence or absence of prohibitive signs. Journal of Applied Social Psychology, 10, 45-55.

Renn, O. (1994). Ökologisch denken - sozial handeln: Die Realisierbarkeit einer nachhaltigen Entwicklung und die Rolle der Kultur- und Sozialwissenschaften. In H.G. Kastenholz, K.-H. Erdmann & M. Wolf (Hrsg.), Nachhaltige Entwicklung (S. 119-140). Berlin: Springer.

Richter, H.E. (1993). Aus der Angst zur Ermutigung. In Greenpeace (Hrsg.), Umweltängste Zukunftshoffnungen. Beiträge zur umweltpädagogischen Debatte (S. 31-41). Göttingen: AOL Verlag.

Riemann, R. (1991). Repertory Grid Technik. Göttingen, Toronto, Zürich: Hogrefe.

Rippetoe, P. & Rogers, R. (1987). Effects of components of protection-motivation theory on adaptive and maladaptive coping with a health threat. Journal of Personality and Social Psychology, 52, 596-604 .

Rogers, E. M. & Shoemaker, F. F. (1971). Communication of Innovations. New York: The Free Press.

Rohrmann, B. (1988). Gestaltung von Umwelt. In D. Frey, Graf C. Hoyos, D. Stahlberg (Hrsg.), Angewandte Psychologie (S. 266-281). München, Weinheim: PVU

Rohrmann, B. (1991). Akteure der Risikokommunikation. In H. Jungermann, B. Rohrmann, P.M. Wiedemann (Hrsg.), Risikokontroversen. Konzepte, Konflikte Kommunikation (355-371). Springer: Berlin.

Rohrmann, B. (1995). Risk perception research. Arbeiten zur Risiko-Kommunikation, Heft 48. Jülich: Forschungszentrum Jülich.

Rose, H.S. & Hinds, D.H. (1976). South Dixie Highway contraflow bus and carpool lane demonstration project. Transportation Research Record, 606, 18-22.

Röseler, S. & Rudolph, E.-M. (1991). Anti-Littering. Ein Beitrag zur Müllreduktion durch Veränderung von Verhaltens- und Sprachskripten. Unveröffentlichte Diplomarbeit. Ruhr-Universität Bochum, Fakultät für Psychologie.

Rosenberg, M.J. & Hovland, C.I. (1960). Cognitive, affective, and behavioral components of attitudes. In M.J. Rosenberg, C.I. Hovland, W.J. McGuire, R.P. Abelson & J.W. Brehm (Eds.), Attitude Organization and Change. An Analysis on Consistency among Attitude Components (pp. 1-14). New Haven: Yale University Press.

Rösener, W. (1991). Naturzerstörung im Mittelalter. In R.P. Sieferle (Hrsg.), Natur. Ein Lesebuch (S. 373-381). München: Beck.

Rossi, P.H. & Freeman, H.E. (1993). Evaluation. A Systematic Approach. London: Sage.

Rost, J. & Lehmann, J. (1997). Identifikation von kognitiven, affektiven und sozialen Faktoren für umweltgerechtes Handeln mit Hilfe eines integrierten Handlungsmodells. In M. Scheuermann & H. Spada (Hrsg.), 2. Dokumentation des Schwerpunktprogramms der DFG: „Mensch und globale Umweltveränderungen - sozial- und verhaltenswissenschaftliche Dimensionen" (S. 41-43). Freiburg i. Br.: Psychologisches Institut der Universität Freiburg.

Rotton, J. (1987). Indirect measures of annoyance: What price air pollution? In H.S. Koelega (Ed.), Environmental annoyance: Characterization, measurement, and control. Proceedings of the International Symposium on Environmental Annoyance, Woudschoten (NL) (pp. 153-162). Amsterdam: Elsevier.

Rotton, J., Barry, T., Frey, J. & Soler, E. (1978). Air pollution and interpersonal attraction. Journal of Applied Social Psychology, 8, 57-71.

Rotton, J., Frey, J., Barry, T., Milligan, M. & Fitzpatrick, M. (1979). The air pollution experience and physical aggression. Journal of Applied Social Psychology, 9, 397-412.

Ruff, F.M. (1986). Psychische Folgen von Reaktorunfällen. Langzeitstress nach der Reaktorkatastrophe in Three Mile Island. Verhaltenstherapie und Psychosoziale Praxis, 4, 498-508.

Ruff, F.M. (1990). Ökologische Krise und Risikobewußtsein. Zur psychologischen Verarbeitung von Umweltbelastung. Wiesbaden: DUV.

Ruff, F.M. (1993a). Psychische Verarbeitung von Gesundheitsgefahren durch Umweltbelastungen: Ein theoretisches Rahmenmodell. In K. Aurand, B.P. Hazard & F. Tretter (Hrsg.), Umweltbelastungen und Ängste (S. 85-112). Opladen: Westdeutscher Verlag.

Ruff, F.M. (1993b). Risikokommunikation als Aufgabe der Umweltmedizin. In K. Aurand, B.P. Hazard & F. Tretter (Hrsg.), Umweltbelastungen und Ängste (S. 327-364). Opladen: Westdeutscher Verlag.

Runow, K.-D. (1994). Klinische Ökologie. 2. Auflage. Stuttgart: Hippokrates.

Samdahl, D. M. & Robertson, R. (1989). Social Determinants of Environmental Concern: Specification and Test of the Model. Environment and Behavior, 21 (1), 57-81.

Schaaf, B. (1993). Wahrnehmung und Klassifikation von ausgesuchten Phänomenen der Umweltzerstörung. Unveröffentlichte Diplomarbeit. Fachbereich Psychologie der Universität Marburg.

Schadler, M. & Schadler, M. (1995). Zwischen Fehlleistung und Systemkompetenz: Durch Computersimulationen zu neuen Handlungsmustern. Umwelt-Erziehung, 2, 18-21.

Schahn, J. (1993a). Die Kluft zwischen Einstellung und Verhalten beim individuellen Umweltschutz. In J. Schahn & Th. Giesinger (Hrsg.), Psychologie für den Umweltschutz (S. 29-49). Weinheim: PVU.

Schahn, J. (1993b). Die Rolle von Entschuldigungen und Rechtfertigungen für umweltschädigendes Verhalten. In J. Schahn & Th. Giesinger (Hrsg.), Psychologie für den Umweltschutz. (S. 51-61). Weinheim: PVU.

Schahn, J. (1996a). Die Diskrepanz zwischen Einstellung und Verhalten: Psychologische Sichtweisen und Bedeutung für die Förderung umweltgerechten Handelns. In Rundbrief der Initiative Psychologie im Umweltschutz e.V, Nr. 6, 44-50.

Schahn, J. (1996b). Die Erfassung und Veränderung des Umweltbewußtseins. Frankfurt am Main: Lang.

Schahn, J., Erasmy, P., Trimpin, A. & Ditschun, K. (1994). Psychologische Maßnahmen zur Förderung von Hausmüllvermeidung und Hausmülltrennung. (Bericht aus dem Psychologischen Institut der Universität Heidelberg, Diskussionspapier Nr.78). Heidelberg: Psychologisches Institut der Universität.

Schahn, J. & Giesinger, Th. (Hrsg.) (1993). Psychologie für den Umweltschutz. Weinheim: Beltz, PVU.

Schahn, J. & Holzer, E. (1990). Konstruktion, Validierung und Anwendung von Skalen zur Erfassung des individuellen Umweltbewußtseins. Zeitschrift für Differentielle und Diagnostische Psychologie, 11 (3), 185-204.

Schaible-Rapp, A. (1993). Das Entsorgungsproblem. In J. Schahn & T. Giesinger (Hrsg.), Psychologie für den Umweltschutz (S. 103-121). Weinheim: Beltz.

Scharnberg, T., Wühler, K., Finke, H.O. & Guski, R. (1982). Beeinträchtigung des Nachtschlafs durch Lärm. Berlin: Umweltbundesamt.

Scheele, B. (Hrsg.) (1992). Struktur-Lege-Verfahren als Dialog-Konsens-Methodik: Ein Zwischenfazit zur Forschungsentwicklung bei der rekonstruktiven Erhebung subjektiver Theorien. Münster: Aschendorff.

Scheer, J. (1993). Planung und Durchführung von Repertory Grid-Untersuchungen. In J. Scheer & A. Catina (Hrsg.), Einführung in die Repertory Grid-Technik, Bd. 1 (S. 24-40). Bern: Huber.

Scheer, J. & Catina, A. (Hrsg.) (1993). Einführung in die Repertory Grid-Technik, Bd. 1. Bern: Huber.

Scheffler, D. (1997). Was lange wächst wird endlich gut. Ein Kommunikations- und Verhandlungstraining. In Rundbrief der Initiative Psychologie im Umweltschutz e.V., Nr. 7 , 31-34.

Scheuermann, M. & Spada, H. (Hrsg.) (1996). 1. Dokumentation des Schwerpunktprogramms der DFG: „Mensch und globale Umweltveränderungen - sozial- und verhaltenswissenschaftliche Dimensionen". Freiburg i. Br.: Psychologisches Institut der Universität.

Scheuermann, M. & Spada, H. (Hrsg.) (1997). 2. Dokumentation des Schwerpunktprogrammes der DFG: „Mensch und globale Umweltveränderungen - sozial- und verhaltenswissenschaftliche Dimensionen. Freiburg i. Br.: Psychologisches Institut der Universität Freiburg.

Schiepek, G. (1991). Systemtheorie der Klinischen Psychologie. Wiesbaden: Vieweg.

Schimmelpfennig, W & Arndt, D. (1992). Über das Verhältnis von Umweltmedizin zu Arbeitsmedizin - Konzeptionelle Überlegungen und klinische Ansätze. In Wissenschaft und Umwelt, Sonderheft 12. Juni, 31-40.

Schirk, U. & Walter, K. (1990). Separierung ist der erste Schritt. Hygiene-Praxis, 2, 1-4.

Schlipköter, H.-W. & Beyen, K. (1990). Wirkungsbereich Gesundheit. In U.E. Simonis (Hrsg.), Basiswissen Umweltpolitik. Berlin. Edition Sigma.

Schönpflug, W. & Schulz, P. (1979). Lärmwirkungen bei Tätigkeiten mit komplexer Informationsverarbeitung. Feldstudien in einem Industriebetrieb und Laboruntersuchungen. Berlin: Freie Universität/Umweltbundesamt.

Schülein, J.A., Brunner, K.-M. & Reiger, H. (1994). Manager und Ökologie. Zum Umweltbewußtsein von Industriemanagern. Opladen: Westdeutscher Verlag.

Schultz, P. W., Oskamp, S. & Mainieri, T. (1995). Who recycles and when? A review of personal and situational factors. Journal of Environmental Psychology, 15, 105-121.

Schuschke, G. (1996). Sinnesvermittelte Umweltwirkungen, Wahrnehmungen, Lärm und Gesundheit. In: G. de Haan (Hrsg.). Ökologie - Gesundheit - Risiko: Perspektiven ökologischer Kommunikation (S. 97-114). Berlin: Akademie Verlag.

Schuster, F. (1992). Starker Rückgang der Umweltbesorgnis in Ostdeutschland. Subjektive Indikatoren des Umweltbewußtseins. Informationsdienst Soziale Indikatoren, 8, 1-5.

Schütz, A. (1974). Der sinnhafte Aufbau der sozialen Welt. Frankfurt am Main: Suhrkamp.

Schwartz, S.H. (1970). Elicitation of moral obligation and self-sacrificing behavior: An experimental study of volunteering to be a bone marrow donor. Journal of Personality and Social Psychology, 15, 283-293.

Schwartz, S.H. (1977). Normative influences on altruism. In L. Berkowitz (Ed.), Advances in experimental social psychology, Vol. 10. (pp. 221-279). New York: Academic Press.

Schwartz, S.H. (1992). Universals in the content and structure of values: Theoretical advances and empirical tests in 20 countries. Advances in Experimental Social Psychology, 25, 1-65.

Schwartz, S.H. & Howard, J.A. (1981). A normative decision-making model of altruism. In J.P. Rushton & R.M. Sorrentino (Eds.), Altruism and Helping Behavior (pp. 189-211). Hillsdale: Erlbaum.

Scott, D. & Willits, F. K. (1994). Environmental Attitudes and Behavior. A Pennsylvania Survey. Environment and Behavior, 26 (2), 239-260.

Seidel, H.-J. (1996). Umweltmedizin: Fakten und Informationen für einen verantwortungsvollen Umgang mit Umwelt und menschlicher Gesundheit. Stuttgart, New York: Thieme.

Seligman, C., Becker, L.J. & Darley, J.M. (1981). Encouraging residential energy conservation through feedback. In A. Baum & J.E. Singer (Eds.), Advances in environmental psychology, Vol. III: (Energy conservation:psychological perspectives). Hillsdale: Erlbaum.

Selye, H. (1956). The stress of life. New York: MacGraw-Hill.

Selye, H. (1981). Geschichte und Grundzüge des Streßkonzepts. In J.R. Nitsch (Hrsg.), Streß (S. 163-187). Bern: Huber.

Sexton, R.J., Johnson, N.B. & Konakayama, A. (1987). Consumer response to continuous-display electricity-use monitors in a time-of-use pricing experiment. Journal of Consumer Research, 14, 55-62.

Sia, A.P., Hungerford, H.R. & Tomera, A.N. (1986). Selected predictors of responsible environmental behavior: An analysis. Journal of Environmental Education, 21, 35-40.

Sichler, R. & Seel, H.-J. (1993). Von der Umweltkrise zum menschlichen Naturverhältnis. Zur konzeptionellen Neuorientierung in der ökologischen Psychologie. Journal für Psychologie, 1, (4) 5-17.

Sivek, D.J. & Hungerford, H. (1989/90). Predictors of responsible behavior in members of three Wisconsin conservation organizations. Journal of Environmental Education, 21 (2), 35-40.

Smythe, P.C. & Brook, R.C. (1980). Environmental concerns and actions: A social psychological investigation. Canadian Journal of Behavioral Science, 12, 175-186.

Sohr, S. (1994). Ist es schon ‚fünf nach zwölf'? - Entwicklung einer Skala zu „Ökologischer Hoffnungslosigkeit". Praxis Kinderpsychologie und Kinderpsychiatrie, 43, 203-208.

Sohr, S. & Boehnke, K. (1994). Politisches Engagement zur Prävention ökologischer Hoffnungslosigkeit? - Ergebnisse einer Langzeitstudie mit Kindern und Jugendlichen. Verhaltenstherapie und psychosoziale Praxis, 26(2), 173-182.

Spaccarelli, S., Zolik, E. & Jason, L.A. (1989/1990). Effects of verbal prompting and block characteristics on participation in curbside newspaper recycling. Journal of Environmental Systems, 19, 45-57.

Spada, H. (1990). Umweltbewußtsein: Einstellung und Verhalten. In L. Kruse, C.-F. Graumann & E.-D. Lantermann (Hrsg.), Ökologische Psychologie (S. 623-631). München: PVU.

Spada, H. & Ernst, A. (1992). Wissen, Ziele und Verhalten in einem ökologisch-sozialem Dilemma. In K. Pawlik & K.H Stapf (Hrsg.), Umwelt und Verhalten (S. 623-631). Weinheim: PVU.

Spada, H., May, R. & Opwis, K. (1983). Arbeitsbericht zum DFG-Projekt „Wissensaufbau und Handlungsbewertung bei ökologischen Problemen". Freiburg: Psychologisches Institut.

Spada, H. & Opwis, K. (1985). Ökologisches Handeln im Konflikt. Die All-mende-Klemme. In P. Day, U. Fuhrer & U. Laucken (Hrsg.), Umwelt und Handeln (S. 63-85). Tübingen: Attempto.

Spada, H. & Opwis, K. Donnen, J. (1985). Experimentelle Untersuchungen mit einem Allmende-Klemme-Spiel. In H. Spada & K. Opwis (Hrsg.), Die All-mende Klemme: Ein umweltpsychologisches soziales Dilemma (For-schungsbericht des Psychologischen Instituts der Albert-Ludwig-Universität Freiburg, Nr.18). Freiburg: Psychologisches Institut.

Stallen, P.J.M. & Thomas, A. (1983). Psychological risk: The assessment of threat and control. In P. Ricci, P. Sagan & C. Whipple (Eds.), Technological risk assessment (pp. 195-239). Den Haag: Sijthoff.

Stallen, P.J.M. & Thomas, A. (1988). Public concern about industrial hazards. Risk Analysis, 8, 237-245.

Stark, W. (1996). Empowerment: Neue Handlungskompetenzen in der psycho-sozialen Praxis. Freiburg im Breisgau: Lambertus.

Stäudel, T. (1990). Ökologisches Denken und Problemlösen. In L. Kruse, C.F. Graumann & E.D. Lantermann (Hrsg.), Ökologische Psychologie (S. 288-292). München: PVU.

Steinheider, B. (1997). Die Wirkung von Industriegerüchen als Umweltstresso-ren. Wiesbaden: DUV.

Stern, P.C. (1992a). Psychological Dimensions of Global Environmental Change. Annual Review of Psychology, 43, 269-302.

Stern, P.C. (1992b). What Psychology knows about energy conservation. Ame-rican Psychologist, Oktober 1992, 1224-1232.

Stern, P.C., Dietz, T. & Black, J.S. (1986). Support for Environmental Protec-tion: The Role of Moral Norms. Population and Environment, 8 (3 & 4), 204-222.

Stern, P. C., Dietz, T. & Guagnano, G. (1995). The New Ecological Paradigm in social-psychological context. Environment and Behavior, 27 (6), 723-743.

Stern, P.C., Dietz, T. & Kalof, L. (1993). Value Orientations, Gender, and En-vironmental Concern. Environment and Behavior, 25 (3), 322-348.

Stern, P.C. & Oskamp, S. (1987). Managing Scarce Environmental Resources. In D. Stokols & I. Altman (Eds.), Handbook of Environmental Psychology, Vol. 2 (pp. 1043-1088). New York: Wiley.

Stern, P.C., Young, O.R. & Druckmann, D. (Hrsg.) (1992). Global Environ-mental Change: The Human Dimensions. Washington: National Academy Press.

Strümpel, B. (1990). Hauptursache Wirtschaftsideologien und individuelle Le-bensansprüche. In U.E. Simonis (Hrsg.), Basiswissen Umweltpolitik (S. 68-76). Berlin: Edition Sigma.

Sust, C.A. (1987). Geräusche mittlerer Intensität - Bestandsaufnahme ihrer Auswirkungen. Forschungsbericht Nr. 497. Dortmund: Bundesanstalt für Arbeitsschutz.

Sust, C.A. (1989). Geräusche mittlerer Intensität - Auswirkungen auf Büro- und Verwaltungstätigkeiten. Zeitschrift für Lärmbekämpfung, 36, 2-7.

Sutter, S. & Böhm, A. (1989). „Schwarze Tropfen" - Reaktionen von politisch engagierten und nicht engagierten Jugendlichen auf Tschernobyl. In A. Böhm, A. Faas & H. Legewie (Hrsg.), Angst allein genügt nicht (S. 113-133). Weinheim: Psychologie heute.

Synodinos, N.E. (1990). Environmental Attitudes and Knowledge: A Comparison of Marketing and Business Students with Other Groups. Journal of Business Research, 20, 161-170.

Tanner, C. & Foppa, K. (1995). Wahrnehmung von Umweltproblemen. In A. Diekmann & A. Franzen (Hrsg.), Kooperatives Umwelthandeln. Modelle, Erfahrungen, Maßnahmen, (S. 113-132). Chur/Zürich: Rüegger.

Tarnapolsky, A. & Clark, C. (1984). Environmental noise and mental health. In H. Freman (Ed.), Mental health and the environment (pp. 250-270). London: Churchill Livingston.

Tarnapolsky, A., Watkins, G. & Hand, D.J. (1980). Aircraft noise and mental health: I. Prevalence of individual symptoms. Psychological Medicine, 10, 683-698.

Taylor, S. & Todd, P. (1995). An integrated model of waste management behavior. A test of household recycling and composting intentions. Environment and Behavior, 27 (5), 603-630.

Thielcke, G. (1993). Geleitwort. In J. Schahn & Th. Giesinger (Hrsg.), Psychologie für den Umweltschutz (S. XV-XVI). Weinheim: Beltz, PVU.

Thøgerson, John (1996). Recycling and morality. A critical review of the literature. Environment and Behavior, 28 (4), 536-558.

Thomae, H. (1985). Dynamik des menschlichen Handelns - Ausgewählte Schriften zur Psychologie 1944-1984. Bonn: Bouvier.

Thompson, M., Ellis, R. & Wildavsky, A. (1990). Cultural Theory. Colorado: Westview.

Tölle, R. (1988). Psychiatrie, 8. Auflage. Heidelberg: Springer.

Tretter, F. (1993). Ängste um Umwelt und Gesundheit. In K. Aurand, B.P. Hazard, & F. Tretter (Hrsg.), Umweltbelastungen und Ängste (S. 271-297). Opladen: Westdeutscher Verlag.

Tretter, F. (1997). Psychiatrie und Psychosomatik. In S. Böse-O'Reilly & S. Kammerer (Hrsg.). Leitfaden Umweltmedizin: Befund, Diagnostik - Therapie, Prävention (S. 496-506). Lübeck, Stuttgart, Jena, Ulm: Gustav Fischer.

Uhlig, A. (1993). Altpapier-Recycling: Durchführung und Evaluation einer Aktionswoche in der Grundschule. Unveröffentlichte Diplomarbeit. Ruhr-Universität Bochum, Fakultät für Psychologie.

Unterbrunner, U. (1993). Sehnsüchte und Ängste - Naturerleben bei Jugendlichen. In H.-J. Seel, R. Sichler & B. Fischerlehner (Hrsg.), Mensch - Natur (S. 164-175). Opladen: Westdeutscher Verlag.

Urban, D. (1986). Was ist Umweltbewußtsein? Exploration eines mehrdimensionalen Einstellungskonstruktes. Zeitschrift für Soziologie, 15 (5), 363-377.

Uusitalo, L. (1990). Are Environmental Attitudes and Behavior Inconsistent? Findings from a Finnish Study. Scandinavian Political Studies, 13, 211-226.

Vallet, M., Gagneux, J.M., Blanchet, V., Favre, B. & Labiable, G. (1983). Long term sleep disturbance due to traffic noise. Journal of Sound and Vibration, 90, 173-191.

Van Houten, R., Nau, P.A. & Merrigan, M. (1981). Reducing elevator use: A comparison of posted feedback and reduced elevator convenience. Journal of Applied Behavior Analysis, 14, 377-387.

Van Liere, K.D. & Dunlap, R.E. (1980). The Social Base of Environmental Concern: A Review of Hypotheses, Explanations and Empirical Evidence. Public Opinion Quarterly, 44, 181-197.

Van Liere, K.D. & Dunlap, R.E. (1978). Moral norms and environmental behavior. Journal of Applied Social Psychology, 8, 174-188.

Viinamäki, H., Kumpusalo, E., Myllykangas, M., Salomaa, S., Kumpusalo, L., Kolmakov, S., Ilchenko, I., Zhukowsky, G. & Nissinen, A. (1995). The chernobyl accident and mental wellbeing - a population study. Acta Pychiatrica Scandinavica, 91, 396-401.

Vining, J. & Ebreo, A. (1990). What makes a recycler? A comparison of recyclers and nonrecyclers. Environment and Behavior, 22 (1), 55-73.

Vogel, A. (1996). Vermeintlichkeiten statt Wissenschaft. Politische Ökologie, 45, 25-28.

Vogel, A.O. (1982). Fluglärm. Wiesbaden: Deutscher Fachschriften-Verlag.

Waldmann, K. (Hrsg.) (1992). Umweltbewußtsein und ökologische Bildung. Opladen: Leske & Budrich.

Walletschek, H. & Graw, J. (1988). Ökologie und Umwelt. In H. Walletschek & J. Graw (Hrsg.), Öko-Lexikon. Stichworte und Zusammenhänge (S. 33-56). München: Beck.

Webster, F.E. (1975). Determining the characteristics of the socially conscious consumer. Journal of Consumer Research, 2, 188-196.

Wegehaupt-Schneider, I. (1997). Supervision. In G. Michelsen (Hrsg.), Umweltberatung: Grundlagen und Praxis (S. 150-155). Bonn: Economica Verlag.

Weigel, R.H. (1977). Ideological and demographic correlates of proecology behavior. Journal of Social Psychology, 103, 55-73.

Weigel, R.H. & Newman, L.S. (1981). Erzielung höherer Übereinstimmung zwischen Einstellung und Verhalten durch Messung eines größeren Verhaltensbereiches. In W. Herkner (Hrsg.), Experimente zur Sozialpsychologie (S. 85-103). Bern: Huber.

Weigel, R.H. & Weigel, J. (1978). Environmental concern - The development of a measure. Environment and Behavior, 10, 3-15.

Weinstein, N.D. (1982). Unrealistic optimism about susceptibility to health problems. Journal of Behavioral Medicine, 5, 441-460.

Weisman, G.D. (1983). Environmental Programming and action research. Environment & Behavior, 15, 381-408.

Welzl, G. & Rediske, G. (1987). Lärm. In W. v. Eimeren et al. (Hrsg.), Umwelt und Gesundheit (S. 165-198). Berlin: Springer.

Wenninger, G. & Roch, I. (1996). Umweltberatung, Gesprächsführung und Gruppenmoderation. Umweltpsychologische Berichte aus Forschung und Praxis. 3/1996 157-159.

Wentworth, W.R. (1989). Energy conservation attitudes, intentions, and behaviors of home owners in Staten Island, New York. Dissertation Abstracts International, 49, 3505-B.

Westmeyer, H. (1995). Persönlichkeitspsychologie zwischen Realismus und Konstruktivismus. In K. Pawlik (Hrsg.), Bericht über den 39. Kongreß der Deutschen Gesellschaft für Psychologie in Hamburg 1994 (S. 748-753). Göttingen: Hogrefe.

Wiedemann, P.M. (1990). Öffentlichkeitsarbeit bei Krisen: Ein Leitfaden zur besseren Kommunikation. Eschborn: RKW-Verlag.

Wiedemann, P.M. (1994). Interdisziplinarität und Transdisziplinarität - Wie sollte eine integrative Umweltforschung aussehen? Die Sicht eines Sozialwissenschaftlers. In P.M. Wiedemann & C.R. Karger (Hrsg.), Umwelt und Sozialwissenschaften (S. 43-58). Jülich: Forschungszentrum Jülich.

Wiedemann, P.M., Femers, S. & Nothdurft, W. (1994). Kommunikatives Konfliktmanagement: Trainingsmöglichkeiten. In F. Claus & P.M. Wiedemann (Hrsg.), Umweltkonflikte: Vermittlungsverfahren zu ihrer Lösung (S. 215-227). Taunusstein: Blotter.

Winett, R.A., Hatcher, J.W., Fort, T.R., Leckliter, I.N., Love, S.Q., Riley, A.W. & Fishback, J.A. (1982). The effects of videotape modeling and daily feedback on residential electricity conservation, home temperature and humidity, perceived comfort, and clothing worn: Summer and winter. Journal of Applied Behavior Analysis, 15, 381-402.

Winneke, G. (1994). VII-4 Geruchsstoffe. In H.E. Wichmann, H.-W. Schlipköter & G. Fülgraff (Hrsg.), Handbuch der Umweltmedizin, Loseblatt-Ausgabe. Landberg/Lech: ecomed.

Winter, G. (1981). Umweltbewußtsein im Licht sozialpsychologischer Theorien. In H.-J. Fietkau & H. Kessel (Hrsg.), Umweltlernen (S. 53-117) Königstein/Taunus: Hain.

Wissenschaftlicher Beirat der Bundesregierung Globale Umweltveränderungen [WBGU] (1993). Welt im Wandel: Grundstrukturen globaler Mensch-Umwelt-Beziehungen. Jahresgutachten 1993. Ohne Ortsangabe.

Wissenschaftlicher Beirat der Bundesregierung Globale Umweltveränderungen [WBGU] (1996). Welt im Wandel: Wege zur Lösung globaler Umweltprobleme. Jahresgutachten 1995. Berlin: Springer.

Witmer, J.F. & Geller, E.S. (1976). Facilitating paper recycling: Prompting vs reinforcement effects. Journal of Applied Behavior Analysis, 9, 315-322.

Witzel, A. (1989). Das problemzentrierte Interview. In G. Jüttemann (Hrsg.), Qualitative Forschung in der Psychologie. 2. Aufl. (S. 227-256). Heidelberg: Asanger

Wortmann, K. (1995). Psychologische Interventionskonzepte im Klimaschutz. In Rundbrief der Initiative Psychologie im Umweltschutz e.V., Nr.4, 66-73.

Wortmann, K. & Schuster, K. (1997). Institutionsberatung zur „Klimaschutzstadt Kiel". Umweltpsychologie, 1(1), 58-65.

Wottawa, H. (1980). Grundriß der Testtheorie. München: Juventa.

Zeidner, M. & Shechter, M. (1988). Psychological responses to air pollution: some personality and demographic correlates. Journal of Environmental Psychology, 8, 191-208.

Zilker, T. (1993). Psychische Verarbeitung von Umweltängsten. In K. Aurand, B.P. Hazard & F. Tretter (Hrsg.), Umweltbelastungen und Ängste (S. 308-312). Opladen: Westdeutscher Verlag.